普通高等教育“十一五”国家级规划教材
全国高等师范院校化学类规划教材
化学教学论立体化系列教材

化学教学论

（第二版）

主　编　马建峰
副主编　曾　涛　张翠华

科学出版社
北京

内 容 简 介

本书为普通高等教育“十一五”国家级规划教材。全书共11章，包括：导论、化学课程、化学学习、化学教学、化学教学设计、化学教学技能、化学教学实践、化学实验与化学实验教学、化学学习的测量与评价、化学教育研究及化学教师的专业化发展。本书以使学生掌握化学教学的基础知识和基本技能为主旨，目的在于培养学生从事化学教学与教育科研的初步能力。

本书可作为高等师范院校本、专科学生的教材，也可作为相关专业研究生及中学化学教师的参考用书。

图书在版编目(CIP)数据

化学教学论/马建峰主编．—2版．—北京：科学出版社，2015.3
普通高等教育“十一五”国家级规划教材·化学教学论立体化系列教材
ISBN 978-7-03-043283-4

Ⅰ.①化… Ⅱ.①马… Ⅲ.①中学化学课-教学研究-高等学校-教材
Ⅳ.①G633.82

中国版本图书馆CIP数据核字(2015)第026005号

责任编辑：郭慧玲／责任校对：张小霞
责任印制：赵 博／封面设计：迷底书装

科学出版社 出版
北京东黄城根北街16号
邮政编码：100717
http://www.sciencep.com
北京盛通数码印刷有限公司印刷
科学出版社发行 各地新华书店经销
*
2006年12月第 一 版 开本：787×1092 1/16
2015年 3 月第 二 版 印张：18 1/4
2024年 7 月第十七次印刷 字数：451 200

定价：59.00元

第二版前言

“学科教学论”是师范院校的一门专业必修课。近10多年以来，由于我国处在基础教育第八次课程改革的关键时期，该课程从体系到内容均有较大的调整。其目的是强化教师教育的职前培养，为社会输送高素质的教师资源。因此，为了适应社会变革及基础教育发展，本书在使用了9年之后，有必要进行重新整合。

本书第一版是编者在多年教学实践与积累基础上编写的，以分篇的形式，对化学教学论的课程内容进行了整合与呈现。其特点是结构严谨、体系完整、层次清楚。教材体系包括三个部分：化学教学论、化学实验教学论和网络及多媒体素材库。

本书第一版于2006年出版至今进行了多次修订，但仍感存在诸多不足。尤其是理论学习与实际应用之间的这个地带，始终是本学科的一个关键所在。如何增强教材的可读性及实用性，是本次改版重点考虑的问题。编者参考国外一些教材的编排理念，并结合我国实际情况，第二版重点做了以下调整：精简文字，便于阅读；以案例渗透，增强实用性；以方法论引导，注重教学功能观和教学价值观的培养；理论铺陈与实际应用深入浅出，便于学生把握。另外，还增加了对化学科学及化学教育史的渗透，实现了纵横交叉、立体化的呈现方式。全书注重了科学发展观培养及教师整体素质养成的结构性体现。

本次再版，将原来的12章改为11章，相关内容进行了交叉整合、前后呼应。学生可以方便地在其间找到“锚点”，进而依托有利资源，开始自己的“远航”。

本书主编为马建峰，副主编为曾涛、张翠华。参加本书编写工作的人员有：马建峰（河北师范大学）、曾涛（河北民族师范学院）、张翠华（沧州师范学院）、陈彦芬（衡水学院）、卢玉妹（保定学院）、高敬芝（石河子大学）、李艳灵（河北师范大学）。全书由马建峰统稿。

由于编者水平有限，书中难免存在不妥之处，敬请读者批评指正。

编　者

2014年11月于石家庄

第一版前言

当今世界，科学技术日新月异，社会发展突飞猛进，人们对教育重要性的认识前所未有地提高了。师范教育是教育的重要组成部分，更是教育乃至社会发展的根本所在。

目前我国正处在师范教育转型和教师教育内涵提升的时期，如何提高基础教育师资的培养质量，是一项带有战略意义的工作，将关系到我国的人才培养和社会发展。“学科教学论”作为教师教育中的一门必修专业课，其设课目的和课程内容能否适应新时期的要求，尤其是新一轮基础教育课程改革，向教师教育提出了新的挑战。为此，我们在参考兄弟院校不同版本教材的基础上，结合我们的多年教学实践和积累，编写了一套系列教材，具体包括《化学教学论》、《化学教学论实验》、《化学教学论：网络课程与资源》。

本套教材的编写，从直接意义上讲，是为了适应当前中学化学教师培养、培训的需求。但从更高层面讲，是基于以下认识：

(1) 师范教育的转型向教师教育提出了更高要求。自20世纪40～50年代起，一些发达国家率先进行师范教育改革。近十多年来，我国师范教育改革也迈出了新的步伐，其突出特点一是师资培养体系由“封闭定向型”向“开放非定向型”转变；二是师资培养由“数量扩张型”向“质量提高型”转变。提高师资培养质量，必然要通过相关课程的教学加以落实。面对新的挑战，重新构建“学科教学论”的课程内容刻不容缓。

(2) 基础教育课程改革需要高素质的教师。我国新一轮基础教育课程改革，经过几年的教学试验，目前正逐步推广。回顾、反思前几年的课改试验，我们会得出这样一个共识：大多数一线教师对新课改不适应。用他们自己的话来说：教了这么多年书，现在不知道这书该怎么教了。究其原因，现任教师对新课程所倡导的教学理念、课程内容、学习方式和教学评价等教育教学理论和实践问题，认识不足、体验不够。当然，教师从事教学工作的基础理论、基础知识和基本技能，可以在教学实践中获得，但教师教育的职前培养，难道就不应该给他们打下一个坚实的基础吗？由此看来，重新构建“学科教学论”课程内容，是培养适应新课改高素质教师的需要，而且迫在眉睫。

(3)“学科教学论”课程内容本身急需重新构建。不同学科、不同版本的“学科教学论”(或“学科教学法”)教材，都曾为我国基础教育的师资培养做出积极的贡献，起到了其他课程不可替代的作用。但是，该学科本身所存在的一些问题也十分明显：一是由于学科本身不够成熟，其课程内容体系不够完整；二是由于我国基础教育师资培养落后于基础教育改革的发展，其课程内容显得陈旧、落后；三是由于对该学科性质定位不够准确，其课程内容在教育理论和学科知识之间徘徊；四是由于对该学科的潜在功能认识不足，其课程内容比较关注操作技能层面的培养和训练，而忽视对教师素质和专业化发展的全面培养。

近一两年，伴随着基础教育课程改革的实施，一些新版本教材相继问世。通过对新版本教材的使用和认真分析，我们认为，新版本教材的突出特点是理念新、起点高、内容鲜活。但从教师教学和师范学生学习角度来讲，新版本教材不太适用。其原因：一是提高课程内容的起点要

新的课程内容要进行整合，使其形成一个目的明确、内容完整、逻辑严密的课程内容体系。

正是基于上述认识，系列教材之一的《化学教学论》，其内容的构建框架如下：

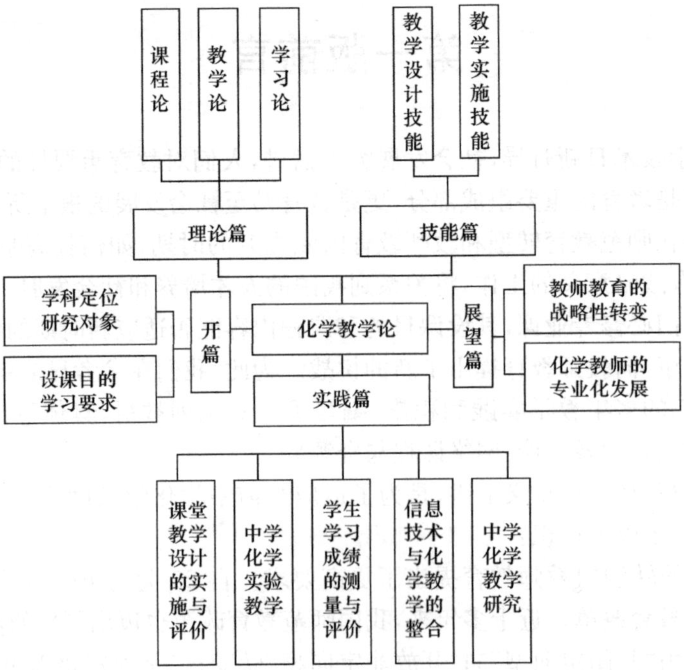

从课程内容的构建框架，我们可以比较清楚地看出：

(1) 全书以开篇、理论篇、技能篇、实践篇和展望篇为一级主题，统领课程内容，课程内容体系新颖。

(2) 课程内容系统、完整，结构严谨，层次清楚。

(3) 课程目标明确，突出了教师教育职前培养阶段的特点——注重师范生教学实践技能的培养和训练。

(4) 课程内容富有时代气息，将基础教育课程改革、师范教育转型、教师的专业化发展纳入教材，增强了课程内容的时代感。

(5) 课程内容贴近教学实际，便于教师教和学生学。

本书编写的具体分工：第1、3章由河北师范大学王克勤编写，第2、4章由衡水学院陈彦芬编写，第5、12章由沧州师范专科学校刘伟编写，第6章由河北师范大学刘敬华编写，第7章由廊坊学院陈金凤编写，第8章由河北师范大学何志民编写，第9章由河北师范大学盖立春编写，第10章由河北师范大学马建峰编写，第11章由唐山师范学院霍爱欣编写。全书由王克勤统稿、定稿，马建峰对本书进行了初步编排。

在本书编写过程中，我们参考、引用了大量文献资料，在此对文献作者表示诚挚的谢意。

由于编者水平所限，本书肯定有不妥之处，敬请大家批评指正。

编　者

2006年春

目　录

第0章 导 论

教师的使命源于教师这一职业，只要你选择了教师这个职业，就要义无反顾地承担起这种使命，并努力去完成使命。当今社会，教师被赋予了专业地位和身份。人们期望教师运用最好的教学实践，让学生学习到重要的技能和科学的态度。因此，对于开展教学工作而言，教师仅有对学生的热情和爱心已经远远不够了。同样，仅根据个人的直觉、爱好和平常的经验智慧也是远远不够的。当代教师有责任运用最有效的教学实践，就像其他职业一样，达到一定的专业标准。

从古到今，教育家对教学做了很多研究，并发展成了一门专门研究如何教学的学科——教学论。“化学教学论”就是研究化学教学理论及其应用的一门教育学科。

化学科学是化学教学的内容，了解化学科学的发展与变化是设计与研究化学教学的基本前提。化学教育是科学教育的一部分，是教育的一个子系统。如何做好化学教学的思考与实践，是化学教师的本质任务和责任。

0.1 化学与化学教育

化学作为自然科学的主要学科之一，纵观其发展历程，可以粗略地分为古代化学、近代化学和现代化学，每个时期的化学又伴随着不同的化学教育。

0.1.1 古代化学与化学传承

人类的历史已有约300万年，而地球的历史要比人类久远得多。在地球演化和生命起源的漫长过程中，经历了无数的化学反应。人类学会用火标志着化学史的开端。我们的祖先钻木取火，用火来烘烤食物、寒夜取暖、驱赶猛兽，在烈火中由黏土制陶器、由矿石制金属，学会从谷物酿造出酒、为丝麻等织物染上颜色，这些都是在实践经验的直接启发下，经过长期摸索而得来的最早的化学工艺。为了求得长生不老的仙丹或象征富贵的黄金，炼丹家和炼金术士开始了最早的化学实验。在炼制长生不老药、探索“点石成金”的过程和方法中，实现了物质间用人工方法进行的相互转变，积累了许多物质间发生化学变化的条件和现象，为化学成为一门科学积累了丰富的素材。

古代不存在科学意义上的化学，没有专门从事化学活动的阶层、职业和人员，没有明确的研究对象，没有严格的科学实验手段，也没有系统完整的理论体系。工匠们在实践中积累了一定的化学经验知识，这些经验知识通过家族关系、师徒关系传授和继承。化学知识的传授具有鲜明的实用性、直观性、经验性和地域性，同时具有层次低、发展慢、手段简陋、知识易流失等特点。

0.1.2 近代化学与化学教育

化学在17世纪才获得独立学科的地位。17世纪中叶，英国科学家波义耳(Boyle)首次对化学元素作了科学定义，为化学成为一门真正的科学迈出了关键的一步；之后，瑞典科学家舍勒(Scheele)发现了氧气,又为化学大厦的建设提供了一块坚固的基石;法国化学家拉瓦锡(Lavoisier)率先研究了燃烧的理论及化学反应物和生成物之间的关系,提出了质量守恒定律;1803 年,英国化学家道尔顿(Dalton)提出了原子学说;19 世纪后半叶,俄国化学家门捷列夫(Mendeléev)发现了元素周期律,这些都为近代化学科学的建立奠定了重要基础。

早期化学家的科学教育活动和成果往往伴随于学术活动和研究活动中,分散在为数不多的期刊中。拉瓦锡在 1789 年出版了《化学基本教程》,被称为化学教育史上有较大影响的早期化学教科书,它用一种鲜明而又容易表达物质所有化学变化的语言编写,随后被欧美国家翻译出版并使用。

作为"学科"进入学校体制的化学教育教学活动则出现在 19 世纪中叶,化学教育在这个时期的发展主要限于高等教育。到了 20 世纪,中等学校才逐渐有了系统的化学教育。

近代化学教育能够进入大学,主要是由近代工业革命的需要、化学自身的发展以及大学教育的改革等因素促成的。这一时期的化学教育进步较大,有了许多新的特点:

(1) 大学设立了专门的化学教授职位,结束了长期以来化学知识的传授依附于其他学科的局面。

(2) 大学开始培养未来的专业化学人才,招收专攻化学的学生。化学课程的设置从一门总的化学课程开始分门别类,按照循序渐进的原则有计划地进行系统教学。

(3) 在大学里建立了化学教研室和教学实验室等化学教学的机构和设施,并且实行了导师制,从而完成了从私人实验室的师徒关系向教学实验室的师生制的过渡。19 世纪涌现出以李比希(Liebig)为代表的、由师生共同组成的许多著名化学学派,这些化学学派对于化学教育发挥了巨大作用。

(4) 教学过程体现出化学学科的实验性特征,实行教学与生产相结合、基础与应用相结合。

(5) 出版发行了化学教科书、化学专著、化学刊物等多种类型的化学资料,丰富了化学教育的内容。

0.1.3 现代化学与化学教育

19 世纪初至 20 世纪初通常被认为是现代化学奇迹般建立的时期。这个时期已经体现了科学相互渗透的特点,各种物理测试手段的涌现,促进了溶液理论、物质结构、催化剂等领域的研究。尤其是量子理论的发展,使化学和物理学有了更多共同的语言,解决了化学上许多未解决的问题。同时,化学又向生物学和地质学等学科渗透,使过去很难解决的蛋白质、酶等的结构问题得到深入研究,使生物化学等科学得到快速发展。时至今日,化学已发展成为一门既与人类社会、国计民生有着紧密关系,又与整个科学技术密切相关的科学。正如美国化学家布里斯罗(Breslow)在《化学的今天和明天》中所概括的"化学是一门中心的、实用的和创造性的科学"。

伴随着这一时期化学科学的迅猛发展,化学教育也发生了质的改变,出版了诸多有关化学教学的著作。1827 年,法拉第(Faraday)出版了《化学操作法》,记录了某些简单实验、有关仪器的质料和某些实验的细致操作法的意见,至今仍具有阅读价值。1865 年,霍夫曼(Hofmann)出版《现代化学导论》,在教学方法上首次作了突破性的记载。1875 年,弗兰克兰(Frankland)和查洛纳(Chaloner)合著《怎样教化学》,描述了弗兰克兰在 1872~1875 年做的演讲。这些宝贵的著作对于启迪化学教学思想,确立良好的教学风尚,并融合形成科学的化学教学理论起到了奠基作用。

西方化学教育的发展是自下而上的，即由少数有钱或有闲的人凭兴趣或爱好进行业余研究，使化学成为一门学科，并逐渐成为大学和中学的一门重要课程。从19世纪中叶起，发达国家在学校教育体制中相继设置了化学课程。化学课程在学校教育中的设置标志着系统、规范的化学教育正式诞生。

公众科学教育的广泛开展，特别是在基础教育阶段开设化学课程，使化学教学不断向前发展和进步。

0.1.4 中国化学与化学教育

作为学科的中国化学不是中国古代化学发展的结果，而是从西方引入的，是伴随着新式学堂的设立和化学教科书的翻译而逐步发展的。郭保章等在1993年12月出版的《中国化学教育史话》中提出："近代化学在1780年始创于欧洲，19世纪中叶传入中国，化学教育开始时期，几乎与传入时期同时发生。"

1865年成立的江南制造局翻译馆提供了中国第一批近代化学书籍，其中的《化学鉴原》被很多学堂、书院作为教材，在当时影响很大。翻译馆陆续译出的《化学鉴原续编》(无机化合物专论)、《化学鉴原补编》(有机化学)、《化学考质》(定性分析)、《化学求数》(定量分析)、《物体遇热改易记》(物理化学的初步知识)、《化学分原》(定性分析)6部化学专著，将西方化学的各个分支系统完整地引入我国，对近代化学在我国的形成和发展起到了重要的作用。翻译馆的徐寿、傅兰雅在翻译化学书籍时，首创了中文化学译名原则，对中国化学的发展和传播具有深远的影响。

1862年，清政府创办了京师同文馆，主要为洋务交涉培养翻译人才。这是中国近代第一所新式学堂，也是最早开办化学教育的官办学校。

中国学校化学教育的发展史大致可分为四个时期。

1. 化学教育的成型期(19世纪末～20世纪20年代)

1903年，清政府颁布了《奏定学堂章程》，该章程借鉴日本和西欧各国的经验，对化学课程的设置作了明确规定，中学阶段在第五年教授化学，每周4学时，具体内容规定见表0-1。这标志着化学课程在我国教育制度中正式确定了自己的位置，化学教育体系开始进入成型期。

表0-1 《奏定学堂章程》对于学制和化学课程的设置

学校级别	修业年限	学习化学的年级和课时
初等小学堂	5	各年级均开设格致课
高等小学堂	4	二、三年级在格致课内学习化学内容
中学堂	5	五年级学化学，每周4学时
高等学堂(大学预科)	3	欲入理、工、农、医大学的学生必修化学，二年级每周3学时，三年级每周5学时
大学堂	3～4年	格致(物理)科大学化学门(系)专修无机化学、有机化学、分析化学、应用化学、理论及物理化学、化学平衡论、化学实验等课程； 工科大学应用化学门(系)学习无机化学、有机化学、化学史、制造化学、化学分析实验、电气化学、工业分析实验、制造化学实验

这一时期，各学校的化学课程内容无一定标准，授课时数不一。上课时，“教师在台上照书讲解，学生在座位上默坐静听，教师与讲演令学生思索答复者已甚少，做实验以助学生了解者，更难一见。至于有学生实验作业之学校直是绝无仅有。”这一描述形象地为我们勾画了当时的化学授课场景，可见当时教学方法极为单一，合格的化学教师极少。

2. 化学教育的发展期(20 世纪 30～50 年代中期)

随着时代的前进和社会的变革，20 世纪 30～50 年代中期，中国化学教育进入充分发展期。化学课程的设置目的、课程内容的选择逐步趋向具体化，课程实施更重视方式和方法，课程评价侧重于知识与技能的掌握。1936 年公布的《初高级中学课程标准》所规定的中学化学教学目的如下：

(1) 使学生有化学根本知识，对化学有明确观念。

(2) 使学生知道化学与衣食住行及国防的关系。

(3) 引起学生对自然现象的浓厚兴趣，养成随时随地注重自然现象的良好习惯。

(4) 养成学生敏锐的观察力与精确的思考力。

这一时期化学课程的地位得到提高，各类大学入学考试中均开设了化学学科，化学教师业务水平得到提高，滴定管等精密仪器进入中学，实验法开始在课堂上运用，化学教学方法得到很大改进。

3. 化学教育的变革期(20 世纪 50 年代末～70 年代末)

第二次世界大战以来，科学技术迅猛发展，当代化学也发生了重大变革。其主要特点是：从描述性过渡到推理性；从定性过渡到定量；从宏观过渡到微观。这种趋势使大学化学和中学化学课程集中提高理论化学的难度，提高学习起点，删减某些描述性(元素化学)的内容。美国和苏联的国际竞争加速了这场改革的进程。为了确保对苏联竞争的优势，美国进行了规模庞大的课程改革，编制出影响很大的两种教材。但这些教材投入使用后，由于理论太深、学习负担过重，学生难以接受，从而对化学学习丧失了兴趣，因此教材不得不再次降低理论水平，增加描述性的元素化合物知识。

4. 化学教育的新时期(20 世纪 80 年代至今)

自 20 世纪 80 年代以来，社会发展对人才培养提出了更高的要求，由过去的知识型转向智能型、复合型，教育面临着新的挑战。化学教育作为教育的一个子系统，从教育目标到培养模式都面临着重新定位的问题。美国学者肯巴(Kempa)对此作了精辟的概括：化学教育已从“化学中的教育(education in chemistry)”和其后的“通过化学进行教育(education through chemistry)”的观念或教育模式发展为“有关化学的教育(education about chemistry)”。“化学为大众”、“国民的化学要解决国民的问题”已成为当代化学教育的根本目的，同时在教育过程中要切实体现“以学生的发展为本”、“促进学生主动地自主学习”以及“为学生终身学习打好基础”。

我国从 1999 年开始启动了新一轮基础教育课程改革。化学课程以提高学生的科学素质为主旨，从“知识与技能”、“过程与方法”、“情感态度与价值观”三个方面制定了新的化学课程标准，课程内容充分体现“从生活走进化学，从化学走向社会”的新理念，明确提出要转变学生的学习方式，发展学生的科学探究能力。

0.2 化学教学论课程的任务

0.2.1 化学教学论的学科含义

对于"化学教学论"的学科属性，概括起来主要有以下几种提法：

(1) "学科教学论"("化学教学论"是其中之一)是研究学科教学理论、教学规律的一门教育学科。

(2) "学科教学论"是研究教学理论、教学一般规律和教学操作的应用理论学科。

(3) "学科教学论"是一门研究学科教育的应用理论学科。

(4) "学科教学论"是研究学科教学规律及其应用的一门学科。

对于以上四种表述，稍作分析就可以看出：表述(1)突出了"学科教学论"的理论层面，而淡化了其实践性；表述(2)、(3)都把"学科教学论"表述为"应用理论学科"，这种表述不是科学意义上的学科性质分类；表述(4)强调了应用性，而似乎淡化了其理论性。客观地讲，"学科教学论"既不同于以理论为主要任务的教育学，又不是以实践为目标的教学法，对它的表述应该既体现对学科教学的理论概括，又体现理论指导下积极有效地解决学科教学实践中的具体问题，还应该明确界定学科性质的归属。

通过以上分析，可以将"化学教学论"表述为"化学教学论是研究化学教学理论及其应用的一门教育学科"。理解这一表述，应把握以下几点：

(1) 从学科分类讲，"化学教学论"属于教育学科。

(2) 从学科特点讲，"化学教学论"是化学科学与教育科学相结合的一门交叉学科。因为化学科学是"化学教学论"的专业基础、物质载体，"化学教学论"是研究化学教学的学科，脱离化学专业知识，"化学教学论"将成为一个名存实亡的空壳。反过来看，化学专业知识作为人类认识自然、改造自然的劳动结晶，必然要借助化学教学传承给后人。

(3) 从学科内容讲，"化学教学论"中的教育教学理论与教学实践并重。化学教学作为一种教学实践，必须要在教育学、心理学的指导下进行。

0.2.2 化学教学论的学科特点

化学教学论具有很强的思想性、师范性和实践性，要做到以思想性为先导，以师范性为核心和以实践性为根基。

"思想性"是指化学教学论的最终目标是培养人、教育人。我们以什么样的教育理念、教学内容、教学方法去培养、教育人，这是作为教师首先应该明确的问题。随着科技的发展和社会的进步，社会对人才培养的要求越来越高。教育必须为现代化建设服务，教育必须培养富有实践能力和创新精神、全面发展的高素质人才。要做到这一点，必须对未来的教师从教育观念、教学目标、科学方法、科学态度、品德习惯等各方面加以熏陶，为他们将来从事教育工作打下良好的思想基础。

"师范性"的实质是教导师范生既做"人师"又做"经师"。正如徐特立先生所说，"人师"就是教行为，就是教怎样做人的问题；"经师"是教学问的……我们的教育教学是要"人师"和"经师"二者合一的，每个教科学知识的人就是一个模范的人物，同时也是一个有学问的人。

"实践性"是指化学教学论的教与学一方面要紧密结合中学化学教学实践；另一方面要给师范生必需的、基础的实践训练。师范生毕业后要做一名合格的教师，单凭在课堂上学习书本知识而不尝试站在讲台上讲课，是学不会当教师的。正如一个人要想学会游泳，不下水是永远学不会的一样。

0.2.3 化学教学论课程的任务

化学教学论以中学化学教与学的理论和实践为研究对象。从理论层面分析，其研究内容主要包括中学化学的课程设置、教与学的理念、教与学的基本原理和方法；从实践层面分析，主要研究中学化学教学设计、教学设计的实施及评价、有关教学技能以及如何进行教学研究等。

理论和实践两个层面要涉及以下几个方面的问题：

(1) “为什么教”和“为什么学”的问题，这就是中学化学的教学目的和任务，即中学化学的课程价值。

(2) “教什么”和“学什么”的问题，这就是中学化学的教学内容和教材的知识体系。

(3) “怎么教”和“怎么学”的问题，这就是中学化学教与学的一般原理、方法和规律。

(4) “教得怎样”和“学得怎样”的问题，这就是中学化学教与学的测量与评价。

从系统论的观点来看，化学教学论就是研究构成中学化学教学的各种要素——教师、学生、教学内容和教学手段的各自作用、相互联系及其统一(图 0-1)。

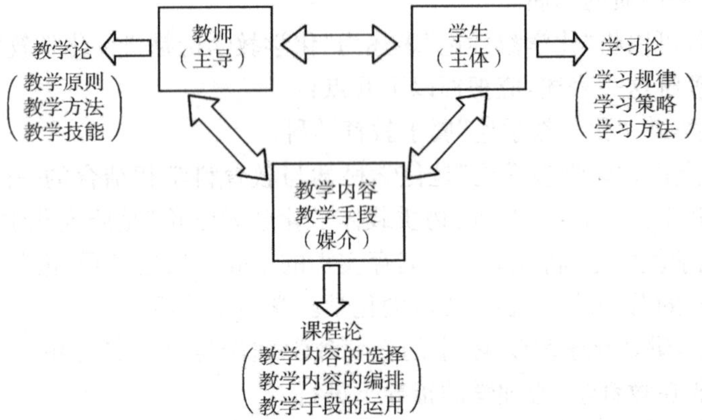

图 0-1 中学化学教学中各种要素的相互关系

0.3 做一名“好”化学教师

学校的使命是传承文化和创造文化，那么教师就是这种使命的承载者和实施者。承载使命需要的是一种责任，这种责任来源于对使命的理解与认识；实施使命需要的是一种能力，这种能力来自经验的积累与重构。教师使命的意义在于为社会培养有用之才，而使命的价值在于对人的塑造，曾经有人说过：如果教师在学生身上发现了自己的影子，如果教师的言行能影响学生的一生，那么他就实现了作为一名教师的真正意义和价值。

0.3.1 你距离专业教师还有多远

当代教师有责任运用最有效的教学实践，就像其他职业一样，达到一定的专业标准。你距离专业教师还有多远呢？2004 年，国际培训、绩效、教学标准委员会(the International Board of Standards for Training Performance and Instruction，IBSTPI)修订的教师能力标准

（表0-2）是迄今为止最为全面的教师能力清单之一。请对照这份教师能力标准，仔细核查自己的教师能力发展状况。并希望你在以后的学习中，为此作出努力！

表0-2 教师能力标准

能力单元	能力要素	能力表现指标
一、专业基础	能力1：有效的交流沟通能力	①根据受众、情境及文化背景，采用合适的语言；②使用合适的语言及非语言符号；③寻求并吸收多样的观点；④根据不同的情境采取积极有效的倾听技巧；⑤运用适当的技术进行交流
	能力2：更新和提高自身专业知能	①拓展有关学习原理和教学策略的知识；②不断更新技术知识和技能；③建立并保持专业联系；④参加专业发展活动；⑤建立个人工作文档备用
	能力3：遵守已有的道德规范和法律法规	①认识教学实践中潜在的道德和法律问题；②遵循组织和职业道德规范；③确保公平对待所有学习者；④尊重保密及匿名请求；⑤避免冲突；⑥尊重包括版权在内的知识产权
	能力4：树立和维护职业声誉	①遵守职业操守；②尊重他人的价值观和见解；③具备学科专业知识；④对变革和改进持开放态度；⑤将教学与组织背景及目标相联系
二、计划与准备	能力5：设计教学方法和教学内容	①确立学习者、参与人员和教学环境的相关特征；②设计或修改教学活动以适应学习者、教学环境和呈现方式的需要；③确立目标、任务及次序；④选择合适的教学方法、策略和呈现技巧；⑤设计或修改课程内容、教师手册、评估工具和支持材料；⑥根据需要创建或修改基于技术的资源
	能力6：教学准备	①对学习者的困难和问题进行预测并做好准备；②进行分析；③确定关键知识点、相关条例及其他补充材料；④确认支持教学的后勤和物质保障；⑤确保所有学习者能获取所需教学资源；⑥确认设备、技术和工具准备就绪
三、教学方法与策略	能力7：激发并维持学习者的学习动机和学习投入	①吸引并保持学习者的注意力；②保持学习目标清晰明确；③培养良好的学习态度；④建立提高学习动机的策略；⑤帮助学习者设定合理的期望值；⑥为学生提供参与学习并获得成功的机会
	能力8：表现出有效的表达技巧	①根据学习情境采用合适的表达方式；②采用多种方式表述关键概念；③根据案例，阐明意义；④让学习者参与表达过程；⑤根据学习者需要采用合适的表达方式
	能力9：表现出有效的促学技巧	①利用所有参与者的知识和经验；②为全体学习者指明努力方向；③使学习活动高度聚焦；④鼓励和支持合作；⑤引领学习活动及时终止；⑥监控、评估和适应动态变化的情境
	能力10：表现出有效的提问技能	①提出清晰和恰当的问题；②有效跟进学习者所有问题；③使用多样的问题类型和问题层次；④提出并重新引导到那些促进学习的问题；⑤用问题激发和引导讨论；⑥以回答问题来连接学习活动
	能力11：提供阐释和反馈	①为学习者提供机会请求阐释；②使用多样的阐释和反馈策略；③提供清晰、及时、中肯和具体的反馈信息；④提供和接受学生反馈时保证开放与公平；⑤为学习者提供机会进行反馈；⑥帮助学习者提供和接受反馈
	能力12：促进知识和技能的巩固	①将学习活动与已有的知识联系起来；②鼓励学习者对概念和思想观点进行细化；③提供综合和整合新知识的机会；④提供实践新学技能的机会；⑤提供反思和回顾的机会

续表

能力单元	能力要素	能力表现指标
三、教学方法与策略	能力13:促进知识和技能的迁移	①提供与知识技能、运用环境相关的案例和活动;②示范知识和技能在真实环境中的实践机会;③提供在真实情境中实践的机会;④提供为未来的运用作出规划的机会;⑤和学习者一同研究可能促进或阻碍知识和技能迁移的情形;⑥提供自主学习机会
	能力14:使用媒体和技术加强学习、改进绩效	①认识教学媒体和技术的潜能与局限;②运用媒体和技术开展最佳实践;③以多样的方式呈现内容;④为学习者使用媒体和技术做好准备;⑤发现并解决小的技术故障
四、评估与评价	能力15:评估学习和绩效	①针对评估标准进行交流;②检测个人和小组绩效;③评估学习者的态度情感和反应;④评估学习结果;⑤提供自我评估的机会
	能力16:评价教学效果	①评价教学教材;②评价教学方法和学习活动;③评价教师绩效;④评价教学环境和设备的影响;⑤记录与公布评价数据
五、教学管理	能力17:管理促进学习与改进绩效的环境	①预测并处理可能影响学习和绩效的情形;②确保学习者能够获得所需资源;③与学习者共同制定基本规章制度和学习期望;④在教学中运用时间管理原则;⑤采取合适的方式方法,及时阻止不良行为举止;⑥及时并公正地解决冲突和问题
	能力18:适当地使用技术管理教学过程	①使用技术支持教学管理功能;②使用技术查找和共享信息;③使用技术存储和重复利用教学资源;④使用技术维护学习者个人信息和安全隐私

0.3.2 为做一名“好”化学教师而努力

1. 正确认识化学教学论存在的价值

课程开设初期,常会发现两种持截然不同观点的学生,其中一种对本课程盼望已久,期望颇高,这类学生把化学教学论当成灵丹妙药,认为只要学好化学教学论,就能当一名好化学教师;另一种学生认为课教的好坏与化学教学论无关,只要学好化学专业课和教育学、心理学就行了,学不学化学教学论都无所谓。这些观点你怎么看呢?

作为化学教师,应该具有四类知识:①本体性知识,即特定的化学学科知识,这是人们所普遍熟知的一种教师知识;②条件性知识,即教育学与心理学知识(化学教学论是教育学的三级学科),这是教师成功教学的重要保障;③实践性知识,即在面临实现有目的的行为中,所具有的课堂情境知识及与之相关的实践知识,这种知识是教师教学经验的积累;④广博的文化知识,学生的全面发展一定程度上取决于教师文化知识的广泛性和深刻性。

教师职业具有独特性,它突出地表现在具有其他受过同等学力训练的人所不具备的丰富的教育学与心理学知识和实践性知识方面。经过师范教育,未来的教师应该具备较为完善的知识结构和初步的教育技能。这种知识结构不再仅仅是化学学科知识,而是教育学与心理学知识、文化知识和初步实践性知识的有机整合。

“化学教学论”在其中的作用是什么呢?化学专业知识作为人类认识自然、改造自然的劳动结晶,必然要通过化学教学传承给后人。而化学教学的方法、策略恰恰是化学教学论研究的对象。化学教学作为一种教学实践,必然在一定的教育理论指导下进行。“化学教学论”正是连接教育理论与化学教学实践的桥梁与纽带,三者之间是相互促进、动态发展的(图0-2)。

图 0-2 化学教学论与化学教学、教育理论的关系

2. 化学教学论的学习方法

化学教学论具有社会科学的学科特点，研究方法和学习模式与化学科学不同。因此，学生在学习过程中会产生一些不适应。对于化学教学论的学习方法，掌握以下四点尤为重要：

(1) 善于比较。化学教学论的学习内容涉及多学科、多领域，既有历史的，又有现代的；既有国外的，又有国内的。只有通过比较，才能汲取精华、去其糟粕。

(2) 勤于反思。一方面，需要对文献、资料反思，深刻思考某些问题，敢于质疑，提出不同观点，这会让你快速成长；另一方面，要经常对教学实践进行反思，可以对某一节化学课，也可以对某一学校的化学教学改革进行反思。反思涉及不同对象，不同范围，不同层次。在学习化学教学论的过程中，不可能做到如此全面的反思，但应在力所能及的范围内努力尝试反思，提高自己。

(3) 主动交流。语言交流是教师教学最基本、最重要的技能之一，不具备很好的语言表达能力，很难成为一名好的中学化学教师。文字表达通常是理科学生的薄弱环节，对于理科学生而言，结合不同的学习内容，经常进行一些写作练习，不断提高自己的文字表达能力，对将来为师从教非常重要。

(4) 敢于实践。这与化学教学论的学科特点一致。

思考与实践

1. 有人讲，“学了化学专业课，又学了教育学和心理学就不必再学化学教学论了”。你认为这种说法对吗？为什么？
2. 你认为怎样才能学好化学教学论这门课？
3. 你对将来成为“好”中学化学教师有什么认识和建议？

第1章　化学课程

由于认识角度不同，人们对“课程”的内涵有不同的理解。概括起来，可分为狭义和广义两个方面：狭义的课程是指教学内容，主要体现在教科书、课程计划（旧称教学计划）和课程标准（旧称教学大纲）中；广义的课程是指学生在学校获得的经验，它包括学科设置、教学活动、教学进程、课外活动以及学校的环境气氛等。广义的课程不仅包括课程表中所规定的显性学习内容，还包括学生的课外活动以及学校中潜在的各种文化教育因素；它不仅指书本知识，还包括学生个人所获得的感性知识、个人经过系统的整理由实践反复检验的科学知识以及个人的经历产生的情感体验。

化学课程从狭义上说是承载化学教育目的的化学知识信息的来源与载体，是学校为实施科学教育而建构的化学知识探究领域的知识体系，是人为设定的化学教育过程。

1.1　化学课程的设置

1.1.1　化学课程设置的影响因素

总的来说，社会、知识、学生是化学课程设置的三大影响因素。

1. 社会需求

化学课程的设置是与社会的政治、经济、生产以及文化科学技术发展的需要密切相关的。社会的要求和条件决定着化学课程的方方面面，如课程制度、课程性质、课程内容、课程编制、课程实施和课程评价等。需要指出的是，社会因素对课程的需求往往不是直接的，而是通过教育方针、政策和有关课程的法规等中间环节或手段来实现的。另外，化学课程的设置也是公民个体的需要。作为一个社会公民，为适应生活和社会生存需要所必备的文化素养是离不开化学的。这是化学课程设置具有社会性的一面。

2. 化学学科知识水平

化学课程内容是从人类历代积累的丰富化学知识中精选出来的。化学课程内容应反映化学科学中具有高度科学价值和时间价值的基本理论、基本概念。化学课程的编制应考虑化学学科体系的完整性、知识结构的内在逻辑性，还应反映现代化学科学技术发展的水平，以保证化学课程的系统性和科学性。化学课程的内容大多数是自然科学的基础知识，不因政治制度的改变而影响其本性和重要地位，化学科学知识在生产建设和国防上的作用也不是其他学科知识所能代替的，从这个意义上讲，化学课程的设置又有其相对的独立性。

3. 学习者身心发展的需求

人们对学生身心发展规律的认识决定着课程组织的心理逻辑。课程内容的深度、广度和逻辑结构，不仅要符合学生的年龄，符合学生身心发展的一般规律，而且要能正确处理需要与可能、现实与发展的关系，从而最大限度地促进学生的身心健康、和谐发展。化学课程包含许多抽象的概念和理论，学生只有具备了一定的智力水平，特别是抽象思维能力时，才能获得比较好的学习效果。根据我国的一些心理学实验研究得知，11～18岁是学生抽象逻辑思维逐步成熟的阶段。我国的初中三年级学生，年龄一般在13～15岁，正是抽象逻辑思维开始占有相对优势的年龄。从这时起学习化学课程，也是符合学生心理发展特征的。

此外，课程理论也是影响化学课程设置的因素。建立在不同教育哲学理论基础上的课程理论以及课程的历史会对化学课程产生重要的结构性影响。在教育史上出现过各种课程理论，它们直接影响着化学课程的设置，如学科中心课程理论、儿童中心课程理论、社会改造课程理论、人本主义课程理论。

1.1.2 化学课程的组织形式

对课程的组织形式，不同国家、不同时期、不同教育家持有不同的分类标准。若从课程管理制度的角度，课程可分为国家级课程、省市级课程、校级课程；从课程功能的角度，可分为工具性课程、知识性课程、技能性课程、实践性课程；从课程的组织核心来看，可分为学科中心课程、学生中心课程、社会中心课程、学问中心课程、人本主义课程等；从课程内容分化与综合的程度看，可以分为分科课程、综合课程、活动课程等。

目前，化学课程的基本组织形式大体可以分为以下两种方式。

1. 以学科为中心的化学课程

以学科为中心的化学课程也称分科课程或学科课程。该类课程是以化学学科为基础设计的课程。它是根据学校的教育目标和教学的需要，把化学科学浩博的内容加以精选、合理地组织编排，使之适合学生身心发展的水平、学校教育的培养目标及教学的规律。

以学科为中心的化学课程便于学生系统地学习化学基础知识、基本技能和基本方法，学生有条理地学习合乎逻辑地组织起来的化学教材，能够充分增长他们的聪明才智。但以学科为中心的课程也有其缺点。例如，过分强调学科体系的完整性，难以与其他学科相互渗透、融合；联系社会生产、生活不够；对学生的学习兴趣、需要和个性发展注意不够等。

学科课程的观点也是在不断演变进化的。目前，现代的学科课程已从“学科为中心”向“学生为中心”转变，从“系统知识”向“多元能力”转化，并注重结合社会发展实际和学生的认知特点，精心选择化学学科的核心概念和基本原理，以形成具有一定逻辑关系的知识体系。

化学是研究物质的组成、结构、性质及应用规律的一门学科。从物质的宏观性质到其微观结构，是学习化学的一条根本主线。在新的课程标准颁布以前，我国的中学化学课程主要是以学科为中心的化学课程。例如，初中化学课程内容的构成是从宏观的物质及其变化的现象入手，使学生建立物理变化、化学变化、物理性质、化学性质等概念；空气、氧等知识的引入，为物质构成的初步知识以及质量守恒定律的学习打下基础；之后，介绍水和氢，核外电子排布的初步知识和化合价概念，碳单质及其无机化合物，铁等；在此基础上，介绍溶液的概念及定量计算，典型的酸、碱、盐和常见的、简单的有机化合物。

多年来，我国在以学科为中心编排化学课程内容的探索中积累了丰富的经验。例如，注重知识的逻辑顺序与学生的认识顺序和心理发展顺序相结合，是值得国内外教材编制者借鉴的成功经验。

《义务教育化学课程标准(2011年版)》以提高学生的科学素养为宗旨,淡化了学科知识的逻辑性,删除了难点内容,增加了化学与生活、化学与社会相联系的知识和必要的科学方法训练;突破了"学科为中心"的结构性框架,将课程内容划分为5个一级主题,18个二级主题,按照"一级主题—二级主题—内容标准—活动与探究建议—学习情景素材"的形式呈现,是现代学科课程观的充分体现。

2. 以问题为中心的化学课程

以问题为中心的化学课程,其主要特点是化学课程内容的构成不是以化学学科结构为线索,而是以学生熟知的社会、生活问题为背景,以单元的形式加以组织。这样做的目的,是帮助学生理解化学在日常生活和他们今后从事的职业中所起的重要作用;帮助学生运用化学知识去理解和思考他们将遇到的涉及科学和技术的问题;使学生对科学和技术的潜力及其局限性有比较清晰的认识。

国外在以问题为中心的化学课程方面,积累了丰富的经验。例如,美国化学会组织编写的中学化学教材《社会中的化学》(*Chemistry in the Community*,简称*ChemCom*)就具有较强的代表性。该教材包括8个单元:"用水的供给"、"保护化学资源"、"石油用于建设还是燃烧"、"了解食物"、"我们世界中的核化学"、"化学、大气与气候"、"化学与健康"、"化学工业:前景与挑战"。另外,英国约克大学理科教育中心开发的"索尔特化学"课程也是典型的以问题为中心的化学课程。我国近年来也出现了一些以问题为中心的化学课程的组织形式。

以问题为中心的化学课程,其优点在于:①教材内容紧密联系生活,联系社会,容易引起学生的兴趣,激发他们的求知欲望,学后印象深刻;②适合组织以学生为主体、以问题为中心的教学活动,使学生在亲身体验中掌握有关化学知识,提高运用知识的能力;③有利于与其他学科的相互渗透和联系。但该课程也存在其缺陷,如教材的知识跳跃性较大,不利于学生系统地掌握"双基";教材所涉及的领域广泛,教师备课困难;对实验条件和其他教学客观条件的要求较高等。

1.1.3 化学课程标准

化学课程标准是国家或地方教育行政部门根据培养目标和课程计划制定的关于化学教学的指导性文件,是教材编写、教学、评估和考试命题的依据,是国家管理和评价课程的基础。

1. 义务教育化学课程标准解析

1)《义务教育化学课程标准(2011年版)》的基本内容与结构

《义务教育化学课程标准(2011年版)》包括"前言"、"课程目标"、"内容标准"、"实施建议"四部分内容。其结构如图1-1所示。

2)《义务教育化学课程标准(2011年版)》的基本理念

(1) 给学生创造良好的化学学习环境,以使学生形成积极的学习态度和兴趣。

(2) 化学教学面向全体学生,培养学生良好的科学素养。

(3) 从生活走进化学,从化学走向社会。

(4) 注重科学探究,提倡学习方式多样化。

(5) 注重学科渗透,关心科技发展。

(6) 构建新的评价体系。

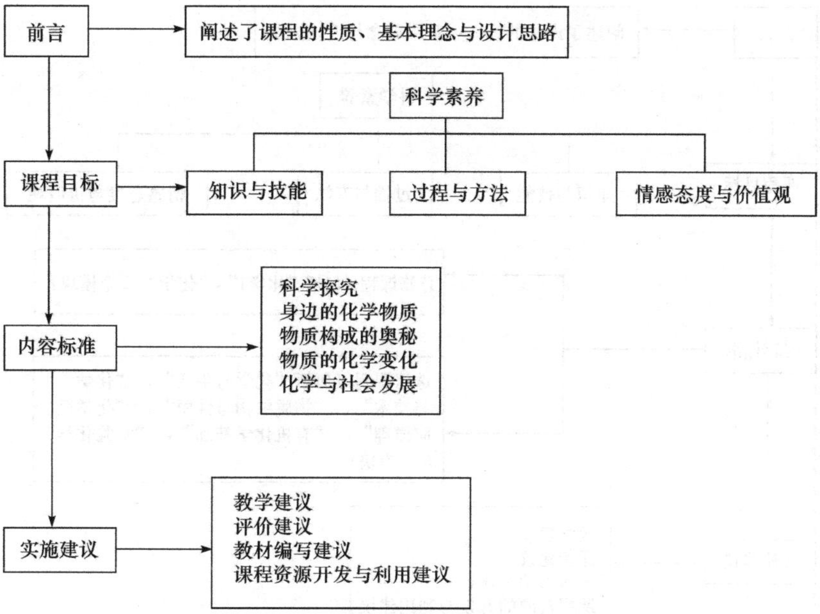

图 1-1 《义务教育化学课程标准(2011 年版)》的基本结构

可见,《义务教育化学课程标准(2011 年版)》的基本理念从不同的方面阐述了化学课程的价值,既立足于学生的发展,同时也对教师的教学提出了新的要求。

2. 普通高中化学课程标准解析

全日制普通高级中学的化学教学是在九年义务教育的基础上实施的较高层次的基础教育,是科学教育的重要组成部分,它对提高学生的科学素养,促进学生全面发展有着不可替代的作用。《普通高中化学课程标准(实验)》在认真分析了化学课程的现状和存在的问题、继承和发扬我国基础教育优势的基础上,汲取先进的教育理念,对化学课程的目标、内容、评价等方面进行了重新定位。

1)《普通高中化学课程标准(实验)》的基本内容与结构

与《义务教育化学课程标准(2011 年版)》一样,《普通高中化学课程标准(实验)》也包括"前言"、"课程目标"、"内容标准"、"实施建议"四部分内容。其结构如图 1-2 所示。

2)《普通高中化学课程标准(实验)》的基本理念与设计思路

《普通高中化学课程标准(实验)》的基本理念强调化学课程的应用性和实践性,主张培养能应用化学知识和化学方法参与社会决策和解决问题的能力;提倡建立有共同基础、适应不同学生发展需要并适应时代需要的可选择的化学课程体系;倡导以科学探究为主的多样化学习方式,重视化学学习方法的启迪,提高学生终身学习的能力;提倡建立有利于学生个性发展的课程评价体系;倡导充分发掘化学课程的人文内涵,提高学生的科学素养和人文素养。

《普通高中化学课程标准(实验)》的设计基于九年义务教育的化学学习背景,从社会和化学发展的线索审视课程,联系社会、科技和未来职业的需要,重视课程整体设计,突出模块功能,体现绿色化学思想,关注可持续发展,强化实验功能,转变化学学习方式。具体来说,普通高中化学课程的设计遵循了三维目标并重,体现课程的基础性、选择性,实施科学评价以促进学生在全面和谐发展的基础上发展个性的原则。其设计思路如图 1-3 所示。

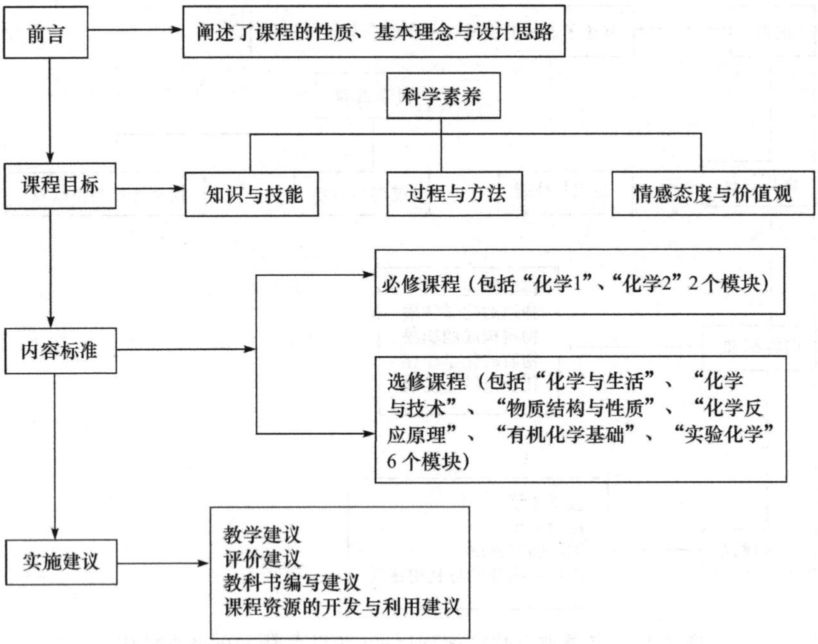

图 1-2 《普通高中化学课程标准(实验)》的基本结构

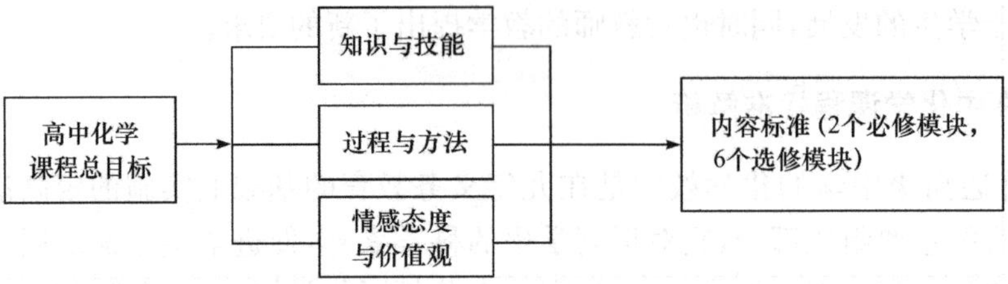

图 1-3 《普通高中化学课程标准(实验)》的设计思路

1.1.4 几种典型的课程理论流派

从课程的组织核心来看，课程理论可分为学生中心课程理论、学科中心课程理论、人本主义课程理论、社会改造主义课程理论、存在主义课程理论、后现代主义课程理论等。

1. 学生中心课程理论

学生中心课程理论也称儿童中心课程理论，是以学生的现实生活特别是活动为中心来编制课程的理论，因此这种课程理论又称活动课程理论。活动课程理论的主要倡导者是美国实用主义教育家杜威。

学生中心课程理论的主要观点包括以下几个方面：

(1) 经验论。认为教育就是经验的改造或重组。这种改造或重组既能增加经验的意义，又能提高指导后来经验进程的能力。课程即对学生经验增长有教育价值的经验。

(2) 以学生为中心的活动论。活动课程理论认为，教育应以学生实际经验为起点，从做中学。一切学习都要通过“做”，由“做”而得到的知识才是真正的知识。

(3) 主动作业论。主动作业是着眼于学生经验的发展而对社会生活中的典型职业进行分析、归纳而获得的各种活动方式，如商业、烹饪、缝纫、纺织、木工等。

(4) 课程组织的心理顺序论。杜威并不否认课程的组织要考虑教材的逻辑顺序，但他更重视课程的组织要考虑学生的心理顺序。他主张课程的组织应从学生的经验出发，将教材心理学化，在教学过程中将学生的个体经验逐渐提升到教材的逻辑水平。

学生中心课程理论的优点是：①重视学生学习活动的心理准备，在课程设计与安排上满足了学生的兴趣，有很大的灵活性，调动了学生学习的主动性和积极性；②强调实践活动，重视学生通过亲自体验获得直接经验，主动去探索，有利于培养学生解决实际问题的能力；③强调围绕现实社会生活各个领域精心设计和组织课程，有利于学生获得对世界的完整认识。

学生中心课程理论的局限性在于：过分夸大学生个人经验的重要性，存在很大的片面性；忽视了知识本身的内在逻辑联系与顺序，从而使课程设置有很大的偶然性和随机性，因此不能保证课程教学的连续性和系统性。最终只能使学生获得一些零碎片段的知识，不能掌握系统的文化知识，降低了学生的知识水平，教育质量很难保证。因此，表面上看，它旨在发挥学生的主体性，但实质上却限制了学生主体的发展。另外，以学生为中心，容易轻视教育的社会任务。

2. 学科中心课程理论

1) 结构主义课程理论

结构主义课程理论是当代西方出现的一个重要的课程理论，其代表人物是该课程理论的创始人布鲁纳。结构主义课程理论以学科结构为课程中心，认为人的学习是认知结构不断改进与完善的过程，因此学科基本结构的学习对学习者的认知结构发展最有价值。结构主义课程理论强调学科基本结构的学习要与学生的认识发展水平相一致。因此，在编制学科课程时，要依据学习者的思维发展水平，采用螺旋上升的方式进行编制。在课程实施上，结构主义课程理论倡导发现式学习法，重视培养学习者的直觉思维和独立思考能力。

结构主义课程理论与学生中心课程理论存在本质的差别。结构主义课程理论是在学科课程理论的基础上发展起来的，强调学科结构的重要性，它主张课程要分科设置，每门学科的课程要根据科学的联系性、连贯性进行编制。学生中心课程理论是和结构主义课程理论相对立的一种课程理论，它主张课程内容要适合学生的需要和接受能力，要求以活动为中心组织教学，没有固定的课程标准和教材。

2) 要素主义课程理论

要素主义是20世纪30年代在美国出现的教育思想流派，又称传统主义教育、保守主义教育，其代表人物是巴格莱(Bagley)。要素主义课程理论的产生源于对杜威实用主义“学生中心”课程的反思，认为学生中心的课程难以保证学生获得基本的知识技能，而教育和课程应当将人类文化要素传授给下一代。要素主义课程理论的主要观点包括：①课程的内容应该是人类文化的“共同要素”，首先要考虑的是国家和民族的利益；②学科课程是向学生提供经验的最佳方法；③重视系统知识的传授，以学科课程为中心。

3) 永恒主义课程理论

永恒主义课程理论的主要代表人物是哈钦斯(Hutchins)。这一流派认为课程涉及的第一个根本问题是，为了实现教育目的，什么知识最有价值或如何选择学科。永恒主义对此的回答是，具有理智训练价值的传统“永恒学科”的价值高于实用学科的价值。“永恒学科”是课程的核心。

学科中心课程理论具有许多优点：①按学科中心课程理论编制课程，有利于传授系统的科学知识，继承人类文化遗产；②重视学生对知识的系统学习，便于学生对知识的掌握与运用；③受到悠久传统的支持，大多数教师对此习惯；④课程的构成比较简单，易于评价。

学科中心课程理论也有其局限性，主要体现在：①以学科为中心编制课程，容易把各门知识割裂开来，不能在整体中、联系中进行学习；②编制的课程完全从成年人的生活需要出发，不重视甚至忽视学生的兴趣和需要，不利于因材施教，容易导致理论与实践脱节，使学生不能学以致用；③各学科容易出现不必要的重复，增加学生的学习负担。

3. 人本主义课程理论

人本主义课程理论流派产生于20世纪60～70年代的美国。人本主义课程理论又称人性中心课程理论，是在抨击学科中心课程理论的“非人性化”的浪潮中应运而生的。它是在批判结构主义课程理论存在的严重问题中逐步发展起来的，主要代表人物是马斯洛(Maslow)和罗杰斯(Rogers)。

人本主义课程理论的主要观点包括以下几个方面：

(1) 教育的根本价值是实现人的潜能和满足人的需要。人本主义课程理论尖锐地指出，结构主义课程对培养社会和科技精英的追求，导致了人的畸形化，遗失了人性价值。因此，课程必须走出英才教育思想的笼罩，建立新的教育价值。人是具有心理潜能的，潜能的实现具有内在的倾向性；需要是潜能的自然表现，潜能是价值的基础，需要表现着价值。所以，课程的教育价值就是实现人的潜能和满足人的需要。

(2) 教育的根本目的是培养“完人”。人本主义课程理论指出，结构主义课程培养出来的是人格不健全的人，其大肆鼓吹的学科分化是倒行逆施，而且科学逻辑与学习逻辑同一性是值得怀疑的，探究-发现学习也存在着迫切性的问题。它提出教育的目标应当指向个体的全面发展和自我实现，它不仅强调发展智力，而且强调伦理、审美、道德的人格发展。

(3) 主张平行与并行课程。为了实现人本主义的教育价值和目的，需要建立和实施平行课程体系，包括学术性课程、社会体验课程和自我实现课程。同时，一种人本主义的并行课程整合模式也应运而生，它由知识课程、情意课程和体验整合课程有机结合而成。

(4) 组织意义学习。罗杰斯指出：人类学习有两种类型，一种是无意义学习，如无意义音节的学习，这类学习只涉及心智，不涉及感情或个人意义，与“完人”无关；另一种是有意义学习，是指一种使个体的行为、态度、个性以及在未来选择行动方针时发生重大变化的学习。这不仅是一种增长知识的学习，还是一种与每个人的各部分经验都融合在一起的学习。

毋庸置疑，人本主义课程理论要求课程适合学习者的需要，把学生作为整体人看待，倡导思维、情感和行为的“整合”，重视情意课程，重视创造活动，提倡学生小组互助，强调学生的自我学习与评价等，是很有特色的理论，其中一些观点在后现代主义课程理论中得到进一步的发展。20世纪70年代，美国中小学出现的开放教室、个别化教学、开放走廊等就与人本主义课程理论有一定的联系。但是，人本主义课程在倡导人的自我实现、尊重人的价值的同时，助长了反理智主义，造成学生学习能力低下、纪律涣散。在理论上，人本主义课程理论过分夸大人的自然潜能和作用，没有看到“人只有凭借现实的、感性的对象才能表现自己的生命”，忽视社会对学生发展的现实性和可能性必然制约的一面，这种制约又影响到人的整体的发展，使人的自我实现最终难以实现。

4. 社会改造主义课程理论

社会改造主义课程理论又称为社会中心课程理论。社会改造主义课程理论是从进步主义教育中逐渐分化出来的，其早期的代表人物有克伯屈(Kilpatrick)、拉格(Ragg)和康茨(Counts)等；20世纪50年代后，使改造主义以新的面貌出现并引起人们关注的是布拉梅尔德(Brameld)。

社会改造主义课程理论的主要观点包括以下几个方面：

(1) 教育的根本价值是社会发展。社会改造主义课程理论批判学生中心课程理论过于注重学生的个人需要、兴趣、自由及活动，忽视了社会变革的需要；在教育和教学中，学生中心课程理论仅注意过程而忽视了结果，只注意手段而忽视了目的。社会改造主义课程理论认为，学校课程的价值，最终是社会的价值，课程乃是实现未来理想社会的运载工具。

(2) 教育的根本目的在于改造社会。社会改造主义课程理论认为，学生中心课程理论实质上是帮助学生"适应"而不是"改造"社会。改造主义也强调课程的经验性质，主张经验是第一位的，但却坚定地认为，经验是团体的而非个人的，所以改造主义格外强调的是团体经验。团体经验的实质在于改造社会，因此教育的目的是推动社会的变化，设计并实现理想的社会。课程研制不应从广大学生掌握知识、发展智力和人格出发，而应从社会改造的要求出发，使课程在统一的社会整体内完整地联系起来。通过课程实施，帮助学生摆脱对社会制度奴隶般地服从，明确社会改革的需要，形成参加各种社会活动、塑造新的社会秩序和社会文化的能力，从而成为改造社会、推进社会发展的主人。

(3) 超越科学技术对课程的主宰。社会改造主义课程理论认为，传统的课程是一个不连贯的教材的大杂烩，其内容过分强调技术而忽视了人类团体的其他经验。因此，要实现社会发展的教育价值和社会改造的教育目的，就必须加强美学、道德、社会和人文方面的课程。

(4) 构建社会问题中心的"核心课程"。社会改造主义课程理论批判学生中心课程理论夸大了学生个人的自由，主张把课程的中心放在社会现实问题、社会改造和社会活动上。因此，有人也将其称为社会中心课程理论。它主张课程应由教育者按照社会需要来决定，而不是由学生自己决定；应以解决实际的社会问题的逻辑而不是学科知识的逻辑为主线来组织课程，使课程与社会生活联系起来，增强学生适应和改造社会生活的能力。

社会改造主义课程理论树立了一种新的课程观念，开辟了课程研究的新方向。但它取消了课程问题的独特性。

5. 存在主义课程理论

存在主义课程理论的主要代表人物是奈勒(Kneler)。该理论是介于社会、学科、学生三者之间的流派。

该课程流派的主要观点包括以下几个方面：

(1) 课程最终要由学生的需要决定。存在主义课程理论认为，在确定课程时，一个重要的前提是要承认学生本人为他自己的存在负责。换句话说，课程最终要由学生的需要来决定。在存在主义者看来，为学生规定一种固定不变的课程是不恰当的，因为它没有考虑到学生对知识的态度。规定固定课程的出发点是，它能消除学生的无知，并能给予学生一定的知识。然而，人的境遇是时刻变化的，没有任何东西是固定的、绝对的，而且固定的课程难以适合学生的情况和需要，成为和学生没关系的东西。这样的课程无助于学生的发展。

(2) 教材是学生自我实现和自我发展的手段。不能把教材看成是为学生谋求职业做准备的手段,也不能把它们看成是进行心智训练的材料,而应当把它们看成自我发展和自我实现的手段;不能使学生受教材的支配,而应该使学生成为教材的主宰。知识和有效的学习必须具有个人意义,必须与人的真正目的和生活相联系,只有这样,个人才能在时间和环境都适宜的条件下按照自己选择的知识和对于知识的理解来行动。

(3) 人文学科应该成为课程的重点。存在主义者认为,人文学科应该成为课程的重点,因为人文学科比其他学科更深刻、更直接地表现了人的本性及人与世界的关系,更能洞察和发展人存在的意义。

需要指出的是,存在主义课程理论之所以反对固定的课程,主要是因为它没有考虑到学生对这种课程的态度,而不是反对课程本身和体现各门学科知识的教材。存在主义者认为,知识离不开人的主观性,它仅仅是基于人的意识和感情而存在的。如果知识不能引发学生的感情,那么对于学生来说,就不可能是明确的知识。

6. 后现代主义课程理论

最有影响的后现代主义课程理论的代表人物主要有车里霍尔姆斯(Cherryholmes)、多尔(Doll)等。他们的主要观点如下:

(1) 课程目标的灵活性。后现代主义课程理论支持课程具有"适量"的不确定性、异常性、模糊性,教学要根据具体实际制订恰当的、适合学生实际的课程目标。

(2) 课程是师生进行解构和建构的文本。多尔设定了丰富性、回归性、关联性替代泰勒原理的基本标准或原理,强调课程实施不应拘泥于灌输和阐释,所有课程参与者都是课程的开发者,课程是师生共同探索新知识的过程。

(3) 课程内容的综合化。后现代主义课程理论要求消解学科边界,甚至最终取消学科本身,主张通过跨学科的、非线性的和流动鲜活的综合课程把学生置于现实生活中,学习现实生活世界所需的知识与技能。

1.1.5 国内外化学课程改革与发展

国际科学教育界从 20 世纪 80 年代开始,系统提出"科学素养"和"STS(Science Technology and Society,科学、技术与社会)教育思想"、"科学探究和基于探究的科学教学观"、"以关注学生已有认识和个人概念对科学学习的重要影响为特征的建构主义学习观"以及"重视体现科学本质观的科学教育"等为核心内容的现代科学教育思想理论。这些对世界各国面向 21 世纪科学教育的课程教材以及教学和评价的改革产生了巨大且深远的影响,国际科学教育理论界对以培养学生的科学素养为核心的科学教育理论达成了前所未有的高度共识。

1. 新中国成立后我国中学化学课程的变革

我国中学化学课程的设置始于 19 世纪下半叶。第一套化学教材于 1872 年出版,是清代学者徐寿翻译的英国韦尔斯(Welles)著的《化学鉴原》(无机化学)。清朝后期和民国时期,翻译的和我国学者自编的化学教材很多,但基本上都是以描述化学为主,内容庞杂,初高中教材在内容上重复较多。

1949 年以后我国中学化学课程的变革主要经历了以下几个时期:

(1) 1949～1957 年。这一时期主要是学习苏联的经验,改造旧中国的化学教育,建设新中国化学课程和教材。这一时期，国家先后颁布了《中学化学教学大纲(草案)》和《中学化学教学大纲(修订草案)》，以苏联中学教材为蓝本翻译和编译了三套化学教材在全国使用，对纠正旧中国化学教材的弊端，统一全国中学化学的标准，提高教学质量，起到了一定的作用。

(2) 1960～1966年。这一时期主要是批判照抄外国经验的教条主义，总结自己的经验，摸索我国课程教材建设的道路。1963年教育部颁布了《全日制中学化学教学大纲(草案)》，组织编写了十二年制学校中学化学教材。上述大纲和教材在加强基础知识和基本技能训练、反映化学新成就、联系实际、培养辩证唯物主义观点以及调整教材编排体系等方面有了较大改进。

(3) 1977年以来课程和教材建设的新时期。这一时期的课程和教材建设反映了世界新科技革命的发展趋势，反映了化学知识激增和化学学科由基本的描述性向推理性过渡，从主要是宏观向微观过渡的现实，注重借鉴世界各国课程教材改革中正、反两方面的经验教训，注重汲取新中国成立以来编写中学大纲和教材的经验和教训。其间，中学化学教学大纲和教材进行了多次修订：

1978年，颁布《全日制十年制学校中学化学教学大纲(试行草案)》。

1980年，对上述大纲草案进行修订。

1983年，制定了两种要求的教学纲要(草案)。

1985年，制定了《调整初中化学教学要求的意见》。

1986年，颁布《全日制中学化学教学大纲》。

1988年11月，颁布了《九年义务教育全日制初级中学化学教学大纲》，编写了九年义务教育化学教材。考虑到初中教育的阶段性和相对独立性，首次将初中化学教学大纲独立出来。

1990年6月，对高中的教学计划作了调整，将高中化学分为必修课和选修课。

1994年，颁布了《全日制普通高级中学课程计划》，并根据计划重新编制了高中化学课本，自1996年开始使用。

1996年，颁布了《全日制普通高中化学教学大纲(供实验用)》，1997年起在江西、山西和天津三地正式试用。1999年，在总结课程试点经验的基础上，为进一步体现培养学生的创新精神和实践能力，对试用大纲进行了修订。

1999年6月，中共中央、国务院召开了改革开放以来的第三次全国教育工作会议，作出了《深化教育改革，全面推进素质教育的决定》(以下简称《决定》)。根据《决定》的精神，全面展开了面向21世纪的课程改革。

21世纪化学学科的发展对基础教育人才培养和基础教育课程内容的现代化提出了前所未有的要求与需要，21世纪社会及科学技术的快速发展对公民的科学素养的培养和具有创新精神和实践能力的人才培养提出了极为迫切的需要，对基础教育的改革提出了紧迫的要求。这些共同构成了中学化学新课程改革的研究基础。

我国最新一次基础教育化学课程改革的进程如下：

1999年8月，成立化学课程标准研制组，开展4项基础研究。

1999年10月～2001年4月，研制并颁布义务教育阶段化学课程标准。

2000年10月～2001年4月，编写出版义务教育阶段化学课程标准实验教材。

2001年9月，首批38个国家级新课程实验区开始实施义务教育新课程，大连成为首个初中化学新课程实验区。

2001年年底，成立普通高中化学课程标准研制组。

2001～2003年，研制普通高中课程方案和高中化学课程标准。

2003～2004年，编写普通高中化学课程标准实验教材。

2004年，山东、广东、宁夏、海南4省（区）成为首批高中新课程实验区。

2006年9月，全国进入义务教育新课程实施阶段。

2007年，启动义务教育阶段化学课程标准征求意见和修订工作。

2005～2009年，江苏、福建、安徽、浙江、辽宁、湖南、黑龙江、吉林、天津、北京、陕西、山西、河南、江西、新疆、云南、河北、湖北和内蒙古依次进入高中化学新课程实验区。

2010年起，全国各省市已全部实施高中化学新课程。随着实验区的不断扩大，21世纪的基础化学教育课程改革从文本课程正式转入实践课程，从设计者的课程转为教师的课程和学生的课程。

义务教育化学课程标准实验教材在全国共有5个版本通过了教育部中小学教材审查并进入实验区使用。这些教材分别由上海教育出版社、人民教育出版社、山东教育出版社、科学出版社联合广东教育出版社、湖南教育出版社出版。高中化学课程标准实验教材在全国共有3个版本通过了教育部中小学教材审查并进入实验区使用，分别由人民教育出版社、山东科技出版社及江苏教育出版社出版。

在高中化学新课程课程结构改革方面，目前取得的积极进展首先是必修课和选修课的层级结构；其次是从全国范围看，化学6个选修模块都已经开设；再次是从全国范围看，6个选修模块的选修模式已经具有多样化特点，省、市和部分地区学校的课程自觉意识大为增强。另外，对化学感兴趣的学生的化学学科素养得到进一步加强，而具有文科取向的学生普遍对化学与生活模块表示出积极的学习兴趣，说明课程更加适合他们。此外，教育部的高考考试大纲、大部分实验省的高考方案以及新课程的试卷试题都在不同程度上体现了选择性，支持了新课程的课程结构。

回顾历史，可以清楚地看到，化学课程的变革从未停止，在前进中也有曲折。从整体上看，我国20世纪80年代至90年代初期的化学课程的变革主要是一个量的积累过程。虽然多次修改教学大纲，但只是侧重在以学科中心课程理论的指导下讨论大纲或教材的改革，主要是在一定的框架内对知识点进行组合或增减。各地也曾推出一些化学课程（主要在初中阶段），但几乎都是沿用相同的模式，学科中心的倾向比较明显，课程和教材的多样化进展不快。另外，大纲所讨论的目标和能力要求也过于抽象，难以真正起到指导教学和评价教学的作用；化学知识的内容体系理论性强，较少联系社会需要和不同学生的未来发展，课程缺乏生动性、探究性和必要的弹性，这些都在一定程度上影响了对学生的智力潜能的开发和创新能力的培养；课程评价和师资培训工作滞后，也影响了课程实施的质量。90年代中后期，我国中学化学课程改革出现了较好的趋势，课程理念逐步从培养化学精英转向“化学为大众”，在课程模式、课程内容的现代化和现实性方面作了许多探索，并在大纲和教材中初步得到体现。尤其是新的课程标准颁布后，化学课程的改革体现了一种全新的理念，教材体系也各有特色。

2. 国外中学化学课程改革及发展趋势

国外中学化学课程改革可以划分为三个时期。

1) 20世纪50年代以前

这一时期，各国的化学课程基本上是一种描述性的学科，它的教学内容主要是元素化合物知识，理论知识较少，也比较浅显。

2）20世纪50年代中后期至70年代末

20世纪50年代以后，科学技术的迅猛发展，日新月异地改变着世界的面貌。生产过程的高度机械化和自动化逐步缩小了脑力劳动和体力劳动之间的差别，促成了体力劳动的智力化，这种趋势提出了提高劳动者科学素质的要求。在这个时期，化学学科的面貌也已发生了变化，主要特点是比过去更趋于理论化、定量化。这些情况都促使了化学课程的改革。这一时期的改革从美国和英国开始，逐渐扩展到世界的各个地区。

（1）美国。

20世纪50年代末，美国开始大力改革基础教育，并在1958年制定了《国防教育法》，动员政府机构、大学、科学基金会一起出动，大力进行自然科学课程的改革和天才教育。在化学课程改革方面，成立了两个化学教学研究组织：CBA（Chemical Bond Approach Project，可译为以化学键概念为中心的教材设计会）和CHEM Study（Chemical Education Material Study，可译为化学教材研究会）。这两个组织经过几年的教学试验，分别编写了名为《化学体系》和《化学——一门实验科学》的教材，供16～18岁的尖子学生使用，这两套教材的共同特点是理论水平高而且所占的比重大，元素化合物知识则大为削弱。

CBA教材在国内外的影响很大，但因为内容太深、太抽象，使用这套教材的学校很少。CHEM Study教材在国内外的影响也很大，而且使用这套教材的学校也比较多，特别是在加拿大和拉丁美洲国家。这套教材被译成了19种文字和8种语言的教学影片。1965年后，该组织又把该套教材修订成三套不同风格的教材：《化学探讨方法》、《化学——实验和原理》和《化学——实验基础》，以供不同需要的学生选用。

（2）英国。

英国在这个时期由教育和科学部组织了学校教学大纲研究小组，在纳菲尔德财团的支持下进行改革，编写了纳菲尔德化学教材。这套教材分为普通水平（O水平，供11～16岁学生使用）和高级水平（A水平，供16～18岁学生使用），后者的特点与CBA教材和CHEM Study教材相似。这套教材在英国被广泛采用。其中普通水平教材在英联邦国家的影响也很大，而高级水平的教材影响则小一些。

（3）其他国家。

美国和英国在改革过程中所编写的以上三套教材对这一时期世界化学课程的改革起了带头作用。第三世界国家的化学课程改革起步要晚一些。20世纪70年代，正当美国、加拿大、日本等国家因为教材理论偏深、元素化合物知识削弱得太厉害，学生难以接受而不得不降低教材的理论水平、增加描述性的元素化合物知识的时候，第三世界的一些国家才开始提高教材的理论水平，削弱元素化合物的知识，试图实现教材的现代化。

这一时期化学课程改革的主要特点如下：

a. 不同程度地提高了理论知识的起点，削弱了元素化合物知识的比重。例如，CBA教材的理论水平相当于大学一年级普通化学的水平，教材所包含的5个单元18章中，没有一章是系统研究元素化合物的性质、制法和用途的。CHEM Study教材的理论水平比CBA教材略低一些，但该教材所包含的25章中，只有9章讲了元素化合物知识。纳菲尔德高级水平的化学教材，19章中元素化合物知识占了5章，从篇幅来看，理论部分占60%，元素化合物知识占40%。

b. 从教材的编写特点来看，基本上都是将理论知识和元素化合物知识穿插编排。

c. 对于化工生产方面的知识一般讲得少而简单,甚至不讲。有的教材只讲化工生产所涉及的化学原理,有的只用简单的框图表示生产流程,有的附上工厂、车间或典型设备的图片或照片。文字叙述所占的篇幅很少。

d. 重视化学实验,并对化学实验内容作了必要的修改。这一时期化学课程的改革一般都表现出重视化学实验。例如,一般都有单独的学生实验用书;重视学生实验技能的训练,配备了较多的学生实验;从实验的内容上,减少了验证物质性质的实验,增加了验证理论和概念的实验,从实验的类型上,增加了一些定量实验和探究实验;配备了一些较为精密的仪器,如分析天平、pH 计、分光光度计、核磁共振波谱仪等。

e. 重视能力和科学态度的培养以及科学方法的训练。在这一时期的化学课程改革中,不少教材对科学家的活动和生平进行了介绍;配备了大量生动有趣、灵活多样的练习和作业;按照科学研究的顺序编写教材;重视在让学生获取知识技能的同时,发展智力、培养能力并渗透科学态度、科学方法的训练。

20 世纪 50 年代中后期至 70 年代末的化学课程改革,其缺陷在实践过程中日益突出:

(1) 理论偏深、偏难。课程改革的理念是培养科学精英,因此许多教材只为少数升学的学生服务,脱离了学生的实际,改革的结果是学生的学习负担沉重、学习兴趣降低。

(2) 忽视了化学与社会生产和生活实际的联系。对于将来不从事化学专业工作的学生来说,所学的化学知识没有多大用处。对当时美国 17 岁青年学生的调查表明,有 88%的人不知道塑料是石油化工产品;63%的人不知道汽车尾气是造成城市污染的主要原因;53%的人不知道电能可以由煤、石油、天然气等燃料的燃烧转化而产生;51%的人不知道保持干燥是防止铁钉生锈的简单而重要的方法。这曾导致了 70 年代末期的“恢复基础”运动。

3) 20 世纪 80 年代以后

20 世纪 80 年代以后,以培养科学精英为目标的课程理念逐渐被注重面向全体学生、保证大面积教育高质量的理念所代替,化学教育的内容也由过去的注重高、精、深的做法转向保持适当水平、注重广博和实用。时至今日,化学教育已从“化学中的教育”和“通过化学进行教育”演进到“有关化学的教育”。也就是说,当今的化学教育已不再是培养化学精英,而是本着“化学为大众”的思想,解决“公民的化学要解决公民的问题”这一命题,即提高公民的“化学素质”。

20 世纪 80 年代以后的化学课程改革主要表现出以下几种趋势:

(1) 培养学生“科学素养”的观念已成为国际化学课程改革的主流。

“科学素养”并不是近几年才提出的新理念。20 世纪 70 年代初期,在一些发达国家(如澳大利亚)的中小学自然科学课程中就提出了“科学素养”的理念,并把培养学生的科学素养作为课程的基本任务。在近 10 年间,这一课程理念已成为教育科学家和大多数理科教师的共同理念,成为当今理科课程教育目标的一个共同趋势。

对于科学素养的解释,在不同时代有所不同。随着时代的发展,人们对科学素养的认识也在不断变化。在我国,多数人认可的解释是:科学素养是指了解并能够进行个人决策、参与公民和文化事务、理解经济生产所需要的科学概念和从事经济生产所需要的科学过程。科学素养最基本的含义是指学生能够合理地将所学到的科学知识运用到社会及个人生活中。

另有一些专家和科学教育组织回避直接定义科学素养,而是用对具备科学素养的人的描述来间接地解释这一理念。例如,美国科学促进会制定的“2061 计划——为了全体美国人的科学”中提出：“具有科学素养的人应当熟悉自然世界，认识它的多样性和统一性；理解重要的科学概念和原理；通晓科学、数学和技术相互依存的重要方式；知道科学、数学和技术都是人类的事业，知道它们的力量和局限性的含义；有进行科学思维的能力；能应用科学知识和科学思维方法实现个人和社会的目的。”

科学技术不断改变着我们的生活，改变着我们周围的世界。因此，公众的科学素养水平的高低已成为一个国家经济能否发展、国家竞争力能否增强的决定性因素。不同于精英教育，培养学生的科学素养是面向全体学生的科学普及教育，是科学与社会密切联系的教育。20 世纪 80 年代以后所开发的一些化学课程，如美国的“社会中的化学”、英国的“索尔特化学”等都反映了旨在培养和提高学生科学素养的理念；我国于 2001 年颁布的《全日制义务教育化学课程标准(实验稿)》也提出了要使学生“具备适应未来生存和发展所必备的科学素养”，这都说明培养和提高学生的科学素养已成为中学化学课程改革的一大趋势。

(2) 化学课程的改革体现人本化、个性化理念，满足不同学生的需求。

20 世纪 80 年代以后的化学课程改革体现出了一种人本化、个性化的趋势，具体表现就是许多国家设置了多元化的化学课程或称为微型化的课程供学生选修，以满足不同学生的发展需要。例如，美国虽然在 1993 年颁布了《国家科学素养基准》，1996 年制定了《国家科学教育标准》，但这些仅起指导性的作用，如何实施、采取什么形式实施，都是由各学区或学校自己决定。因此，就化学课程的设置来说，在美国，不仅不同的中学各有特点，而且同一所中学也开设几种不同要求的化学课程，以最大限度地满足学生对化学知识的不同需求；英国的中学化学课程设置和类型也主要由学校自己决定，因此各个中学的化学课程设置也是各有特点；日本在实施全国统一课程标准的基础上，也根据学生的需要设置了几种不同程度的化学课程，有的是必修课程，有的是选修课程。近年来，随着网络的发展，一些国家还开发了网络化学课程，利用技术上的优势，学生可以自选学习内容、自定学习进程、选择适合自己的学习方法。

(3) 联系实际，充分体现化学课程价值。

把化学带到生活中去，加强其与社会和实际生产生活的联系，使化学教育贴近学生的社会生活实际，让学生了解化学在现代生产生活中的作用，为学生将来的社会生活做准备，是 20 世纪 80 年代以来世界各国中学化学课程改革的一个重要趋势。例如，英国的“索尔特化学”课程中，化学知识紧密联系学生的日常生活经验，并且渗透了化学在工业、农业、技术、经济等诸多方面应用的问题；美国的高中化学课程“社会中的化学”中，化学知识都是围绕着与化学有关的社会问题组织的，并以决策活动为特色，在决策活动中为学生提供应用化学知识的实践。例如，在第一单元通过“水的供给”，学习有关水的性质、存在环境、水溶液等许多与之相关的知识；在第八单元“化学工业”中，提供了在小镇附近建立化工厂的问题，让学生通过讨论作出决策等。我国新颁布的初高中化学课程标准的基本理念也都强调了化学与学生生活经验的联系。

(4) 重视化学与其他学科的相互渗透，反映化学的发展动态。

国外不少化学教材在介绍化学知识的同时，还介绍与之有关的生物、物理、地理、医学知识，并且努力以浅显的文字或图表介绍学科的发展，如介绍生物体中常见的化学元素、常用的度量单位、灭菌、病毒的过滤等内容，使学生的知识得以扩展和综合。另外，20 世纪 80 年代以后，实施综合理科课程在发达国家已成为理科课程改革的主要趋势之一。我们也可以把它看成是化学与其他科学相互渗透的课程形式，目的是给学生以科学的全貌，使学生能从多角度、更全面地看待问题或解决问题。20 世纪 80 年代中期，我国开始在个别中学试行综合理科课程，后来又在个别地区试行。在新制定的全日制义务教育新课程体系中，初中阶段选择实施了分科课程或综合理科课程。不仅如此，在初中分科化学课程中，也进一步加强了化学与生物、物理、环境等科学的相互联系。

(5) 精心设计课程内容，营造真实的学习情境。

20 世纪 80 年代以来，建构主义学习理论在世界上开始受到重视并逐渐流行起来，它更强调学生在学习中的主体作用，并把解决基于真实问题的探究活动作为学生学习有关知识的主要学习方式，这对近年来世界中学化学课程内容的设计产生了深刻的影响。例如，美国的《社会中的化学》和英国的《社会中的科学和技术》两本教材都精心设计了现实社会中存在的一些典型的有关化学的问题，让学生通过探究活动，寻求问题的解决方法，在解决问题的过程中学习相关的化学知识。例如，《社会中的化学》的第一章"我们需要的水供给"，就是通过设计"发现用作饮用水源的河中鱼的死亡，引起小镇供水紧张"这一关于水问题的真实情境，来学习有关水及水溶液的化学知识。

(6) 改变学习方式，注重学生创新能力的培养。

面向 21 世纪，世界各国的基础教育课程改革都把改变学生的学习方式作为一项重要内容，以利于培养学生的学习能力和创新能力。改变学生的学习方式，就是要改变只重视接受已有科学结论和事实的学习方式，倡导以科学探究为主的学习方式。为了使学生形成以探究为主的学习方式，很多国家都很重视设置探究性内容，把对科学探究过程的体验和方法的掌握作为课程目标。我国在近年来的中学化学课程改革中，也提出把科学探究作为课程改革的突破口，强调激发学生的主动性和创新意识，促使学生积极主动地学习，这些都充分反映了中学化学课程改革的这一趋势。

(7) 重视化学教育与人文教育的结合。

20 世纪 80 年代以后的中学化学课程改革越来越体现出以人为本、以学生的发展为宗旨的理念，体现出科学研究的严谨求实的作风、坚强的意志、独立与合作相结合的意识、勇于批判的精神、强烈的社会责任感、大胆创新及献身精神等；体现出不仅把化学作为一门有特定研究对象的科学知识，而且把化学作为一种人类文化，把化学知识作为新世纪的公民所必需的科学素养让学生掌握；注重让学生在学习化学的同时，正确认识应用化学研究成果的利与弊，从文明、道德、伦理、法律的角度对化学品及技术的消费和使用进行反思；努力使化学科学的发展达到与人的发展、与自然的发展以及人与自然的发展的和谐统一，完整体现化学教育的真谛。

1.2 化学课程内容分析

1.2.1 义务教育化学课程内容分析

《全日制义务教育化学课程标准(实验稿)》(以下简称《课程标准》)所确定的化学课程的内容，具体反映在《课程标准》中的"内容标准"部分。这一部分包括 5 个一级主题(科学探究、身边的化学物质、物质构成的奥秘、物质的化学变化、化学与社会发展)，每个一级主题又由若干个二级主题或单元构成，共有 18 个二级主题(表 1-1)。

表 1-1 内容标准的 5 个一级主题和 18 个二级主题

一级主题	二级主题
科学探究	增进对科学探究的理解 发展科学探究能力 学习基本的实验技能
身边的化学物质	地球周围的空气 水与常见的溶液 金属与金属矿物 生活中的常见化合物
物质构成的奥秘	化学物质的多样性 微粒构成物质 认识化学元素 物质组成的表示
物质的化学变化	化学变化的基本特征 认识几种化学反应 质量守恒定律
化学与社会发展	化学与能源、资源利用 常见的化学合成材料 化学物质与健康 保护好我们的环境

每个二级主题从“标准”、“活动与探究建议”两个维度对学习内容加以说明。以“地球周围的空气”为例，见表 1-2。

表 1-2 以“地球周围的空气”为例的标准和活动与探究建议两个维度

标准	活动与探究建议
(1) 说出空气的主要成分，认识空气对人类生活的重要作用 (2) 知道氧气、二氧化碳的主要性质和用途，认识氧气能跟许多物质发生氧化反应 (3) 初步学习在实验室制取氧气和二氧化碳 (4) 了解自然界中的氧循环和碳循环	(1) 实验探究空气中氧气的体积分数 (2) 实验探究氧气和二氧化碳的性质 (3) 辩论：空气中的二氧化碳会越来越多吗？氧气会耗尽吗 (4) 小组协作设计并完成实验：探究空气中二氧化碳相对含量的变化

本单元可供选择的学习情景素材：科学家对空气成分的探究；灯管中的稀有气体；温室效应。

“标准”规定了学习本课程所要达到的最基本的学习要求。对学习要求的描述既着眼于学习的过程，也着眼于学习的结果；既包含了知识与技能的目标，也包含了方法、观念、态度等方面的目标。

“活动与探究建议”中所列举的学生实践活动为学生自主解决问题提供了课题。但这些活动不要求全盘照搬，在教材编写或教学时可以根据实际情况选择应用，也可以另外增补更合适的探究活动。

每个二级主题还提供了一些可供选择的学习情境素材，为教学设计提供了一定的线索。

可以看出，改革后义务教育化学课程的内容变化有以下几个特点：

(1) 着眼于学生科学素养的提升，以“从生活到化学，从化学到社会”的基本理念组织内容。

内容标准中的5个一级主题内容的选择不再单纯依据化学学科的知识系统，而是结合学生已有经验、社会生活实际、人与自然的关系、化学学科内容的特点来选取和建构学生发展最需要、最基础的内容，着眼于学生科学素养的提升，提倡“从生活到化学，从化学到社会”。

“从生活到化学，从化学到社会”这一理念既体现在《课程标准》的基本理念和课程目标中，又是基本理念和课程目标在内容上的具体、生动的反映。例如，从学生已有的经验出发，让他们在熟悉的生活情景中感受化学的重要性，了解化学与日常生活的密切关系，逐步学会分析问题和解决与化学有关的一些简单实际问题，让学生感受并赞赏化学对改善个人生活和促进社会发展的积极作用，关注与化学有关的社会问题，初步形成主动参与社会决策的意识。

为了体现这一理念，《课程标准》在规定教学内容和“活动与探究”建议栏中作了充分的考虑，并安排了大量联系生产、生活与科学技术的实例。例如，要“知道常见酸、碱的主要性质和用途，认识酸碱的腐蚀性”、“知道酸碱性对生命或农作物生长的影响”，能“调查或收集有关酸雨对生态环境和建筑物危害的资料”；又如，在二级主题“保护好我们的环境”中，要求学生认识“三废”处理的必要性及处理的一般原则，把与人类生存息息相关的重大问题——环境问题放在学生面前，使学生逐步树立保护环境的观念，初步形成正确、合理使用化学物质的意识，认识化学在环境监测与环境保护中的重要作用。这些体现STS教育思想的内容，既是学生终身学习和适应现代社会生活所必需的化学基础知识，也是学生能力发展和情感态度与价值观教育的重要载体。

(2) 将科学探究列为重要的学习内容和学习方式。

《课程标准》中的科学探究既是化学课程的重要学习内容，在“内容标准”中单独设立了主题，明确提出了初中化学课程中对科学探究的学习要求；同时又强调科学探究是一种重要而有效的学习方式，在各个主题的具体内容中都有针对性地提出了一些具体的探究活动建议，有利于学生学习方式的改变，为切实培养学生的创新精神和实践能力提供了可实现的具体途径。

(3) 依据培养科学素养的要求和学生的实际，调整了教学内容。

与前期的教学大纲相比，《课程标准》要求的纯粹的化学知识内容总量减少了，增加了化学与社会、技术、生活相联系的学习内容；删除了过于繁难、陈旧的成分，降低了原来过高的学习要求。

具体调整如下：

a. 增加了“胶体”、“油漆、涂料、黏合剂、食品添加剂”等选学内容和若干实践性强的专题调研活动。增加了学生活动，扩充了学生选做实验和专题调研课题，在原教学大纲的基础上新增4个选做实验和3个专题调研课题。

b. 删去容易造成初中生学习困难的“溶解度计算”，仅保留“溶解度”概念，对其要求也作了相应的下调。“氧化还原反应”、“电离”、“常见酸、碱、盐的电离方程式”内容抽象，对其中在初中阶段难以讲清而高中又要重新介绍的内容也予删去，共删除6处内容。

c. 考虑到初中生的接受能力和必学化学知识的重要性，新的课程标准对有关内容作了调整，共下调9处；原子的构成、核外电子排布的初步知识、原子结构示意图、化合价、溶液的导电性等微观概念的教学要求均作了下调。

对课程内容进行上述调整，根本的意义在于提倡一种与过去完全不同的教育价值观，而不仅仅在于这些内容本身。更深层的作用是，要删除与其相关和由其连带的、与应试相关而对学生发展并无益处的内容和大量的习题训练。这样，对于一般的中学来说，有望使化学课的教学时间恢复正常，对于重点中学来说，则有望节省出一定的教学时间来让学生更多地进行主动的、探究式的学习活动，这对于学生的科学素养的提高和全面发展都是必需而有利的。因此，删减课程内容不单纯是为了减负，应该从更高、更远、更宽的角度来认识这个问题。当然，也必须承认，无论是要减负还是进行素质教育，删减教学内容和降低教学要求都不是理想的途径。只有彻底转变教学观念，才有希望对教学进行系统的优化改革。

1.2.2 普通高中化学课程内容简介

1. 必修模块的内容

高中化学必修课程依据学习顺序分成“化学 1”、“化学 2”两个模块，总计 4 学分，每个模块 2 学分。这两个模块是在义务教育的基础上为全体高中生开设的必修课程，目的在于促进学生在知识与技能、过程与方法、情感态度与价值观等方面的发展，进一步提高学生的科学素养和学习化学的兴趣，同时也为学生学习相关学科课程和选修其他化学模块课程打下基础。

必修课程的设计注重对学生科学探究能力的培养，重视化学基本概念和化学实验，体现绿色化学思想，突出化学对生活、社会发展和科技进步的重要作用。

“化学 1”、“化学 2”的内容主题见表 1-3。

表 1-3 普通高中化学必修课程模块的内容主题

课程	化学 1	化学 2
内容主题	认识化学科学 化学实验基础 常见无机物及其应用	物质结构基础 化学反应与能量 化学与可持续发展

通过高中化学必修课程的学习，学生应主要在以下几个方面得到发展：

(1) 学习常见的化学物质，初步认识物质的微观结构，知道化学反应的一般原理，了解它们在生产、生活和化学科学研究中的应用。

(2) 学习必要的化学实验技能，体验和了解化学科学研究的一般过程和方法，认识实验在化学学习和研究中的重要作用。

(3) 正确认识科学、技术与社会的相互关系，能运用所学知识解释生产、生活中的化学现象，解决与化学有关的一些实际问题，初步树立社会可持续发展的思想。

分析必修模块的课程内容构成主要包含以下几个方面的内容：

(1) 化学史与化学方法。主要包括化学科学的性质和研究对象、化学科学发展的基本特征和发展趋势；物质的组成、结构和性质的关系，化学变化的本质；假说、模型、比较、分类等科学方法在化学研究中的作用；定量研究方法的重要作用；实验方法(实验设计、条件控制、数据处理等)；实验技能(物质的检验、分离、提纯、溶液配制)等。

(2) 化学的核心概念和基本理论。主要包括物质的量；物质的分类；电离以及离子反应及其发生的条件；氧化还原反应的本质；元素、核素、原子核外电子的排布；原子结构与元素性质的关系、元素周期律；化学键(离子键、共价键)；化学反应中的能量变化；化学反应的速率和反应限度等。

(3) 常见物质的主要性质、制取及其应用。主要包括钠、铝、铁、铜等金属及其重要化合物;氯、氮、硫、硅等非金属及其重要化合物;甲烷、乙烯、苯、氯乙烯、苯的衍生物;乙醇、乙酸、糖类、油脂、蛋白质;常见的高分子材料等。

(4) 化学与可持续发展的观念。包括化学科学对提高人类生活质量和促进社会发展的重要作用;化学品对生态环境的影响;提高燃料的燃烧效率、开发清洁高能燃料以及研制新型电池的重要意义;化石燃料综合利用的价值;海水、金属矿物等自然资源综合利用的意义;酸雨的危害与防治以及使用无磷洗涤剂对环境保护的意义;合成新物质对人类生活的影响;化工生产中遵循"绿色化学"思想的重要意义等。

2. 选修模块的内容

选修模块共包括 6 个模块,即"化学与生活"、"化学与技术"、"物质结构与性质"、"化学反应原理"、"有机化学基础"、"实验化学"。

学生在高中阶段修满 6 学分,即在学完"化学 1"、"化学 2"两个模块之后,再从选修课程中选学一个模块,并获得学分,即可达到高中化学课程学习的毕业要求。

新的高中化学课程鼓励学生尤其是对化学感兴趣的学生在修满 6 个学分后,选学更多的课程模块,以拓宽知识面,提高化学素养。建议有理工类专业发展倾向的学生可修至 8 个学分;有志于向化学及其相关专业方向发展的学生可修至 12 个学分。

化学课程标准是普通高校招生化学科考试的命题依据。"化学 1"、"化学 2"课程模块的内容是高校招生化学考试内容的基本组成部分。普通高校招生化学科的考试内容应对报考不同专业的学生有不同的要求:报考人文学科或社会科学专业的学生,最多不超过 3 个模块;报考理工类专业的学生,最多不超过 4 个模块;报考化学及其相关专业的学生,最多不超过 6 个模块。

1) 化学与生活

设置"化学与生活"模块的主要目的是让学生认识生活中必需的化学物质,能够用化学知识解决生活问题,认识到化学可以使人类的生活更美好,从而形成正确的价值观。

这一模块包含的一级主题为:①化学与健康;②生活中的材料;③化学与环境保护。

具体内容包括以下两部分:

(1) 与生活相关的化学基础知识。

a. 氨基酸、蛋白质的结构和性质,人体必需的维生素的主要来源,微量元素、食品添加剂的组成、性质和作用。

b. 某些药物的主要成分和疗效。

c. 居室装修材料的主要成分及其作用,金属与合金在性能上的差异,常见合金的组成。

d. 金属腐蚀的化学原理,金属防护的常用方法,水泥、玻璃和陶瓷的主要化学成分、生产原料及其用途,生活中常用的合成高分子材料的化学成分及性能。

e. 污水处理的化学方法及原理,减少大气污染物的原理和方法等。

(2) 与化学和生活相联系的一些重要观念。

a. 微量元素对人体的健康有重要的作用,合理摄入营养物质有助于人体健康。

b. 生活材料离不开化学,合理选用材料有助于提高人类的生活质量和环境质量。

c. 合金改善了金属的性能,在现代生活中有广泛的应用。

d. 防止金属腐蚀的意义重大。

e. 运用化学方法能减少污染，治理环境。

2) 化学与技术

“化学与技术”模块以化学知识为基础，介绍化学在自然资源的开发利用、材料制造和工农业生产中的应用，使学生能运用所学化学知识对与化学有关的一系列技术问题作出合理分析，强化学生的应用意识和实践能力。

这一模块包含的一级主题为：①化学与资源开发利用；②化学与材料制造、加工；③化学与工农业生产。

具体内容包括以下几个方面：

(1) 与化学相关领域的资源开发和利用，如煤、石油和天然气资源的获取和应用价值，从海水资源中获得化学产品，基本化工生产资源的开发(如制碱、合成氨等)，固体废弃物资源(如废旧塑料、粉煤灰等)的回收利用等。

(2) 材料制造和化工生产中的化学方法，如金属材料的生产和表面处理，无机非金属材料、高分子材料的合成，水处理技术，合成氨工艺，催化剂研制，精细化工生产等。

(3) 农业生产中化学知识的运用，如化肥的种类与肥效，土壤的酸碱度及其改良，农药的成分及改良，农林产品加工中的化学原理等。

(4) 技术意识和可持续发展的观念，如资源的综合利用，废弃物资源的再生利用，能源的优化利用，污染的源头治理，降低成本与提高质量，化学品的合理使用等。

3) 物质结构与性质

“物质结构与性质”模块从原子、分子水平揭示物质构成的规律，以微粒之间不同作用力为线索研究不同类型物质的有关性质，帮助学生从物质结构与性质的关系的角度进一步理解物质变化的本质，激发他们探究物质构成奥秘的兴趣，提高学生的理性思维能力。

这一模块包含的一级主题为：①原子结构与元素的性质；②化学键与物质的性质；③分子间作用力与物质的性质；④研究物质结构的价值。

具体内容包括以下两方面：

(1) 有关物质结构的基本概念、原理和关系，如电离能、电负性、σ 键和 π 键、配合物、分子间作用力、氢键、手性分子、晶体的结构微粒；原子结构的构造原理、原子核外电子的能级分布、原子结构与元素周期律的关系、杂化轨道理论、晶格能与离子键的强弱、键能、键长、键角与简单分子的某些性质；等电子原理、相似相溶规则、金属晶体的基本堆积模型等。

(2) 有关物质结构的基本观点和基本方法，如物质的结构决定物质的性质的观点、量变引起质变的观点、对立统一的观点、对称性思想、模型化方法、类比方法、比较方法等。

4) 化学反应原理

“化学反应原理”模块从化学反应与能量、化学反应速率和化学平衡以及溶液中的离子平衡等方面，探索化学反应的规律及其应用。

这一模块包含的一级主题为：①化学反应与能量；②化学反应速率和化学平衡；③溶液中的离子平衡。

具体内容包括以下两方面：

(1) 基本概念和原理，如反应热、焓变、熵变、活化能；化学平衡、化学平衡常数、转化率；弱电解质、电离平衡、水的离子积常数；盐类水解；沉淀溶解平衡、沉淀转化；盖斯定律；原电池和电解池的工作原理、电极反应和电池反应方程式；有关反应热的简单计算；化学反应速率的定量表示和实验测定、化学反应速率的影响因素；化学平衡移动的影响因素；化学反应的方向性；

pH 的简单计算等。

(2) 体现科学价值观的知识。例如，能源是人类生存和发展的重要基础；化学有助于解决能源危机；化学能与电能的相互转化具有广泛的应用价值；催化剂在生产、生活和科学研究领域中发挥的重大作用等。

5) 有机化学基础

"有机化学基础"模块比较系统地介绍了常见有机物的组成、结构和性质，揭示了有机物之间的相互转化关系，关注有机物在日常生活、人类健康和技术发展等方面的应用。

这一模块包含的一级主题为：①有机化合物的组成与结构；②烃及其衍生物的性质与应用；③糖类、氨基酸和蛋白质；④合成高分子化合物。

具体内容包括以下两方面：

(1) 有机化学的基本理论，如确定有机物的分子式、有机物分子中的官能团、有机物结构表示、有机化合物命名规则、有机物的同分异构现象、有机物分子中基团之间的相互影响等。

(2) 各类有机物的组成、结构、性质以及在某些领域中的应用。主要包括脂肪烃和芳香烃；烃的衍生物（卤代烃、醇、酚、醛、羧酸、酯）；糖类；氨基酸；蛋白质；高分子材料等。

6) 实验化学

"实验化学"模块将化学知识、实验技能、实验方法、实验思想、科学态度、科学价值观融为一体，在解决具体实验课题的过程中实现课程目标，较好地体现了实验在科学探究和提高学生科学素养方面的重要作用。

这一模块包含两个一级主题：①化学实验基础；②化学实验探究。

具体内容包括以下三方面：

(1) 实验基本技能，如物质的分离与提纯；常见物质的组成和结构检测；天平、酸度计等仪器的使用；常见物质的制备与合成。

(2) 实验研究思路，如反应条件的控制；设计、评价、优化实验方案；对实验现象作出合理的解释；收集并处理实验数据；误差分析；比较、归纳、分析、综合等方法在揭示化学变化规律方面的初步运用。

(3) 实验中的价值观，如安全意识、绿色化学的思想、环境保护的意识、定量的意识等。

1.2.3 普通高中化学课程内容特点

1. 课程内容力求体现基础性、时代性和人文性

必修模块较好地体现了初高中阶段化学知识与技能的衔接，不仅为学生学习其他化学课程模块提供了基础，而且在过程与方法、情感态度与价值观方面对高中生提出了具体的要求。选修模块在提高学生科学素养的总目标下各有侧重，设置模块内容的线索也都有所不同，既有反映现代化学发展的内容，也有充分体现化学对人类生活、技术发展产生重要影响的内容。必修模块与后续选修模块的关系是基础性与多样性和选择性之间的关系。整个中学化学课程是三个阶段、三个层次、两种类型的发展统一体，第一阶段（初中化学）是入门、第二阶段（必修）是发展、第三阶段（选修）是个性化的深入和提高。每一名高中生都必须经历这三个层次的发展阶段，前两个阶段强调的是共同的全面发展，第三个阶段突出的是多样化、富于选择性和个性化的深入发展。

化学科学的社会价值、思想观念等影响着社会的文明化进程，通过安排不同的课程模块、课程内容和学习活动，高中化学新课程力求揭示课程的人文内涵，以进一步培养学生的社会责任感和参与意识。

2. 通过多样化的学习方式培养学生的探究能力

普通高中化学新课程积极倡导学习方式的多样化，在“内容标准”部分的“活动与探究建议”栏目中设置了大量的探究课题，引导学生运用问题讨论、信息收集、方案设计、合作学习、实验探究、调查咨询等方式获取信息，使学生在探究实践中获得知识与技能，体验学习化学的乐趣。

3. 突出强调化学实验的作用，倡导多种课程资源的开发和利用

普通高中化学新课程在各个课程模块中都强调化学实验的作用，以此作为启迪学生科学思维、培养学生探究能力和情感态度与价值观的重要手段，并对实验室建设提出了基本要求。在“活动与探究建议”中，许多案例涉及的文献资料来源于图书馆和计算机网络，这为进一步开发和利用课程资源提供了有效途径。

1.3 化学教科书

化学教科书是根据学校课程计划和化学课程标准的要求，选择和组织教学内容的关键环节，属于课程编制的第三个层次（第一个层次是教学计划，第二个层次是课程标准），是教与学的重要工具。

1.3.1 化学教科书的编排体系

教科书的编排体系是指它所包含的教学内容和各部分内容之间的联系。教科书是实现教学目的的一个载体和媒介，也就是说，教科书是学生学习化学知识、化学基本技能、进行科学方法和情感态度教育的主要载体。因此，化学教学的目标应当体现在教科书的内容中，通过这些内容的教学达到课程标准所规定的教学要求和教学目的。

一本教科书是否便教易学，是否能充分发挥它的功能，很大程度上取决于它的编排体系。

教学经验证明，一本便教易学的教科书关键是要把握好编排体系的“序”。这个“序”称为“程序”、或“顺序”。在以往的一段时间里，教科书主要讲了知识的逻辑顺序，注重学科知识内部逻辑体系的构建，以便教师系统地向学生讲授，突出教科书的“教本”作用。但是，这样做的结果是部分学生在课堂上没有听懂的内容，课后读教科书也无法理解。即使有学生勉强听懂，这种教科书的编排体系也难以体现教学生“学会学习”这种终身教育的思想，没有学生自己亲身体验的学习，也难以使学生形成学习的强烈动机和求知欲望。因此，时代的发展、教学理论和实践都要求对这样的教科书进行改革。改革的目的是使学生学有兴趣，便于自学，好教好学，充分发挥教与学双方的积极性，教科书必须真正成为既是“教本”，又是“学本”。要做到这一点，教科书只考虑知识内容方面的序是不够的，还必须遵从学生学习认识的程序和心理发展的顺序。这样，化学知识的逻辑顺序、学生的认识顺序和心理发展顺序“三序”结合，就成为构建教科书编排体系的基本原则。

1. 化学知识的逻辑顺序

化学是一门在原子、分子层次上研究物质的组成、结构、性质及其变化规律的学科。化学现象千差万别，但有它的内在联系，形成了比较成熟的科学体系。这个体系有着不同层次水平的内在逻辑联系，如物质微观构成、结构、性质之间的逻辑关系，宏观物质组成、性质、用途之间的联系，元素、元素周期律、周期表之间的联系，化学热力学、动力学理论与化学变化发生的方向与限度之间的逻辑联系等。化学教科书的内容就是根据课程设置的教学目的要求，按照一定的原则从化学科学体系中精选出来的、符合教学要求的材料。对于初中化学教科书来说，虽然所选的化学知识都比较浅显，但是其间也存在着内在的逻辑关系，如离子与原子概念的先后，相对分子质量计算与质量分数计算的先后等问题。当然，教科书的逻辑顺序，还应当体现知识、能力、科学方法和态度的全面要求，适应时代发展并应有利于培养创新型的人才。

2. 学生的认识顺序

学生的认识顺序是指学生学习知识、技能的认识规律。化学学习过程是以学生在生活和社会活动中获得的直接或间接经验为基础，通过化学实验、实践的观察、分析、比较、综合，由感性到理性，由简单到复杂的认识加工过程。具体的认识规律由以下几个方面相互联系、渗透、交错地起作用：①从感知到理解；②从已知到未知；③从特殊到一般和从一般到特殊；④在理解的基础上巩固和应用；⑤从模仿到创造；⑥从基本联系到综合联系；⑦由易到难和由简到繁。

这些认识顺序，经过了千百年来各种教学活动的检验。事实证明，凡是符合这些顺序的教学活动都能获得预期的效果，否则，教学活动就一定会遭受挫折。

3. 学生的心理发展顺序

学生的学习活动要受到自身身心发展水平的制约，特别是受到自身认识能力发展水平的制约。在不同的年龄阶段，学生的知识基础不同(认知结构不同)，思维能力、观察能力和记忆能力的发展水平也不同。例如，从思维能力上看，初中生与小学生比，抽象逻辑思维已占相对优势，但是思维过程中仍需要直观形象或经验的支持，属于经验型逻辑思维。初中生思维的独立性与批判性有了明显发展，但是有时候看问题比较片面、偏激，辩证思维还有待发展；对于高中生而言，思维过程中已能逐渐摆脱直观形象和直观经验的限制，属于理论型逻辑思维，思维的独立性和批判性都优于初中阶段，辩证思维有了很大的发展。

学生掌握科学知识、技能，除受认识能力发展水平的限制外，还受兴趣、爱好、情感、意志和个性心理品质的影响。例如，学生的兴趣对学习动机就有一定的影响。初中生学习化学往往是从好奇心和直接兴趣出发，属于直接的和近景的动机，不够稳定。学生在学习上一遇到困难，就容易产生厌倦情绪；高中生的世界观已初步形成，成人感大大增加，学习动机比较稳定，一般属于远景的和间接的动机。他们在学习上遇到挫折时，往往能自觉去克服困难，把学习坚持下去。

1.3.2 化学教科书的内容结构

教科书的内容结构是指按照学科逻辑体系和教学目标选择的符合学生实际需要的，结合学生的发展特征且按照规律组织起来的知识、技能等内容及其相互关系。教科书的内容结构与教科书的功能是相互依赖的，结构影响功能发挥，功能的改变直接决定了结构的重新组合。

因此，教科书内容的结构是教科书的"骨骼"，是支撑教科书存在的基础。教科书内容结构的好坏直接制约着教科书的质量，影响着教育改革的成败。

中学化学教科书主要由化学事实性知识、化学理论性知识、化学技能性知识、化学策略性知识和化学情意类知识5部分内容及其组织构成。

现在一般主张把化学学科最基本的概念和原理（化学理论性知识）之间的逻辑关系作为主线，其他4种类型知识作为辅线，按照辅线以主线为核心，围绕主线引出的方式去组建化学教科书，从而在整体上形成一个具有结构性的化学知识网络体系。通过这样一个网络体系来加强不同类型化学知识间的纵横联系。在这里，主线与辅线是从教科书结构的角度划分的，因此以主线为核心并不是指以理论性知识作为主导，过分提高理论知识的难度，而把辅线知识仅仅作为对主线知识的简单陪衬和说明。实际上，二者并不存在价值上的孰轻孰重。相反，教科书的内容结构还必须考虑其网络体系中主线知识、辅线知识及它们的结点间的合理组织。具体包含以下两方面：

(1) 教科书网络体系中的主线（化学理论性知识）部分，应考虑学生的心理发展顺序，不能一味追求概念和理论的科学性和严密性。尤其在低年级教科书中要结合生活、生产实际，以具体、直观的方式呈现出概念和理论的描述性定义，而不必进行严格、抽象的概念性叙述。随着课程的展开和学生心理的发展，再从较高层次呈现这些概念和理论。这样，通过对同一概念和理论的螺旋形呈现、发展，将化学学科的基本结构转化成适合学生特点的心理结构，使学生不但可以从具体到抽象有层次地把握化学概念和理论，而且能逐步扩展和深化对这些知识的理解。

(2) 从教科书网络体系的结点考虑，教科书的内容结构应体现以下特点：

a. 理论性知识与事实性知识的穿插编排。化学理论性知识在教科书中的一个很重要的作用是指导化学事实性知识的学习，从这一点讲，化学教科书要先呈现理论性知识，后呈现与之相应的化学事实性知识。但教学实践证明，学生若缺乏必要的作为基础的事实性知识，理论性知识便变得空洞、抽象、难以学习。因此，事实性知识与理论性知识要做到穿插编排，有机结合。这种穿插编排的方式会形成化学教科书的归纳型知识结构和演绎型知识结构相结合的特色。而且，更重要的是，理论性知识与事实性知识的结合点通常是联系生活、社会实际的"生长点"，化学教科书要抓住这种"生长点"，形成一种问题型知识结构，以加强化学与现实社会的联系，使学生通过解决实际问题领会化学对于社会的冲击和影响，为他们在现代社会中生活做准备。

b. 显性内容与隐性内容的渗透编排。如果把化学事实性知识、理论性知识和化学技能性知识看成是显性内容的话，那么化学策略性知识和化学情意类知识则更多的是一种隐性内容，它们不能以独立的显性形态自成体系，因此只能将其有机渗透到显性内容的知识体系中。具体体现在化学教科书的内容结构中，就是教科书要选准合适的切入点，呈现出知识的形成过程及学生主体的活动方式，即通过主体的活动体现出知识是如何发现的，发现过程采用了什么科学方法以使学生从中获得策略性知识以及在这一过程中所倾注的科学家的智慧和思想观点。也就是说，教科书要力求从人类智力探究活动的观点出发，阐述化学的学科结构体系及获得这一体系的探究过程。

1.3.3 化学教材与化学教科书

化学教材是化学课程理念和化学课程内容按照一定的逻辑体系和一定的呈现形式加以展

开和具体化、系统化的材料。

化学教材是课程内容的呈现形式，它是依据化学课程标准开发设计的各种教学材料，是教师和学生据以展开化学教学活动的重要课程内容资源。它有多种媒体形式，如书面文字教材（如教科书、教学参考书、实验用书、练习册、各种图表等）、视听教材（如教学录像带、录音带）、多媒体教材（如多媒体课件）等。因此，教科书只是其中的一种书面文字教材，也称课本。

1.3.4 国外典型化学教科书简介

20世纪80年代后，STS教育在各国兴起，出现了许多在中小学科学教育中广泛使用的、以STS教育为宗旨的新型科学教科书。这些教科书打破了学科中心和学科界限，更强调从整体的角度认识和学习与科学、技术、社会密切联系的知识。大多采用社会中心课程取向以及综合的形式。其中比较有代表性的有以下几种。

1.《社会中的科学与技术》

《社会中的科学与技术》(*Science and Technology in Society*，SATIS)于1986年出版，专门为理科班的学生学习STS而编制。其目的是使学生了解社会中的科学、技术和工业发展的概貌，把相关的科学概念、方法和观念与认识社会、经济、技术的条件联系起来，懂得科学技术在日常生活中的重要作用。促进学生对科技发展的理解和支持，并从理论上的认识转向实践性的活动。它具体提出了12个方面的认识目标。

SATIS教科书的编制特点：①学习内容采取组合式的编制形式，全书以若干学习主题为中心，再分列为一系列更为具体的内容项目；②教科书编制针对不同的学年段，按年龄顺序设置学习体系。

为了使SATIS教科书的内容体系更适宜学生学习，整部教科书在编制时不但注重了给予科学的基本概念和方法，而且特别注意把以下三方面内容的题材选入教科书中：①与日常生活及现实社会密切相关的论题；②科学史上的重要人物及其发明、发现事例；③赞成与反对兼存，且答案不限于一个的问题。

SATIS教科书的具体内容构成也较有特色，它注重把科学的基本概念融入到实际的问题中，采取理论联系实际而获得科学结论的模式。

SATIS教科书提倡在教学时采取灵活多样的教学方法，尤其强调以阅读、讨论为中心，通过调查、实验、分析资料、模拟探究过程、角色扮演等方式来展开学习活动。

2.《社会中的化学》

《社会中的化学》是美国马里兰州立大学于20世纪80年代中期开发出的一部以STS教育为宗旨的综合性化学教科书。《社会中的化学》的中心目的是把化学的学习放在社会这个广阔的背景中。编制者设立了三大目标：①理解化学对个人生活及未来职业的重要意义；②运用化学原理来理解和思考社会中的科技问题；③培养学生的广泛兴趣，认识科学技术的潜力与局限性。

根据这些目标，编制者为这部教科书设置了8个体现STS思想的学习主题："供水"、"保护化学资源"、"石油：用于建设还是燃烧"、"理解食物"、"我们世界中的核化学"、"化学药品、空气和气候"、"化学与健康"、"化学工业：前途和挑战"。

在这些学习主题中，不仅包括化学的主要概念、术语和科学能力培养要求，还包括大量的以学生为中心的科学活动,如实际调查、收集资料、实验研究、课题探究、决策活动、模拟辩论等。这些学习主题要求学生以个人的方式、小组合作的方式或全班活动的方式积极开展各种探究学习或实际练习,力图培养学生综合性地探究问题和解决问题的基本科学素养。

3.《索尔特化学》

《索尔特化学》(*Salters'Chemistry*)是英国科学教育学会(ASE)为促进STS渗透到学科教学中而专门开发的学科统整型科学课程,供英国中学3~5年级的学生使用。

《索尔特化学》课程目的主要有3个:①认识化学在社会及人类生活中的广泛应用和联系;②对化学的概念、原理等的实际应用具有理智的态度;③懂得有关食物、建筑材料、资源开发中的化学知识。这本教科书有三大突出特点:一是注重以学生日常生活经验中或现实中的化学问题为学习的起点;二是结合化学的广泛应用,介绍化学在人类生活与社会发展中的现实意义;三是用STS的方式来表现课程的学习过程,突出学习的综合性和理论联系实际的特性。

《索尔特化学》设置了16个学习主题:"衣着中的化学"、"饮料"、"食物"、"金属"、"取暖"、"运输化学品"、"建筑材料"、"食品生产"、"农业中的化学"、"化学与保洁"、"矿物"、"塑料"、"燃烧和化学键"、"今天和明天的能源"、"医疗与保健药品"、"用电和发电"。

《索尔特化学》要求教师在教学中更加注重探究性和解决问题的时效性,鼓励学生参与实际的探究活动,以达到活用知识、训练科学技能和培养探究能力即科学态度的目的。活动形式主要有设计课题进行探究、实证性的操作实验、小组讨论与合作解决问题、撰写课题报告、角色扮演、辩论和决策活动等。

这些以社会中心作为主要课程取向的化学课程教科书对高中化学如何适应不同学生的不同发展需要;如何体现课程对提高全体公民的科学素养的价值;如何解决经典的学科中心的课程教科书难度高、适应性差及容易脱离社会生活现实的缺陷等问题作出了积极有益的探索。

1.4 化学课程资源

学生、教师和课程资源是构成教学系统的三要素。其中课程资源是课程的基础和前提,是课程要素和内容的基本来源和直接的实施条件。化学课程能否顺利实施,离不开化学课程资源的支持,课程资源丰富与否决定着课程目标的实现范围和实现水平。没有课程资源的广泛支持,课程改革的设想就很难变成学校的实际教育成果。

关于课程资源的概念,不同的专家与学者有不同的观点。《教育大辞典》(顾明远编著)的解释是"为了保证教育正常而使用的人力、物力、财力的总和,教育的历史经验或有关的信息资料"。也有学者认为,凡是有助于学生的成长与发展的活动所能开发和利用的物资的、精神的材料和素材,都是课程资源。长期以来,很多教育工作者仅依靠教材进行教学,将教科书、教学参考书、练习册等视为唯一的课程资源,这是一种不正确的课程资源理念。

1.4.1 化学课程资源的分类

1. 校内课程资源和校外课程资源

根据来源,化学课程资源可分为校内课程资源和校外课程资源。

校内化学课程资源又包括校内的各种硬件与设施资源，如校内图书馆、实验室、多功能教室、校内局域网、校内工厂等；校内人文资源，如校内各种团体组织、校风校纪、校容校貌等；教育教学活动资源，如各种兴趣小组、座谈讨论等。

校外化学课程资源包括学生家庭、社区乃至整个社会中各种可用于化学教育教学活动的设施和条件以及丰富的自然资源。其中，社区的图书馆、科技馆、博物馆、青少年活动中心、化工厂、污水处理厂等都是宝贵的课程资源。校外化学课程资源可以弥补校内化学课程资源的不足，充分开发与利用校外化学课程资源能为我们转变教育教学方式及适应新课程提供有力的支持和保证。

2. 文字资源和信息化资源

根据物理特性和呈现方式，化学课程资源可分为文字资源和信息化资源。

文字的产生，纸张和印刷术的发明促进了人类文化的传播发展，以教材为主的印刷品记录着人们的思想，蕴含着人类的智慧，保存着人类的文化，延续着人类的文明，直到今天仍然是最重要的课程资源。

以计算机网络为代表的信息化资源具有信息容量大、智能化、虚拟化、网络化和多媒体的特点，是其他课程资源所无法替代的巨大资源宝库，是化学课程资源开发、利用、交流、共享的重要平台。

3. 显性课程资源和隐性课程资源

根据存在方式，化学课程资源还可以分为显性课程资源和隐性课程资源。

显性课程资源是指看得见、摸得着，可以直接运用于化学教育教学活动的课程资源，如教科书、化学教学参考书、教学课件、教案、教辅资料、化学实验室等。作为实实在在的物质存在，显性课程资源可以直接成为教育教学的便捷手段或内容，较易于开发与利用。

隐性课程资源一般是指以潜在的方式对教育教学活动施加影响的课程资源，如校风校纪、师生关系、家庭关系、教师人格魅力、教学风格、课堂气氛等。与显性课程资源不同，隐性课程资源的作用方式具有间接性和隐蔽性的特点，它们不能构成教育教学的直接内容，但是它们对教育教学活动的质量起着持久的潜移默化的影响。所以，隐性课程资源的开发与利用更需要付出艰辛的努力。

4. 素材性课程资源和条件性课程资源

根据功能特点，可以把化学课程资源划分为素材性课程资源和条件性课程资源。

素材性课程资源包括知识、技能、经验、活动方式与方法、情感态度与价值观等方面的因素。其特点是作用于课程，并且能够成为课程的素材或来源，如化学教科书、教辅资料、音像资料、报纸杂志等。

条件性课程资源包括直接决定课程实施范围和水平的人力、物力、财力、时间、场地、媒介、设备、设施和环境，以及对于课程的认识状况等因素。

图书馆、科技馆、博物馆、实验室、多媒体教室既包含课程的素材，也包含课程的条件，是综合资源。

1.4.2 中学化学课程资源开发和利用的策略

1. 树立全新的化学课程资源观

教师是化学课程实施的组织者和促进者，决定着课程资源的选择、开发和利用，是学生利用课程资源的引导者。因此，教师本身就是重要的课程资源。

首先，要求教师不要把教材作为唯一的核心课程资源，虽然教材依然是最重要的课程资源，但已不再是唯一的课程资源，它的作用有相对下降的趋势，而社会课程资源比重增大，网络资源异军突起，改变了以往的资源结构。其次，化学教师是最重要的化学课程资源，课程的实施关键在于教师。教师要围绕化学课程改革的重点，结合本地本校具体的教学实际开展教学研究。通过教学研究可以获得可靠、直接的课程资源，提高教师驾驭课程的能力，形成自己的教学风格。教师还要注意发挥群体合力，如集体备课等。再次，学生是最重要的课程资源。我们常说，备课不仅要备老师还要备学生，化学教学中的合作交流可以有效地让学生发挥自己的才能、知识，使学生通过交流获得新知，开阔视野。特别是在化学实验中，学生自己动脑设计的实验、动手制作的仪器，其体验要比教材设计的理想实验、教师提供的成套仪器更深刻。

2. 要注重生成性资源

生成性资源是指在课堂教学现场伴随着教学过程而产生的能推动教学进程的各种教学条件和因素。在教学过程中，师生互动生成的，能够推动教学的课程资源，主要是指学生的各种状态和表现。

化学课堂教学中蕴含着丰富的生成性资源。例如，化学实验的失败、学生的疑问、学生的心理、学生的差异、教师的失误都是最生动、最真实、最有价值的生成性课程资源。如果这一宝贵的课程资源能够得到充分的挖掘和利用，使其与学生获得的课本知识和解题技巧一起进入教学过程，可大大拓展课程资源的领域，使课程资源更具有针对性和实效性，使课堂教学充满生机和活力。

和其他课程资源相比，课堂的生成性资源有瞬间存在性、潜伏性、兴趣性等特点。

3. 积极开发、充分利用实验室资源

1）开放现有实验室，发挥现有仪器设备的作用

化学是一门以实验为基础的自然科学。充分发挥实验室课程资源的作用，首先应向学生开放实验室。化学课程中的科学探究更多的是通过实验来进行的探究活动。实验室中的各种仪器、设备、模型都是宝贵的课程资源。新课程要求学生以实验室的活动为手段，通过科学探究，自己去设计实验、选择仪器、收集实验数据、归纳总结规律；新课程还要求根据探究活动的需要，让学生尽可能多地在实验室活动，不再局限于教科书上的几个实验。实验室应为学生进行科学探究创设条件。为此，实验室应向学生开放。

2）挖掘微型仪器，提高学生的实践能力和科学探究能力

微型化学实验有仪器精巧、用量少和安全等特点，适合学生外借并利用业余时间进行一些科学探究活动。对一些实验条件不好的农村学校，教师要鼓励学生利用身边的生活用品和废弃物设计富有特色的实验，丰富化学课程资源。

3）充分利用网络虚拟实验平台，丰富化学课程资源

虚拟实验教学系统是一种运用虚拟现实技术模拟真实实验的网络化计算机教学系统，是面向教学的虚拟实验室。虚拟实验教学系统又分为虚拟实验平台、虚拟实验教学管理两个部分，在此基础上可建立虚拟实验课程教学环境。虚拟实验平台与真实实验台类似，可供学生自己动手配置、连接、调节和使用实验仪器设备并进行实验。虚拟实验平台允许根据平台上提供的器材自由搭建任意合理的典型实验，或实验案例，这一点是虚拟实验平台有别于一般实验教学课件的重要特征。典型实验通常是由精通相关课程的教师设计的，要求学生在此基础上进行实验，可满足教师对各层次实验教学的需求。虚拟实验平台也为学生自由搭建实验模型提供了可能。学生既可通过虚拟实验平台动手操作，又可自主设计实验，这有利于培养学生的设计能力和创新意识。

当然，化学课程资源的利用与开发绝不仅限于此，化学课程资源的开发与利用，还有待学生在今后的工作中不断地学习、交流和实践。

思考与实践

1. 结合我国基础教育的实际情况，谈谈为什么要将“提高学生的科学素养”作为化学课程改革的重要目标。
2. 认真阅读《全日制义务教育化学课程标准(实验稿)》，谈谈你对其中课程基本理念的理解。
3. 认真阅读《普通高中化学课程标准(实验)》，谈谈你对高中化学课程设置结构的认识和理解。
4. 总结归纳一下你对课程资源的理解与认识。

第2章 化学学习

学习是教学的根本。化学教学是教书育人、促进学生全面发展的过程。在这个过程中，如果不重视和尊重学生的学习规律，要想取得理想的教学效果是不可能的。因此，教师既要重视如何教，更要研究学生如何学。

2.1 学习的基本原理

2.1.1 学习的含义

对于学习的含义，一般分为广义和狭义两种解释。

广义的学习是指人和动物在生活过程中，通过练习获得个体行为经验的过程。学习是有机体凭借经验的获得而产生的比较持久的行为的变化。广义学习的概念意味着学习的发生是由经验的获得而引起的；学习的结果是使个体的行为发生了持久的变化；只有比较持久的行为变化才可称为学习；不仅人类普遍具有学习行为，动物也能学习。

狭义的学习是指学生的学习，是指在学校情境中，学生在教师指导下有目的、有计划、系统地掌握人类社会历史经验以积累个体经验的过程。由于学生的学习是在特定的学校教育情境中进行的，而学校教育是一个按照既定的教育目标改变学生行为的过程。因此，学生的学习一方面具有人类学习的共性；另一方面也有其个性，学生的学习是以学习间接经验的知识为主，是一种在教师指导下的认知或认识活动，是一种运用学习策略的活动。学习过程是学生获得知识经验、形成技能技巧、发展智力和能力以及提高思想道德水平的过程。

2.1.2 典型学习理论

1. 行为主义学习理论

行为主义学习理论又称刺激-反应理论，是学习理论的主要流派之一。它主要包括巴甫洛夫的条件反射学说、桑代克(Thorndike)的尝试错误学说、斯金纳(Skinner)的操作条件学说、班图拉(Bandura)的观察学习理论等。

行为主义学习理论强调刺激与反应的联结，主张通过强化或模仿来形成与改变行为。行为主义学习理论关于学习本质的认识是以联结为基础的：就是刺激与反应之间的联结、条件(包括问题解决目标)与动作之间的联结或语义网络中节点之间的联结。在行为主义看来，当环境中的刺激和反应之间形成联结时，就会发生学习。行为主义学习理论认为，人类的思维是与外界环境相互作用的结果，即"刺激-反应"，刺激和反应之间的联结称为强化。通过对环境的"操作"和对行为的"积极强化"，任何行为都能被创造、设计、塑造和改变。在教学中，对学生理想的行为要给予表彰和鼓励，要尽量少采取惩罚的消极强化手段，只有强化正确的"反应"，消退错误的"反应"，才能取得预期的效果。行为主义学习理论把"强化"看成是教学的核心，认为只有通过强化，才能形成最佳的学习环境，才能增强学生的学习动力。教育者的目标在于传递客观世界知识，学习者的目标是在这种传递过程中达到教育者所确定的目标，得到与教育者完全相同的理解。

行为主义学习理论在实际的教学和教育工作中有着广泛的应用。在这些应用中影响最大的就是程序教学。程序教学兴起于20世纪60年代，是20世纪第一个具有全球影响的教学改革运动，它深刻地影响到当时美国以及其他各国的教学改革运动。简单地说，程序教学就是通过教学机器呈现程序化教材而进行自学的一种方法。它把一门课程的总目标分为几个单元，再把每个单元分成许多小步骤，学生在学完每一步骤的课程之后，马上就能知道自己的学习结果。在学习过程中，学生可以自定学习步调，自主进行反应，逐步达到总体目标。目前，程序教学虽已被公认为过时，但由程序教学发展而来的计算机辅助教学却因为吸收了不同的学习理论而方兴未艾。例如，“个别化的教学体系(PSI，又称凯勒计划)”已经在几十个国家的许多学校中使用，而且课程类型多种多样。目前人们使用PSI时不仅强调以往所强调的自定步骤和及时反馈的特点，而且更强调在教材编写中贯彻批判性思维的培养和解决问题能力的培养，这也体现了行为主义学习理论从认知主义学习理论中所汲取的营养。

行为主义学习理论对化学技能的形成和发展的教学具有重要的指导意义。

2. 认知主义学习理论

认知主义学习理论主要包括格式塔(Gestalt)的完型学说、托尔曼(Tolman)的认知目的说、布鲁纳的发现学习说、加涅(Gagne)的学习条件以及信息加工学习理论等。皮亚杰、奥苏伯尔也对认知主义作出过重要贡献。

认知主义学习理论探讨学习的角度与行为主义相反。认知主义学习理论认为是个体作用于环境，而不是环境引起人的行为。环境只是提供潜在刺激，至于这些刺激是否受到注意或被加工，取决于学习者内部的认知结构。潜在的环境刺激在任何时候都是无法计数的，为什么有的起作用，有的被忽视？原因在于个体是根据自己的内部认知结构对其加以选择的，目的是赋予经验以意义。个体在以这种方式与环境相互作用的过程中，也在不断地修正自己内部的认知结构，从而影响未来与环境的相互作用。可见，认知主义学习理论要研究的是个体处理其环境刺激时的内部过程，而不是外显的刺激与反应。

概括起来，认知主义学习理论的主要主张包括：

(1) 重视人在学习活动中的主体价值，充分肯定学习者的自觉能动性。

(2) 强调认知、意义理解、独立思考等意识活动在学习中的重要地位和作用。

(3) 重视学生在学习活动中的准备状态，即学生学习的效果，不仅取决于外部刺激和个体的主观努力，还取决于他(她)已有的知识水平、认知结构、非认知因素。准备是任何有意义的学习得以产生的前提。

(4) 重视强化的功能。认知主义学习理论由于把人的学习看成是一种积极主动的过程，因此很重视内在的动机与学习活动本身带来的内在强化的作用。

(5) 主张学生学习的创造性。布鲁纳提倡的发现式学习就强调学生学习的灵活性、主动性和发现性。它要求学生自己观察、探索和实验，发扬创造精神，独立思考，改组材料，自己发现知识、掌握原理和原则。强调通过发现式学习来使学生开发智慧潜力，调节和强化学习动机，牢固掌握知识并形成创新的本领。

从哲学的角度看，行为主义学习理论和认知主义学习理论的认识论基础，都是客观主义的思想，即认为教育者的目的在于传递客观世界的知识，而客观世界是由客观实体及其特征以及客观事物之间的联系所构成的。学生的任务就是在这种传递过程中达到教育者所确定的关于客观知识的学习目标。二者所不同的是对学习过程的认识不同：行为主义认为学习就是通过强化建立信息刺激与机体反应之间的联结；认知主义则强调学生大脑内部的认知过程，认为学习就是通过信息输入，使客观事物及其特征、关系结构内化为学习者内部的认知结构、经验关系（实用关系）的积极建构。这种客观主义思想究其实质，是机械唯物主义思想在学习心理学领域的反映。

案例 2-1

"物质的量"教学的引入

【提问】物质是由非常小的原子、分子、离子等微粒构成的。它们小到什么程度呢？例如，一滴水（约 0.05mL）大约含有 17 万亿亿个水分子，如果一个个地去数，即使分秒不停，一个人一生也无法完成这项工作。那么，怎样才能既科学又方便地知道一定量的水中含有多少个水分子呢？

【讲述】我们用常规方法研究如此巨大数量的分子、原子，很不方便。因此，在化学上引入了"物质的量"这个物理量来衡量一定数目的原子、分子、离子等微观粒子。

对以上引入的分析：创设认知情境，建立物质的微粒观，设置联系，给学生一个解决问题的支架，对比理解，导出新课。首先，在这里运用了先行组织者策略中的认知冲突策略，以疑问的方式激起学生学习的好奇心，促进了学生对新学习的知识的有效注意。"认知冲突策略"是将已有的认知结构中的知识之间的冲突作为先行组织者，激发学生进行思维斗争，启发学生进行思维，提高学生的思维能力，促进学生对新知识的有意义学习，理解新学习知识的本质。它也可以唤起学生学习的倾向，激发起学生学习的动机。其次，在这里还运用了陈述性先行组织者，可以激活学生已有的认知结构中相关的知识，使学生回忆起相关的概念和经验，有利于学生对新知识的学习，并且明确学习目的。

3. 建构主义学习理论

建构主义学习理论是认知主义学习理论的进一步发展，是目前西方日渐流行的学习理论。有人称它是当代教育心理学中的一场革命。

1）建构主义学习理论的知识观

按照客观主义的观点，事物是客观存在的，而知识是对事物的表征。然而，建构主义学习理论却在一定程度上对知识的客观性和确定性提出了质疑。首先，建构主义者（特别是其中的激进者）一般强调，知识并不是对现实的准确表征，它只是一种解释、一种假设，而并不是问题的最终答案。相反，它会随着人类的进步而不断被"革命"掉，并随之出现新的假设，而且知识并不是拿来就用，一用就灵，而是需要针对具体情境进行再创造。因此，教师并不是知识权威，课本也不是解释现实的模板。其次，建构主义者认为，知识不可能以实体的形式存在于具体个体之外，尽管我们通过语言符号赋予了知识一定的外在形式，甚至这些命题还得到了较普遍的认可，但这并不意味着学习者会对这些命题有同样的理解。因为这些理解只能由个体学习者基于自己的经验背景而建构起来，它取决于个体特定情境下的学习历程。总之，尽管建构主义学习理论有不同倾向，但在某种程度上，其对知识的客观性、可靠性和确定性提出了怀疑，这种知识观尽管不免过于激进，但它向传统的教学和课程理论提出了巨大挑战，值得我们深思。

2) 建构主义学习理论的学生观

怎样看待作为学习者的学生？怎样看待他们的经验世界？首先，建构主义学习理论强调学生经验世界的丰富性，强调学生的巨大潜能。其次，建构主义学习理论强调学生经验世界的差异性，每个人在自己的活动和交往中形成了自己的个性化的、独特性的经验。教学不能无视学生的这些经验，从外部引进新知识，而应该把学生现有的知识经验作为新知识的生长点，引导学生从原有的知识经验中“生长”出新的知识经验。教学不是知识的传递，而是知识的处理和转换。教学需要教师与学生共同针对某些问题进行探索，并在此过程中相互交流和质疑，了解彼此的想法，最终彼此都作出某些调整。由于经验背景的差异，学习者对问题的理解通常千差万别，学习者可以在一个学习社群中相互合作、充分沟通，形成对问题的丰富的、多角度的理解。因此，学习者的差异本身便构成了一种宝贵的学习资源。

3) 建构主义学习理论的学习观

建构主义学习理论认为，学习不是由教师向学生传递知识，而是学生建构自己的知识的过程。学习者不是被动的信息吸收者，而是要主动地建构信息的意义，这种建构不可能由其他人代替。什么是建构呢？即学习者通过新旧知识经验之间反复的、双向的相互作用，形成和调整自己的经验结构的过程。在这种建构过程中，一方面，学习者对当前信息的理解需要以原有的知识经验为基础，超越外部信息本身；另一方面，学习者对原有知识经验的运用又不应只是简单地提取和套用，而同时需要依据新经验对原有经验本身也作出某种调整和改造，即同化和顺应两方面的统一。

因此，建构主义学习理论认为，学习的实质是学习者通过新、旧知识经验之间反复的、双向的相互作用，形成、充实或改造自己的经验体系的过程。因此，教学必须要重视学习者头脑中的原有经验(也称前科学概念、迷思概念等)。学习不仅是学习者理解和记忆新知识，而且他们要分析它的合理性、有效性，从而形成学习者自己对事物的观点、思想；学习不仅是学习者对新的知识经验的获得，同时还意味着对既有知识经验的改造。顺应要以同化为前提，而离开顺应的一面，新知识的同化也很难真正完成。只有将同化和顺应统一起来，才能深刻理解学习的实质。建构主义学习理论认为，同化和顺应的统一就是知识建构的具体机制。

建构主义学习理论强调知识的动态性，强调学习是一个主动建构的过程，强调学习的社会性和情境性，试图实现学习的广泛而灵活的迁移应用，这些观点对改革传统教学具有重大意义。基于这些观点，建构主义者提出了一系列教学改革的设想：

(1) 建构性学习和教学旨在使学习者形成真正的、深刻的、灵活的理解。为此，教师需要就学习内容设计出有思考价值的、有意义的问题，引导学生通过持续的概括、分析、推论、假设、检验等思维活动，来建构起与此相关的知识。在此过程中，教师要多帮助学习者对自己的学习策略、理解状况以及见解的合理性等进行监视和调节。

(2) 为了促进学习者的知识建构，一方面教师要创设平等、自由、相互接纳的学习气氛，在教师和学生以及学生和学生之间展开充分的交流、讨论、争辩和合作。教师要耐心地聆听学生的想法，以便提供有针对性的引导。另一方面教师要为学生设计多样化的学习情境，要帮助学生利用各种有力的建构工具来促进自己的知识建构。

案例 2-2

建构主义学习理论的支架式教学在“氢氧化铝的化学性质”教学中的应用

(1) 搭脚手架——问题支架。

类比碱性氧化物、酸性氧化物对应水化物的酸碱性，那么氧化铝的水化物显酸性还是碱性呢？从学生的已有知识出发，引出概念框架。

碱性氧化物 $\boxed{CaO} \xrightarrow{\text{对应水化物}} \boxed{Ca(OH)_2}$ 碱

酸性氧化物 $\boxed{CO_2} \xrightarrow{\text{对应水化物}} \boxed{H_2CO_3}$ 酸

两性氧化物 $\boxed{Al_2O_3} \xrightarrow{\text{对应水化物}} \boxed{Al(OH)_3}$

(2) 进入情境。

胃舒平(复方氢氧化铝)片的主要成分是氢氧化铝，它能缓解因胃酸过多而出现的胃痛，你们知道其中的原理吗？学生根据教师提出的概念框架，思考氢氧化铝可能具有的化学性质。

(3) 独立探索——思考氢氧化铝的制备方案。

在本实验探究中不给学生提供氢氧化铝，所以要探究氢氧化铝的化学性质，首先就要制备氢氧化铝，学生思考如何制备氢氧化铝，此时教师可以提示学生：“从一般金属氢氧化物的通性来看，该物质是一种碱，初中学习了哪些制备碱的方法？”学生思考得出制备碱的方法：①金属氧化物＋水══碱；②盐＋碱══新盐＋新碱。

(4) 协作学习——小组协商、讨论方案并制备氢氧化铝。

通过前面对氧化铝化学性质的学习，同学们明白氧化铝不溶于水，因此上述的方法①是行不通的，若要制备氢氧化铝，只能通过方法②来进行[本探究性实验中给大家提供的实验药品及仪器有：试管、胶头滴管、铝片、氧化铝粉末、稀盐酸、$Al_2(SO_4)_3$溶液、NaOH 溶液、氨水]，各个小组讨论制备氢氧化铝的方案、制备氢氧化铝并汇报结果。

方案 A：用 $Al_2(SO_4)_3$溶液和 NaOH 溶液来制备。

方案 B：用 $Al_2(SO_4)_3$溶液和氨水来制备。

方案 A 的现象：
(i) 向 NaOH 溶液中滴加 $Al_2(SO_4)_3$溶液，刚开始没有沉淀生成。
(ii) 向 $Al_2(SO_4)_3$溶液中滴加 NaOH 溶液，刚开始有白色沉淀出现，但随着 NaOH 溶液量的增加，沉淀先增加后减少直至消失。

方案 B 的现象：
(i) 向适量的 $Al_2(SO_4)_3$溶液中滴加氨水，沉淀量随氨水的增加而增加，后来不变。
(ii) 向适量的氨水里滴加 $Al_2(SO_4)_3$溶液，沉淀量随 $Al_2(SO_4)_3$溶液的增加而增加，后来不变。

学生通过讨论，反思得出结论：氢氧化铝和强碱氢氧化钠可以反应，但是不和弱碱氨水反应，制备氢氧化铝的最佳方案是：$Al_2(SO_4)_3$溶液和氨水反应。

此后，教师引导学生类比在学习氧化铝的两性时所运用的方法，为验证氢氧化铝的两性，同学们还需要做哪些工作？然后同学们向制得的氢氧化铝沉淀中滴加盐酸并观察现象。

最后同学们得出结论：氢氧化铝是两性氢氧化物，其碱性很弱，因此可以用作胃酸的中和剂，缓解胃痛。

(5) 效果评价。

学生在协作学习的过程中，通过组内讨论、组间讨论，可以实现自我评价和他人对自己的评价。同时，教师也可以通过知识迁移(例如，明矾为什么能用来净水以及让同学们解释工业炼铝的流程图利用的原理)或相关习题的练习来检测学生是否实现了知识的意义建构。

4. 人本主义学习理论

人本主义学习理论是20世纪60年代兴起的一种学习理论。这一理论强调学习是发挥人的潜能、实现人的价值的过程，倡导让学生愉快地、创造性地学习。

人本主义学习理论的基本原则是必须尊重学生；必须把学生视为学习活动的主体；必须重视学生的意愿、情感、需要和价值观；必须相信任何正常的学生都能自己教育自己，发展自己的潜能，并最终达到“自我实现”；必须在师生之间建立良好的交往关系，形成情感融洽、气氛融洽的学习情境。

根据上述的基本原则，可以把学习定义为：学生获得知识、技能和发展智力，探究自己的情感，学会与教师及班集体成员的交往，阐明自己的价值观和态度，实现自己的潜能，达到最佳境界的过程。在学习过程中，教师还必须让学生觉得他是一个真诚的、可信赖的、有感情的指导者。

总之，人本主义学习理论认为，不管怎样教学生学习，始终要牢记的是“人”在学习，是具有独特品质的人在学习。他们进一步认为，人的这些独特的品质，应该也能够得到充分的发展，关键在于后天的学习。从人本主义学习观出发，在教学过程中，应该注意尊重学生的认知规律，注重学生主体性人格的培养。

以上几种重要的学习理论从不同的侧面揭示了学习的本质，对教师的教和学生的学都具有不同的指导作用和意义。

2.1.3 学习活动及方式

伴随着学习理论的发展，不同的学习方式应运而生，如探究式学习、发现式学习、研究性学习、合作学习、自主学习等。这些学习方式的提出是从知识获得的途径与方式的角度对学习进行的命名。其中，探究式学习、发现式学习、研究性学习、自主学习都是相对于接受式学习而言的。

所谓接受式学习，是指学生通过教师呈现的材料来掌握现成知识的一种学习方式。接受式学习可以划分为机械性接受式学习、被动性接受式学习和有意义的接受式学习。

机械性接受式学习是指学生不理解学习材料的意义，死记硬背式的学习；被动性接受式学习是指学生由于缺乏学习的需要、动机、兴趣和能力而进行的非主动性的学习。这两种接受式学习都是在缺乏有意义学习条件的情况下所进行的，它限制了学生思维品质的发展，不利于学生探究精神和创造能力的培养和形成。当前，我国许多教师指导学生的学习都属于这两种方式的接受式学习。正是它们的存在，才造成了人们对接受式学习的质疑。有意义的接受式学习是指学生以思维为核心的一种理解性的学习。它的实质是学生积极主动地对教师所传授的知识进行选择、理解、整合和内化，并在这一过程中使新知识纳入到自己原有的认知结构中，以达到对新知识的把握和理解。

有意义的接受式学习有着其他学习方式所不能代替的优越性：第一，它可以使学生在相对短的时间内掌握较多的知识；第二，它能充分发挥教师的主导作用及科学知识结构的内在功能；第三，它有助于培养学生从书本中获取知识的习惯和能力。这种习惯和能力主要是在接受活动中形成的。

1. 探究式学习

探究式学习又称科学探究，主要倡导者是美国的施瓦布(Schwab)。探究式学习是从学科领域或现实社会生活中选择和确定研究主题，在教学中，创设一种类似于学术(或科学)研究的情境，通过学生自主、独立地发现问题、实验、操作、调查、搜集与处理信息、表达与交流等探索活动，获得知识、技能、情感与态度的发展，特别是探索精神和创新能力的发展的学习方式和学习过程。

从这个定义可知，探究的主题可以是学科领域中的，也可以是社会生活中的。探究式学习最根本的特点是学生自主、独立地发现问题，其目标不仅仅是让学生获得知识与技能、情感态度与价值观的发展，更重要的是获得探索精神和创新能力的发展。探究既是一种学习方式，也是一种学习过程。

与接受式学习相比，探究式学习具有更强烈的问题性、实践性、参与性和开放性。经历探究过程、深层次的情感体验，建构知识，掌握解决问题的方法，是探究式学习要达到的三个目标。

探究式学习包含提出问题、猜想与假设、制订计划、进行实验、搜集证据、解释与结论、反思与评价、表达与交流等基本要素。

案例 2-3

反应前后各物质的质量之和会发生变化吗

• 提出问题

在一定条件下，反应物之间发生化学变化生成新的物质。那么，反应前后各物质的质量之和会不会发生改变?

• 作出假设

学生根据已有的化学知识和平时积累的经验，对“反应前后各物质的质量之和会不会发生改变”的问题，提出三种可能的假设：①增加；②减少；③不变。

• 搜集证据

途径一，回忆已有知识：在化学变化中，元素和原子的种类不变，数目不变，原子的质量不变。

途径二，查阅资料：从波义耳的失误到拉瓦锡质量守恒定律的发现。

途径三，实验探究：根据提出假设的依据和已有的知识设计实验方案，分组实施实验，观测并记录实验数据(实验方案可由学生自行设计，教师指导修改；或由教师设计，学生选择)。

设计表格，填入预测结果、实际结果和有关的说明。

• 进行实验

实验一：取一小截蜡烛粘在一小块木板上，将小木板和蜡烛一起放在托盘天平上，调节砝码，使天平达到平衡；点燃蜡烛，观察天平的平衡情况。

实验二：在小烧杯中加入 20mL 稀硫酸铜溶液，取一根铁钉用砂纸擦去铁锈，将盛有硫酸铜溶液的烧杯和铁钉一起放在托盘天平上称量，记录所称的质量 m_1。将铁钉浸到硫酸铜溶液中，观察实验现象，然后将盛有硫酸铜溶液和铁钉的烧杯放在托盘天平上称量，记录所称的质量 m_2，比较反应前后质量的变化。

• 表达与交流

学生对上述实验，可能产生以下想法：

“蜡烛燃烧后质量减少是由生成的气体没有被称量所造成的”；

“铁与硫酸铜的反应质量不变，因为反应中既没有气体参加反应，又没有气体生成”；

“研究蜡烛燃烧反应的质量变化，应将参加反应的氧气和生成的二氧化碳、水一起称量”；

“如果把蜡烛放在一个集气瓶中点燃，塞上塞子再称，质量可能就不变了”；

“在密闭容器中进行实验，反应前后物质质量肯定不会发生变化”；

……

在师生充分讨论和分析的基础上，重新设计并完成有关实验。

• 得出结论

通过探究，学生得出“化学反应前后各物质的质量总和保持不变”的结论。

2. 发现式学习

发现式学习的主要倡导者是美国的布鲁纳。布鲁纳认为，在教学过程中传授知识固然重要，但更重要的是学生获得知识的体验和学生是否进行了充分的智力活动。他特别主张培养学生探究问题的精神、独立解决问题和预见未知的能力。

发现式学习是指学生通过自己再发现知识形成的步骤，以获取知识并发展探究性思维的一种学习方式。在发现式学习中，学生的主要任务不是接受和记住现成的知识，而是参与知识的发现过程；教师的主要任务也不是向学生传授现成的知识，而是为学生发现知识创造条件和提供帮助。

发现式学习的基本过程如下：首先，由教师创设情境，使学生在这种情境中产生认知矛盾，从而进行积极、主动的思考，提出要解决的问题和设想；然后，通过分析和操作等过程，对学习对象进行加工、改组；最后，归纳出结论，并用这个结论来解决新问题。

发现式学习的优点为：第一，能使学生的内在学习动机得到充分激发；第二，能使学生的探究精神和独立解决问题的能力得到一定程度的培养和提高；第三，能使学生的智力得到开发。然而，发现式学习也有其局限性，具体表现为：它要受到学习科目、学习内容及学生自身心智的制约；它的适用范围是有限的，并非所有的科目都适合使用发现式学习；学生掌握知识的总量也是有限的；学生在学习过程中需要花费较多的时间，而且有些发现不一定有意义。

3. 研究性学习

广义的“研究性学习”指的是一种学习方式和理念，狭义的“研究性学习”则是指一类课程。最具权威性的解释当属教育部文件《普通高中“研究性学习”实施指南（试行）》中的界定：研究性学习是在教师指导下，从自然、社会和生活中选择和确定专题进行研究，并在研究过程中主动地获取知识、应用知识、解决问题的学习活动。

研究性学习强调学生通过探索实践，增强探究和创新意识，学习科学研究的方法，发展综合运用知识的能力。学生通过研究性学习活动，形成一种积极的、生动的、自主合作探究的学习方式。各种富有时代感的主题（如环境教育、国际理解教育、价值观教育等）都可以不断地渗透于研究性学习的活动之中。

研究性学习的核心活动是课题研究或项目探究活动，即在教师的指导组织下，学生主动地模仿或遵循科学研究的一般过程，选择一定的课题，通过调查、观察、测量、文献资料收集等手段，收集大量的研究资料或事实资料，运用实验、实证等研究方法，对课题展开研究，解决问题，并撰写研究报告或研究论文。

研究性学习有两种含义：一种是作为一种学习方式；另一种是作为一种课程领域。作为一种学习方式，研究性学习与把书本知识作为结果来获得的接受式学习相比较，它强调学生通过探究和发现来进行书本知识的学习。在学科课程中，研究性学习往往具有鲜明的学科特征，其探究往往围绕本学科领域的问题来展开。作为一种课程领域，研究性学习又可称为研究型课程，它超越特定的学科知识体系和严格的课堂教学的局限，强调综合运用所学知识与技能，要求学生自主地从学习生活和社会生活中选择和确定关于自然、社会和学生自身等方面的问题，展开类似科学研究的过程，从而获得探究的体验，发展探究能力和创新精神，以及良好的情感态度与价值观。

案例 2-4

铜与浓硝酸反应实验的改进

“铜与浓硝酸的反应”是人教版高二化学课本第一章第三节的内容。在教师演示过程中，学生提出一些疑问：

按照教材的操作和装置，当铜与浓硝酸反应时，导气管直接插入氢氧化钠溶液中，很容易发生倒吸；氢氧化钠溶液对二氧化氮气体的吸收有限，有污染空气的可能；二氧化氮尾气没有综合利用。基于此，教师组织学生开展研究性学习，以改进铜与浓硝酸的实验。

1）确定课题，成立课题组

经过教师和学生的讨论，选定“铜与浓硝酸反应实验的改进”作为研究课题，着重解决二氧化氮尾气的吸收和利用问题。学生依据各自的个性特长自由结合，组成课题组（一般 4～8 人），选出组长。

2）设计方案，撰写开题报告

学生查阅资料，提出可以通过以下若干种方案改进实验装置。

方案一：利用注射器完成铜与浓硝酸反应的微型实验；

方案二：将铜与浓硝酸的反应和二氧化氮与水的反应相结合，完成二氧化氮的喷泉实验；

方案三：使铜与不同浓度的硝酸反应，观察一氧化氮和二氧化氮之间的相互转化；

……

以班为单位组织开题报告会,各课题组选派一位代表向教师和全班同学汇报,大家质疑提问,小组成员现场作答。指导教师根据开题报告和全班讨论的情况,对方案进行评价,并提出修改意见。

3) 实验验证,开展研究

学生设计实验方案,分组讨论后,确定实验装置和步骤,由教师认可后,进入实验室完成相关实验。学生的实验报告如下:

实验改进一(验证方案一):

(1) 用注射器吸取少量浓硝酸,用橡皮塞密封针头,翻转至针头向上,使浓硝酸与铜接触,开始反应。观察二氧化氮气体的生成。

(2) 翻转注射器至针头向下,使铜片与浓硝酸脱离开来,反应停止。

(3) 将针管内液体排出,吸进少量水,振荡,看到气体由红棕色变为无色,说明二氧化氮与水发生反应。

(4) 实验结束后,吸入少量空气缓缓注射到氢氧化钠溶液中,处理余气,防止污染。

实验改进二(验证方案二):

(1) 向烧瓶中加入少量浓硝酸,并在靠近橡皮塞的长导管处缠上螺旋状铜丝。

(2) 缓缓倒置烧瓶,下端连接一个盛有氢氧化钠溶液的塑料瓶,装好仪器,铜与浓硝酸开始反应。

(3) 当烧瓶内充满二氧化氮气体时,一只手堵住导气管管口,另一只手挤压塑料瓶,使少量水进入烧瓶,立即形成喷泉,并生成少量氢氧化铜絮状沉淀。

实验改进三(验证方案三):

(1) 向试管中加入一定量的碳酸钙固体,再加入过量的稀硝酸,并迅速盖上带铜丝和导管的橡皮塞。

(2) 待空气排尽后,将铜丝插入溶液中,此时可看到铜与稀硝酸反应产生无色的一氧化氮气体(如果反应不明显,可稍加热)。

(3) 用注射器向试管内推入氧气,可看到无色一氧化氮气体变成红棕色的二氧化氮气体。

4) 反馈评价,成果交流

在学生自评、组间互评的基础上,综合考虑实验的可行性、科学性、安全性等方面因素,学生认为第二种实验方案比较好,其主要优点是:将铜与浓硝酸反应的实验、二氧化氮与水反应的喷泉实验巧妙地组合在一起,装置简单、操作简便、现象明显、无污染,适于作为"家庭小实验"。

4. 合作学习

合作学习又称协作学习。它是针对教学条件下学习的组织形式而言的,与之相对的是"个体学习"。合作学习是指学生在小组或团队中为了完成共同的任务,有明确的责任分工的互助性学习。

实施合作学习的条件包括以下几个方面:合作小组应有共同追求的、有意义的目标;团结协作、互相学习、互相激励,使小组充满活力;做到资源共享,每个参与者都能把利于提高小组和个人能力的有用资源自觉自愿提供出来；小组成员间相互信任、相互尊重、相互宽容、相互协调，学会求同存异，发挥每个参与者的优势，处理好人际关系；善于总结经验教训，不断提高小组活动的质量，更为重要的是，使全体组员都能在合作中受益，从合作中得到提高，体会到合作的好处；掌握一定的合作学习的方法和技巧，如语言交流、意见沟通、辩论、咨询等方面的技巧；小组学习过程中，要发挥每个成员的创造才能，学会创造性地解决问题。

合作学习的益处有以下几点：合作学习将个人之间的竞争转化为小组之间的竞争，有助于培养学生的合作意识、团队精神和集体观念，又有助于培养学生的竞争意识与竞争能力；合作学习有助于因材施教，可以弥补一个教师难以面向有差异的众多学生进行教学的不足，提高学习效果；在合作学习中，由于有学生的积极参与、高密度的交互作用和积极的自我概念，使教学过程不只是一个认知的过程，同时还是一个交往与审美的过程；合作学习可以帮助学生通过共同工作来实践其社会交往能力。在合作式的小组学习活动中，可以培养学生的领导意识、共处技能和民主价值观。

5. 自主学习

自主学习是从学习品质的角度对学习的分类，是相对于被动学习（机械学习、他主学习）而言的。它是指教学条件下学生的高质量的学习，是“自我导向、自我激励、自我监控”的学习。

中学阶段的自主学习是在教师指导下进行的，在学习过程中要得到教师的指导、帮助，需要同学之间的合作，还达不到完全独立自主的学习。

在课堂教学中，学生的自主学习主要表现在学习目标的自我确定、学习方法的自我选择、学习过程的自我调控以及学习结果的自我反馈等几个方面。

自主学习包括以下几个要素：阅读能力是自主学习的前提条件和基础，它主要是指学生能理解书面文字所表达的思想、技术、理论的能力，而不是读书、背诵的能力；学习的积极性、主动性是自主学习的动力，把学习变成一种自我需要；计划性是自主学习的保证，并且要做到认真落实；自我意识和自我评价是自主学习的关键，学生要学会认识和评价自己现有的观点、知识、思维特点、学习风格，能对自己的学习行为进行调控，对自己的成功进行自我激励。

案例 2-5

燃烧与灭火

［教师］燃烧与我们的生活密切相关，燃烧能给人类带来光明和温暖，也会给人类带来灾难。为了让燃烧为我们所用，防止由燃烧而引起的灾难，我们必须要掌握燃烧的条件和灭火的原理。今天，我们通过网络学习相应的知识，在学习活动中，老师仅仅是你们的向导、助手、合作伙伴，希望大家学会自主学习、合作学习，在学习中体会合作学习的必要性，逐渐熟悉自主学习的方法和技巧。

［课件展示］本节相关主题：“燃烧的条件”、“爆炸的条件”、“着火点”、“灭火的原理”、“燃烧的利与弊”、“消防安全标志”、“灭火器”、“火灾自救”。

［活动一］学生自由结组，寻找学习合作伙伴，各组成员的组合应具备以下条件：会用汉字输入、会新建文件夹并重命名、会提供只读共享、会从网上查找资料、会下载保存资料、能够使用网页编辑软件如 FrontPage、能够以小组的形式创建一个学习单元成果。

[任务分配]教师给各小组分配学习任务,不同的学习小组,学习主题不完全相同。各组组长根据本组的学习任务,给各组成员分配任务。

[活动二]各组学生相邻就位,在桌面新建一个文件夹,并以学生个人的中文名字命名,然后提供只读共享。

如果个别学生操作有困难,小组中会此操作的学生予以帮助。

[活动三]使用IE浏览器和搜索引擎查找相关主题的资料,阅读后下载到自己的文件夹中。

学生们情绪高涨并以极大的兴趣积极地从网络上查找相关资料,小组成员间相互帮助,对不注意筛选内容而篇篇下载的学生、只顾下载不仔细阅读内容的学生、只顾阅读不注意时间的学生,教师及时予以纠正。

[活动四]小组学生间共享学习成果,相互浏览、讨论协商、整理出本小组的学习成果。

[活动五]各小组的学习成果在全班展示,各组由一名代表对学习成果作简要介绍。

教师在此过程中协助学生利用网络展示学习成果,并引导学生在交流展示过程中将有关知识条理化、系统化,突出学习重点。

[活动六]学习评价:①教师、学生对各组的学习成果予以评价;②学生还可以把自己的感想或对自己和同学的评价写在校园化学学科网站留言板上;③学生通过实时评测软件了解自己对燃烧与灭火知识的掌握情况,巩固所学知识,发现不足并及时进行补偿学习。教师也可以对学生的学习情况做到及时了解,适时予以必要的指导和帮助。

[活动七]调查与研究(课下进行):根据自己住宅的特点,设计预防火灾的方案(包括万一发生火灾时需采取的灭火和自救措施)。

2.2 中学生的化学学习

2.2.1 中学生化学学习的特点

中学生的年龄一般在13～18岁,正处在一个世界观初步形成的阶段。大量的教学实践表明,他们学习化学的突出特点主要表现在以下几个方面。

1. 好奇心强

好奇心强是中学生学习化学的一个典型特点。其产生的主要原因是对各种各样的化学现象弄不清楚,因此表现出因好奇而产生的求知欲望。应当说,这一心理特征是有利于化学教学的。需要指出的是,这种因好奇而产生的求知欲需要有一定的启发诱导因素,才能够成为学生今后继续学习的动力。

2. 对化学实验有浓厚的兴趣

教学实践和一些专门的调查研究都表明,中学生对化学实验的兴趣水平是最高的。他们愿意自己动手、动脑,通过观察、思考、分析得出正确的结论,以满足强烈的好奇心和求知欲。但是,教学实践和一些调查研究也表明,部分中学生对化学实验的兴趣只是直接的、表面的兴趣,只是带着一种好奇、新鲜、兴奋的心情来做实验,他们的注意力通常只集中在各种各样的仪器、药品上,他们只要实验能做出结果,看到现象就满足了,对实验的目的却不想弄清楚。所以,在教学中应当注意因势利导。例如,实验前要让学生明确实验目的,把他们的注意力和兴趣引到实验操作的规范、正确观察实验现象以及为什么会发生这些现象等本质问题上,使学生对化学实验的直接兴趣转化为对化学学习的持久、稳定的间接兴趣。

3. 容易产生记忆障碍

与数学、物理等理科课程比较,化学需要记忆的内容要多一些。教学中也常听到学生谈论化学难记,并戏称它为第二外语。教学实践表明,化学基本概念和元素化合物知识往往是中学生感到最难记忆的内容,其次是化学用语。对化学基础理论、化学实验、化学计算则较少出现记忆上的困难。

2.2.2 中学生化学学习的一般规律

按照人们的认识规律,结合化学学科的特点,中学生化学学习的一般规律可以如图 2-1 所示。

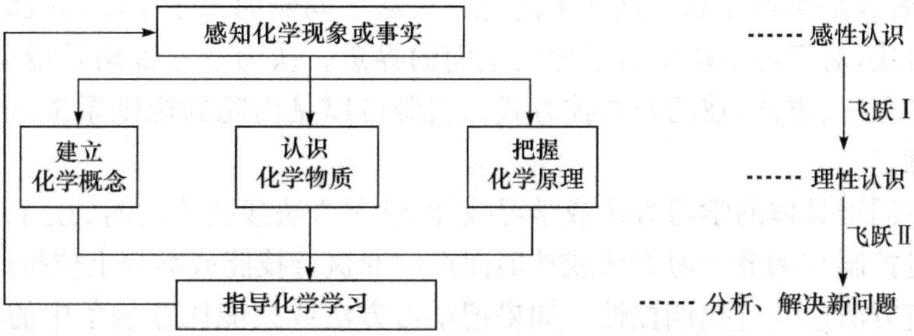

图 2-1 中学生化学学习的一般规律

上述规律是对一个完整的学习过程而言。学生在实际学习过程中,可能只涉及其中的某一、两个环节,但从总体来看,学生应该逐步把握学习规律,自觉指导自己的化学学习。同时,还应该突出以下几点。

1. 化学学习以观察和实验为基础

化学学科本身的形成、发展是以实验为基础的,化学实验是构成化学知识结构体系的基础,学习化学知识总是和实验联系在一起的。化学实验不仅是化学学习内容的重要组成部分,更主要的是,化学学习作为一种认识活动和过程,必须遵循认知活动的基本规律,如由感知到理解、由感性到理性、由浅到深、由具体到抽象、由现象到本质等。化学实验提供的生动直观的感知,是实现上述认识转化和升华的基础和关键。另外,化学实验的现象鲜明、形态多变,容易引发学生的好奇心,激发他们的思维,这正符合青少年的年龄特征以及他们的思维和心理发展特点,有利于发展学生的智力,培养他们的能力。

2. 运用宏观与微观相结合的思维活动方式

学生所学的化学知识可以分为两大类:实验事实与概括类知识。对元素化合物的物理性质、化学性质的宏观水平的描述、元素化合物的制法、存在和用途等知识,可以凭借实验现象或日常生活现象直接进行表征,属于实验事实类知识;基本概念、定律、原理、规律等是凭借对宏观现象进行抽象思维而概括得出的知识，可称为概括类知识。学生的化学学习，通常都要从宏观和微观的结合上进行学习与思考，才能真正完成“意义建构”。例如，元素及其化合物的性质、元素周期律、周期表与结构之间的“构—位—性”的关系，物质的结构、性质、制法、用途之间的相互关系的思维方式等，都具有这种学习特点。

3. 化学学习要运用独特的词汇系统

元素符号、化学式、化学方程式、原子结构示意图、电子式、电子排布式、离子方程式、结构式以及化学特殊符号等组成了独特的化学词汇系统，简称化学用语。无论是对哪一类化学知识的学习，或者在学习过程中的哪一现象，都需要运用化学用语进行表达或交流。可以说，离开了化学用语，就根本无法进行化学学习。

2.2.3 中学生化学学习策略

对于学习策略的含义，不同的学者从不同的角度提出了各自的看法。概括起来，主要的观点有以下几种：把学习策略看成是学习的程序与步骤；把学习策略视为学习的规则、能力或技能；把学习策略看成是学习计划。这些不同的看法从不同侧面揭示了学习策略的特征。有的学者综合以上看法，对学习策略进行了比较全面的界定。认为学习策略是指学习者在学习活动中有效学习的程序、方法、技巧及调控方式。它既可以是内隐的规则系统，也可以是外显的操作程序与步骤。

学习策略不同于具体的学习方法或学习技能，学习方法或技能指向的是特定的学习课题，而学习策略则是控制与调节学习方法或技能而选用的执行技能或称为上位技能。学习策略的基本特征是具有方法性和自我调控性。如果把学习方法或技能比作战争中的具体战术的话，那么学习策略则是具有统辖和控制作用的战略。

化学是一门在原子、分子水平上研究物质的组成、结构、性质及其变化规律的学科。为了促进学生对化学的学习，从化学知识分类的角度出发，可以将中学生的化学学习策略分为化学事实性知识学习策略、理论性知识学习策略、技能性知识学习策略、化学问题解决策略等。

1. 事实性知识学习策略

化学事实性知识主要是指对元素化合物的物理性质、化学性质的宏观水平的描述，元素化合物的制法、存在和用途等知识以及化学与社会、生活实际相联系的知识。

事实性知识是整个中学化学知识构成的基础。化学基础理论的导出与运用是建立在元素化合物知识的基础之上的，不掌握扎实的元素化合物知识，就谈不上确切地掌握阐述它们的联系、规律及其本质的化学理论知识；化学实验、化学计算和化学用语的学习都是以事实性知识为基础的；化学事实性知识也是和现代人们的生活和社会发展联系最紧密的知识，如空气、水、溶液、酸碱盐的知识，与食品、环境、健康、能源、材料等密切相关的化学物质的性质、制备等知识。只有了解了这些知识，学生才能对与化学有关的自然和社会问题作出思考和决策。

事实性知识也是中学生感到记忆困难的一部分内容。因为这类知识都是物质及其变化的宏观表现，具有生动直观、形象具体的特点，学生在理解上一般不会存在困难。但是，由于事实性知识涉及的元素化合物知识种类较多，内容相对零散庞杂，因此容易导致学生记忆上的困难。因此，教学中应该针对事实性知识的这些特点，在遵循一般学习规律的基础上，有意识地引导学生重视以下有关事实性知识的学习策略。

1）多种感官参与记忆

心理学研究表明，学生接受外界信息所参与的感觉器官不同，对信息的保持率也有差异；让多种感官参与学习能加深大脑的印象，可以在大脑中留下更多回忆的线索，从而提高记忆的效率。因此，对事实性知识的学习，要引导学生充分调动各种感官(包括视、听、触、嗅、味)协同活动，对物质及其变化进行全面观察和体验，做到对化学事实的全面感知，这样可以加深对事实性知识的印象，增进对知识的理解和运用。

这一策略要求学生在学习事实性知识时，不能仅停留在听明白的层次上，还要善于观察、勤于动手，并将观察、实验与思维有机地结合起来。这样，既可以通过观察和实验获得丰富的感性认识，又可以通过思考现象背后的本质和内在联系，使事实性知识的学习变得生动深刻，增进学生的记忆。

2）抓住事实性知识之间的内在联系

事实性知识并非是一些孤立知识点的简单堆积，它们之间存在着一定的内在联系。主要体现在三个方面：①事实性知识与理论性知识之间的联系；②事实性知识与学生已有知识和经验的联系；③事实性知识之间存在着的相互联系。

在学习化学事实性知识时，要引导学生有意识地抓住以上三方面的内在联系，并以这些内在联系为依据对物质的性质及其变化作出预测。例如，学习氨的性质时，从分析氨的分子结构特点出发预测氨的性质：氨分子的空间构型呈三角锥形，是极性分子，有一个孤电子对，可以和其他有空轨道的元素的原子或原子团形成配位键而发生与水、酸和盐(形成配合物)等的反应；氨分子有三个 N—H 极性键，氮原子的化合价处在最低价态，因此能被氧化，具有还原性。同样，在学习氨的物理性质时，也可以根据氨的分子结构易形成氢键的特点，启发学生得出氨易液化、易溶于水的特性。再如，在学习有机物时，要引导学生充分认识到有机物的分子结构决定它们的性质，而在其分子结构中官能团又起着关键作用，用这一观点引导学生认识和掌握有机物的各类代表物，在此基础上举一反三，掌握各类有机物及其同系物的通式、通性、命名和同分异构现象等。讲授硬水及其软化时，可以联系学生的日常生活经验来认识硬水的成因、硬水对生活和生产有什么危害，以及怎样软化硬水；也可以提出诸如优质矿泉水的开采、酿造工业生产用水的选择对产品的影响等实际问题，让学生思考、回答。学习物质的性质应当紧密结合物质的结构，学习制备、存在、用途应紧密结合性质，因为物质的结构、性质、存在、制取和用途等知识是有机地联系在一起的。

3）注意归纳，使事实性知识网络化

学生通常感到事实性知识零乱、难记，往往是因为没有掌握事实性知识的结构或内在联系。学生头脑中的知识如果是孤立的，在运用时就会发生种种障碍，也就谈不上运用知识分析问题、解决问题。只有学生头脑中的知识能够形成系统，能够由知识点连成知识网，才能将其运用自如，也就不会在一些综合性的问题面前表现出太多的困难，分析问题和解决问题的能力也才会提高。

因此，要引导学生在理解的基础上，把平时分散、孤立学到的事实性知识及时进行归纳总结，有意识地引导学生对事实性知识进行分析、比较，使分散、孤立的知识成为彼此间相互联系的整体，形成一个系统化、结构化的知识网络结构。

例如，物质的结构、性质、制法和用途之间的关系可以如图 2-2 所示。

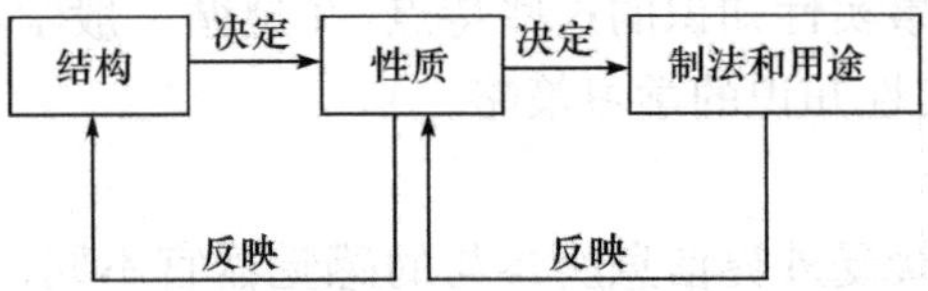

图 2-2　物质结构、性质、制法和用途的关系

再如,学习元素化合物的性质主要是学习它们的共性与特性。因此,在元素化合物知识的学习过程中,对不同物质的共性要进行归纳,如碱金属的共性、金属的共性、非金属的共性、各类有机物的共性等,只有抓住共性,才能举一反三。在掌握共性的基础上,还要注意各个元素及其重要化合物的特性。例如,学习同族元素共性后要注意第一个元素的特性,学习烯烃和炔烃的共性后应注意乙炔的特性(生成炔化物),学习羧酸后应注意甲酸的特性等。

另外,还要引导学生注意运用对比策略。族与族之间可以对比(如卤族与碱金属族的对比,卤族与氧族的对比),同族元素之间可以对比(如卤族各单质的物理、化学性质、制备方法、存在的对比),有关联的化合物之间可以对比(如氢氧化物酸碱性的对比、卤化氢水溶液酸性强弱的对比),学习有机物时,抓住有机物和无机物、各种碳架结构之间、各种官能团之间的联系对比,整个有机化合物的知识就可以连成整体来掌握。

2. 理论性知识学习策略

理论性知识是指反映物质及其变化的本质属性和内在规律的化学基本概念和基本原理。概念是原理的前提和基础,而原理则是对概念的进一步发展,这两者是相辅相成的关系,共同构成化学理论性知识。

理论性知识是中学化学知识的重要组成部分。通过对理论性知识的学习,能使学生从本质上认识物质的结构、性质和变化,掌握物质之间的内在联系和变化规律,培养运用辩证唯物主义观点来分析问题和解决问题的能力。

> 概念,通常是指用一个名称或符号来代表具有共同属性的一类事物、事件或思想。因此,有人说,概念的学习就是学习分类,就是把具有共同属性的事物集合在一起并冠以一个名称,把不具有此类属性的事物排除出去。
>
> 人们通常采用充分揭示概念的内涵和外延的方法来使一个概念明确化。概念的内涵就是概念本身的含义,也就是概念所反映的客观事物的本质属性;外延是指概念的适用范围,也就是某一概念所包含的一切对象。例如,"氧化物"这一概念,其内涵是"氧与另一种元素组成的化合物",其外延则是指所有金属氧化物与非金属氧化物。

许多学生在学习理论性知识时,往往只是机械地去背诵、记忆概念和原理的定义,却不能灵活运用概念、原理去分析、解决问题;与事实性知识相比,有些学生则感到理论性知识抽象、难懂等。因此,在学习理论性知识时,应当引导学生有意识地注重以下策略。

1)"概念形成"策略

"概念形成"策略是指学生从大量的具体例证中,通过比较、辨别、抽象等形式概括得出事物的本质特征。不难理解,这一策略要求学生主动参与知识的获得过程。

概念的形成一般要经历三个阶段。首先是感性认识阶段。这一阶段主要是获得与所要学习的概念相关的具体例证或感性经验,感性经验的获得有多种来源,可以来源于教材或教师,可以自己动手实验,可以查阅资料等。化学实验是获得化学感性经验的常用方式,因此要引导学生全面、正确地观察实验现象,以获得丰富、正确的感性经验。其次是感性认识上升到理性认识阶段。这一阶段主要是对获得的感性经验进行分析、比较、辨别,找出其共同特征,对共同特征进一步抽象和概括,这一阶段是形成概念的关键。最后是概念的明确化和应用。这一阶段就是进一步明确概念,并在练习中加深对化学概念的理解。在这一阶段,需要注意的是,要有意识地引导学生进行一些概念变式的练习,变式是指概念正例的变化。一切包含概念关键特征的事物就是概念的正例。例如,氧气与镁、铁、硫、氢气、碳的反应事实是“化合反应”这一概念的正例。在这些正例中,“反应的产物只有一种”是这一概念的关键特征,而这些反应在反应物和生成物的种类、颜色、状态、反应现象等方面的特征属于无关特征,这些无关特征往往会干扰学生对概念中关键特征的把握。通过对不同的变式进行比较,突出概念的关键特征,舍弃无关特征,可以使学生更精确、稳定地把握概念,做到对概念的灵活、正确的运用。

2)“概念图”策略

“概念图”策略是指学生按照自己对知识的理解,用结构网络的形式表示出概念的意义以及与其他概念之间联系的一种策略。

概念图的实质是以科学命题的形式显示概念之间的意义联系。它是以核心概念为中心,连接次一级的概念,并以这些次级概念为节点,再连接下一层次的概念,构成一个分层次、多节点相互联系的网络(图 2-3 给出了一个概念图的实例)。在“概念图”中,概念与概念间的上下级关系得以明确显露,概念被赋予了更多的含义,有利于学生通过已知的概念来掌握新概念。

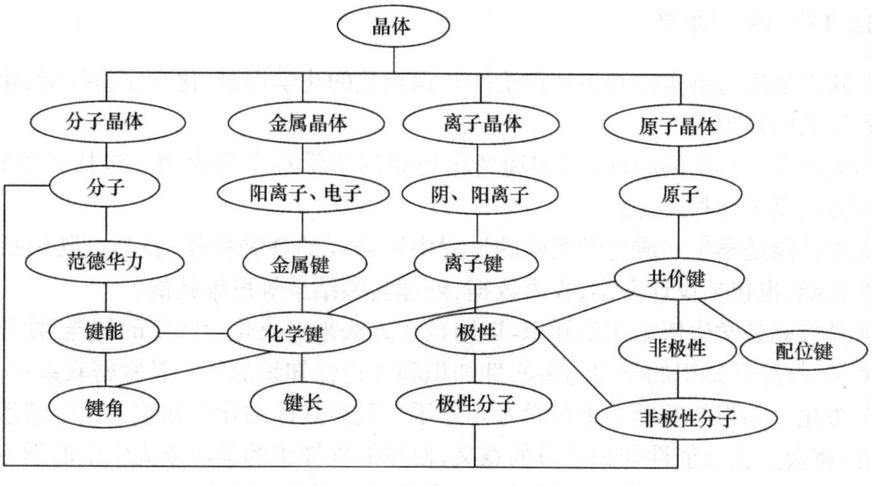

图 2-3 化学键、晶体概念图

概念图的学习或教学可以分为以下三个阶段:

(1) 第一阶段,训练学生画概念图。概念图可以由教师事先画好,在课堂上的相关概念教学中呈现给学生。也可以由教师用语言引导,让学生自己形成相应的想象。专家建议,最好在前几次使用概念图时,由教师提供,而后则慢慢过渡到由学生自己来构建。由于新概念的不断产生或学习、旧概念的不断更新或变义,任何一个概念图都可能被改动。所以,最好的办法就是让学生自己掌握概念图的构成方法,以形成自己支配的独立知识体系。这种训练可以从一个单元或一节课的总结开始,让学生列出本单元的重要概念,再将这些概念作为课堂讨论和总结的主题，并要求学生画出自己的概念图。概念图的构建要循序渐进，随着学习和训练的深入，逐步加大信息量，让学生构建比较复杂的概念图。

(2) 第二阶段，概念图的应用。学生能够在初步掌握了概念图的构建技能以后，就可以通过概念图进行学习。按照由易到难的顺序，可以让学生绘制三种不同类型的概念图。一是限定性概念图。教师先给出一定数目且随机排列的概念、术语，要求学生必须使用这些术语来画概念图。例如，在"物质的量"这一单元，让学生用"物质的量"、"气体体积"、"溶液体积"、"溶液的物质的量浓度"、"微粒数"、"阿伏伽德罗常量"、"摩尔质量"等概念来构建概念图。二是引导性概念图。给出一定数目的概念、术语或符号之后，要求学生从中选择一部分来构图。例如，要求学生构建一个关于原子结构方面的概念图，给出 15 个概念或符号，要求学生从中选出 10 个来绘制一个概念图。由于所给信息多于所选信息，就要求学生对所需要的概念的选择要准确，必须对主概念有系统性的认识。三是创造性概念图。教师参照化学知识的特定范围，给出一个核心概念，要求学生围绕这一概念，联想有关的知识、概念，创造性地构建概念图。

(3) 第三阶段，概念图的评价。概念图的评价可以从以下四个方面进行：第一，概念间的联系是指对于由主概念引出的属概念或由属概念导入的主概念是否有意义、是否用连线连接。第二，层次性是指所构建的概念图是否有层次。第三，关键节点是指一个概念至少有三条连线与其他概念或知识点相连接，位于节点上的概念是这个体系的最基本概念。关键节点可以由教师专家的概念图来确定。如果一个学生的概念图比另一个学生的概念图的节点多，则说明这个学生的理解力要比另一个学生的强。第四，交叉连线就是概念图体系中不同分支之间的连线。

3. 技能性知识学习策略

技能性知识是指与事实性知识和理论性知识相关的化学用语、化学实验技能、化学计算技能等形成和发展的知识。

化学用语是表示物质的组成、结构和变化规律的化学符号和术语。包括元素符号、化学式、化学方程式、离子方程式等。

化学实验技能是学生完成化学实验的过程中所需要的各种技能、技巧。既包括基本的化学实验操作技能，也包括设计方案、收集数据、处理实验结果等思维技能。

化学计算技能是学生依据化学知识，运用数学方法来解决化学问题的技能、技巧。

不难理解，技能性知识的学习与事实性知识和理论性知识的学习是紧密联系在一起的，需要在理解有关化学知识的基础上进行学习和运用。脱离具体的化学知识和化学情境进行单纯的技能训练，将会失去技能性知识学习的意义，使技能性知识的学习成为学生的学习负担。

在技能性知识的学习中，应当引导学生注意运用以下学习策略。

1) 多重联系策略

化学用语作为一种抽象符号，它本身蕴含着多重意义。因此，化学用语的学习必须和它所反映的宏观现象、微观结构紧密结合，使学生在理解有关化学知识的基础上学习和运用化学用语。多重联系策略就是在学习化学用语时，有意识地把化学符号和它所代表的宏观现象、所反映的微观结构有机地联系起来，深入挖掘符号本身所包含的多种意义，使化学用语的含义具体化，从而做到在理解化学用语意义的基础上进行技能的学习，而不是把化学用语作为孤立的符号去机械记忆。

例如，对于化学方程式 $CH_4+2O_2 \xrightarrow{点燃} CO_2+2H_2O+\Delta H$，利用多重联系策略，就要求学

生将对这一方程式的理解、记忆与宏观现象、微观结构紧密联系起来，进行具体分析。这种联系可以从以下几个方面考虑：

(1) 实验现象。反应物和产物的有关性质、反应条件、反应现象等。

(2) 定量关系。参加反应的甲烷、氧气和生成的二氧化碳、水四者之间的定量关系（质量、物质的量等）。

(3) 结构方面。CH_4、O_2、CO_2、H_2O 所表示的分子的结构。

(4) 反应本质。CH_4、O_2分子化学键的断裂和 CO_2、H_2O 分子化学键的形成，这个过程伴随着能量的变化。

应用多重联系策略，要求教师在教学中要尽可能地注意联系实际，结合具体物质、基本概念、具体反应与实验现象给出化学用语，让学生结合事实或概念来理解记忆。应当避免把化学用语的学习变成机械的符号记忆或者是毫无意义的变式练习。只有把化学用语和具体物质以及具体化学反应相结合，才能使化学用语的含义具体化、深刻化，学生才能够灵活地提取和应用有关化学用语去分析和解决实际问题。

化学实验技能的学习同样可以应用多重联系策略。在实验过程中，应当引导学生把实验原理、实验装置和实验操作有机结合起来。也就是要求学生在理解实验原理和实验装置的基础上进行实验操作，要让学生不仅知道怎样做，还要理解为什么这么做。例如，加热氯酸钾制取氧气的实验，结合实验装置和操作可以向学生提出以下问题："为什么药品要平铺在试管底部？为什么试管口要稍向下倾斜？为什么加热时先加热药品的前半部，然后将火焰慢慢移向试管底部？为什么停止制取氧气时，要先撤导管后撤酒精灯"等。通过对这些问题的思考与解答，可以加深学生对实验操作原理的理解，从而提高实验技能的学习效益。

2) 练习-反馈策略

技能由不会到会，由会到熟练，是一个逐渐发展的过程。促进这种发展的基本条件就是练习。因此，技能的学习要精讲多练。但是，并非任何练习都会取得良好的效果。首先，练习时，要采用多种练习方法，练习形式应多样化，注意举一反三；其次，练习要适量、适度，循序渐进；最后，练习过程中应提供恰当的反馈，以提高练习的效果。

练习-反馈策略是指在理解化学技能性知识意义的基础上，在反馈的参与下反复多次进行一种技能的练习，使其达到自动化的水平。这一策略要求把练习与反馈有机地结合起来，练习后紧跟反馈是掌握技能性知识的基本学习方式。反馈的内容主要是对练习中思路和方法的反思、总结及发现错误，并使学生明白错误的原因和改正的方式。及时反馈对技能的形成和熟练是非常重要的，没有反馈的练习往往会事倍功半，甚至是徒劳无益的。

3) 用视觉表征问题

用视觉表征问题是指在解决化学计算问题时，在对问题进行整体感知的基础上，运用图示帮助学生分析题意，也就是列出已知、未知以及已知和未知之间有什么关系，从而形成解题思路和方法的一种学习策略。

对于一些比较复杂的化学计算题，学生在解题时既要分析题目中给出的信息，又要从头脑中检索提取解题所需要的知识经验，以寻找已知和未知之间的联系，确定解题的有效策略。这一过程是在学生的"工作记忆"状态下进行的，由于学生的"工作记忆"的容量是有限的，学生就容易产生在分析问题时想到这一点而忘掉另一点，难以深刻思考问题与已知信息之间的内在联系，结果导致很多学生在解决问题时往往抓不住思维中心，不能形成正确的解题思路，造成解题困难或错误。这一问题的解决，一方面需要提高学生头脑中知识经验的结构化、网络化程度;另一方面,就是要采用图示的方法把已知、未知的条件外显,把头脑中理出的条件画在纸上,用视觉来代替记忆。这不仅能有效缓解工作记忆的负担,集中思维对问题进行更深入、更细致的思考,形成正确的解题思路,而且画图的过程也是一个重新理解问题的过程。许多问题难以一步解答,但往往画出图来就一目了然了。

在化学计算的学习中,有效运用可视化策略,有利于教给学生分析问题、解决问题的思路,而不是死记硬背教师教给的方法,可以有效地提高学生解决化学问题的能力。

4. 化学问题解决策略

在讨论化学问题解决策略之前,首先应当对问题的心理学描述与问题解决的一般过程有一个大致的认识。

多数心理学家认为,所有的问题都含有三个基本成分:第一,起始状态,也称给定,就是一组已知的关于问题条件的描述。第二,目标状态,就是关于构成问题结论的描述,即问题要求的答案。第三,障碍。正确的解决方法不是直接显而易见的,必须间接通过一定的思维活动才能找到答案,进而达到目标状态。

问题不同,解决问题的方式和策略也不尽相同。心理学家一般都将解决问题的过程分为四步:理解与表征问题、选择策略或方法、执行方案、评估结果。

1) 理解与表征问题

初看起来,这一步既简单又直接,似乎不值一提。但是学生在课堂上不能解决问题往往就是因为没有理解问题。很多学生不能区分什么是重要信息、什么不是重要信息,以至于头脑中不能形成有关"给定"和"目标"及其关系的概念,更谈不上解决它了。

表征问题就是把已知问题转化为内在的心理表示,包括问题的条件、目标以及允许的操作的表示。问题表征包括两个层次:第一层次是对问题的表面加工,即应用语言学知识和事实性知识,达到对问题表达的字面理解,明确问题到底是什么;第二层次是对问题的深层理解,即在问题表面理解的基础上进一步把问题的每一陈述综合成条件目标,统一进行心理表征。问题的深层理解又包括两个方面:识别问题类型和区分有关信息和无关信息。这需要相关的图示知识,图示是由许多相互联系、相互作用并结合成一个有机整体的一系列知识所组成的一种心理结构。学生有了相关的图式知识,就能在遇到类似的问题时准确、迅速地识别问题类型,区分有关信息和无关信息。

通常情况下,学生不能正确理解和表征问题主要有四个方面的原因:一是缺乏明确问题的经验。二是缺乏相关领域的知识。也就是说,学生如果存在未知概念或缺乏日常经验,对问题的理解也会出现困难。三是急于得出答案。实践表明,很多人都有一个共同特征,就是没弄明白问题之前就急着要得出一个答案。甚至不管已知条件是否充足、所选择的策略是否有效,他们就开始胡乱地把已知条件拼凑在一起进行加减乘除的运算。四是受心理定式的影响。我们知道,辐合思维是指人的思维朝向一种解决问题的方法,与之相反的发散思维是指思维朝向更多的解决问题的方向。人在理解和表征问题时,具有辐合思维倾向的因素称为心理定式,它能使人由于经验的作用而只看到事物的一个方面,或者由于练习的结果而只想到一种现成的方法。

在化学学习过程中,为了逐步学会理解与表征问题,应努力做到以下两个方面:

(1) 认真读题,捕捉要点。

客观、准确、全面地阅读题目,理解题意,是问题理解与表征的基本策略。仔细阅读题目、准确理解问题的已知条件和目标是成功解答问题的第一步。对问题中的一些关键字、词、句要进行认真推敲和仔细体会。

例如,"Cu^+在酸性溶液中不稳定,可以发生自身氧化还原反应生成Cu^{2+}和Cu。现有稀硫酸、浓硫酸、稀硝酸、浓硝酸、氯化铁稀溶液及pH试纸,而没有其他试剂,如何用最简便的实验方法来检验氢气还原氧化铜所得的红色产物中是否有碱性氧化物Cu_2O?"

在这个问题中,"在酸性溶液中不稳定"、"碱性氧化物"、"红色"等就是关键的字、词、句。当然,还要弄清已知、未知以及隐含条件,即$Cu_2O+2H^+ = Cu^{2+}+Cu+H_2O$,这样才能抓住问题的实质,寻找到解题方法。

(2) 识别问题类型。

问题表征的一个重要目的是运用头脑中已有的问题解决模式来识别新问题类型,以寻求解决方法。对于简单的、基本的问题比较容易识别解决;对一些复杂的问题,在学生的头脑中往往没有现成的问题解决模式可以利用。任何复杂的问题都是由简单问题所构成的,各种复杂的题目都可以分解为基本的题型。因此,在理解题目整体意义的基础上,要逐步学会抓住问题的主要和关键部分,简约问题的内容,理清问题的主干,突出问题的本质。

例如,"某烃的分子式为C_8H_{18},只能生成一种一氯化物,求该烃的结构简式。"

解决这个问题,可在理解题目整体意义的基础上,找出与目前问题类似的简单问题,如乙烷的一氯化物只有一种,从而判断出这种烃的结构必定是一种对称的空间结构,进而运用已有的有关这种类型的结构,迅速写出该烃的结构简式为

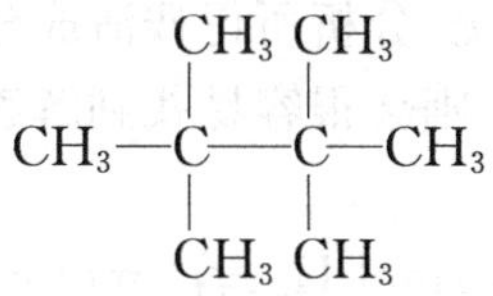

2) 选择策略或方法

当问题明确后,就要选择适当的策略或方法来解决它。一般来说,问题解决策略选择得合适与否直接关系到问题解决的成败,影响到问题解决的效率。策略的选择是一个复杂的思维过程,它要求问题解决者根据对问题的理解与表征和对策略性知识的掌握情况,选择合适的方法解决问题。

(1) 手段-目的分析策略。

这种策略是把问题分解成一级级的次问题,即把目标分解为一个个的子目标。通过逐步实现每个子目标而最终达到解决问题。运用这种策略的关键是识别起始状态与目标状态之间的差距,通过设计子目标来逐步缩小两者之间的差距,使问题一步步地接近并达到目标状态。

例如,"为什么氯化铝和硫化钠溶液混合后会有白色沉淀和无色气体产生?"

这一问题难度较大,不易回答,可在表征问题的基础上构建下列层次的目标体系。

终点目标:为什么氯化铝和硫化钠溶液混合后会有白色沉淀和无色气体产生?

子目标1:氯化铝属于哪种类型的盐?其溶液中存在怎样的平衡?

子目标2:硫化钠属于哪种类型的盐?其溶液中存在怎样的平衡?

子目标3:两种溶液混合后,原来的平衡是否受到影响?

子目标4:两平衡相互影响的结果怎样?

这样就可根据已知条件依次完成各个子目标，最后达到终点目标。

(2) 逆向推理策略。

逆向推理策略是指从问题的目标状态出发，一步一步推到已知条件或潜在的已知条件，其特点是方向明确，始终把未知量作为思维的出发点进行逆推。当从初始状态出发有多种途径时，用逆向推理策略往往更快捷、有效。

例如，“怎样以石灰石、焦炭、水和食盐为原料来制取高分子化合物聚氯乙烯？写出有关的化学方程式。”

这一问题是利用所学烃类有机物化学性质和制法的有关反应，结合相关的无机反应进行有机物的合成，可以由最终合成物向反应物逆向推导，与给定的原料相联系，确定合成时各步反应的化学方程式。解题过程的逆向流程图如下：

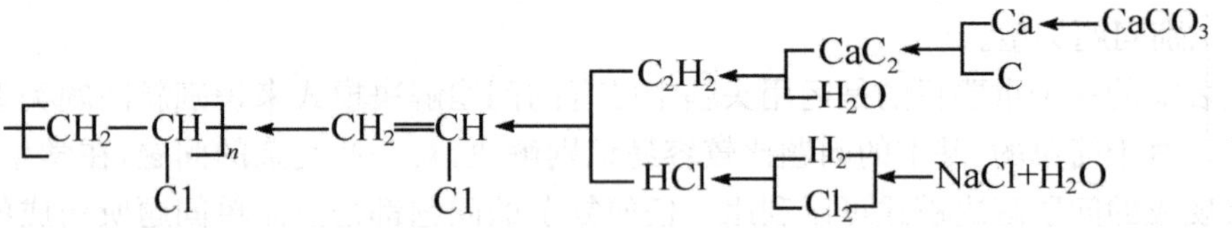

(3) 简化计划策略。

简化计划策略就是在解决问题时，先抛开某些方面或部分，而抓住一些主要结构，把问题抽象成较简单的形式，先解决这个简单的问题，然后利用这个解答来帮助或指导更复杂的整个问题的解决。

例如，“5.6g 铁粉分别与 3.2g、6.4g、1.6g 的硫共热(假设硫只与金属反应，且没有任何耗损)，反应后将所得残渣依次加入足量的稀硫酸，各产生气体多少升(标准状况)？”

对这一问题，如果先判断过量情况，分析所得残渣成分，再求产生气体共多少升，显得比较烦琐，如果将问题中的无关因素去掉，则会很容易找到解答途径。上述各物质之间的转化关系可简化为：$H_2 \leftarrow Fe \rightarrow FeS \rightarrow H_2S$。

1mol Fe 直接与稀硫酸反应放出 1mol H_2；若 1mol Fe 完全转变成 FeS，再与稀硫酸反应，放出的 H_2S 也是 1mol。因此，放出气体量的多少与硫的量无关。所以，本题的 3 种情况放出气体的量都是：$V=(5.6g \div 56g/mol) \times 22.4L/mol = 2.24L$。

(4) 图解策略。

图解策略是指通过图表把抽象问题具体化、直观化，从而搜寻解题途径的策略。图表不仅直观、形象、利于思考，而且信息量大、概括性强，可以使学生迅速而准确地求得结论。

例如，“现有稀硫酸、稀盐酸、硫酸钾溶液、碳酸钾溶液、氯化钾溶液，试用化学方法把它们检验出来。”

这一问题可采用以下图解方法进行解决，这种表示方法既简洁又明了。

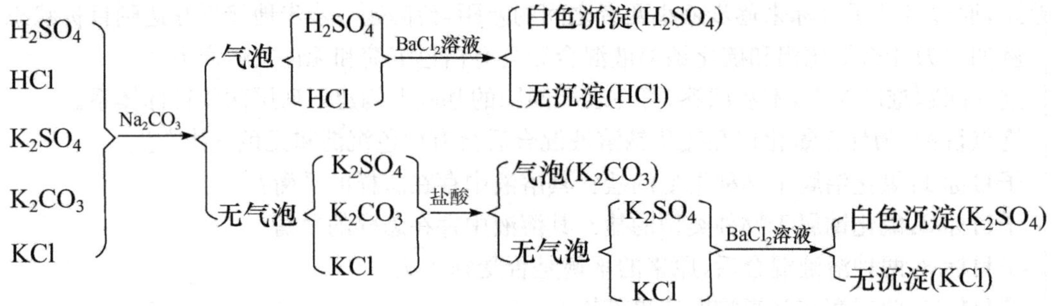

3) 执行方案

执行方案是一个按照既定方案进行实践的过程。在执行过程时，问题解决者还需要不断地进行分析、思考，如果在执行方案这一阶段有了困难，那么不妨倒推回去，看看是不是在理解问题上存在缺陷或是方法的选择上出了问题。

4) 评估结果

评估结果是解决问题的最后一步。看似简单，却往往会出现问题。因为学生往往会把得出一个数据作为目标，而不管这一数据是否合理或说明问题，就急匆匆去做下一个题目。因此，教师在指导学生解决问题时，要引导学生对解题结果做真正的检验。让他们明白，解题的过程也是一个具有实际意义的逻辑过程。为此，教师可以对他们进行有意识的训练。培养学生评估结果的习惯是教师培养学生解决学习问题的一项重要内容。它包括两个方面的含义：一是学生对自己的问题解决行为的适时监控和评价；二是学生在找到问题的答案后，对问题及整个问题的解决行为进行评价。

问题解决的阶段大体上是遵循上述程序的，但并不是所有问题的解决都要经过这几个阶段，有时某些阶段可能会出现重叠，也有时问题解决者会跳过其中某一或某些阶段，或从后一阶段返回到前面的阶段。因此，不能把问题解决过程看成一个刻板的、不变的程序。

在化学问题解决过程中，作为评估结果阶段的策略，一是反思解题过程，具体包括对问题的理解与表征、求解思维和操作过程等；二是反思解答方法，引导学生不满足于一题一解，要积极寻求其他可能的解法。思考有没有更简捷的思路和最佳的解决方案，并与其他的解题思路进行比较，体验别人的解题思路的技巧。

研究表明，很多学生在解决学习上的问题时会遇到困难，这在很大程度上并不是因为学生学科知识的缺乏，而是因为没有真正掌握解决问题的策略。因此，在化学教学中，在教给学生解决问题的一般策略和过程的基础上，要有意识地帮助学生学会灵活选择和运用化学问题的解决策略，以提高学生解决问题的能力。

2.2.4 中学生化学学习方法

教学实践表明，学生的化学学习方法对学习效果的影响很大。因此，引导学生掌握科学的学习方法显得十分重要。

对于中学生的化学学习方法的类型可以从不同角度进行划分。例如，根据学生学习的过程，将学习方法分为形成学习动机和学习定向的方法、进行认知学习活动的方法、检查和获得学习结果反馈信息的方法。我们围绕着课堂教学，着重讨论预习、听课、复习、作业几个环节的学习方法。

预习、听课、复习、作业几个环节在学习过程中都有其独特的作用。预习是准备、听课是关键、作业是消化和巩固、复习是升华和提高。作为与课堂教学紧密相关的学习过程的一个整体，这几个环节之间存在着相互衔接、相互影响和相互制约的关系。在中学化学教学的过程中，教师要根据学生的情况，有意识地对这几个环节的学习方法和习惯进行指导和培养。

1. 预习

预习的目的是让学生获得对所学知识的心理准备，能够带着问题听课，从而提高学习效率。

根据所学知识的类型不同，预习的方法也不尽相同。对于事实性知识、理论性知识的预习，要求学生通过浏览课文，大体了解所要学习的课题，分析一下自己已经掌握了哪些内容，还有哪些内容不明白，从而在头脑中形成有待解决的问题，以便听课时能集中精力听教师对这些问题的讲解，做到有的放矢、突出重点、突破难点。

对实验的预习，要求学生搞清实验的目的、要求，化学反应原理和操作注意事项。如果是学生实验，还应要求学生按照要求准备好实验报告(报告上留出做实验记录的空白)。

2. 听课与记笔记

听教师讲授是中学生学习化学的重要方式，听课的效率决定着学生的学习质量。为了提高听课的效率，除做好预习、带着问题听课外，还要求学生的思维处于积极活跃状态，紧紧跟上教师讲课的思路，切忌只记结论，不认真听取教师的论证和推理过程。

教师在讲授过程中经常要穿插做一些演示实验，或让学生做一些随堂实验，以提供必要的感性知识。因此，教师要引导学生认真观察、勤于动手、认真思考，否则，学生将缺乏精确、丰富的感知，理论、概念的学习往往也难以领会，印象淡薄，极易遗忘。

记笔记是提高听课效率的好方法。但是，对于多数初中生来说，他们处理不好听课与记笔记之间注意力分配的问题，往往顾上听，就顾不上记；顾上记，就会漏听。因此，初中生的课堂笔记可以只要求记下教师的板书(这也就是教学要点)，以及用简单的图示记下实验操作步骤、实验现象和结论。到高中阶段，再逐步要求学生除记下教师的板书外，还要用自己的语言记下教师分析论证的过程。

3. 复习

复习是学生巩固、加深并将所学知识系统化的重要方法。复习大致分为平时复习和阶段复习两类。平时复习是最基本的复习，其目的是让学生及时加深对所学知识的印象；阶段复习是总结性复习，其重点应放在知识的系统化上。例如，对于物质的性质、存在、制法和用途，要以性质为中心互相联系起来进行复习；对于不同的元素、化合物以及化学概念之间，要进行对比复习，借以弄清元素、化合物之间的性质以及概念之间内涵、外延的异同。这样纵横交叉着复习，有利于形成知识的网络，即在学生头脑中构成比较科学的、完善的认知结构，为后续学习打下良好的基础。

4. 作业

做作业是学生巩固、应用知识，形成技能，培养和发展能力的实践活动。通过做作业，学生还可以及时发现并弥补自己的知识缺陷。需要指出的是，要有意识地指导学生养成在复习的基础上去做作业，作业完成后进行检查、反思的习惯。

2.2.5 影响中学生化学学习的主要因素

1. 学习动机

学习动机是能够引起学生进行学习活动的动力因素，是直接推动学生进行学习活动以达到某种目的的心理动因。良好的学习动机与学生的学习效果具有高度的正相关。学习动机产生学生对学习的需要，这种需要是人类所特有的，包括社会需要和个体需要。有研究表明，初中生学习化学动机的强弱依次为：认知动机、理想动机、自我实现动机、义务动机、受迫动机、依附动机。在化学学习中,教师要不断激发、培养和强化学生的认知动机、理想动机、自我实现动机、义务动机,尽量减少受迫动机的作用,充分利用认知动机、理想动机、自我实现动机、义务动机的作用,让学生在内驱力的推动下主动参与学习活动,促进学习成功。

2. 学习的准备

学习的准备是指学生从事新的学习任务时,原有知识水平和原有的心理发展水平,对新的学习任务的适合性。因此,学习的准备主要包括两个方面的内容:知识的准备和心理发展水平的准备。

如果学生在学习新知识时,他(她)的认知结构中具备了同化所学新知识的观念,我们就说学生具备了知识的准备。认知结构是指学科知识的实质性内容在学生头脑中的组织。学生有了知识的准备,学习时就能积极主动地从自己原有的认知结构中提取与新知识联系密切的旧知识,用来同化或类属新知识,从而导致原有认知结构的不断整合与分化。研究发现,如果学生的原有相关知识模糊不清,在高级学习阶段,所涉及的领域较为复杂时,则难以支持意义的建构。例如,学生对分子、原子、电子等微粒以及阿伏伽德罗常量没有清晰的认识,就会对“物质的量”产生模糊概念;如果相关的物理、数学、生物知识缺乏或存在许多模糊概念,也会影响化学学习或产生模糊概念。例如,学生对物理学中“力”的概念不清楚,就会影响对“化学键”的学习。

另外,学生的心理发展水平的准备,即认识能力和思维能力的发展也会影响化学学习的效果。因为,化学学习需要进行观察、实验、想象、理解、记忆、思维等活动。例如,要掌握物质的化学性质和化学变化,需要深入到微观的物质组成及其微粒的重组情况,从宏观的现象观察到微观的解释,即在实验的基础上进行微观想象和抽象思维,从而把握化学变化的原因和本质。再如,要掌握复杂的化学现象和规律,需要分析、综合、归纳、演绎、比较、分类、抽象、概括等一系列逻辑思维活动的参与。

3. 学习策略

学生的学习过程就是一种运用学习策略的活动过程。研究表明,许多学生拥有必要的知识,但因缺乏有效的学习策略,使得知识的应用和问题的解决常常受阻。另外,有些学生表现出来的基础知识薄弱,实际上也是学习策略缺失的一种表现。因此,学习策略是影响学生化学学习的一个重要因素。在化学学习中,教会学生有效学习的学习策略是培养学生学习能力的有效途径。

当然,一些外部条件或化学学习的环境,如化学实验设施、学校和班级的风气、教师的教学方法和策略、教材的难易和可读性等也会影响学生的化学学习。

思考与实践

1. 结合资料查询,试述学习理论几个主要流派的主要观点。你认为这些学习理论在化学教学和学生的学习中有哪些指导意义?
2. 你如何理解探究式学习、研究性学习、合作学习、自主学习?请谈谈这几种学习方式的共同点。
3. 你如何理解学习策略这一概念?
4. 选择中学化学教科书的某一部分内容,分析这一部分知识内容所属的知识类型,并提出学习策略指导的教学建议。

第3章 化学教学

本章主要讨论化学教学的理论基础、化学教学过程、化学教学原则、化学教学方法和化学教学媒体，以便教师在化学教学过程中遵循教学原则、恰当选择教学方法，以达到优化教学的目的。

3.1 化学教学的理论基础

3.1.1 人的发展理论

人的全面发展同教育有着密切联系，教育是培养和造就全面发展的个人的唯一方法。影响人的发展的因素有多种，概括起来主要是遗传、环境和教育。遗传是人身心发展的物质基础和自然条件，社会环境为人的发展提供外部条件，而教育是一种有目的、有计划、有组织、系统地培养人的活动。因此，教育在人的发展中起主导作用。

教育的对象是人。教育的根本目的之一是促进人的身心发展。为了实现教育目的，教师必须了解人的发展规律，了解教育者和受教育者个体发展的关系，并按照其客观规律来组织教育活动。正是从这个意义上来讲，人的发展理论是化学教学的主要理论基础之一。

在学科教学中，教师应尊重学生的个性差异，尊重不同学生的知识、能力、兴趣等方面的需要，运用灵活的教学方法，满足不同学生的实际情况和教学内容的要求，从而让每一位学生都得到充分发展。

3.1.2 辩证唯物主义认识论

化学教学的过程，从本质上讲是学生在教师的指导下的一种认识过程。尽管它具有自身的特殊性，但从根本上说，它是不会违背人的认识规律的。

辩证唯物主义认识论认为，认识是人脑对客观事物的能动反映。这种能动作用表现为认识上的两个“飞跃”：由感性认识到理性认识的“飞跃”；由理性认识到实践的“飞跃”。认识过程与教学过程的对应关系如图 3-1 所示。

3.1.3 自然科学方法论

自然科学方法论是关于科学认识的一般过程和方法的理论。包括经验认识方法：观察方法、实验方法和模拟方法；理论认识方法：逻辑思维方法、数学方法、假说方法、模型方法和理想化方法。逻辑思维方法又包括比较、分类、类比、概括、分析和综合、归纳和演绎、从具体到抽象和从抽象上升到具体的方法、逻辑和历史统一的方法等。

自然科学方法论对当代化学教育有非常重要的意义，它丰富了科学教育的理念。化学教育应给予学生什么样的科学知识？什么样的知识最有价值？方法比知识更重要，自然科学方法论为学生学习化学、探究解决化学问题提供了科学方法。因此，学生在学习化学知识的同时必须掌握科学的方法。

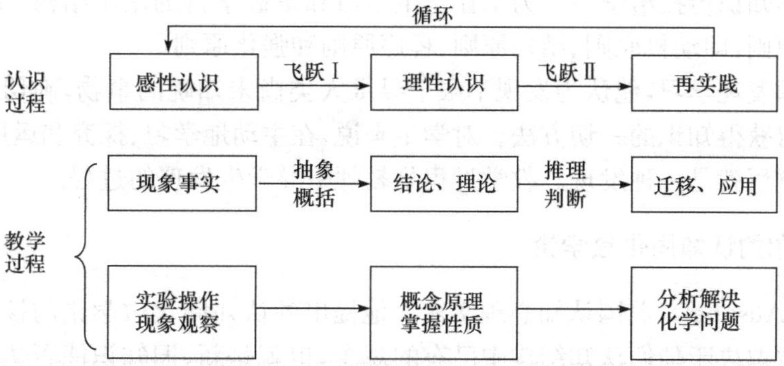

图 3-1 认识过程与教学过程的对应关系

教师在化学教学中应运用自然科学方法论指导学生进行实验探究。学生通过实验条件的控制、科学的观察与测量，记录实验现象、数据，而后经过对实验现象或数据资料进行比较、分类、分析，再运用科学抽象进行概括，得出相关结论(概念、原理、性质等)，即完成了认识上的第一次“飞跃”；当学生具备了一定的化学知识和基本技能时，必然要在新情境下分析、解决化学问题。在这一过程中，学生要经过对问题的分析，提出解决问题的假设(或假说)，而后运用推理、判断等逻辑思维方法，最终使问题得以解决，即完成了认识上的第二次“飞跃”。学生通过实验探究不仅习得相关的知识与技能，而且体验了科学探究的过程，加深了对科学过程、科学活动的实质与价值的理解和认识，同时对培养学生进行科学探索的兴趣和积极的情感也大有裨益。

3.1.4 现代教学理论

传统教学理论是指 19 世纪中期以来流行于世界各地的赫尔巴特(Herbart)的教学理论。赫尔巴特的教学主张可归结为“课堂中心”、“教材中心”、“教师中心”的“旧三中心论”。现代教学理论是以美国的杜威为代表的“新教育运动”(19 世纪末)，其在理论和实践上均产生了比较大的影响，促使教学观念由传统向现代转变，这些教学理论对化学教学也有很大的指导意义。

1. 杜威的实用主义教学论

杜威(Dewey)，美国著名教育学家，实用主义教育思想的创始人。他提出“儿童中心(学生中心)”、“活动中心”、“经验中心”的“新三中心论”。杜威认为“教育即生活”、“学校即社会”，教学方法应根据“从做中学”的原则，以学生的活动为中心。在教学内容上，主张以学生的亲身经验代替书本知识；在教学组织形式上，反对传统的课堂教学，认为班级授课制消极地对待学生，机械地使学生集合在一起，课程和教法划一不二；在师生关系中，反对以教师为中心。根据其“思维五步法”，确立了教学程序的五个步骤：真实情境—确定问题—提出假设—推理—验证。

2. 布鲁纳的认知结构教学论

布鲁纳(Bruner)，美国著名的心理学家和教育思想家。布鲁纳以智力发展为主线来研究学生的认知过程，并在此基础上建构了他的认知结构教学论。其主要思想包括课程的设计按照学科知识的基本结构进行，把各学科的基本概念和基本原理传授给学生；教学过程要注重发展学生的认知能力，要依据学生各年龄阶段的认知结构来进行，根据其年龄特点，以一定的方式尽早地把科学知识传授给学生。为了让学生学习和掌握学科的基本结构，布鲁纳提出了四条基本的教学原则，即动机原则、结构原则、程序原则和强化原则。

布鲁纳提倡发现学习，他认为发现不限于寻求人类尚未知晓的事物，确切地说，它包括用自己的头脑亲自获得知识的一切方法。对学生来说，在主动地学习、探究和运用已有知识的活动中产生新的领悟就是一种发现。教学过程是教师引导学生发现的过程。

3. 奥苏伯尔的认知同化教学论

奥苏伯尔(Ausubel)，美国认知心理学家。他提出的认知同化教学论的核心是，学生能否习得新信息主要取决于他们认知结构中已有的观念，也就是新、旧知识能否达到意义的同化。他把学习概括为"有意义学习和机械学习"、"接受学习和发现学习"。有意义学习是通过新信息与学生认知结构中已有观念进行相互作用才得以发生的，这种相互作用的结果导致了新、旧知识意义的同化。实现有意义学习有两种不同的途径或方式：接受学习和发现学习。在接受学习和发现学习中，学生都要经历将教学内容同化的过程，即把新的教学内容结合到自己的认知结构中去。而先行组织者是改进认知结构和促进新知识保持的主要手段。

"先行组织者"就是先于学习任务本身而呈现的一种引导性材料。提供先行组织者的目的就在于在新、旧知识之间架设起"桥梁"，用先前学过的材料去解释、整合和联系当前学习任务中的材料，为有意义的接受所学习的新知识提供认知框架或固着点。

4. 巴班斯基的教学最优化理论

巴班斯基(Babansky)，前苏联教育学家。"教学教育过程最优化"是前苏联教育科学和教育实践发展进程中的一个阶段性标志。教学最优化是依据培养目标和教学任务，从学生和教师的实际情况出发，按照教学规律和原则的要求制订最好的教学方案，然后灵活机动地执行这个方案，以期用不超过规定限度的时间和精力，实现对该具体条件来说是最大可能的效果。这个效果反映在学生身上，就是使他们获得最合理的教育和发展。

具体来讲，教学最优化的要求主要有：一是教师在一定的物质条件下，耗费更少的时间取得更好的教学效果；二是精选教学内容，达到内容最优化；三是组织教学时，要把学生分班、组、个人，并将其有机地结合起来实行教学形式最优化；四是教学原则和教学方法不是一成不变的，要根据特定的时间、特定的内容，遵循最优化的教学原则，选择最优化的教学方法。

5. 最近发展区理论

苏联教育学家、心理学家维果茨基(Vygotsky)在20世纪30年代提出了"最近发展区"的教学概念，该教学概念为教育界普遍认同。维果茨基的研究表明，教育对学生的发展能起到主导作用和促进作用，但需要确定学生发展的两种水平：一种是已经达到的发展水平；另一种是学生可能达到的发展水平，表现为"学生还不能独立地完成任务，但在成人的帮助下，在集体活动中，通过模仿却能够完成这些任务"。这两种水平之间的距离就是"最近发展区"。

依据"最近发展区"理论，维果茨基提出了支架式教学。他认为教学应从学生潜在的发展水平开始，不断创造新的"最近发展区"。支架式教学中的"支架"应根据学生的"最近发展区"来建立，通过支架作用不停地将学生的智力从一个水平引导到另一个更高的水平。

6. 建构主义教学理论

建构主义是一个复杂的理论流派，其理论可追溯至皮亚杰(Piaget)。建构主义认为：知识不是通过教师传授得到，而是学生在一定的情境即社会文化背景下，借助其他人(包括教师和学习伙伴)的帮助，利用必要的学习资料，通过意义建构的方式而获得的。建构主义教学理论主张，教学应以学生为中心，学生积极主动地建构知识。在教学过程中，它关注学生已有的生活经验和知识背景、学生的实践活动和直接经验、内容的革新和探究式教学的运用、学生的自主探索与合作交流、学生的学科情感和情绪体验。

建构主义理念下师生角色的定位是：学生是教学活动的积极参与者和知识的积极建构者；教师是学生建构知识的忠实支持者，教师要成为学生建构知识的积极帮助者和引导者，应当激发学生的学习兴趣，引发和保持学生的学习动机。

7. 加德纳的多元智能理论

加德纳(Gardner)，美国教育心理学家。他通过对人类认知能力的发展进行深入研究，对智能提出了新的定义：在实际生活中解决所面临的实际问题的能力；提出并解决问题的能力；对自己所属文化提供有价值的创造和服务的能力。

同时，他认为人的智能是多元的。1983年，出版了《智能结构：多元智能理论》(*Frames of Mind*：*the Theory of Multiple Intelligences*)。1999年，加德纳提出，人除言语/语言智能和逻辑/数理智能外，还有其他几种智能：视觉/空间关系智能、音乐/节奏智能、身体/运动智能、人际交往智能、自我反省智能、自然观察者智能和存在智能。每个人都具备上述九种智能的潜能，人们可以根据各自的智能倾向去发展这些智能。

因此，教学要考虑学生的差异，提供不同的教学内容，并将教学内容以不同形式展示，使不同的学生都得到发展。用多元智能理论来引领化学课堂的三大策略：①教学内容从知识本位走向多元智能；②教学方法从单一讲授走向多样探索；③教育评价从单一的、用纸笔测验走向多元化。

3.1.5 系统论、信息论、控制论

自20世纪40年代末，先后有贝塔朗菲(Bertalanffy)提出系统论，香农(Shannon)提出信息论，维纳(Wiener)提出控制论，简称“三论”。“三论”的提出推动了教学理论的发展，为指导教学实践提供了有益的借鉴。

从系统论的观点来看，化学教学就是一个系统，教师、学生、教学内容、教学手段等都是教学系统的主要构成要素。构成要素之间的相互作用就是教学的实施过程。为了搞好教学，首先，要把教学看成是一个不可分割的有机整体，脱离学生实际的“教”和缺乏教师指导的“学”，都不会有好的教学效果。其次，要充分发挥构成要素的潜能，争取实现教学过程的最优化。

从信息论的角度分析，可以将化学教学看成是一个信息输出和转化的过程。教师作为信息的输出端，首先要对有关教学内容进行选择、加工、设计，然后以恰当的输出方式，把教学信息传送给学生。学生对教师输出的教学信息，经过定向选择、感知理解、记忆储存，最终内化为自己的智能。

需要指出的是，教师在整个信息运作过程中起着主导作用，控制着教学过程的进展和教学秩序的维持。学生的知识结构和年龄特点又制约着教学信息输出方式的选择，教师要把学习

的主动权还给学生，让学生真正参与到学习中去，成为学习的主人。

控制论对教学的指导作用，主要体现在教师的教学调控能力上，也就是我们常说的教师的"教学机智"。作为教学调控，一是要把握全局，不管是学年、学期、单元还是课时教学，都要做到胸有成竹，这是教学调控的基础；二是要因势利导，在教学过程中能根据学生的实际情况，灵活机动地实施教学方案，尊重学生意见，保护、激励学生的学习热情和主动性；三是要善于收集教学反馈信息，为改进教学和进行教学评价提供依据；四是要能及时、妥善处理教学中的突发事件，将其对教学和学生心理上的影响降低到最低限度。

3.2 化学教学过程

3.2.1 中学化学教学过程

教学过程是由教师、学生、教学媒体（教学内容、教学手段、教学方法）等要素构成的系统结构；是教师根据教学目的、任务和学生身心发展特点有计划地引导学生掌握知识，认识客观世界的过程和通过知识的传递与掌握促进学生身心发展的过程。

一般来说，对中学化学教学过程的理解就是教师进行化学教学的过程。但要深刻认识、理解这一过程的含义，并不十分容易。

从认识论的角度来看，教学过程是学生在教师引导下的一种特殊的认识过程，是人类认识客观世界的一种社会实践。

从发展学说来看，教学过程是教师通过传授知识和技能进而形成和发展学生的各种能力和个性品质的过程。

从活动学说来看，教学过程是教师的教和学生的学相结合的双边活动过程。

从学生学的角度来看，化学教学过程是学生在教师的指导下，积极主动地进行科学探究活动，形成化学基本观念，掌握基础知识、基本技能、发展能力、端正态度、探究方法，形成科学世界观及其个性全面发展的过程。

在全面理解教学过程的基础上，中学化学教学过程就是教师根据中学化学课程目标和化学学科的教学特点，有目的、有计划、有组织地引导学生，以提高其科学素养为主旨，落实"三维"目标，促进学生全面发展的过程。

3.2.2 中学化学教学过程的特征

中学化学教学与其他学科教学，当然有其共性。但在这里，我们着重探讨其特殊性。

1. 化学教学是以实验为基础的

化学是一门以实验为基础的科学，化学实验不仅是进行化学科学研究的重要方法，也是化学教学的有效手段。化学学科的形成和发展都是建立在化学实验的基础上的，众多的化学概念、定律及性质都来源于化学实验。化学是在微观层面上研究物质和创造物质的，物质的微观本质需要宏观的实验现象来表现，这就决定了化学"以实验为基础"的学科特征。另外，实验可以激发学生的学习兴趣，对初学者形成化学概念、理解巩固知识、训练实验技能、培养观察和动手能力、提高思维和解决实际问题的能力都是非常重要的。教师在教学中应创造条件，使学生尽可能多地做实验。

2. 化学教学要规范运用化学用语

化学用语是用来表示物质的组成、结构和变化规律的化学符号及术语，是对化学现象的一种本质抽象。化学用语是中学化学基础知识的重要组成部分，是学习化学的重要工具，也是中学生学习化学遇到的难点、分化点，是学好化学的关键。掌握了化学用语这一工具，学生就能用简明的符号正确表达物质及其变化过程，就能加深对化学基础知识的理解和记忆，还有助于发展学生的抽象思维能力。因此，教师应重视化学用语的教学，使学生准确、熟练地掌握化学用语。

3. 化学教学注重宏观、微观和符号相结合的三重表征思维方式

化学是在原子、分子水平上研究物质的组成、结构、性质及其变化规律的一门基础自然科学，其特征是研究分子和创造分子。化学学科的重要任务是解释物质宏观表现的微观本质，引导学生根据微观机理预测、分析、解释物质的宏观表现，并能用特有的化学符号体系表示出来。这种宏观描述、微观揭示与符号表示相结合的思维方式是化学学科特有的思维方式，也是化学教学最本质的特征。

可观察的宏观世界，分子、原子和离子等微粒构成的微观世界，化学式、方程式和符号构成的符号世界构成了化学学习的三大领域。在化学学习中，学生必须从宏观、微观和符号三种水平上认识和理解化学知识，并建立三者之间的内在联系，从而形成化学学科特有的思维方式，称为三重表征思维方式，如图 3-2 所示。“宏观-微观-符号”三重表征的有机融合是化学学科特有的思维方式，运用三重表征思维方式学习化学，能增进学生对化学知识的理解，提高学生分析和解决化学问题的能力。

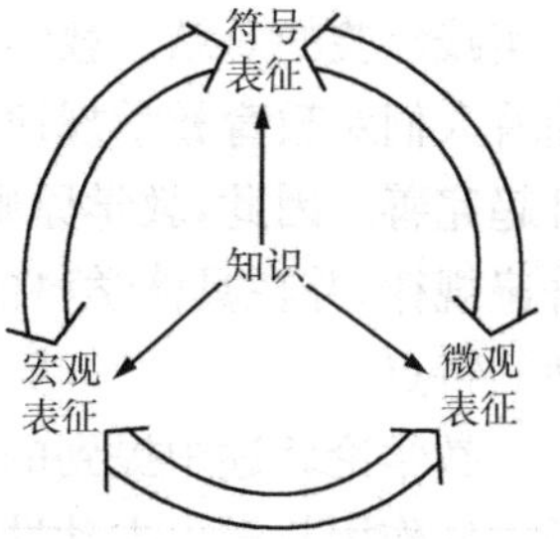

图 3-2 化学学习的三重表征

在化学教学过程中，教师要采取相应的策略促进学生用“宏观-微观-符号”相结合的思维方式来学习化学。例如，充分利用模型、图片、多媒体等直观手段，使抽象知识形象化；将微观层面看不见、摸不着的组成、结构、变化等通过宏观现象表现出来；用比喻、类比等教学方法授课，就成了化学教学过程中培养学科思维的重要任务。如图 3-3 所示，其表示的就是利用三重表征的方法来认识物质的组成与化学式的关系。

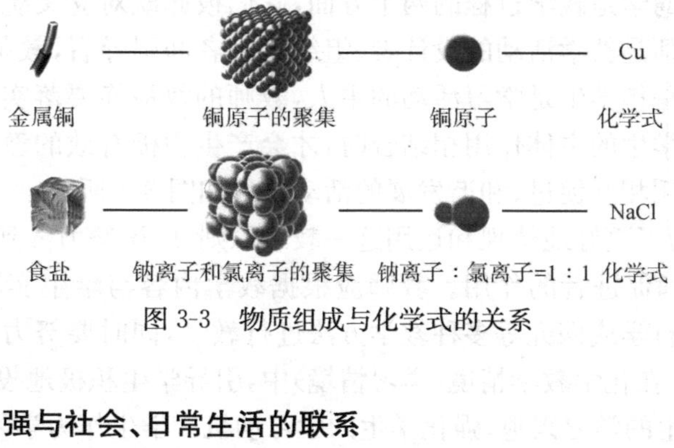

图 3-3 物质组成与化学式的关系

4. 化学教学要加强与社会、日常生活的联系

化学与社会、日常生活息息相关，人们的衣、食、住、行处处都有化学。“从生活走进化学”，使学生感受到化学就在身边，让学生学习“有用的化学”，从而对化学产生亲切感；利用化学与社会、生活紧密的联系，可为学生提供化学学习的先前经验和学习的实践机会，因而降低学生学习化学的难度。

案例 3-1

燃烧与灭火

知识内容的逻辑关系：认识燃烧现象——燃烧条件——联系实际生活中引火和灭火的方法来理解、掌握燃烧的条件——认识缓慢氧化、自燃和燃烧引起的爆炸现象——应用燃烧的知识学习控制燃烧，有效地防火、灭火，了解火灾自救的常识。这体现了从学生经验出发，联系社会生产、生活实际和科技的发展，帮助学生通过化学的学习掌握终身发展所必备的化学基础知识、基本技能、基本观念和基本方法，提高科学素养。

3.3 化学教学原则

教学原则是教学中必须遵循的基本要求，它制约于教学目的，反映教学过程的规律，是教学实践经验的总结。教学原则对于教学工作具有指导意义，教学原则也不是一成不变的。它随着人们对教育教学规律的深入认识和广大教育工作者教学经验的积累，不断地丰富、发展并日趋完善。因此，教学原则具有发展性和历史性的特点。教学原则总是力求反映教学活动的普遍规律，并在具体学科的教学过程中体现其指导价值。所以，教学原则又具有继承性和普遍性的特点。

教学论著述中提到的许多教学原则，如思想性和科学性统一原则、理论联系实际原则、教师主导作用与学生主动性统一原则、系统性原则、直观性原则、巩固性原则、量力性原则、因材施教原则等，对于化学教学都有指导作用。然而，化学教学又有自身的特殊性，研究化学教学原则，必须兼顾教学的普遍性和化学教学的特殊性，同时注意当前社会发展和化学教学改革的要求。借鉴现代教学理论的先进理念，结合中学化学教学过程的特点，提出以下五条应遵循的教学原则。

1. 教为主导与学为主体相统一

教师的教和学生的学是教学过程的两个方面，它们彼此既对立又统一。教师在教学过程中的主导作用是指教师是教学活动的设计者、组织实施者和引导者，教师控制、支配着学生的学。学生的主体作用是指学生是学习活动的主人，教师的教最终要落实到学生的学上。只有当教师的主导作用与学生的主体作用相结合时，才会产生积极有效的教学活动。教师的主导作用与学生的主体作用相互促进、和谐发展的活动过程如图 3-4 所示。

在实际教学中，为了更好地体现和运用这一教学原则，应该努力做到：

(1) 充分发挥教师促进者的作用。教师应根据教学内容与学生实际选择讲授、演示(实验)、讨论、谈话、指导自学或探究等多种教学方法进行教学，同时要努力创设真实生动的教学情境，营造学习氛围。在化学教学情境(学习情境)中，引导学生积极地投入学习活动中。

(2) 不断激发学生的学习兴趣，强化学生的学习动机。学生作为学习的主体，在学习过程中表现出来的积极性、主动性，与他们的学习兴趣、学习动机密不可分。当然，兴趣、动机的产生和强化，可来自学生自身，但更需要教师的启发和引导。因此，在化学教学过程中，教师结合

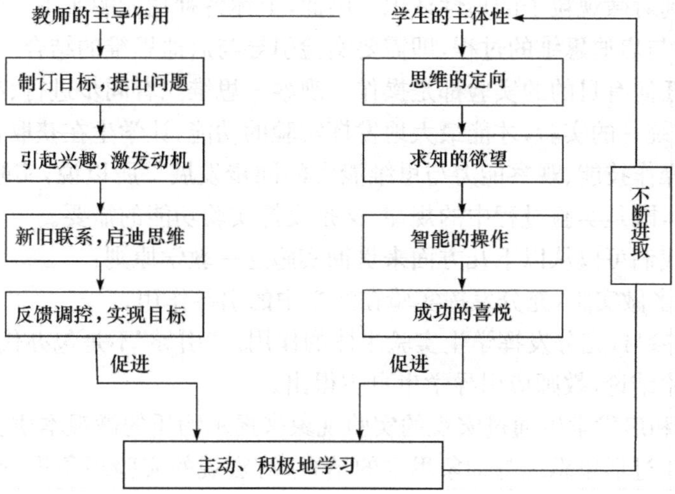

图 3-4　"教"与"学"协调发展过程

教学内容，通过不同方式、方法，不断地激发学生的学习兴趣、强化其学习动机，是充分发挥学生主体作用的立足之本。

(3) 创设学生主动参与的实践活动，如读、做、练、议等多种实践活动。在各种实践活动中，让学生学会学习；指导学生掌握科学的学习方法；让学生从过去单一的接受式学习模式中解脱出来，尝试和实践自主学习、合作学习、探究学习等多种方法；让学生通过体验学习方法的多样化、综合化学会学习，不断提高自己的学习能力。

(4) 教师要善于自我总结，不断改进教学。教师的主导作用还体现在对教学过程的主动调控上，教师通过对教学反馈信息的收集、分析，认真反思、总结自己的教学，发现问题并及时加以改进。

2. 实验引导与启迪思维相统一

这条教学原则最能体现、突出化学学科的特点。"实验引导"包括运用各种化学实验，让学生充分观察和进行各种形式的感知，获得尽可能多的感性认识和直接经验。"启迪思维"是在开展化学实验的基础上引导学生进行积极思考、分析现象、揭示本质。学生要做到不仅知道"是什么"、"做什么"，还要知道"为什么"。实验引导与启迪思维相结合这一教学原则有两层含义：一是化学教学问题的解决，需要实验引导与启迪学生思维相结合；二是实验过程中的实验操作与启迪思维相结合。

化学实验对学生在认知、情感、态度、方法、行为、意志等方面的作用不言而喻。正是因为化学实验在化学教学中具有全面的教学功能，所以才应发挥化学实验在化学教学中各方面的引导功能。例如，通过实验引导学生提出问题，激发学习兴趣和探究精神；通过实验引导学生从宏观实验现象和事实揭示化学变化的微观本质，掌握知识；通过实验引导学生学习科学方法、科学态度；通过实验引导学生获得实验证据，解决化学问题；通过实验引导学生进行科学探究，培养科学探究能力；通过实验的设计、装置的改进与创新，引导学生的创造性思维，培养创新能力等。但化学实验毕竟是事物变化时的表面现象，并非本质属性。化学是研究分子和创造分子的，这些微观层面上的粒子的组成、结构与变化看不见、摸不着。要学习和研究这些微观粒子的本质属性，就必须通过实验等宏观现象进行思维加工及科学抽象，用宏观现象来揭示微观的本质，以达到对微观粒子的理性认识。因此，上述各种功能的实现、问题的最终解决，都需要一个实验引导与启迪思维的过程，即需要实验引导与启迪思维的结合。

实验过程中，任何有目的的实验都是操作—观察—思维三者同步进行、相互促进的。只有做到“做—看—想”统一的实验，才能最大地发挥实验的功能，让学生在获取直观感性知识的同时，促进学生实验操作技能、观察能力与思维能力的同步发展。所以说，实验过程中的实验引导与启迪思维结合，既是实验过程中的规律，又是发挥实验功能的需要。

化学教学中，我们可以从以下几方面来贯彻实施这一教学原则：

(1) 尽可能地多做实验，充分发挥实验在教学中的引导作用。

(2) 重视学生参与，充分发挥学生实验主体的作用。“引导”不是包办代替，从实验现象到实验原理，再到实验结论，教师应引导学生自主得出。

(3) 注意引导和启发学生通过宏观的实验现象来揭示物质的微观本质。引导和启发学生利用原有知识，并通过形象思维与抽象思维的结合，对宏观的实验现象进行科学抽象，借助宏观的实验现象揭示物质的微观本质，达到对实验现象的理性认识。例如，通过铜与浓硫酸反应的实验现象，揭示铜与浓硫酸的化学反应原理及浓硫酸的强氧化性；通过乙醇与钠反应的实验现象及其定量的研究，揭示乙醇的分子结构；通过对红棕色 NO_2气体的加压与减压以及放于冰水与热水中、气体颜色的变化等来揭示化学平衡移动的原理。

(4) 注意实验过程中引导学生“操作—观察—思维”有机结合。实验过程中，在引导学生全面观察、重点观察的基础上，应结合实验装置、实验操作、实验现象有机地提出问题，引导和启迪学生的观察与思维，提高实验的功效。例如，氯化氢气体的喷泉实验，对装置和操作，在装配实验装置和实验操作进行中，可针对实验的目的提出：为什么装 HCl 气体的烧瓶要干燥；为什么烧瓶中压入少量滴有石蕊的水后，会形成美丽的红色喷泉；这一实验说明 HCl 气体的什么性质；形成喷泉的原因是什么等问题，来引导学生边观察、边思考，提高实验效果。

此教学原则可推广到其他直观手段的教学过程，如投影实验、模型、标本、样品、挂图等，都可实施引导与启迪思维相结合这一教学原则。这一教学原则的有效实施，不仅可以降低学生化学学习的难度，增强学生化学学习的兴趣，而且可以有效地发展学生的形象思维和抽象思维。

3. 知识结构与认知结构相统一

知识结构是学科知识按照内在逻辑规律的合理组合。例如，初中化学有关物质的简单分类，酸、碱、盐、氧化物之间的相互转化关系，高中化学中的元素周期律、有机物的分类及性质等，都是不同内容的化学知识结构。

认知结构(cognitive structure)是教育心理学的一个专业术语，它是指一种反映事物间稳定联系和关系的内部认识系统。通俗地说，认知结构就是学习者头脑里的知识结构。

建构主义学习理论认为，学习在本质上就是学生主动建构知识意义的过程。学生在原有知识与经验的基础上，通过改组或扩大原有认知结构来建构新知识的意义，同时将对新知识结构的认识内化为一种认识结构，纳入原有的知识体系和认知结构中，建构新的认知结构，从而使自己的认知结构得以发展。所以说，学生的学习实质上就是在教师指导下，不断将知识结构转化为自己的认知结构的过程。知识结构与认知结构相结合这一教学原则，正是教学过程中这一教学规律的反映。

在化学教学中，实施知识结构与认知结构相结合这一教学原则的主要途径和方法有：

(1) 教师首先要对教材的知识结构做到心中有数。

任何一门课程，都有自身的知识体系。教师只有对教材融会贯通，把握其内在联系，才能在实际教学中有效地指导学生学习。例如，氧化还原反应这一概念的理解和掌握，横跨了初高中四个学年。初中分别从得失氧和化合价升降的角度认识氧化还原反应；到了高中一年级，才从电子转移的本质上认识这一化学概念。

(2) 深入了解学生实际，选好教学起点。

知识结构与认知结构都与已有知识经验有关，因此教师要了解学生的"已知"和"未知"，即"最近发展区"，选择好教学起点。

此外，教师还要了解学生的已有知识经验(前科学概念)与新学知识(科学概念)，因为前科学概念与科学概念有时会相背而又不易改变。例如，物质是否燃烧，学生一般认为是可燃物自身的一种性质，而与其他物质或因素(氧气等)无关(类似燃素说)；糖和食盐溶于水被认为是消失，而不认为是以肉眼看不见的粒子(分子和离子)分散于水中。此时，要求教师在此基础上有针对性地进行教学，以利于学生科学概念的形成与建构。

总之，教师只有对学生的知识基础、智力水平、能力水平、学习习惯等有了比较深入、全面的了解，才能做到知识结构与认知结构相统一。

(3) 注意新旧知识的联系整合，使知识结构化；改组或扩大原有知识体系和认知结构，将知识结构与认知结构相结合。

要求教师在新知识学习后，要善于小结，善于引导学生将新知识与原有知识联系，将新知识纳入原有知识体系中，使知识结构化，并用于解释新知识，使知识结构转化为认知结构。这样做，不仅促进学生认知结构的发展，而且培养学生认知结构自我发展的能力。例如，在学习钠的性质时，通过实验得出钠的活泼性后，教师应引导学生联系钠的原子结构，将"钠的最外层的一个电子易失去，导致钠活泼的金属性"的认识，纳入"结构决定性质"的原有认知结构和"原子结构、金属性质"的原有知识体系中。这样来扩大学生原有的知识体系与认知结构，将知识结构与认知结构相结合。再如，高中化学有关"氮及其化合物"的知识，由于该知识点"物质种类多"、"转化关系多"、"反应现象多"，学习过后记忆、掌握有关知识时，不少学生感到头绪不清。如果进行如图 3-5 所示的知识小结，学生就会形成一个清晰的知识网络，这样可有效地促进学生认知结构的发展。

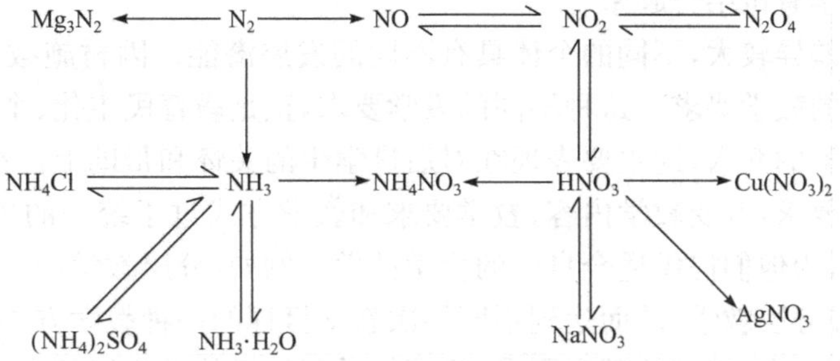

图 3-5 氮及其化合物间相互转化

4. 掌握双基和全面发展相统一

双基是指化学学科的基础知识与基本技能。掌握双基与全面发展的统一教学原则，是基于化学课程标准明确提出的"以提高学生的科学素养为主旨"的化学课程理念，以及"知识与技能"、"过程与方法"、"情感态度与价值观"三维教学目标的要求。双基是基础，也是载体；全面发展是目标，也是追求。坚持掌握双基和全面发展统一的原则，就是要在形成学生基础知识、基本能力的同时，促进学生的全面发展，并为其持续发展打下良好基础。

为了在教学实践中更好地加以落实，建议如下：

(1) 全面理解、掌握化学课程标准提出的"三维"教学目标。学生获取化学知识、技能与发展学生的科学素养同等重要，以任何理由偏废任何一方都是不正确的。

(2) 加强与日常社会生活的联系。化学教学要从生活走进化学，从化学走向社会。

(3) 加强探究式教学。让学生有更多的机会主动地体验科学探究的过程，在知识的形成、相互联系和应用过程中，养成科学的态度，学习科学方法，在"做科学"的探究实践中培养学生的创新精神和实践能力。从目前中学化学的教学来讲，比较常见的探究活动形式主要有：一种是结合教材内容，选择合适的实验让学生进行探究。例如，初中化学教学中，"燃烧的条件"、"质量守恒定律"、"铁生锈"、"物质的溶解度"等都是很好的实验探究内容。高中化学教学中可进行实验探究的内容更为丰富。在组织学生进行探究时，教师应鼓励学生自主设计探究方案，让学生通过讨论筛选出合理的方案进行实验，最终归纳并得出结论。另一种形式是结合生活、社会中的实际问题，让学生通过调查提出探究主题，进行自主探究，然后相互交流，共同提高认识，获取知识，如"当地水资源的利用和污染"、"使用农药的利与弊"、"化学与人体健康"、"化学与社会发展"等内容。让学生走出课堂，深入社会生活实际去获取第一手资料，借助已掌握的知识和各种教育教学资源，对调查、探究结果进行分析、归纳，提出自己的见解，并与其他同学相互交流。

发展学生的科学探究能力是一项较高的教学要求。在教学中，要根据学生的心理特点和具体的教学内容来设计、组织探究活动，既不要搞形式化、表面化、教条化，也不要过分夸大探究。学生在学校进行学习的过程中，不可能(也没有必要)做到事事探究。过分夸大探究，同样是违背教学规律和教学原则的。

5. 面向全体和因材施教相统一

面向全体和因材施教相统一原则是指教学既要面向全体学生，为所有学生的积极学习创造条件；同时，为了有效地进行教学和促进学生的发展，还必须对每个学生进行个别化教学，把群体教学与个别教学有机结合起来。

中学生的个体差异较大，不同的个体具有不同的发展潜能。因材施教包含着对不同层次的学生应当有不同的教学要求。这种不同的教学要求，正是教育民主化、个性化的表现。因材施教也需要情感因素的介入，这主要表现在对后进学生的关怀和帮助上。在化学教学中，要依据化学课程标准的要求，改变教学内容、教学要求和教学方式过于统一的现象，关注和尊重不同学生的发展需要，为他们提供适合自己的化学教学。例如，分层教学法是教师根据学生的差异，有针对性地实施分层教学，从而达到不同层次教学目标的一种教学方法。分层教学既能使所有学生达到《课程标准》规定的基本要求，又能使学习较好的学生得到进一步发展，使所有学生在知识、技能等方面普遍提高。

归根到底，因材施教需要多样化的课程体制来保证，如选修课、学分制等。高中化学课程为学生提供了多样化的课程模块，就是把面向全体学生的要求和为学生提供自主发展的因材施教有机结合起来。必修课程侧重于对全体学生共同的培养，选修课程则侧重于对学生个性、爱好、特长的发展。

3.4 化学教学方法

教学方法是教学论的主要内容之一，它对完成教学任务、达到教学目标、促进学生发展至关重要。本节将主要介绍教学方法的含义和分类、常用的化学教学方法以及教学方法的改革、发展趋势和特点。

3.4.1 教学方法的含义和分类

1. 教学方法的含义

教学方法是在教学过程中，为了完成教学任务，使学生掌握教学内容，由教学原则调节的师生协调活动的方式。

从教学方法定义的表述中，我们可以体会到教学方法包括教与学两个方面，既包括教师教的方法，也包括学生学的方法。另外，要理解教学原则与教学方法的区别和联系，教学原则对教学方法具有指导作用，而教学方法的选择和运用在一定程度上是教学原则的体现。

教学方法是教学过程中最有活力的因素。教学系统中所涉及的教学条件、学生基础、教材内容及编排等，在短时间内是相对固定的，不易改变。而教学方法是灵活的，针对不同情况，教师可以选择、采用不同的教学方法，这也是大家都十分关注教学方法的原因之一。

化学教学方法是化学教师和学生在教学过程中，为了实现化学教学目的、完成教学任务，在教学原则指导下采用的一系列的活动方式、步骤、手段和技术的总和。化学教学方法既包括教师的教法，也包括学生的学法，是教授方法与学习方法的有效组合。

2. 教学方法的分类

从不同的角度，可以对教学方法进行不同的分类。

1）根据教学方法本身的构成划分

(1) 基本方法。

基本方法是教学主体为了完成某一具体的教学任务而采用的比较单一的活动方式。例如，介绍某一科学家的生平事迹而采用的“讲述法”、为了让学生观察某一化学现象而采用的“演示法”、为了让学生巩固所学知识而采用的“练习法”都是基本方法。目前，常用的教学基本方法有讲授-听记、谈话-讨论、指导-阅读、演示(展示)-观察、指导-实验、指导-练习、组织-参观等。尽管基本方法比较单一，但它是构成综合方法的基本“元件”。掌握各种基本教学方法及其如何运用是教师应该具备的基本功之一，对高等师范院校的在校生更是如此。

(2) 综合方法。

综合方法是由若干种基本方法按照一定的方式结合而成。需要指明的是，综合方法不是基本方法的简单组合，而是在一定的教学思想指导下，根据教学目标、任务、内容和学生情况，设计教学策略，选择适宜的基本方法进行科学、合理的构建，形成的某一种综合方法。目前常见的“综合讲授法”、“讲练结合法”、“实验探究法”等都属于教学综合方法。

综合方法与基本方法相比较，综合方法蕴含了一定的教学思想和教学策略，带有教学主体的个人风格和特点，其结构和种类比基本方法复杂得多。作为教师，对教学方法的掌握和运用，基本方法是基础，综合方法是目标。我们通常说的教学方法一般是指教学综合方法。

2）根据教学方法的教学功能划分

（1）注入式教学法。

注入式教学法是以知识传授为教学目标，把学生当成接受知识的容器，用简单的灌输和机械重复方法进行教学，其实质是以刺激-反应联结为理论依据的教学方法。

（2）传统启发式教学法。

传统启发式教学法是以教师的讲授为主要手段来引发学生的思维、内省、接受和复现活动，让学生在已有经验的基础上掌握新知识。

（3）现代启发式教学法。

与传统启发式教学法相比，现代启发式教学法强调通过学生自主的操作性活动来获得知识和得到发展。发现法、探究法都可以看成是现代启发式教学法。

3）根据教学方法的层次水平划分

（1）第一级教学方法：反映一定教学思想的综合方法。

第一级教学方法即理论化的综合方法。它基于一定的教学思想，包含一定的教学原则、教学手段、组织形式和教学思路，是一种较高水平的教学方法体系，如问题解决法、实验探究法、程序教学法、范例教学法和单元结构教学法。

（2）第二级教学方法：构成课堂教学形式的基本方法。

第二级教学方法即教育学中定论的课堂教学的基本方法。此类教学方法各自独立，适于不同的教学情境，如讲授法、谈话法、实验法、讨论法和练习法等。

（3）第三级教学方法：实现课时教学内容的微型方法。

第三级教学方法是前两级教学方法的微观构成要素。例如，讲授法在具体教学过程中有不同的微观方法——讲述、讲解和讲演。再如，归纳概括法、演绎推理法、设置悬念法、比喻夸张法等。

一种综合方法可以分解成互相联系的若干种基本方法，基本方法的实现又离不开更具体的微型方法。构成教学方法的微型方法通常是具体的、可操作的方法，因此成为实现教学内容的主导方法。

3.4.2 中学化学教学常用的方法

在长期的化学教学中，通过大量的教学实践，总结、提炼、研究形成了教学活动的各种教学方法。现对几种基本教学方法和综合教学方法介绍如下。

1. 讲授法

讲授法是教师运用简明、生动的口头语言向学生系统地传授知识，学生通过听、思、记进行接受学习的一种教学方法。讲授法是历史流传下来的一种最主要的教学方法，也是化学教学中最基本的方法之一。教师运用其他方法进行教学时，大多伴之以讲授法。讲授法在具体运用中，因进行方式的不同，又分为讲述法、讲解法和讲演法。

讲授法的优点是在短时间内传递的信息量大，学生能获得较多的知识；方法简单、灵活且很有效率。但讲授法也存在一些缺点。例如，讲授法将学生置于被动地位，不利于学生主动学习、主动进行知识建构；不同学生的学习与理解步调不一致，而讲授法强调教师的统一步调。因此，使用讲授法进行教学时应注意：讲授时间不宜过长，注意与其他教学方法配合使用，要富有启发性和情感，注重语言表达和规范。

克服讲授法缺点的一个有效方法就是使用讲授-讨论法，此方法是将少量教师讲授与教师提问引导学生思维与讨论结合起来的教学方法。讲授-讨论法的教学环节如下：

阶段1：呈现知识。开始教学时，教师提供给学生一些与主题相关的信息。

阶段2：理解监控。在简短呈现之后，教师提出一系列问题，通过学生的回答，评估学生对这些知识的理解程度。

阶段3：整合。教师提出附加问题，以帮助学生确定内容之间的联系。

值得注意的是，在讲授-讨论法中，提问非常重要。教师对提出的问题应当进行精心设计，引导学生思维、讨论与交流，并通过学生对问题的回答来评估学生的背景知识与学习效果。

案例 3-2

盐类的水解

“盐类的水解”是高中化学理论性较强的教学内容，教师采用讲授-讨论法组织、实施教学。在教学过程中，增加实验演示、提出问题、引导思维、讨论与交流等教学环节。教学过程的层次性和逻辑性如图3-6所示。

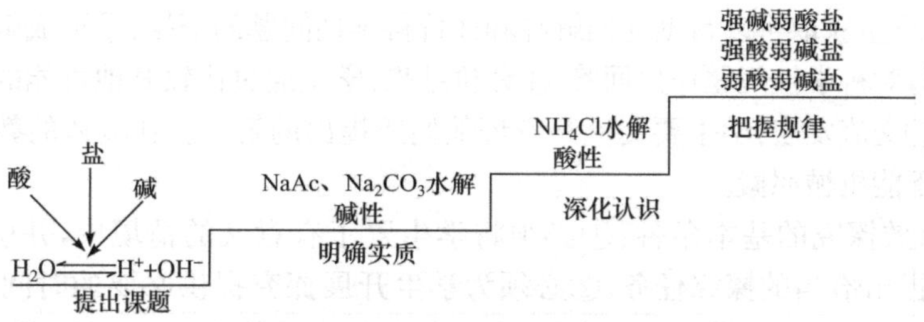

图3-6 “盐类的水解”教学示意图

教学点评：本节课的突出特点是实验引导、原因分析、理解原理、把握规律。教师讲授逻辑严密，学生紧紧围绕“为什么”进行探究。

2. 演示-观察法

演示-观察法是教师在课堂上通过演示化学实验或展示与教学内容有关的实物标本、模型、挂图，或者采用现代教育技术手段，让学生通过观察，获得感性认识，再经过思维加工，形成对化学知识的理解和掌握。

演示-观察法在课堂上的成功运用，可以使学生获得丰富的感性认识，不仅加深对所学知识的印象，把理论、书本知识和实际事物联系起来，形成正确的认识，而且有利于学生思维能力的发展。此外，还能激发学生的化学学习兴趣。为了更好地运用演示-观察法，应把握以下几点：

(1) 精心设计化学演示实验和展示内容，做到目的明确、操作简便、现象直观、安全可靠、便于观察。

(2) 指导学生做好观察，让学生学会既全面观察，又能分清主次。

(3) 教师的演示要与讲授相结合，做到边演示边讲解。

(4) 学生的观察要与思考相结合，通过现象认识本质，达成对化学知识的理解和掌握。

3. 探究式教学法

探究式教学法是自2001年开始的基础教育课程改革所提倡的一种重要的教学方法。该方法旨在倡导学生主动参与的探究式学习。《全日制义务教育化学课程标准(实验稿)》将探究作为课程改革的突破口，明确提出“义务教育阶段化学课程标准中的科学探究，是学生积极主动地获取化学知识、认识和解决化学问题的重要实践活动，是一种重要的学习方式，也是义务教育阶段化学课程的重要内容”。《普通高中化学课程标准(实验)》也提出“通过以化学实验为主的多种探究活动，使学生体验科学研究的过程，激发学习化学的兴趣，强化科学探究的意识，促进学习方式的转变，培养学生的创新精神和实践能力”。

探究式教学法就是以学生探究为主的教学方法。其具体教学过程是教师通过创设情境，启发引导学生在自主、合作、探究学习的过程中努力地发现问题、提出问题，探讨解决问题的途径和方法，获得终身学习所必备的基础知识和基本技能，学会学习，并形成正确的价值观。常见的探究活动有观察、调查、收集查阅资料、讨论和实验探究等类型。

探究式教学法一般有五个基本的构成要素:①提出问题:学生围绕科学性问题展开探究活动;②搜集证据:学生获取可以帮助他们解释和评价科学性问题的证据;③形成解释:学生根据事实证据形成解释，对科学性问题作出回答;④评价结果:学生通过比较其他可能的解释，来评价他们自己的解释;⑤交流发表:学生要交流和论证他们所提出的解释。在具体的教学活动中，探究环节可多可少，不能机械照搬。

促进学生有效探究的基本条件:①必须将学生置于有意义的情境中，并引导他们提出问题，或者向他们提出恰当的探究任务;②必须为学生开展探究提供必要的时间和空间，并在资料、材料、设备和指导方面提供恰当的支持;③必须组织有效的表达和交流，帮助学生在自己探究的基础上加深认识，达到教学目标。

4. 实验-探究法

实验-探究法是指学生在教师的指导下，对某一化学问题通过实验探索，获取知识、发展能力的一种教学方法。指导学生进行实验探究，应主要做好以下几项工作:

(1) 指导学生做好实验方案设计。针对具体的化学问题，设计实验方案是进行实验探究的前提。在这一环节中，教师要充分调动、利用学生已经具备的化学知识和实验技能，提出不同的实验方案，然后经过讨论比较，筛选出最佳方案。确定的最佳方案应该符合实验原理科学准确、实验操作简便易行的原则。

(2) 指导学生做好探究。探究就是学生按照确定的实验方案进行实验，通过对实验现象的观察、记录、整理、分析，得出结论的过程。这一环节是实验-探究的关键，没有正确的实验操作，就不会有正确的实验现象，当然也不会得出正确的结论。因此，教师在指导学生进行实验探究时，首先不仅要让学生知道怎样操作，还要让学生懂得为什么这样操作;其次，观察、记录实验现象要实事求是，对实验现象的整理要尽可能做到化学用语化、表格化和线图化;最后，让学生学会运用归纳概括和演绎推理的逻辑方法，得出实验结论。

(3) 指导学生做好表达交流。表达是指学生把自己的实验结论以文字形式或口头方式表述出来;交流是学生之间对实验结论的相互沟通。在这一环节中，教师对学生的指导，一方面要注意表达、交流的条理性和准确性;另一方面要让学生养成倾听他人意见，虚心向他人学习的良好品质。

案例 3-3

探究化学反应前后各物质的质量之和会发生变化吗?

【教学分析】

“质量守恒定律”是初中化学教学中的一个重要规律,它将引领学生对化学反应从“质”到“量”的认识进行过渡。本案例不是把质量守恒定律强加给学生,而是通过精心设疑,组织学生进行实验探究。通过测定不同体系中化学反应前后的质量变化情况,使学生能够透过不同情况下测量结果的表象,更为深入地认识化学反应前后质量关系的本质。学生在探究的基础上,通过小组合作交流、分析、比较和判断,不断地发现问题和解决问题。在教师的引导下,通过讨论,从微观的角度对质量守恒定律进行解释,最终揭示这个定律的本质。通过实验探究,学生能够较为深刻地理解质量守恒定律的含义,而且培养了科学探究能力以及严谨求实的科学态度;学生还可以体验化学的再发现过程,在学习的成功体验中,享受学习,享受科学。

【情境创设】

通过前面的学习,我们知道,化学反应的本质是有新物质生成。对于蜡烛的燃烧,我们每个人都很熟悉,蜡烛燃烧生成了二氧化碳和水,蜡烛本身也逐渐变短。那么,从量的角度来考虑,化学反应前后各物质的质量之和会发生变化吗?

学生活动:学生进行小组合作,思考,讨论。

【作出假设】

(1) 化学反应前后参加反应的各物质的质量总和大于生成的各物质的质量总和。

(2) 化学反应前后参加反应的各物质的质量总和小于生成的各物质的质量总和。

(3) 化学反应前后参加反应的各物质的质量总和等于生成的各物质的质量总和。

教师:设计以下三个实验,包括液液反应生成沉淀、液固反应生成气体、气液反应生成沉淀三种类型的反应。要求学生按小组完成实验,记录实验数据,并对实验结果进行讨论,教师巡视给予引导。

设计意图:设计三个实验,设置悬念,并通过学生实验,激发学生探究的兴趣,实现将理论探究问题落到实际的实验操作中。教师利用实验中出现的问题情境,及时引导学生进行分析,充分调动学生思维活动的积极性,学生在质疑、争论中产生思想火花的碰撞。

【实验探究一】

学生分组实验。

1) 实验一

实验装置如图 3-7 所示。

实验原理:硫酸铜+氢氧化钠——→氢氧化铜+硫酸钠。

实验步骤:在两支小试管中分别加入适量的硫酸铜溶液与氢氧化钠溶液,然后将两试管斜靠在小烧杯中,放在天平上进行称量。记录数据后将两试管中的溶液混合,观察实验现象后再将两试管与烧杯一同称量,并记录数据。

图 3-7 硫酸铜与氢氧化钠反应

图 3-8　碳酸钙与盐酸反应

2）实验二

实验装置如图 3-8 所示。

实验原理：碳酸钙＋盐酸——→氯化钙＋二氧化碳＋水。

实验步骤：向一支试管中加入小石子(碳酸钙)，另一支试管中加入适量稀盐酸溶液。将两支试管放入烧杯一起称量并记录数据，然后将盐酸倒入另一支试管中，观察到实验现象后再一起放到天平上称量并记录数据。

3）实验三

实验装置如图 3-9 所示。

实验原理：二氧化碳＋氢氧化钙——→碳酸钙＋水。

实验步骤：向烧杯中倒入适量澄清石灰水，将弯导管(或吸管)放入其中并一起放在天平上称量，记录数据。然后向烧杯中吹入呼出气体(含二氧化碳)，观察实验现象，再称量并记录数据。

图 3-9　澄清石灰水与二氧化碳反应

教师：针对以上三个实验产生的不同称量结果提出问题，化学反应前后参与反应的各物质质量总和与生成的各物质的质量总和存在怎样的关系呢？

学生：针对以上三个实验结果，小组合作交流，进行思考与讨论。

教师提示：刚才每个实验中，所有的反应物和生成物都在我们的称量范围之内吗？我们有没有控制好变量呢？引导学生开动脑筋，积极地思考、交流，思考实验存在的问题，并大胆假设、重新设计实验方案。对于实验二，因为反应产生的气体跑到反应体系之外，所以反应后再次称量，质量会减轻；而实验三是因为有外界气体参与了反应，进入到称量范围内，所以质量会增加。

【实验探究二】

学生再次实验。

实验四：向小药瓶中加入少量稀盐酸，先在气球里装入小石子，然后将其套在小药瓶口上，放入托盘一起称量(改进装置如图 3-10 所示)。将气球中的小石子倒入小药瓶中，反应后再次称量，并与反应前的称量数据对比。

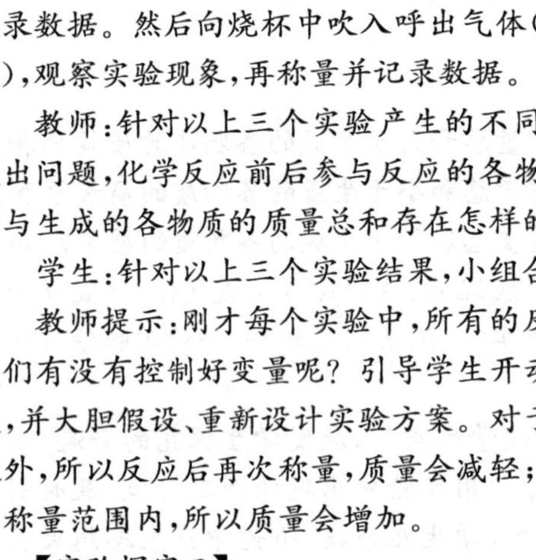

图 3-10　碳酸钙与盐酸反应改进装置

对于实验三，学生在教师的引导下，想到了将二氧化碳收集在集气瓶中，然后将澄清石灰水滴入二氧化碳中。但在滴澄清石灰水时要防止二氧化碳逸出，学生暂时还想不到合适的组装方案。

教师：继续给予引导、提示(若在实验三中再利用橡胶塞和注射器，你想到改进的方案了吗)，让学生积极地思考、讨论，给出正确的组装方案(改进装置如图3-11所示)，并利用此装置再次探究此反应过程前后的质量变化。

【归纳结论】

通过实验现象再次引发学生热烈的交流和讨论，最后师生共同总结，得出化学反应前后参加反应的各物质质量总和等于生成的各物质的质量总和的规律。

教师提问：为什么参加反应的各物质的质量总和等于反应后生成的各物质的质量总和呢？教师展示Flash动画：模拟水电解中，分子分裂成原子，原子又重新组合成新分子(进而生成新物质)的过程。

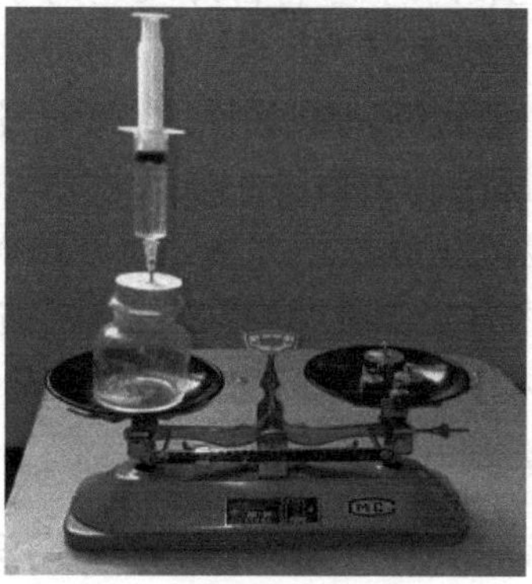

图3-11 二氧化碳与澄清石灰水反应改进装置

教师引导，分析讨论：

(1) 化学反应前后，分子的种类有没有发生变化？

(2) 化学反应前后，原子的种类有没有发生变化？

(3) 化学反应前后，原子的数目有没有发生变化？

学生：通过观看多媒体课件的直观演示，发现在化学反应前后原子的种类和数目都不会发生变化。从微观角度分析得知，化学反应前后各物质的质量总和不变，从而明确了质量守恒定律的实质。

【巩固应用】

蜡烛燃烧，质量减少。是否符合质量守恒定律？能否设计实验来证明？学生在教师的引导下设计了实验装置(图3-12)并进行实验。

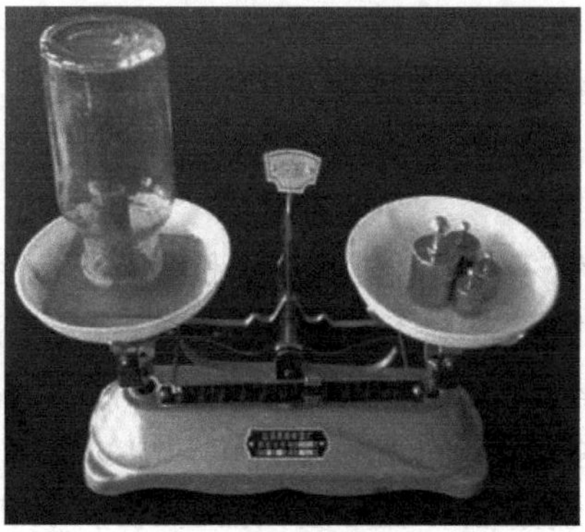

图3-12 蜡烛燃烧实验

5. 谈话-讨论法

谈话-讨论法是师生之间、生生之间以口头对话的方式进行教学的一种方法。该方法的运用一般是在学生已有知识、经验的基础上，教师根据教学目标和教材内容的重点和难点提出问题，引导学生围绕问题积极思维，通过对话和讨论，相互交流个人看法，以达到相互启发、相互学习、掌握知识、发展能力的目的。

从现代教学理念来看，谈话-讨论法是让学生参与学习过程、发挥学生的主体作用、体现能力培养的一种好的教学方法。作为教师应该做到：

(1) 认真做好课前准备。一方面是教师的自身准备，主要包括对谈话-讨论内容的精心设计和指导计划；另一方面是学生的准备，教师要指导学生复习有关知识，查阅相关资料，拟好谈话-讨论的发言提纲。

(2) 因势利导，组织好谈话讨论。首先教师要不断激发和引导学生大胆发表意见，不能“冷场”；其次，谈话讨论的中心内容要紧扣教学内容；最后，要面向全体学生，特别要关注、启发性格比较内向、不善言辞表达的学生，让其积极参与谈话讨论，让每个学生都有发表意见的机会。

(3) 做好谈话-讨论的总结。总结的内容，一是通过谈话-讨论应该学到的知识、技能和方法；二是有待今后进一步思考的问题；三是对谈话-讨论中学生的表现作出恰当的评价。

以上五种教学方法之所以作为中学化学教学常用的方法，是因为讲授法是任何学科、任何教学内容实施教学的基本方法；演示法和实验法符合化学学科的特点；谈话-讨论法有利于学生主体作用的发挥。此外，在中学化学教学中还会用到其他许多方法，如指导-练习法、指导-阅读法、指导-参观法等，在此不再一一介绍。

3.4.3 中学化学教学方法的选择和优化

教学方法多种多样，各自的功能、特点不尽相同。教师如何在教学实践中正确选择和运用教学方法，尤其是对缺乏教学经验的年轻教师，显得格外重要。概括来说，就是常说的“教学有法，但无定法，贵在得法”。要做到“得法”，就要遵循以下几条原则。

1. 符合化学学科特点

化学是一门以实验为基础的自然科学。在化学教学过程中，必须充分运用实验这一重要的教学方法，让学生获取知识、技能，同时培养和发展学生的各种能力。

2. 符合教学目的和教学内容特点

教学方法是为达到教学目的、完成教学任务服务的，不同的教学目的和任务要求运用不同的教学方法。更具体地讲，教学内容是实现教学目的、完成教学任务的物质载体，就化学而言，教学内容的性质和特点又有很大区别，因此选用的教学方法会各不相同。例如，有关元素化合物知识的教学，一般选用讲解法、演示法和实验法；有关基本概念和基础理论知识的教学，一般选用讲解法和讨论法；有关化学用语的教学，一般选用讲解法和练习法；有关社会发展和日常生活方面的知识教学，一般选用调查法、探究法和参观法。

3. 符合学生的年龄特征和认知水平

不同的教学方法，对学生的认知水平的要求是不同的。不同年龄的学生，其认知特点和认知水平也不相同。对于初三学生，由于刚刚开始接触化学，不但化学知识少，没有经过化学实验技能训练，而且抽象思维能力较差，因此化学教学应更多地采用演示法和讲解法。这样做，既能丰富学生的感性认识，又能促进学生的思维发展。到了高中，尤其是高年级，学生已具备了一定的化学知识和技能，抽象思维能力也有了很大发展，应更多地选用实验-探究、谈话-讨论等教学方法。

4. 考虑学校的教学条件和教师自身的个性特征

教学条件对教学方法选择的制约，主要表现在：如果学校的课程资源和现代教育技术设备欠缺，就会限制学生对有关教学内容的课外参考资料和文献的查阅，直接影响学生的自主学习；如果学校的化学仪器、药品不足，实验条件简陋，就会限制实验-探究法的运用；如果学校教室面积小、班容量过大，就会限制以学生为主的教学方法的运用。

教师自身的个性特征主要是指教师个体对教学方法的认识、运用教学方法的经验和能力以及教学风格等个性品质。也就是说，在选择和运用教学方法时，要适合教师个人特征，充分发挥教师的自身优势，争取得到最佳的教学效果。

5. 考虑多种教学方法的优化组合

教学方法的多样性导致选择和运用教学方法的复杂性。任何一种教学方法，都具有各自的功能和特点，这种功能和特点，预示着教学方法选择的针对性和局限性，没有哪一种教学方法是万能的。从教学实际考虑，即便是一堂化学课，其教学目标的多元化，也决定了其必然要通过多种教学方法来实现。在众多的教学方法中，一种方法的优点，可能恰恰是另一种方法的不足。依据不同教学方法之间的互补性，将其优化组合，肯定能取得理想的教学效果。就目前来讲，在化学课堂教学中采用的“演示-观察-讲解”、“实验-探究-讨论”、“讲解-练习”等，在一定程度上体现了多种教学方法的综合运用。随着广大教师不断的实践探索，一定会创造出更多、更好的教学方法。值得注意的是，教学没有固定的教学方法，即“教无定法”。教学中没有必要规定采用某种教学方法，因材施教才是硬道理。

案例 3-4

“CO_2密度比空气密度大”的教学方法

1) 讲授法

教师：讲述 CO_2 密度比空气的密度大。

学生：听、记录、记忆。

2) 启发讲授法

教师：为什么在进入久未开启的菜窖之前要点燃一支蜡烛？

学生：感觉有趣，进行思考。

教师：CO_2 能供给呼吸吗？

学生：CO_2 密度比空气大，沉入菜窖了。为避免事故，所以先用一支蜡烛检验。

教师：CO_2 和空气的密度分别是 1.997g/L 和 1.318g/L。

学生：记录、听讲、思考、比较、解释。

3) 引导探究法

教师：演示实验，向装有两支燃着的处于不同高度的蜡烛的烧杯中倒入 CO_2。

学生：观察。

教师：哪一支蜡烛先熄灭？

学生：下面的那一支。

教师：为什么？你得出了什么结论？

学生：CO_2的密度比空气的密度大。

4) 自主探究法

教师：提出问题——CO_2的密度与空气的密度相比，哪一个大？

学生：作出猜测和假设。

教师：设计方案证明你的假设。

学生：制订计划，进行实验，搜集证据。

教师：请同学陈述假设、证据和结论。

学生：解释、得出结论、表达、交流、反思、评价。

点评：在上述四种教学方式中，学生的行为是不同的。学生的行为不同，意味着学生主体性发挥程度的不同，学生的感受、体验和所获取的知识也不相同。“讲授法”学生只能获得“CO_2的密度比空气的密度大”这一化学学科的基础知识；“自主探究法”学生不仅能获得“CO_2的密度比空气的密度大”这一化学学科的基础知识，还能初步学会“假说”这一科学方法的基础知识和运用假说来解决简单的化学问题。由此可见，教学的方式不同，教学的效果也不同。

思考与讨论：对于“CO_2 的密度比空气大”这个知识点，你会采用什么方法实施教学？

3.4.4 教学方法的改革

我国化学教育界在教学方法改革的大潮中，经过广大中学化学教师的潜心研究，在 20 世纪 70～80 年代，提出了各具特色的化学教学方法，如上海育才中学的“读读、议议、讲讲、练练”教学法，北京景山学校的“单元结构教学法”，天津南开中学的“边实验、边观察、边讨论”教学法。特别是近年来教育工作者又提出一些新的综合教学方法，如目标教学法、分层次教学法、情境教学法、反馈式教学法、多媒体教学法等。

我国新一轮基础教育课程改革的实施，必然会推动教学方法的变革与创新。依据现代教育思想和课改的要求，教学方法的改革体现出以下特点。

1. 以学生为主体，重视教学方法的多边互动性

教学方法的多边互动性是指现代教学方法不再局限于传统的单向活动和双向活动，而是强调教学是一种多边活动，提倡师生、生生、师师之间的多边互动。现代心理学研究指出，多向交流比单向和双向交流有更显著的效果，能最大限度地发挥相互作用的潜能。在多边活动的教学过程中，要特别注重学生之间的互动，同时还要关注学生在其他环节中的作用，让学生最大限度地参与教学过程，提高学生学习的积极性和主动性。

2. 以发展为目标，重视教学方法的综合性

教学的根本目的是促进学生的全面发展，全面发展寓意着教育、教学目标的多元化。新课程标准中提出的“知识与技能”、“过程与方法”、“情感态度与价值观”的三维目标，涉及认知、情感、动作等多个领域，强调学生的知、情、意、行协调发展，决定了教学方法的综合运用。

3. 以个性为特点，重视教学方法的灵活性

学生作为一个个活生生的学习个体，他们之间是有差异的。这种差异不仅表现在对不同学科的学习兴趣上，还更多地表现在智力、健康、情绪、心理、经验背景、特殊能力、社会适应能力等方面。这些差异都在不同程度上直接或间接地影响学生的学习和发展。另外，尊重学生的个体差异，促进学生的个性发展，也是现代教育思想的重要内容之一。因此，教学方法的改革更加趋向于个别适应、因材施教，更加注重每一个学生的发展，更加灵活有效。

4. 以能力为核心,重视教学方法的潜能性

教学方法是为教学目的服务的。但教学过程中的方法不是单纯的操作意义上的机械方法,而是方法本身隐含着对学生的能力培养,这就是教学方法的潜能性。例如,实验法可以培养学生的观察能力和思维能力;谈话-讨论法可以培养学生的表达交流能力;指导-阅读法可以培养学生的自学能力等。不同的学科、不同的教学内容,对学生的能力培养有所侧重,但从21世纪需要高文化水平、高科学素养与人文素养及全面和谐发展的人才的角度来讲,要让学生"学会认知(learning to know)、学会做事(learning to do)、学会共同生活(learning to live together)、学会生存(或学会发展)(learning to be)"。因此,发挥教学方法的潜能作用,促进学生能力的提高和发展,是教学方法改革的又一特点。

3.5 化学教学媒体

教学媒体是教学内容的载体,是教学内容的表现形式,是师生之间传递信息的工具。教学媒体往往要通过一定的物质手段而实现,如书本、板书、投影仪、录像及计算机等。从最早的语言、文字,到后来的幻灯、电影、电视,直至今天以多媒体计算机和网络为核心的信息技术媒体等现代化教育手段,教学媒体日益丰富和多样化,这促使越来越多的媒体运用到课堂教学中。本节主要介绍几种典型的教学媒体及其在化学教学中的应用,以帮助教师合理地选择和使用教学媒体,优化课堂教学。

3.5.1 化学教学媒体分类

化学教学媒体是在化学教学过程中负载与传递化学教育信息的手段和工具。根据教学媒体发展的先后顺序,通常把化学教学媒体分为传统化学教学媒体和现代化学教学媒体两大类。传统化学教学媒体包括教科书、实验器材和装置、模型、图表、黑板等;现代化学教学媒体以电光、电声、电控等现代技术为基础,又称电子技术媒体或电化教学媒体。现代化学教学媒体由硬件和软件两部分构成。常用硬件有幻灯机、投影仪、录像机、激光放像机、电子计算机以及模拟训练装置等;软件包括储存化学教学信息的各种相应载体,如幻灯片、投影实验器材、录像带、激光视盘和计算机课件等。这两种类型的教学媒体,为实现同一教学目标服务,它们相辅相成、互相结合,构成教学媒体体系(表3-1)。

表3-1 常见教学媒体及其分类

媒体类型	媒体类别	具体媒体
传统教学媒体	直观教具	实验器材和装置、标本、实物、模型、图表
	教材	教科书、辅助教学材料
	语言、文字	教师教学语言、板书
现代教学媒体	视觉媒体	幻灯、投影
	听觉媒体	广播、录音、激光唱盘
	视听媒体	电视、电影、录像、激光视盘
	系统媒体	计算机辅助教学系统、语音教学系统

3.5.2 传统化学教学媒体及其在课堂教学中的应用

传统化学教学媒体是指长期以来采用的科技含量较低的教学媒体,是最常规的媒体。传统教学媒体具有简便易行、经济实惠的特点。例如,板书信息的组织和展示灵活,可随时调整,是教师与学生都熟悉的教学手段。传统教学媒体还具有对学生潜移默化的熏陶作用。优美的板书不仅有利于学生集中注意力,还给学生以美的视觉感受;实物与模型直观、真实、具体,便于学生观察,也可供学生动手操作,有助于学生提高学习兴趣。即使在具备了多种多样现代教学媒体的今天,传统教学媒体仍具有其他教学媒体所不能替代的优势。以下简单介绍几种在化学课堂教学中经常应用的传统教学媒体。

1. 挂图

化学挂图是指化学教学中常用的图表、图形,如元素周期表、化工生产工艺流程图、原子结构、分子结构、晶体结构示意图,各类物质的相互关系图等。这些挂图对教材内容的表达生动、形象,有助于说明教材内容的意义,增进学生的了解,启发学生的想象。这些图表一般在化学教材中都能找到,但为了讲解时便于分析、说明,能够指导学生观察,集中学生的注意力,增强教学效果,也需要放大,绘制成挂图。

2. 实验器材和装置

实验器材和装置是最典型的直观教学媒体。实验器材和装置包括实验仪器、药品(标本或样品)及实验装置等。在教学过程中展示这些实物,可使学生对所展示物质的真实存在和外观特征获得深刻的印象和感性认识。例如,在讲解硫的知识时,展示各种硫单质的标本,能使学生很好地感知硫的存在形态,并引起学生学习的兴趣。

3. 模型

模型是根据教学需要,以实物为原型,经过加工模拟做成的仿制品,如炼铁高炉、接触法制硫酸的工厂设备流程模型、原子的电子云、原子结构、分子结构、晶体结构等示意模型。立体模型会使人产生近似实物的实体感,同时还可按教学的需要,做成活动的、能拆卸装配的立体模型,在课堂上可边讲边装配,以便教师示范、学生练习。在化学教学中,可根据教学需要,做成纸片模型、磁力黑板模型、比例模型、球棍模型等。这些模型不仅能够帮助学生认识事物的立体外形,还能揭示事物的内部结构。在特定情境下,使用逼真的模型进行教学能够获得比实物教学更好的效果。

3.5.3 常见的现代化学教学媒体简介

现代化学教学媒体多种多样,各种教学媒体均有其基本特性和功能。下面主要介绍几种现代教学媒体的应用方法。

1. 实物投影仪

实物投影仪可以将文字、图片、幻灯片、投影片及三维实物教具的画面清晰、逼真地重现,以满足学生学习的需要。它一般用在以下两个方面:

(1) 平面物体的展示。展示物为平面物体,如讲稿、幻灯片、投影片、透明片、照相底片、学生的练习、作业等,可以直接放在展示平台上展示,通过调节,获得清晰的、大小合适的图像。

(2) 立体物体和实验过程的演示。当使用较轻的立体物体或实验设备时,可在展示平台上进行展示和演示。若要展示的物体和实验设备较重,以及化学实验试剂具有腐蚀性时,可以使实物展示台的镜头移到展示台基座的一侧，进行立体物体、实验演示的展示。若在进行有反应过程的实验时，可以把某瞬间的状态锁定在画面上，以便讲解；也可通过切换按钮来播放VCD、DVD等内容。

2. 电视和录像机

电视可以呈现声画同步、形象逼真的影像，可以对节目进行复制、转录，可随放随停，特别是它摄像方便，简便易行，所以是目前最广泛使用的电教媒体。闭路电视系统可以使一位化学教师同时进行几个班的教学，优秀教师进行大规模的示范课时，可采用这种方式进行教学。

录像机是记录和重放电视图像的一种电子设备。利用摄像机和录像机，可把一些较复杂、有危险、要求高、时间长的实验拍成录像，然后在课堂上播放，而且该录像还可以长期使用。例如，讲“CO的性质”时，把煤炉燃烧情况和CO通入装有小白鼠的容器中的情况拍成录像，这样，把一个较复杂、反应时间长、有毒有害的实验的录像带到课堂上演示，既保证了实验的真实性和直观性，又便于观察实验现象，收到良好的效果；对于一些容易发生错误的实验基本操作，可以录制正、误两方面的操作，然后在课堂上播放，进行对比强化；对于一些常识介绍，工农业上、生活中的化学知识，可选择录像或VCD辅助教学。例如，在进行接触法制硫酸、催化氧化法制硝酸、炼铁、炼钢、煤、石油、环境污染、酸雨等知识的教学时，可选择录像或用VCD在课堂上演示，这有助于开阔学生的视野，扩大学生的知识面，激发学生的求知欲。

3. 计算机

计算机一般用于辅助教学，因此称为计算机辅助教学（computer-assisted instruction，CAI），CAI在化学教学中的应用主要有以下几个方面：

(1) 微观物质的模拟。微观物质的结构及其运动是人直接用肉眼观察不到的，通过语言来描述也比较困难，而运用计算机模拟，可以将其转变成肉眼能观察到的直观现象。例如，晶体结构、较复杂的分子结构、有机物的同分异构，化学反应中分子的解离、原子的结合，以及核外电子的运动等，借助于计算机的三维动画功能，可以对它们进行任意组合、旋转、拆分、着色、堆积、改变观察角度等操作。这有助于突出教学重点、突破教学难点，有利于学生对物质结构的理解和学生空间想象能力的培养，方便学生由现象到本质进行科学抽象，从而整理得出结论。

(2) 化学实验的模拟。由于化学实验条件的限制而难以实际开展的实验，如黄金溶于王水、温室效应、酸雨形成等；有危险或错误实验操作而引起危险系数高的实验，如稀释浓硫酸的正确操作和错误操作；所需时间较长的实验，如硫酸铜大晶体的制备等，都可以通过生动、逼真的计算机模拟来揭示变化的本质。模拟实验也可与某些实物实验相结合，通过局部放大或微观变化宏观展现来解决实物实验的不足。

(3) 化工生产过程的模拟。主要是结合教材绘制各种化工生产的流程图或模拟化工生产的实验和反应器中的反应现象等。例如，在进行“接触法制硫酸”、“催化氧化法制硝酸”等化工生产过程的教学时，通过动画模拟将分散、孤立的设备连接成完整、系统的设备，将静态的生产流程变为动态的生产过程，并将各个环节进行局部放大和反复演示，可以使学生看清楚整个生产的流程并深刻理解各个设备的工作原理。

(4) 程序化与个别化教学。在教学中，把课堂教学的板书、录像、例题、练习、动画等内容事先编制成课件，使计算机程序化。教师在上课时就运行程序，可以控制上课的进程，发挥主导作用，启发学生的思维。另外，根据计算机“人机对话”的特点，学生可以对计算机提出学习问题或提出需要学习的内容，计算机按照程序向学生呈现一段新的教学信息，然后计算机向学生提问，学生在计算机上即时作答。如果学生回答正确，计算机将作出积极评价，并向学生呈现下一步的学习材料；如果学生回答错误，通过设计好的分支程序，根据情况为学生提供不同分支的补习内容。所设计的计算机程序的分支越多，预想的情况越丰富，就越能适应个别教学。

(5) 利用计算机建立多种资料库，如建立习题库、试题库和教案库等。

4. 多媒体与计算机网络

多媒体与计算机网络教育是把计算机技术、多媒体技术、网络技术和现代教学有机结合起来的一种辅助教学手段。利用多媒体与计算机网络来辅助化学教学，能把文字、声音、图像、动画等传播媒体集于一体，并赋予教学信息传播的交互功能。计算机网络能实现跨越时空、共享教学资源，使教师和学生能随时随地获取各种化学知识，提高教学资源的利用率。例如，“化学概念及原理”的教学，可以通过计算机软件进行动画模拟、制成CAI课件，能形象生动地表现分子、原子等微观粒子的运动特征，变抽象为形象，让学生直观形象地认识微观世界，从而使学生更容易了解化学变化的实质，理解化学原理；一些典型分子的构型，如CH_4(空间构型)、C_2H_4(平面构型)、C_2H_2(直线构型)、C_6H_6(平面构型)，可选用或设计相应的CAI课件来演示这些分子的空间构型，解剖分子的内部结构，让各种分子模型在三维空间中旋转和翻滚，从而使学生能从多个角度来进行仔细观察并充分比较各类分子的结构特征，深化学生对这些抽象的分子知识的认识和理解等。

随着网络技术的迅猛发展，教育资源在世界的交换和共享已成为现实，其打破了现有的地域和学科界限。应用多媒体与计算机网络辅助化学教学，起到了缩小发达地区与落后地区的教育基础和教学水平之间差距的作用。

3.5.4 现代教学媒体在化学教学中的功能

现代教学媒体作为一种教学手段，在教学任务的落实和学生能力的培养等方面有明显的促进作用。就现代教学媒体辅助化学教学而言，其具有以下几方面的功能。

1. 增进学习效率

人类的学习是通过多种感官(眼、耳、鼻、舌、身)把外界信息传输给大脑中枢而形成的。这些感官的功能各异，其中眼最灵，耳次之。在学习中，眼、耳、脑的功能发挥得越好，学习效率就越高。现代教学媒体可以通过色彩鲜明、活泼有趣的音像画面、动画声音等，延伸眼、耳、脑等感官的学习功能，从而提高学习效率。

2. 使抽象的、微观的知识形象化、具体化

化学是在原子、分子水平上研究物质的组成、结构、性质及其变化规律的科学。化学概念及原理(如分子、原子、气体摩尔体积等概念，化学平衡原理等)大多较为抽象，物质的微观结构既看不见、又摸不着，且化学变化又是在原子基础上重新组合的结果。现代教学媒体可以通过动画模拟，把抽象的概念具体化，把微观的知识变得可见，把不容易观察的现象变得清晰化，增强感性认识，把课堂内容具体、形象、生动地展现在学生面前，使学生更好地理解和掌握知识。

3. 模拟化学实验

中学化学实验中，有一些实验是比较复杂、有危险(如石油炼制、氨的催化氧化等)、要求高、难以操作的。这些实验不适合或无法在课堂上演示。教师可利用现代教学媒体，把这些实验的操作过程形象、具体地展示出来，使学生一目了然，避免实验的危险性、难以操作等。

4. 扩大信息量

通过现代教学媒体，特别是计算机和网络，可以让学生在课堂外自己查阅资料，获得在有限的课堂时间内更多的、感兴趣的知识，从而扩充他们的信息量，对学习起到很好的补充、拓宽作用。

5. 激发学生的学习兴趣

现代教学媒体集文字、图像、声音、动画、影视等各种信息传输手段为一体，生动形象，具有很强的真实感和表现力，易于激发学生的学习兴趣和内部动机，引起学生的注意，使学生在比较轻松的情境中学习。

现代媒体与传统媒体的功能比较见表 3-2。

表 3-2 现代媒体与传统媒体的比较

	传统媒体	现代媒体
提供事实材料	容量小(受黑板、时间限制)	容量大
对图片、影视材料的表现力	弱	强
帮助微观想象	困难	容易
对物体的空间结构及运动变化的表现力	差	好
对教师才艺的表现力	丰富	单一
对演绎过程的表现力	丰富	单一
对生成性学习资源的随机表现力	好	差
准备时间	少	多
课堂呈现时间	多	少
交流互动性能	好	差

3.5.5 现代教学媒体应用于化学教学应注意的问题

随着信息技术的迅速发展，现代教学媒体特别是以计算机为中心的现代化教学媒体(习惯称为多媒体)，以其容量大，使抽象的、微观的知识形象化、具体化，模拟化学实验等功能而逐步为教育教学采用。我们在使用多媒体技术时，应该把重点放在解决运用传统教学媒体不便解决或无力解决的学与教的问题上，凡是用传统教学媒体能解决的，不一定非要用多媒体课件模拟或展示，以免顾此失彼，造成负面影响。在使用多媒体进行课堂教学时要注意以下问题。

1. 处理好现代教学媒体与传统教学媒体的关系

现代教学媒体与传统教学媒体在化学教学中的应用是相辅相成的，应用多媒体手段辅助教学，要明确其地位是“辅助”而不是“代替”。任何一种计算机都不能代替人，如果用多媒体取代教师、黑板、粉笔，教师坐在讲台上只负责“播放”，那么师生之间的交流互动，情感分享以及很多生成性课堂资源就会被忽略。这样，不仅不能优化课堂教学，而且会弱化教师的教学技能。因此，在多媒体教学中，计算机只起辅助作用，起主导作用的应是教师。

2. 计算机模拟实验不能替代化学实验

计算机模拟实验虽具有经济、不污染、不腐蚀、不爆炸等优点，但只是模拟实验的过程和现象，缺少真实性。一些感觉特别是嗅觉、味觉和触觉是学生无法体验的，学生的实验操作技能在计算机上是培养不出来的。只有当实验难做、毒性大、危险、干扰多、正确的实验现象难以观察时，才用计算机来模拟实验，如计算机模拟有毒和有危险的实验、模拟化工生产过程等。

3. 注意内容的科学性

在多媒体教学设计中，必须考虑多媒体所表现的教学内容是否准确、科学，这是有效教学的前提。运用多媒体进行教学，既要形象地表达某一个知识内容，在视觉上给学生美的享受，以吸引学生的注意，激发他们的学习热情和学习兴趣，把深奥的问题简单化，又要注意多媒体设计的艺术性、协调性以及教学内容的科学性，不能出现知识性错误。

3.5.6 化学课堂教学媒体的选择

教学媒体的选择是指在一定的教学要求和条件下，选出一种或一组适宜可行的教学媒体。在进行化学教学设计的过程中，教学媒体的选择是非常重要的部分。为达到教学目标，取得预期的学习效果，选择适宜的教学媒体已成为改进教学的有效手段。影响媒体选择和应用的因素是非常复杂的。根据化学教学的实际情况，在选择化学教学媒体时，应主要考虑以下四个因素：

(1) 教学目标。每个具体的教学设计都有一定的教学目标和具体要求。这些目标和要求有知识、技能方面的，有能力培养方面的，还有情感态度方面的。为达成具体的教学目标，通常需要使用不同的化学教学媒体去传输信息，如实验有助于技能培养，录像有助于情感调动，课件有助于思维的训练等。因此，根据教学目标可以确定教学媒体选择的类型。

(2) 教学内容。化学是一门实验学科，实验现象、事实、反应原理等相应的内容在教材中所占的比例较大；选择的媒体要有利于知识的理解和巩固，使教学内容更易被学生接受。例如，结构模型和有关结构的多媒体课件，对学生形成空间概念，理解结构特点，有着其他媒体不可取代的作用。

(3) 学生。不同年龄的学生对事物的接受能力不同，所以适用的教学媒体会有所区别。低年级学生的抽象思维能力没有完全形成，多采用直观、生动、有趣的媒体形式如实验、角色扮演、多媒体课件、电视或录像片等传输信息，易于学生接受；随着年龄的增加，学生的抽象概括能力逐渐增强，已获得的感性经验逐渐得到丰富，注意力控制和记忆的方法都有了较大的改善，这时，选择的媒体应注重增加理性认识的成分，如选择图片、数据、图表、文字材料等，而且媒体使用的时间也可适当延长，注重媒体传输信息的大容量，以培养学生分析处理信息的能力。

(4) 教学条件。教学过程中能否选用某种教学媒体，要看当时当地的具体条件，其中包括资源状况、经济能力、师生技能、使用环境、管理水平等因素。

3.5.7 多种教学媒体组合优化课堂教学

课堂教学传递信息的方式是多种多样的，如教师语言、教科书、黑板板书、挂图、标本、实验、实物投影仪、电视、计算机等，它们都有自己的特点、功能和局限性。一种教学媒体的局限性往往又可由其他媒体的优越性来补充。教学媒体的优化组合是教学设计必不可少的工作。优化组合包含两方面的含义：一是重新审视媒体的选择，以使采用的媒体是最适宜的；二是协调各种教学媒体的使用，作出适当调整而使各种媒体相互配合，防止相互干扰。因此，在课堂教学中，在选择和使用教学媒体时，要具体问题具体分析，科学地对媒体的选择进行设计，尽可能地采用多种教学手段，使其发挥各自优势的方面，以优化课堂教学。

案例 3-5

乙烯教学媒体的选用

本课题的教学重点是乙烯的结构、实验室制法以及乙烯的化学性质。可选用的教学媒体有：实物、模型、课件、实验、板书、投影、语言、教科书等。课前对使用到的各媒体分别进行设计，再优化组合。教学过程中，具体用到的教学媒体如下：

选择的媒体	目的
课件	展示乙烯分子的结构模型，激发学生的学习兴趣
实物	展示乙烯产品，质疑与本课题有何关系，引入课题
板书	书写乙烯分子的电子式、结构式、结构简式
演示实验	乙烯的实验室制法、仪器的使用、连接等实验操作，用高清摄像头或实物投影仪将实验过程投到大屏幕上，以便学生观察
板书	实验过程中穿插实验的板书内容
课件	用乙烯的结构式模拟消去反应的过程，使学生加深对反应原理的记忆
实验现象	观察实验现象，归纳物理性质，由教师板书
演示实验	演示乙烯的化学性质——加成反应
课件	加成反应原理：通过动画演示乙烯的加成过程，突破加成反应这一概念的难点
板书	乙烯加成反应的反应式和加成反应的定义
演示实验	演示乙烯的化学性质——氧化反应
板书	乙烯氧化反应的反应式
课件	加聚反应原理：通过动画演示乙烯的加聚过程，了解加聚反应是如何进行的
板书	乙烯加聚反应的反应式和加聚反应的定义
课本	指导学生阅读课本中乙烯的用途和烯烃的知识，培养阅读能力

思考与实践

1. 指导中学化学教学的基础理论主要有哪些？你是如何认识的？
2. 你对中学化学教学过程是如何认识的？

3. 化学教学中为什么要实施实验引导与启迪思维相结合这一教学原则？
4. 什么是知识结构？什么是认知结构？教学中怎样才能使知识结构与认知结构相结合？
5. 通常听说这样一句话:“教学有法,但无定法,贵在得法。”你认同吗？为什么？
6. 选择化学教学媒体时,应该考虑哪些因素？
7. 就近调查一两所中学,结合我国新一轮基础教育课程改革,了解被调查学校在教学方法改革方面有哪些新举措？实施效果如何？

第 4 章　化学教学设计

教师在上课之前要对教学进行规划和设计，也就是通常所说的“备课”。化学教学设计是化学课程与教学实施的首要环节，是联系化学教育教学理论与中学化学教学实践的纽带和桥梁，对于体现和落实化学课程的理念和目标，有效提高学生的科学素养具有重要意义。教学设计犹如课堂教学实施的“蓝图”，直接影响着课堂教学的质量和效果。一个优秀的教学设计方案是取得最佳教学效果的前提条件和必要保障。因此，中学化学教师非常有必要了解化学教学设计的方法论，并善于积极、主动地运用其进行科学、规范的教学设计。

本章将重点研究、讨论化学教学设计的方法论及实践的有关问题。

4.1　化学教学设计概述

4.1.1　化学教学设计的含义

教学设计是教师在进行教学活动之前，为了有效地达到教学目标和完成教学任务，进行设想、构思和谋划教学活动方案的过程。

教学设计(instructional design，ID)也称教学系统设计，是面向教学系统，解决教学问题的一种特殊的设计活动。它既具有设计的一般性质，又必须遵循教学的基本规律。

教学设计是运用系统方法对各种课程资源进行有机整合、对教学过程中相互联系的各个部分作出整体安排的一种构想，即为达到教学目标，对教什么、怎样教以及达到什么效果所进行的策划，是“一种系统设计、实施和评价学与教全部过程的方法”。

化学教学设计是化学教师根据化学教学目标、化学教学内容以及学生的实际(包括知识基础、能力发展水平、生理和心理发展特点等)，运用教学设计的理论与方法，对化学教学方案作出的一种规划。

4.1.2　化学教学设计的逻辑发展

教学设计是随着人类的教学活动而发生、发展的。在不同的历史阶段，教学设计有着不同的特点。教学设计经历了设计意识由朦胧到清晰、到自觉，设计操作由经验到规范，设计理念由体验到科学的发展过程。根据其不同发展水平的特点，化学教学设计可分为直感设计、经验设计、试验设计和系统设计四种不同的水平。

(1) 直感设计——设计者主要根据自己的主观愿望或者直观感觉进行教学设计。

在近代教育产生以前，人们主要根据自己的主观愿望或者直觉来进行教学设计，没有一定的规范，随意性很强，系统性很差，这种教学设计是低级的、原始的，所得方案的实践效果没有保证。目前，一些缺乏经验的新教师仍会采用直感设计。

(2) 经验设计——设计者以教学实践中积累的经验为主要依据，以过去教学的经历为模板进行设计。

随着教学实践经验的不断积累，教学逐步进化到经验设计阶段。这时的教学设计主要以教学实践中积累的感性经验为依据，自觉性有了提高，但仍缺乏系统的、严格的规范，设计质量受经验丰富程度和概括水平的影响，实践效果仍然难以保证。目前，许多教师仍在使用经验设计这种传统的设计方法。

(3) 试验(辅助)设计——设计者先根据某些理论或假说进行验证性教学试验，在总结试验情况、形成实践规范的基础上进行的教学设计。

这种设计过程比较深刻地概括了教学实践经验，使设计依据的可靠性增强，设计质量有所保证，且能促进教学水平的提高和成熟。但试验设计的质量受到理性认识的正确性、完备性以及试验有效性和可靠性水平的影响。

(4) 系统设计——依据比较完备的教育理论，运用系统工程方法进行教学设计。

随着系统科学的发展，人们逐步认识到教学是一个系统，化学教学过程是一个系统控制过程，并据此来改进教学设计，使教学设计逐步进入到系统设计阶段，即为教学设计的第四个阶段。

系统教学设计是教师在开放的教学系统中，以先进的教学理念和现代教育理论为指导，在特定的教学环境中运用系统工程方法所进行的教学活动的总体规划和课时教学活动的构思和设计。系统教学设计追求的是教学过程这一系统的整体优化，这种教学设计能够使教学理论准确地转化成实践，使教学效果具有较强的可预见性。系统教学设计使教学设计提升到新的层次，代表了当今教学设计的最高水平，它的形成是教学设计质的飞跃的体现。

试验设计和系统设计都属于现代教学设计。无论哪种教学设计都是教师根据教学对象和教学目标，确定合适的教学起点与终点，将教学诸要素有序、优化地安排，形成教学方案的过程。学生是教学工作的对象，是学习活动的主体。现代化学教学设计坚持以学生为中心的教学设计观，即强调学生是教学活动的中心，是教学设计的出发点和归宿。现代化学教学设计重视对学生学习心理的分析和研究，依据学生化学学习的规律设计教学活动，从而最大限度地提高学生化学学习的效率，促进学生科学素养的全面发展。

4.1.3 化学教学设计的理论要素

现代教学设计强调教学理论对教学设计的指导作用，强调科学化和规范化。化学教学设计的理论要素包括化学教学理念、化学教学目标、化学教学模式、化学教学策略等。

1. 化学教学理念

教学理念是人们对教学和学习活动内在规律的认识的集中体现，同时也是人们对教学活动的看法和持有的基本态度和观念，是人们从事教学活动的信念。对于教师而言，教学理念是他们对教学活动、学生的学习、知识价值、学生本性的最根本的理性认识和看法。教学理念涉及许多方面，它首先应该回答“教学活动应该达到哪些目的”，“怎样达到这些目的”等基本问题，具体涉及教学活动的任务、目标、内容、形式、媒体、方法与评价等方面，形成指导教学实践活动的方针和原则。因此，教学理念决定着课程如何实施，决定着课程实施的效果，在课程教学中具有十分重要的作用。

我国的义务教育和普通高中化学课程要求教师树立以下新理念。

1) 化学教学要面向全体学生，以人为本，注重学生的全面发展

化学教学要面向全体学生。面向全体就是关注每一位学生的发展，给每一位学生提供平等的学习机会，让每一位学生都能体验到成功的喜悦和快乐，让每一位学生都获得成功。

面向全体还意味着化学课程要从“为少数人的化学”向“为全体学生的化学”转变，意味着从“培养科学家的化学”向“培养公民的化学”转变，由“精英教育”向“大众教育”转变。化学教育要帮助学生更好地适应未来生活和自身发展，帮助他们应对和解决与化学有关的实际问题，同时使他们在面临与化学有关的问题时能作出明智的决策。

2）化学教学要提高学生的科学素养与人文精神

《全日制义务教育化学课程标准》和《普通高中化学课程标准（实验）》明确指出：化学课程以提高学生的科学素养为主旨。这是化学课程改革的根本理念。

什么是科学素养？国际上普遍认为，科学素养的内涵应该主要包括以下三个方面：①对于科学知识（科学术语和科学基本观点）达到基本的了解程度；②对于科学方法达到基本的了解程度；③对于科学技术对社会和个人所产生的影响达到基本的了解程度。

现代科学素养更加重视科学、技术与社会的密切联系，要求学生关注自然，关注社会，参与社会决策，从科学与社会的角度主动地思考社会问题的解决并付诸行动，这是每个社会公民不可或缺的基本素质。

中学化学教育中的人文教育旨在培养学生正确的世界观、人生观和价值观，使学生具有高尚、善良、纯洁和健康的情操与精神，从而具有关注他人、关注人类、关注社会的博大情怀。

3）以科学探究为突破口，促进学生学习方式的转变

“科学探究（scientific inquiry）”是指科学家采用一定的方法探索未知世界的过程。学生的学习过程从本质上来说与科学家研究事物的过程是一致的。所不同的是科学家研究的对象是人类未知的，而学生学习的对象大多数是人类已经认识的。学生同样可以像科学家那样，用科学研究的方法来进行探究性学习。

在教学上，教师应创设一种类似于学术（或科学）研究的情境，充分调动学生主动参与探究学习的积极性，引导学生通过实验、观察、调查、资料收集、阅读、讨论、辩论等多种方式，在提出问题、猜想与假设、制订计划、进行实验、搜集证据、解释与结论、反思与评价、表达与交流等活动中，增进对科学探究的理解，发展科学探究能力。

4）化学教学要贴近学生的生活，联系社会实际，拓宽学生的视野

《普通高中化学课程标准（实验）》明确指出：“从学生已有的经验和将要经历的社会生活实际出发，帮助学生认识化学与人类生活的密切关系，关注人类面临的与化学相关的社会问题，培养学生的社会责任感、参与意识和决策能力。”初中化学课程标准在内容标准部分设置了“身边的化学物质”模块作为五个一级主题之一，从日常生活和生产中选取学生熟悉的素材，用五彩缤纷的化学物质和丰富多彩的化学变化，使学生体验化学的美，增强学习化学的兴趣，加深他们对化学知识在生活实际中应用的认识。

5）提供多样化的学习评价方式，促进学生发展

在教学过程中，教师必须更新评价观念，设立多元化的评价目标，提供多样化的评价方式，坚持终结性评价与过程性评价相结合、定性评价与定量评价相结合、学生自评互评与他人评价相结合，努力将评价贯穿于化学学习的全过程，以促进学生在知识与技能、过程与方法、情感态度与价值观等方面都得到发展。

6）要努力培养学生终身学习的愿望和能力，增长学生的发展潜能

为了使学生能更好地适应未来学习型社会发展的要求，不但要注意培养学生的学习能力，让他们学会认知、学会学习、学会应用知识，还必须注意培养他们的学习愿望、学习兴趣、学习热情和学习习惯，使他们热爱科学、乐于学习。

2. 化学教学目标

课程目标是实现教育目的和教育目标的重要手段，它既是教学的出发点，又是教学的归宿。它是教学的灵魂，支配和影响着教学的全过程，并规定着教与学的方向。化学教学目标是化学教学活动所预期要实现的最终质量标准，具有层次性，如图 4-1 所示。

总的教育目标 ⟶ 素质教育

⇓

化学课程教学目标 ⟶ 提高学生科学素养

⇓

学年(学期)教学目标

⇓

单元(课题)教学目标

⇓

课时教学目标

图 4-1　化学教学目标的层次

从课程目标到教学目标的这种层次化、具体化的目标系统，就为课程目标转化成具体的、可操作的教学目标提供了有利的指导和帮助，对教师的教学设计具有重要的参考价值。教师要在深入理解和掌握课程目标和内容标准的基础上，依据学生的特点设计教学目标。只有这样，才能通过具体教学目标的落实，最终实现课程目标。

“义务教育阶段的化学课程以提高学生的科学素养为主旨”，“高中化学课程在九年义务教育的基础上，以进一步提高学生的科学素养为宗旨”。可见，提高学生的科学素养是化学课程的总目标。要想落实这一目标，还必须对科学素养具体化。化学课程标准提供了两个目标分类框架，两个分类框架的分类维度和分类标准不同(表 4-1)。

表 4-1　化学课程目标的两种表述

分类维度	分类标准
知识与技能维度	认知性学习目标
过程与方法维度	技能性学习目标
情感态度与价值观维度	体验性学习目标

化学课程目标体现了国家教育目标的要求和化学课程的发展方向。而在教学实践中，教师考虑更多的是具体的课堂教学目标的实现。因此，如何把化学课程目标转化为具体的课堂教学目标，进而用来指导化学教学的设计、实施与评价，是广大教师要研究的重要问题。化学教学目标决定着化学教学内容的选择和组织，决定着教学媒体的选择和利用，是教学评价的依据，在化学教学设计系统中处于核心地位。为了有效地制订化学教学目标，教师要认真学习和研究化学课程标准和教学内容，结合学生实际与学校的教学资源等，制订合理的教学目标，并在教学实践中不断加以反思和优化。只有这样，才能通过具体教学目标的落实，最终实现课程目标。

知识链接

用系统的观点构建目标体系

化学课程目标是一个系统，具有一定的体系。既然是一个系统，就应该有一个“灵魂”来统摄。有了这个“灵魂”，系统才是一个有机整体，才能发挥整体效应。没有这个“灵魂”，系统就成为一盘散沙。传统的由“双基”、“能力”和“德育”构成的化学课程目标体系，虽然每一个要素都有其明确的价值与功能，但往往不能形成合力，结果使得“双基”目标占主导，“能力”和“德育”目标成了“陪衬”，化学课程目标体系实际上成了“化学双基目标体系”。造成这一局面固然与“应试教育”密切相关，但从目标体系自身来看，与缺少统摄“双基”、“能力”、“德育”这三个方面的“灵魂”有很大关系。化学新课程目标体系用科学素养作为该体系的“灵魂”，知识与技能、过程与方法、情感态度与价值观等都只是从不同侧面、不同维度为科学素养这个“灵魂”服务的。因此，这样的一个课程目标体系能更协调、更有效地引导化学教学。

3. 化学教学模式

1）教学模式的含义

教学模式(models of teaching)就是学习模式。美国教育家乔伊斯(Joyce)和韦尔(Weil)认为教学模式是构成课程和课业、选择教材、提示教师活动的一种范型或计划。

2）教学模式的类型

目前流行的教学模式大致可以归纳为以下三种类型：

(1)“教师中心模式”。传统的以教师为中心的教学模式。

(2)“学生中心模式”。基于建构主义的以学生为中心的教学模式。

(3)“双主模式”。既发挥教师主导作用又能充分体现学生认知主体作用的教学模式。

4. 化学教学策略

对于教学策略，国内外有许多不同的观点。例如，教学策略是在教学理论指导下的教学模式；教学策略是教学理论的实施；教学策略是教学方法的有效选择和运用；教学策略是为达成教学目标、完成教学任务，在清晰分析教学活动的基础上，对教学形式和方法作出安排并进行调节与控制的执行过程；也有人把教学策略看成是教学模式实施过程中方法的选择和优化等。这些观点分别从不同的角度探讨和说明了教学策略，都有其合理性，有助于我们对教学策略的理解。策略相对于方法而言，更注重内部的控制操作，但又不完全是单纯的操作性、技术性的程序和手段，而是一种在一定教学理念支配下的操作。因此，可以将教学策略理解为：在一定的教学理论指导下，为实现某种教学目标，系统合理地选择和使用各种方法，有效地组织内容，确立师生的教与学的行为模式和程序等的综合操作系统。从本质上说，它是教学的一套规则系统，也是一种方法论体系。一些基本的教学方法按照不同的教学策略组织起来，可以形成效果和风格迥然不同的教学的综合方法。从这个意义上说，教学策略是教学活动中最灵活和富有创造性的内容，高水平的教学策略不但以某种或某些教学理论或假说为基础，具有科学性，而且还具有很高的艺术性。

化学教学策略可分为教学思想、教学模式和教学思路三个层次，如图4-2所示。

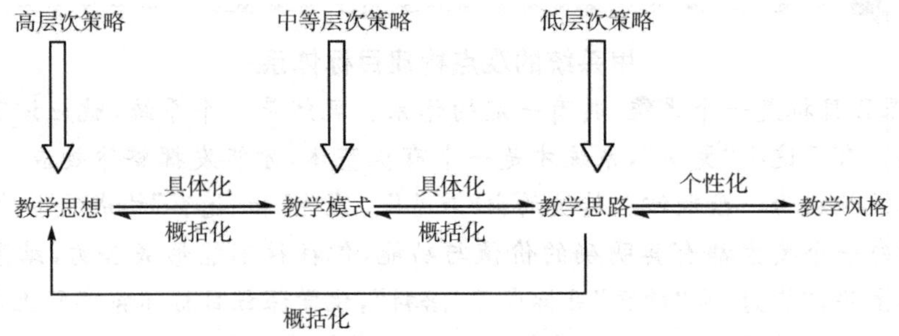

图 4-2　化学教学策略的层次

一般常用的教学策略可分为调动学生学习积极性的策略、组织与呈现教材的策略、师生互动的策略、作业设计与指导的策略、课堂管理与调控的策略、教学评价策略、教学资源管理策略等。

课堂教学常用的教学策略有以下几种：

(1) 多元互动策略。就是善于从多个角度、采取多种形式、利用多种资源进行个性需求的多种整合互动,形成多元智能的个性化教学策略。目的是培养学生自主合作探究的能力、综合建构的能力,进而促进每一个学生能够全面和谐发展、个性充分发展和可持续发展。教学是师生、生生之间合作探究交往的过程,通过多层次的开放性的交往互动,达成共识、共享、共进,从而教学相长、共同发展。

(2) 问题情境策略。问题情境策略是把若干新知识渗透到奇妙有趣的情节、场景或故事中,在新知识和学生的求知心理之间制造一种不平衡、不协调,把学生引入一种与问题有关的情境中,以情境中的问题解决为需求,激发学生在环境中发现问题、分析问题、解决问题的热情。问题情境的创设极大调动了学生的情感注意力和情感体验力,为师生发现问题、提出问题、探究问题、解决问题打下了情感态度基础。

(3) 信息运用策略。信息运用策略就是研究教会学生如何收集选择信息、如何加工信息、如何检索提取信息、合理利用信息的基本规则与方法。目的是培养学生快速检索、加工处理、正确评判、合理利用信息的能力

(4) 合作探究策略。合作探究策略是指为了追求共同的教学目标而谋求高效合作、共生共创、协调发展的交往互动策略。目的是培养学生团结合作、交往共事的能力和学会合作探究、资源共享、分享吸纳的能力。

化学知识主要包括化学事实性知识、理论性知识、技能性知识和情意类知识四个方面。教师在进行教学设计时,根据化学知识的类型、相应的学习策略又可以运用不同的教学策略。

化学教学策略是化学教学活动的指导思想、行动规则和组织依据。制订适宜的教学策略是化学教学设计中一件十分重要的工作。作为一名教师,教学策略知识越丰富,解决教学问题的对策就越多,解决问题的过程就越简缩,其解决问题的速度就越快。因此,教师要在教学实践中学习和丰富策略知识,使自己能够熟练选择和运用策略。同时,在使用过程中,对教学策略加以改造,能够根据问题情境的特殊要求创造出新的教学策略。

案例 4-1

新课标教科书中关于元素运用"先行组织者"策略的案例

关于元素，你还知道些什么？请尝试将所知道的几种元素的情况填入下表中。

你熟悉的元素名称	含该元素的物质	该元素的作用
钙	钙片	促进儿童骨骼生长

请你仔细看看图4-3这个矿泉水瓶的标签。标签中列出了若干矿物元素的含量，作为该饮用水的理化指标。

那么，你知道什么是元素吗？

图4-3 矿泉水的矿物元素含量

点评：在研究元素的科学概念之前，结合学生对有关元素的"前科学概念"，通过列举具体的生活事例，让学生感知元素与人类的密切关系。

4.1.4 化学教学设计的基本层次

化学教学系统可以分为不同的层次，与此相应，教学设计也可分为不同的层次。中学化学教学设计的基本层次有以下几个方面。

1. 课程教学设计

课程教学设计主要解决课程教学的总体规划，制订课程教学的蓝图和宏观方法学。它通常包括以下内容：

(1) 根据课程标准确定课程教学的任务、目的和要求。

(2) 根据课程教学的任务、目的和要求规划、组织和调整教学内容。

(3) 构思课程教学的总策略和方法系统。

(4) 确定课程教学评价的目的、标准、模式和方法等。

(5) 在上述工作的基础上，制订课程教学计划。

2. 学段(学期、学年)教学设计

学段(学期、学年)教学设计是对一学段(学期、学年)教学工作的阶段性规划。它是在完成课程教学设计之后,再了解学校的学年(学期)教育教学计划;通读和初步研究教材,了解过去,特别是上学段(学期、学年)学生的学习基础、学习能力和动机因素以及学习表现等方面的一般特点和发展可能性。在了解教学资源和物质条件的基础上,主要进行以下工作:

(1) 考虑本学段(学期、学年)教学工作跟前、后期间教学工作的联系。

(2) 进一步确定本学段(学期、学年)教学工作的任务、内容(重点)、进度、基本工作方针、措施以及教学评价工作。

(3) 制订学段(学期、学年)实验和活动等计划。

(4) 在上述工作的基础上,编制学段(学期、学年)教学工作计划。

3. 单元(课题)教学设计

单元(课题)教学设计是对一个内容单元(课题)的教学工作进行的局部规划,是以课程教学总体设计和学段(学期、学年)教学工作设计为依据,对一单元(课题)教学活动的系统设计。单元(课题)教学设计的主要内容是在比较深入地分析教学内容和学生实际的基础上,进行以下工作:

(1) 确定单元(课题)的教学任务、目的和要求(或教学目标)。

(2) 确定单元(课题)的具体教学内容。

(3) 确定单元(课题)教学的结构、策略和方法系统,包括怎样把握单元(课题)内容的内部联系和外部联系、怎样搞好重点内容的教学、划分各课时的教学内容、确定学习方式等。

(4) 确定单元(课题)的教学评价工作方案。

(5) 在上述工作的基础上,编制单元(课题)教学计划等。

4. 课时教学设计

课时教学设计是在课程教学设计、学段(学期、学年)教学设计和单元(课题)教学设计的基础上,根据具体的教学条件,以课时为单位进行的教学设计。在各层次教学设计中,它是大量和经常进行的一种,其内容比较具体和深入。课时教学设计主要包括以下工作:

(1) 确定本课时的教学目标。

(2) 构思本课时的教学过程、教学策略和方法。

(3) 选择和设计本课时的教学媒体。

(4) 准备课时教学评价和调控方案。

(5) 在上述工作的基础上,编制课时教学方案(简称教案,又称课时教学计划)。

这四个层次的教学设计有着不同的特点和要求,需要在理解教学任务的基础上注意区分。

从设计的着眼点来看,化学教学设计还可以分为整体设计和局部设计。整体设计是把化学教学作为一个整体,强调各子系统和各要素之间的整体优化,因此属于系统设计。局部设计更多的是从化学教学过程的环节入手,强调某一环节、某一片段的优化,如导课设计、课的结尾设计、板书设计、实验设计、习题设计等,因此属于具体设计。在实际的化学教学中,整体设计和局部设计应相互呼应,互为补充。

从操作层面来看,化学教学设计的过程大体上包括以下一些阶段和环节。

1）准备阶段

准备阶段包括：教学任务分析、教学对象分析（知识准备情况、能力发展水平、生理和心理发展水平等）、教学内容分析、教师自身分析。

2）构思阶段

构思阶段包括：教学目标设计、教学内容设计、教学过程设计（指导理论的选择、教学环节及教学策略的设计等）、教学媒体设计、教学测评设计。

3）评价阶段——教学方案的评价与优化

为了更好地进行化学教学设计，化学教师非常有必要学习和理解有关教学设计的一般理论和方法，尤其是从技术、操作层面掌握有关教学设计的方法论，以提高自身的化学教学设计水平。

4.1.5　化学教学设计应注意的几个问题

1. 切忌照搬教材

教学设计不是简单地把教材的内容搬上教案，按课堂教学的程序、以教案的格式书写就能完成的。教材只是为教师教学提供的一种范例，它的内容和编排不是不可改变的，教师要“用教材教”，而不是“教教材”。教师应当根据教学实际，创造性地进行教学设计。教学设计蕴含着教师对教学内容的辛勤耕耘，渗透着对学生学习方法的科学指导，体现着教师的教学艺术水平。

2. 要关注学生的发展

教学设计要注意面向全体学生，关注全体学生的发展，而不仅是个别优等生的发展；要注意知识与技能、过程与方法、情感态度与价值观三维目标的整合，促进学生的全面发展，而不仅是知识与技能的发展；因材施教，促使每一名学生都能有个性化的发展；要注意保持学生的学习兴趣，培养他们终身学习的愿望和能力，使学生可持续发展。

3. 要关注学生的学习需要

教学设计要关注学生的已有经验和学习需要，从学生实际出发，设计多种有趣、有意义的学习活动，促进学生积极参与和有效参与。关注学生在学习活动中的情绪生活和情感体验，使学生在探索新知识的经历和体验中获得科学的方法，形成科学素养。

4. 要符合“三序”

教师在教学设计中，要注意化学知识的逻辑顺序、学生的认知顺序和心理发展顺序三者之间的合理结合。

在教学设计中，要注意设计合理的知识梯度，分散难点；注意学习的阶段性；控制好学习目标所要达到的水平层次，不要盲目拔高。对不同层次水平的学生，要注意因材施教，既要保证达到标准规定的最低水平，也要使学有余力的学生能得到更多的发展。

5. 要注意转变学生的学习方式

教学设计要注意引导学生主动学习，促进学生自主学习、探究学习、合作学习。注意引导学生在学习活动中形成和掌握合理的学习策略，指导学生学会学习，学会科学探究的方法、学会自主意义建构，形成终身学习的方法和能力。

4.2 化学课时教学设计

化学课时教学设计是在课程教学设计、学期教学设计、单元教学设计的基础上进行的。化学课时教学设计是以课时为单位具体构思教师的教和学生的学，与其他层次的教学设计相比，具有更强的可操作性。课时教学设计是教师最重要的日常工作，从一定意义上讲，课时教学设计水平的高低决定了教学质量的高低。课时教学设计的反映就是课时教学方案(简称教案)。化学课时教学设计要解决以下问题：

(1) 我们现在在哪里？即教学的起点，学生的已知。

(2) 我们要到哪里去？即学习的结果、教学任务，学生的未知。

(3) 我们怎样到那里去？即学与教的过程、学习结果与策略适配，学生怎么知。

(4) 我们是否到了那里？即教学评价，是否落实三维教学目标。

化学课时教学设计的基本环节一般有以下几个方面。

4.2.1 设计准备

在这一阶段，设计者应该明确教学理念和理论基础，弄清教学的起点、终点、条件，做好教学前期分析，初步作出方案设想。具体工作主要有以下几个方面。

1. 理论指导

教学设计的理论基础主要有学习理论、教学理论、传播理论和系统理论。这些理论不仅为教学设计提供了理论基础，而且为教学设计提供了方法和技术。系统理论为教学设计提供了科学研究的方法，传播理论为教学设计提供了选用教学媒体的技术，学习理论使教学设计符合学习规律，教学理论指导了教学设计的具体操作。

2. 调查、研究学习主体

教学设计是为学生的学习服务的，教学的起点应该从学生的起始状态出发。教师要想设计出成功的教学方案，就应该了解学生的特征，对学生进行分析。对学习主体的调查、研究可以从以下五个方面进行：学生的知识水平和学习方式；学生的思维发展水平和认识方式；学生的心理需求和兴趣爱好；学生的生活经验和背景；学生的学习动机和志向。

3. 调查、研究教学条件和课程资源

在进行教学设计时，教师首先要认真研读课程标准，分析课程标准中对有关教学内容的目标陈述，熟悉学习目标和教材，进而收集课题的背景材料。了解本单位现有可供使用的教学设施(特别是实验设施、器材)、可用于教学支持的技术设备(多媒体音像设备、电子投影仪、校园网等)；了解学生可利用的设备条件和他们所喜欢的教学技术，分析考虑哪种教学技术最适合于本课程的教学，以及需要何种程度的技术支持。重视利用信息化课程资源。信息化课程资源是指学生在学习中可以利用的各种信息资料。这些资料主要来自图书、报刊、音像资料、广播、电视、网络等。充分开发和利用社区学习资源。社区的学习资源丰富多样，包括图书馆、科技馆、博物馆、科研单位、大专院校、厂矿企业、消防环保部门以及农、林、牧、渔等生产单位的研究人员、技术资料、仪器设备和相关的信息等。

4. 研究、掌握教学内容

在明确化学课程标准对有关教学内容目标要求的前提下，重点从以下几个方面着手对教学内容进行分析研究，进而达到对教学内容的深刻理解、灵活掌握。

1）分析教学内容的知识类型

中学化学教学内容从基础知识和基本技能的角度大致划分为化学基本概念、化学基础理论、描述性化学知识、化学用语、化学计算和化学实验六大部分。不同类型的教学内容具有不同的特点，其相应地要求采用不同的教学策略和教学方法。例如，化学基本概念的教学要尽可能通过生动具体的化学实验或事实来形成概念，要突出概念的关键特征，重视概念的具体运用，加强基本概念与元素化合物知识的密切联系；要把握好概念教学的深度、广度，不能为追求概念的科学性和完整性而随意将概念扩展或深化。

案例 4-2

“元素”概念的处理

“元素”的概念是在人教版九年级化学第四单元课题2中介绍的，但在此之前，教材已多次出现这一名词。

第一单元：“利用化学方法分析众多的物质，发现组成的基本成分元素其实只有100多种”——只说明物质由“元素”组成，给学生一个初步印象。

第三单元：“在很长一段时间内，水被看成是一种元素”、“组成中含有不同元素的纯净物叫做化合物”、“由同种元素组成的纯净物叫做单质”——说明了元素的种类。

第四单元：“元素就是具有相同核电荷数的一类原子的总称”——定义元素，进一步认识元素。

知识链接

知识的深度与广度

知识的深度是指同一类型知识的纵向发展程度。知识的广度是不同类型知识的数量范围以及它们之间的相互联系程度。知识的数量范围多，联系程度广，知识的广度就宽。否则，知识的广度就窄。

教学内容的选择要有一定的广度，以适应学生广泛的求知欲；同时又要有一定的深度，以促进学生积极探索。要依据学生的理解和接受能力，确定合理的知识的深度、广度。具体来说，知识的深度要以广度为基础，在广泛的知识基础上达到一定的深度，不能跳跃太大，搞“一步到位”。应该以螺旋上升的方式使其逐步达到一定的深度。从另一个角度来说，知识的广度要以知识的深度为核心，选择具有内在联系的不同类型的知识，围绕某一深度的知识，使学生学得深刻、扎实。知识的深度、广度一定程度上决定了学生学习的难度。根据知识的深度、广度，在设计教学时，一定要清楚，哪个阶段让学生学到什么程度；让学生练习多大难度的题目要系统安排，循序渐进。

2）分析教学内容及逻辑顺序

把握教学内容是指在阅读课程标准及教材的基础上，列出学生课堂学习的主要内容，包括单元、课时教学知识、技能的要点以及与前后教学内容之间的逻辑关系，明确所学内容在整个教材体系中的地位和作用，以准确把握所学内容的阶段性、深浅度。

分析教学内容时，一般需要按知识内容、知识条目、知识细目的顺序逐级分解。例如，人教版九年级化学“空气”的教学内容如下所示：

- 空气
  - 组成及含量——氧气含量的测定
    - 装置
    - 药品
    - 操作
    - 误差分析
  - 各成分主要用途——宝贵资源
  - 污染及保护

知识内容　　知识条目　　知识细目

教师应该认真研究教学内容中的新知识和教材中前后知识的关系，发掘新知识、新技能的“生长点”，以实现知识、技能的正迁移。心理学研究表明，影响学生学习的最重要因素是学生已有的知识基础。在分析教学内容时，要特别重视知识从哪里来、到哪里去，即分析新学习的内容和学生已学过的内容间有什么联系，在以后的学习中又有哪些运用和发展。这样做可以使新知识的学习建立在学生已有的知识基础之上，并在教学中留有一定的余地，使知识的学习一环扣一环，层次分明、循序渐进，逐步形成完整、系统的知识结构。

案例 4-3

“氧化还原”内容的逻辑顺序

以新课标人教版实验教科书初中、高中化学(必修)为例。

在初中的化学课程中，氧化还原是从得氧、失氧(还原反应)的角度定义氧化还原反应的。“氧化反应”的概念第一次出现在第二单元“我们周围的空气”课题 2“氧气”中，“还原反应”的概念出现在第六单元“碳和碳的化合物”课题 1“金刚石、石墨和 C_{60}”中。

第二次对氧化还原内容进行组织是在《普通高中课程标准实验教科书 · 化学 1(必修)》第二章“化学物质及其变化”第三节“氧化还原反应”中，是从化合价升降和电子转移角度进行分析的。

第三次出现该内容是在《普通高中课程标准实验教科书 · 化学 2(必修)》第二章“化学反应与能量”第二节“化学能与电能”关于原电池的内容中。教学内容的螺旋式上升最明显的优点是照顾了学生的认知水平。

3) 分析教学内容的重点和难点

能否准确分析和把握教学内容的重点、难点是决定教学成效的关键。教学重点是指在整个知识体系中处于重要地位和具有突出作用的内容，是课堂教学中需要解决的主要矛盾，是教学的重心所在。从化学学科来说，重点知识主要包含核心知识、核心技能和核心的思想方法等。核心知识包括化学学科的基本概念、原理以及元素化合物知识，核心技能主要包括化学实验技能、化学用语的书写技能以及化学计算技能等，核心的思想方法则包括微粒观、运动观、分类观等化学的重要观念等内容。一般来说，每本教材有重点章，每章有重点节，每节有重点内容。每节教材，不管是重点节还是非重点节，都有它的教学重点。要在对教材内容进行深入分析、统观全局的基础上，确定教学重点，并紧紧围绕重点内容设计教学，通过各个教学环节并运用各种教学手段，突出教学重点。教师可以从以下几个方面研究和确定教学重点。

首先，教学重点的确立受制于课程标准，应从教学内容具备的学科意义，学生的发展角度分析课时教学应着重解决的问题和解决途径。课程标准规定的“掌握”、“理解”、“了解”等内容，可以作为判断教学内容重要性的依据之一。

然后，通过比较找出重要内容。一般情况下，与物质的物理性质相比较，它的化学性质更重要。与描述性知识相比较，反映物质组成、结构的化学基本概念、原理更重要。与一般物质相比较，选定的代表物更重要。

最后，深入研究重要内容，确定教学重点。要分析这些重要内容的关系，找出其内在的中心和外围，并在确定重点时有所取舍。

难点是指学生感到难以理解或接受的内容。对中学生而言，缺乏感性认识的抽象知识，逻辑性强的、应用时需考虑相关因素较多的、思维跨度大的知识和难以记忆的知识等都属于难点。从教学本身分析，难点内容通常包括：

(1) 比较抽象的内容，如初中教材中“化合价的实质”，高中教材中“物质的量的概念”。

(2) 容易混淆的内容，如初中教材中“结晶水合物与混合物”。

(3) 综合性强的内容，如高中教材中“合成氨适宜的生产条件的选择”。

(4) 逻辑推理比较复杂的内容，如高中教材中“电化学腐蚀及其规律”。

当然，有些难点兼有上述多种特点。要对所教教材的内容作具体分析，对困难程度进行比较，从中找出教学难点。

要注意区别教学重点和难点。重点是本节课的核心知识，同一个教学内容，教学的重点是不变的；难点是学生在学习过程中的障碍点，不同学生、不同班级，需要突破的难点可能也是不同的。因此，重点不一定是难点，难点也不一定是重点，有时两者是统一的。例如，初中化学教材中“化学方程式的书写”既是重点又是难点；初中化学教材中“催化剂与催化作用”是难点但不是重点。

案例 4-4

“物质的变化”的教学重点、难点

教学重点：物理变化、化学变化的概念(区别)及其应用。

教学难点：如何判断一个变化是物理变化还是化学变化，物质变化与物质性质的区别。

解决办法：①通过观察演示实验，列表记录实验现象，由学生讨论而得出物理变化和化学变化的概念及本质区别；②通过学生讨论而归纳出物质的性质与物质的变化的区别。

4) 分析和挖掘教学内容的教学价值

任何知识都具有多重价值，这种多重价值具体表现为知识具有迁移价值、认知价值和情意价值。知识的迁移价值是指先前获得的知识能够促进后继知识的学习，会有助于学生更好地解决发展过程中遇到的各种问题和困难；知识的认知价值是指获得知识的过程是学生对知识的自主探究过程，这个过程本身能够提高学生学习的能力；知识的情意价值是指知识的学习过程会对学生的情感、意志、态度和价值观等的发展产生积极的影响。

因为任何知识的获得都不是一个孤立的过程，是科学家运用一定的科学研究方法，经历艰难、曲折的探索过程而获得的，这个过程倾注了科学家的智慧，体现了科学家的思想和观点。例如，质量守恒定律就是科学家运用定量的方法对化学变化进行研究而发现的。因此，对于具体的化学知识而言，除具有促进学生解决实际问题的应用价值外，还隐含着有利于学生掌握科学方法、发展科学能力的智力价值，以及有利于学生情感态度与价值观形成的情意价值。

4.2.2 设计教学目标

教学是以教学目标为定向的活动，教学目标引导和制约着教学设计的方向。教学目标是化学教学的出发点和归宿，它对教学设计、实施与评价起指导作用。课时教学目标是课程目标在具体的课时教学过程中的体现，是指学生在某一课时的学习中预期要达到的结果。在进行教学设计时，教师必须明确、并以清晰的语言陈述教学目标。

1. 化学课程的三维学习目标与学习行为动词

化学课程标准中提出了知识与技能、过程与方法、情感态度与价值观三维目标体系。

1）知识与技能

三维目标中把知识与技能目标放在首位。相对而言，知识与技能目标是三维目标中基本的、基础性的目标，对基础知识和基本技能的掌握是课堂教学的一项极其重要的常规性任务。它是教师钻研教材和设计教学过程首先必须明确的问题。

2）过程与方法

教育心理学研究指出，学生的学习过程不仅是一个接受知识的过程，还是一个发现问题、分析问题、解决问题的过程。知识、技能与过程、方法的关系实际上是结果与过程的关系。在确定了"知识与技能"目标后，要进一步研究、分析这一"知识与技能"是怎样获得的，其需要经历怎样的探究过程，需要用到哪些科学探究的方法，进而根据学生已有的知识经验和认知能力，确定"过程与方法"目标。

3）情感态度与价值观

情感态度既包括学生对学习活动的态度情感，也包括对人类活动的情感态度。价值观指学科学习内容中所蕴含的真、善、美的价值因素。包括科学态度和辩证唯物主义世界观、爱国主义、自然美和科学美等内容。

情感态度与价值观总是伴随着认知活动而发生发展，同时反作用于认知。因此，它不是通过讲授可以得到的，而必须通过创设情境、制造氛围，通过学生的体验和领悟，在探索知识的过程中形成和发展。

总之，学生学习任何知识与技能都要运用一定的方法，都要经历一个过程，在这个学习过程中，学生总会伴随一定的情感和态度，总会有一定的价值取向。所以，三维目标是一个问题的三个方面，是统一的有机体，而不是独立的三个目标。

行为动词是可观察、可测量的具体行为。课程标准中，目标要求的描述所用的行为动词分为认知性学习目标、技能性学习目标、体验性学习目标三个指向，并且按照学习目标的要求分为不同的水平。例如，认知性目标从低到高分为知道、了解、理解、应用四个层次。对同一水平的学习要求又可以用多个行为动词进行描述。

知识链接

《普通高中化学课程标准(实验)》中有关行为动词的分类

1. 认知性学习目标的水平

从低到高↓

- 知道、说出、识别、描述、举例
- 了解、认识、能表示、辨认、区分、比较
- 理解、解释、说明、判断、预期、分类、归纳、概述
- 应用、设计、评价、优选、使用、解决、检验、证明

2. 技能性学习目标的水平

从低到高↓
- 初步学习、模仿
- 初步学会、独立操作、完成、测量
- 学会、掌握、迁移、灵活应用

3. 体验性学习目标的水平

从低到高↓
- 感受、经历、尝试、体验、参与、交流、讨论、合作、参观
- 认同、体会、认识、关注、遵守、赞赏、重视、珍惜
- 养成、形成、具有、树立、建立、保持、发展、增强

教师在叙写教学目标时要以课程标准的行为动词为依据，科学、合理、准确地用词。一般情况下，化学知识与技能领域的学习目标要求结果化。因此，教师应明确学生的学习结果，采用明确、可观察、可测量、可评价的行为动词来进行陈述。描述主体行为的基本方法是使用一个动宾结构的短语，其中行为动词说明学习的层次水平，宾语则说明学习的内容。例如，“说出”、“列举”、“看懂”等都是行为动词，在它们后面加上动作的对象，就构成了学习目标中关于行为的表述，如“说出几种常见元素的化合价”，“列举生活中一些常见的有机物”，“看懂某些商品标签上标示的物质成分及其含量”等。在这些动宾结构中，宾语部分与学习内容有关。

对于“过程与方法”、“情感态度与价值观”目标，由于其难以结果化，通常用体验性、过程性的动词与少数行为动词结合来描述学生的表现、体验或心理感受，如“经历(体验、参与等)……过程，学习……方法，发展……能力”，“通过……体验(增强、发展、感受、具有等)……”等。用于化学教学目标陈述的动词使用特点见表 4-2。

表 4-2　用于化学教学目标陈述的动词使用特点

目标分类	动词使用的特点
知识与技能	明确、可观察、可测量的行为动词
过程与方法	大多数难以测量；少数行为动词与体验性内在心理动词相结合
情感态度与价值观	难以测量；体验性的内在心理动词

2. 教学目标的设计与叙写

1) 制订教学目标的依据

化学课程标准是制订教学目标最主要的依据之一。教学目标应以化学课程目标及内容标准为依据来制订，另外还要考虑教学内容、学生已有的知识、技能、经验、认知特点及相关的教学资源。应注意，课程目标是既定的，课程标准(课程目标与内容标准)规定的教学目标一般是终结目标。课时教学目标却具有生成性，是师生在教学过程中通过相互交流而逐步形成的。

2) 化学教学目标的叙写

教学目标经过分析而确定后，如何叙写教学目标成为书写教案的关键问题之一。教学目标的叙写有多种方式，教师可以根据教学的实际需要及相应的教学目标内容，选择不同的叙写方式。目前，国内外较流行的表述方法有以下几种：

(1) 行为性目标的叙写。行为性目标是指以具体的、可操作的、可观测的行为形式来表述的教学目标，它指明教学活动后学生所发生的行为变化。主要叙写方式为 ABCD 型式。ABCD 目标叙写方式一般包含四个要素：学习行为主体(audience)、学习行为动词(behavior)、学习行为条件或学习情境(condition)和学习程度标准或表现水平(degree)，简称为 ABCD 型式。其叙写要求如下：

A. 学习行为主体(教学对象)。学习行为主体是学生，而不是教师。教学目标所表述的是预期在学生身上发生的变化、所要达到的学习结果。一般叙写时可省略，默认主体为学生。例如，"培养学生……，提高学生……"，写的就是教师的行为。应表述为"学生通过对……实验的观察，初步学会……观察方法，逐步形成实验观察能力"。

B. 学习行为动词。学习行为动词说明所要学习的行为或能力，即学生怎样学习及其学习结果的类型。尽可能选取意义确定、易于观察的行为动词，以描述可测量、可观察的具体行为，尽量少用"理解"、"掌握"等抽象词语，如"能写出 Na 与 H_2O 反应的化学方程式"，"能独立完成一定物质的量浓度溶液的配制"。

C. 学习行为条件或学习情境。学习行为条件或学习情境是指提供产生预期学习结果的学习情境或学习条件等。对条件的表述主要有辅助手段或工具、提供信息或提示、时间的限制、完成行为的情境等，如"观察……实物、观察……演示实验、根据周期表……、阅读课本、通过查阅资料、讨论等"。行为条件的确定过程也是教师斟酌教学活动设计的过程，这体现了教学目标对教学活动设计起到指导作用。因此，行为条件必须写进教学目标。

D. 学习程度标准或表现水平。学习程度标准或表现水平用以预期学生课堂表现和学习结果所要达到的最低表现水准或学习水平，用以测评预期学习结果(目标)所达到的程度。其可以定性，也可以定量，如"80%的学生能完成……、至少举出三个……"等。

ABCD 叙写方式的基本句式如下：

行为条件＋行为主体＋行为动词＋程度标准或表现水平＋行为结果

C　　　A　　　B　　　　D

例如，学生(主体)在完成实验后(条件)，写出(行为)规范的(标准)实验报告。学生(主体)在学习了氯元素的有关知识后(条件)，举出(行为)三个以上(标准)氯元素的应用事例。

(2) 表述性目标的叙写。体验性目标通常涉及情感领域，学生情感的变化和价值观的形成是一个长期教育影响的结果，往往是难以直接观察、无形的、不易测量的抽象目标，一般用一些"过程性"动词来表述结果，而不提出可测量的学习结果。对于情感态度与价值观领域教学目标的陈述，可明确规定学生应参加、经历或完成的活动，至于学生应从这些活动中获得什么，应有一个循序渐进的过程。

案例 4-5

"我们周围的空气"情感态度与价值观目标

(1) 组织开展以"空气污染"为主题的调查活动，初步了解空气污染给人类带来的严重危害。

(2) 通过介绍空气中不同成分的用途，知道空气是一种宝贵的自然资源。

(3) 通过广播、电视、报纸等传媒，收集本地的空气质量日报，培养关注环境、热爱自然的情感。

(3) 内部过程与外显行为相结合的目标的叙写。学习的实质是学生内在的心理变化，因此教育的真正目的不是看学生具体行为的变化，而是看其内在能力和情感的变化。这些内在的能力和情感的变化属于情感领域的教学目标，对它们的表述虽然也可以运用行为目标的表述方法，但结果却不易直接观察和测量。针对这种情况，有学者提出了内部过程与外显行为相结合的折中表述方法。

该方法是指将内部心理过程与外显行为结合起来陈述目标。这种方法强调目标表述不能忽视情感领域或其他领域的高层次教学目标，当涉及类似的目标表述时应该分为两个层次来表述，即第一个层次表述外显行为，第二个层次表述心理内部过程。

总之，教学目标的陈述必须符合以下要求：

(1) 教学目标陈述的是学生的学习结果，不宜陈述教师的教学行为。

(2) 教学目标的陈述应力求明确、具体，可以观察和测量。

(3) 教学目标的陈述应反映学习结果的类型和层次性。

案例 4-6

钠的化合物

1) 知识与技能

(1) 通过观察 Na_2CO_3和 $NaHCO_3$样品，了解其颜色和状态。

(2) 通过演示实验，了解 Na_2CO_3和 $NaHCO_3$的化学性质。

(3) 通过合作学习，能说出 Na_2CO_3和 $NaHCO_3$的共性和差别。

(4) 能在教师的启发下写出 Na_2CO_3和 $NaHCO_3$分别与盐酸反应的离子方程式及 $NaHCO_3$受热分解的化学方程式。

2) 过程与方法

(1) 通过实验探究，明确研究物质性质的一般方法。

(2) 通过对 Na_2CO_3和 $NaHCO_3$性质的比较，体会比较法学习对认知的意义。

3) 情感态度与价值观

(1) 通过实验设计与探究，增强学习化学的兴趣。

(2) 通过对 Na_2CO_3和 $NaHCO_3$用途的学习，提高理论联系实际的意识。

(3) 通过学习侯德榜制碱的研制历史，增进爱国热情。

3) 制订教学目标的原则

(1) 整体性原则。整体性是指课程、单元与课时教学目标之间的整体协调性。课程目标的三个维度是一个有机的整体，是课堂教学应当同时兼顾的一个目标体系。

(2) 科学性原则。对不同层次、不同类别的知识，用不同的行为动词作出具体而恰当的描述，严格把握分类的准确性和描述的严密性。

(3) 操作性原则。操作性是指目标明确、具体，有针对性，易操作。即根据课程标准的要求、教材内容和学生的特点，把目标具体化。课时教学目标的数量不能过多，否则难以落实。

(4) 可测性原则。可测性指描述的教学目标具有可测性。否则，就不能充分发挥教学目标的评价功能。

(5) 渐进性原则。渐进性指把一个整体复杂的目标系统分解为可以按照某种顺序去达到的若干组成部分，然后在教学过程中逐步实现。

案例 4-7

"化学变化"概念的形成

1）绪言课的教学目标

通过比较，从宏观上判断化学变化和物理变化(有没有新物质的生成)。

2）学习分子、原子概念后的教学目标

通过分析，从微观上判断化学变化和物理变化(有没有原子的重排)。

3）学习质量守恒定律后的教学目标

从定量的角度理解化学变化，能用质量守恒定律解释一些生活中的化学现象。

4.2.3 确定课型，选择教学方法，设计教学策略

根据化学教学的任务，选择课堂教学的类型；根据课堂教学的类型，选择教学的方法和教学活动的形式。

1. 选择课堂教学的类型

按教学任务分：绪言课、新知识课、实验探究课、练习课、复习课、考察课、综合课等。

按教学内容分：绪言课、基本概念课、基础理论课、元素化合物知识课、化学用语课、实验探究课——随堂探究/学生自主探究等。

2. 选择适宜的教学方法，设计教学策略

理论性知识一般采用启发-讲授、讨论，引导-探究等方法；元素化合物知识采用实验-探究法、讨论法、指导阅读法等；技能性知识采用练习-评价法等。

教学策略是在教学目标确定以后，根据已定的教学任务和学生的特征，有针对性地选择与组合相关的教学内容、教学组织形式、教学方法和技术而形成的特定教学方案。在实际的教学设计中，具体的教学策略又称为教学思路。教学思路是对如何展开教学内容的"想法"，是指教师在课时教学设计中所规划的、所要实施的教学流程和教学活动的设计。教学思路或明或暗地被划分成若干个教学步骤，以便在课堂上有序地向前推进。

教学策略是实现教学目标的重要手段，是教学设计研究的重点，也是最能体现教育教学观念的一个环节。教师应根据构成教学系统的具体要素，选择教学方法，设计教学策略。教学策略的设计包括许多方面，主要有教材分析(教学内容的特点、认知难点)、教材内容的处理(资源的开发、内容的整合、课时划分)、学情分析(对学生起始状态的分析包括起点能力的诊断、认知方式的分析等方面)、设计采取何种教的方法和学的方法、采用什么样的教学媒体、教学程序(设计怎样的教学环节和步骤等一系列问题，包括教材内容的呈现方式、教学活动的组织形式、重难点的突破手段等)。

高水平的化学教学策略不但具有科学性，而且具有很高的艺术性。教学策略的形成需要逻辑思维的参与，但它不只是逻辑思维的结果。创造性思维中的非逻辑思维活动，如直觉、灵感等，在教学策略的形成中常会起关键性的作用。教师制订教学策略的直觉和灵感依赖于自身知识经验的丰富程度及对知识经验的概括和内化水平。设计具体的教学策略时，需要运用经验和创造性思维来设想实际的操作步骤及可能性，通常没有固定的程式。

案例4-8

"化学式"教学策略的设计

"化学式"的教学是在"元素和元素符号"的教学之后进行的。这时，若再要求学生记住化学式的种种书写规则，通常会降低学生学习化学的兴趣，并且通常会出现学生背得出书写规则，却写错化学式的情况。如果让学生作为"探索者"，自己总结出书写规则，并且组织竞赛性或游戏性的练习，有助于提高他们的学习兴趣，推动他们主动地学习，最终取得较好的效果。

由此形成"化学式"的教学思路：让学生从教师出示的若干化学式中发现、总结化学式的书写规则，并通过趣味性练习活动初步学会书写简单的化学式。

案例4-9

"常见的碱-碱的通性"教学策略的设计

该节教学内容的重点是氢氧化钠和氢氧化钙的性质及碱的通性。掌握氢氧化钠和氢氧化钙的性质，不但能使学生熟悉这两种重要的化合物，而且可以为进一步归纳、总结碱的通性做好准备。因此，氢氧化钠和氢氧化钙的性质是本节的关键内容。

通过实验和比较，可以帮助学生认识氢氧化钠和氢氧化钙性质的异同。通过比较，可以帮助学生认识酸的通性和碱的通性的不同，防止对它们产生混淆，并使学生清晰地认识到它们是两类不同的化合物。

本节涉及的化学反应较多，应使学生学会书写有关的化学方程式。

由上述分析可形成该节的教学思路：

(1) 在观察和实验的基础上进行归纳。

(2) 用与氢氧化钠进行比较的方法进一步学习氢氧化钙的性质。

(3) 在归纳、总结碱的通性后，与酸的通性作一些初步的比较。

(4) 穿插安排书写有关化学方程式的练习。

(5) 因内容较多，分为两个课时。第一课时：氢氧化钠和氢氧化钙；第二课时：碱的通性。

4.2.4 设计教学媒体

化学教学媒体是在化学教学过程中用于承载化学教育信息、传递化学教育信息的手段和工具，通常分为传统教学媒体和现代教学媒体两大类。

在教学设计中，要从实际出发，紧密结合具体教学内容和学生的特点，合理选择和运用教学媒体。选择教学媒体时，需要考虑具体媒体对学习目标、教学方法、学习者的发展水平以及认知风格是否适宜，还要考虑使用条件是否具备，考虑具体的使用场合，考虑它们对其他媒体的支持和干扰情况等。

4.2.5 设计教学过程

教学过程设计是教学设计的核心环节，是以上各个环节设计的落脚点。教学过程设计环节是教学活动的运动、变化、发展在时间连续上展开所需要经历的基本阶段。教学过程的设计要展现三条主线：教学程序(步骤)、教学内容、操作方法(包括教师行为和学生行为)。叙写教学过程的共同要素是叙写教学内容，其他要素可以根据教师个人的能力和具体的教学内容进行取舍。

以教师活动为主导的教学过程包括以下几个步骤。

1）导入新课

2）讲授新课

(1) 针对不同教学内容选择不同的教学方法。

(2) 怎样提出问题，如何逐步启发、诱导？

(3) 教师怎么教，学生怎么学？详细的教学环节、步骤安排。

(4) 整体感知。

(5) 拓展延伸。

3）巩固练习

练习设计精巧，有层次、有坡度、有密度。

4）归纳小结

怎样进行，是教师还是学生归纳？

5）作业安排

现代教学设计，更注重将教学内容与教学方法进行整合，从而成为能够实现三维教学目标的立体方案。教学设计以教师引导和帮助下的学生的学习为主，既要体现学生的主体地位，又要体现教师的主导作用。教学过程是以问题和任务为驱动，以自主学习、探究学习、合作学习为主要形式的建构过程。教学过程的一般环节如下：

(1) 教师创设情境，激发学生的学习动机。

(2) 教师提出问题，引导学生学习。

(3) 学生带着问题，开展自主学习、合作学习和探究学习。

(4) 交流共享，展示学习成果。

(5) 评价反馈，提高学习的质量。

案例 4-10

“粗盐的提纯”教学过程设计

教学环节	教师活动	学生活动
设置问题情境	[展示实物]①精盐与粗盐；②精盐水与粗盐水 [多媒体课件]海水中元素含量分布图	[观察]①精盐与粗盐的外观差异； ②精盐水与粗盐水的外观差异
提出问题(1)	[问题]①粗盐水中可能存在哪些杂质； ②怎样除去粗盐中的不溶性杂质和氯化镁、氯化钙等可溶性杂质	[小组讨论]粗盐水中可能存在哪些杂质 [小组讨论]除去杂质的方法和实验方案
学生分组交流讨论	[组织评议]除去杂质的方法的可行性	[小组交流、评议]选择最佳实验方案
	[小结]除去杂质的方法，确定实验方案	[小组活动]设计实验步骤及仪器药品
提出问题(2)	[问题]①怎样使氯化镁、氯化钙沉淀完全； ②如何检验	[小组讨论]除杂试剂氢氧化钠、碳酸钠的用量问题和 Mg^{2+}、Ca^{2+} 的检验方法

续表

教学环节	教师活动	学生活动
实验探究	提供实验仪器、药品；检查、指导学生实验	[小组合作完成实验]粗盐提纯
学生交流汇报	组织学生交流汇报实验情况及结果	[小组交流、汇报]实验过程、方法；实验结果；实验的分工及合作；实验中出现的问题和解决的情况
师生评价总结	[总结]①除去粗盐中的不溶性杂质和氯化镁、氯化钙等可溶性杂质的方法； ②评价学生实验的成绩与存在的问题； ③解答学生的部分疑问	[学生总结]①粗盐提纯的一般方法； ②实验中的得与失； ③体验和感受
作业	[布置作业]	[课下完成作业]

4.2.6 设计巩固、应用和反馈环节

巩固应用环节对于强化、整合教学内容，保证教学效果，提供教学反馈信息有着重要的作用。巩固应用环节通常通过小结、练习作业来进行。在课时教学设计中，要注重小结设计和练习作业设计。

在教学实践中，应该注意强化小结的作用。一般情况下，在学过一课、一章或一个单元后，教师要指导学生及时对所学内容简明扼要地归纳和概括，可以做分章小结或单元小结，也可以分专题进行小结。小结可以采用知识结构图、关系图、表格、提纲、提要等形式，也可以根据自己对学习内容的理解和体会，写一些小论文或做一些探究设计和实验，还可以利用学生的学习档案进行小结。

在传统的练习作业中，由于受应试、升学为唯一目的的影响，练习作业异化为试题、测验题的机械重复或变式，变成了应试的演练。死记硬背、题海战术成为学生练习作业的主要活动形式。只注重学生学习的结果，不注重学生的学习过程，考试分数成为教学评价的单一指标，造成学生机械记忆、唯标准答案、思维僵化，最终导致厌学。

课堂练习是课堂教学内容的一个重要环节。它不但可以帮助学生掌握和巩固所学的知识与技能，而且可以检查、了解和评价学生的学习质量和水平，从而提供教学反馈信息。教师要从课堂教学的整体出发，把课堂练习作为课堂教学的一个有机组成部分。课堂练习的设计要依据学生的认知发展水平，要有层次、有梯度。课堂练习的设计通常有三个层次：第一个层次是最基本、最简单、复现性的题目，帮助学生理解、掌握所学知识与技能；第二个层次是设计一些综合性、灵活性的题目，是让学生将有关的知识与技能相互联系，完善其认知结构；第三个层次是设计一些思考性、创造性强的题目，用于开发学生的潜能，使其认知结构进一步发展。化学课堂练习的安排设计包括以下形式：

(1) 设计练习，以旧引新。这类练习通常放在讲授新知识之前，为学习新知识扫除障碍，做好铺垫。其内容与新知识有直接联系或者是学生容易出错的问题。

(2) 通过练习，创设情境。在教学过程中，根据教学需要，可设计一些练习，创设问题情境，激发学生的学习动机。例如，“乙醇”一节的教学可这样设计：首先出示实物乙醇，说明

这是一种有机液体,要知道这是什么物质,就要进行元素分析。"经实验证明,9.2g 此无色液体蒸气与 CuO 共热完全反应,只生成 10.8g 水和 17.6g 的二氧化碳。已知此液体的相对分子质量是 46,求其分子式并推测分子结构。"通过练习,求得分子式是 C_2H_6O,推测可能的结构有两种:CH_2CH_2OH 或 CH_3OCH_3。到底是哪种结构呢?这就为该节的教学设置了问题情境。

(3) 巩固练习,反馈信息。课堂练习是反馈信息的重要来源,同时它也能帮助学生及时巩固、理解新知识。例如,"氨"一节的教学,可以设计下列练习:

a. 氨水中存在哪些微粒?

b. 你有几种方法检验某一气体是氨气?

c. 分析反应 $4NH_3+5O_2 = 4NO+6H_2O$ 中的电子转移情况。哪一种物质是氧化剂,哪一种物质是还原剂?哪一种物质是氧化产物,哪一种物质是还原产物?

d. 实验室要制取干燥的氨,可选用的干燥剂有

A. 浓 H_2SO_4　　B. 碱石灰　　C. 五氧化二磷　　D. 无水氯化钙

(4) 综合练习、训练思维。化学的综合性练习,包括新旧知识的综合、各知识点内容的综合、各种能力的综合。通过综合练习,可以帮助学生形成知识网络,同时可培养学生的能力,训练思维,提高思维的敏捷性、严密性、整体性和创造性。

基础教育课程改革赋予练习新的功能。练习作业的过程也是新的学习过程。练习作业不仅可以帮助学生掌握和巩固所学的知识技能,还可以通过调查研究、探究实验、上网查阅资料等实践活动性作业,使学生在全面掌握知识的同时体验科学探究的过程,学习科学的方法,培养自己的创新精神和实践能力。

练习作业的设计要正确理解和执行课程标准,以学习内容为载体,落实知识与技能、过程与方法、情感态度与价值观三方面的学习目标。练习作业的设计应注意以下几个问题:

(1) 激发学生兴趣,避免死记硬背。化学基本知识、基本技能的掌握重在理解、领悟与应用,不要过分强调机械的记忆和复述。

(2) 联系生活实际,培养学生的问题意识和解决问题的能力。练习作业的设计必须重视对学生进行问题解决能力的培养,使学生在解决问题的过程中,通过发挥其自主性,体验化学学习的价值,养成良好的科学思维品质。

案例 4-11

节选试题

化学与人体健康密切相关,若人体血液缺铁,就会"贫血";人体缺钙,易患佝偻病;缺碘会引起甲状腺肿大;缺氟易产生龋齿;缺锌会引起食欲不振等。

(1) 市场有"朴雪(补血)口服液"、"高钙牛奶"、"加碘食盐"、"加氟牙膏"、"葡萄糖酸锌"等商品,这些商品中的铁、钙、碘、氟、锌应理解为(填编号)____。

①元素　　②原子　　③分子　　④氧化物

(2) 市售麦片中含有微量极细的还原铁粉,饮用这种麦片后,铁在胃液中变为亚铁盐的化学方程式为________________________________

(3) 市售 AD 营养布丁的配料为:①蔗糖;②奶粉;③乳酸钙;④柠檬酸;⑤维生素 A;⑥维生素 D;⑦食用色素;⑧食用香料;⑨防腐剂。其中属于营养素的有(填编号)______________________。

(3) 注意控制题量、难度、层次性、阶段性，切忌一步到位。作业中的习题数量、难度要严加控制，不要超前练习。知识与技能的学习是有过程的，化学基本概念、基本原理的学习，也有层次性和阶段性。过多的题量、过高的要求，超越了学生的理解能力，揠苗助长，加重学生的学业负担是十分有害的。

(4) 注意探究性、实践性。习题要加强实践性，特别要注重探究实践的练习。在新课程标准实验教科书中设置了大量活动型习题，给学生提供了探究的情境，这类问题的解决需要学生通过调查研究、动手操作、表达与交流等活动展开探究。在这些过程中，学生经历搜集证据、形成假说、设计实验、观察记录、归纳概括、交流报告等环节，可以充分体验科学探究的过程，并在探究过程中学会与他人合作，体验科学探究的快乐和成功的喜悦。

(5) 注意学习方法的指导，培养学生的反思和自我评价能力。在练习作业设计中，教师一定要依据学习内容和学生的认知特点，考虑并指导学生选择适当的学习策略和学习方法，引导学生对学习内容进行思考和讨论，反思自己的学习过程，让学生在学习过程中学会学习。例如，新课程标准实验教科书中就设置了“观察与思考”、“交流与讨论”、“联想与启示”、“反思与评价”、“检查站”等栏目，以激发学生自我评价的意识，引导学生进行自我评价。在单元或章节学习结束时，教材还利用一些栏目引导学生进行反思、总结，通过一定的问题线索使学生逐渐养成复习整理、回顾反思和自我评价的习惯。

4.2.7 设计板书

板书分为主体板书和辅助板书两类，主体板书的设计要反映本节课的知识脉络，重点突出、条理清楚、简明扼要、利于学生复习。板书内容一般包括：

(1) 各级学习主题(标题)。

(2) 概念、原理及重要知识结论。

(3) 化学术语、公式、答案。

(4) 实验方法和实验结果。

(5) 解题步骤及过程。

(6) 重要术语。

总之，化学课时教学设计要准确地确定教学目标、科学地设计教学过程、恰当地选择教学方法、灵活地组织教学活动、全面地落实教学目标。

4.2.8 设计总成与编制教学方案

化学教学设计总成是指对化学教学各环节局部设计的综合和合成，化学教学设计总成的具体结果是编制出化学教学方案(教案)。

1. 教案项目

教案项目一般包含以下14项：

(1) 课题。教学课题的名称，写在页面正中间。

(2) 教学前期分析。包含课程标准与教材分析、学情分析。

(3) 教学目标。说明本课所要完成的教学任务。应从三个维度设定教学目标，教学目标要切实可行、可操作、可检测。

(4) 课型。课型用来说明本节课属于绪言课、新授课、实验课、复习课、练习课、测验课等。

(5) 课时。说明属于第几课时。

(6) 教学重点。教学重点指教材中最重要、最基本的中心内容是知识网络中的联结点，是教师设计教学结构的主要线索。

(7) 教学难点。教学难点是指学生感到难以理解或接受的、易形成学习障碍的内容。

(8) 教学方法和策略。结合学生的实际情况和本节课的内容采用的教学方法和策略。

(9) 教学媒体。使用的教具、仪器、药品、多媒体课件、视频、录像、光盘等。

(10) 教学过程。这部分是教案的重点内容，说明教学进行的内容、方法、步骤，包括师生教学和学习的全部活动。

(11) 小结。要理清本节课的重点知识脉络。

(12) 练习，作业。说明如何布置书面或口头作业。目的在于检查学生对教师预设的教学目标的完成情况，要精选习题，注意难度和题量的把握。

(13) 板书设计。要反映本节课的知识脉络，重点突出、条理清楚、简明扼要、利于学生复习。

(14) 课后反思。为了便于总结和积累经验，许多教师还在教案后面附加"课后分析总结"或"教学反思"一栏供课后填写。课后反思是教师以研究者的心态和视角审视和分析教学实践的过程。内容可以是课堂亮点、意外及处理，教学内容、方法与结构思考，教学中的败笔，教学理念的课堂呈现、课堂上的生成问题等。

以上构成化学课时教学设计方案的各个项目是密切联系的。教学前期分析是确定教学目标的前提，教学目标决定了后续其他项目的内容，教学过程要体现教学重点的学习、教学难点的突破，并落实三维教学目标。

2. 编写教案的注意事项

(1) 按序编写。一般按知识发展的顺序编写各知识点的讲授顺序及方式。

(2) 突出重点。概念原理、公式、化学方程式及其结论要写出；实验的要点和正确结果要写出；实验数据、方法、方程式要写出。

(3) 写清过程。知识讲解的过程；例题推导的过程。

(4) 标明活动。教学方式和活动形式要写出；课堂提问内容及采取的形式要写出。

(5) 凸显结论。知识结果、习题答案要写出；归纳小结、知识图式要写出。

3. 化学教案的常用编制形式

(1) 纲要式。纲要式是以提纲和要点描述教学内容及教学过程的设计，它便于反映教学内容的内在联系，简明、扼要，便于教师利用教案，通常跟板书设计比较接近。编制时，需要教师深思熟虑，认真提炼。老教师对这种编制形式采用较多。纲要式不宜过于简单，应能充分反映教学过程的特点和重要细节。

(2) 表格式。以表格形式分别说明教师活动、学生活动和教学内容等项目来描述教学过程，比纲要式有所改进。为了使教学过程的结构醒目，可以把表格按教学阶段分割，并插入适当的序号标题(表 4-3)。

表 4-3　表格式教案示例

课题		授课人	
教学目标			
重点			
难点			
教学方法			
教学媒体			
教学环节	教师活动	学生活动	设计意图
……	……	……	……
板书设计			

(3)图示式。利用方框图、流程图、程序框图等来描述过程的基本结构，比较形象、直观，便于针对各种可能情况进行设计，但不便于表现细节。编制时应注意配以必要的说明。

(4) 综合式。综合上述各种形式的优点，灵活地组合应用。例如，可以在纲要式教案前面附上方框图、流程图或者程序框图等。

需要指出的是，化学教学设计方案的编制形式有多种，其书写没有固定的模式，在实际教学中，教师可灵活地应用。

案例 4-12

“物质的溶解”教案

【教学目标】

知识与技能：

(1) 认识溶解现象，知道溶液、溶质、溶剂等概念。

(2) 了解乳化现象。

过程与方法：

(1) 通过实验等活动，培养观察、动手操作的能力。

(2) 通过讨论，培养与他人合作及归纳实验现象的能力。

(3) 加深对分类、实验探究等科研方法的了解。

情感态度与价值观：

(1) 明白溶液在日常生活中的重要意义，感受化学对改善人民生活、促进社会发展的积极作用。

(2) 体会化学在生活、生产中的广泛应用，增强对化学知识的学习兴趣。

(3) 培养自理能力，渗透亲情教育。

【教学重点】

建立溶液的概念，并理解溶液、溶质、溶剂三者之间的关系。

【教学难点】

从微观上认识溶液。

【教学方法】

引导-实验探究法。

【教学过程】

教师活动	学生活动	设计意图
[课程引入]通过学校附近的洁丽达洗衣店“为化工厂洗涤工作服”的实际问题,引入课题	观看投影,聆听问题,进入学习情境	以生活中学生熟悉的问题引入新课,让学生体会到化学与生活的密切关系,增强对化学知识的学习兴趣
[问题研究]如何把化工厂的工作服(污渍的主要成分为氯化钠、硫酸铜、硝酸铵、润滑油、碘)洗涤干净	[讨论]洗衣服是水起到的作用	逐步学会分析和解决与化学有关的一些简单的实际问题
[探究一]用水能否洗去工作服上的所有污渍	[实验]将少量氯化钠、硫酸铜、硝酸铵、润滑油和碘分别加入适量水中,振荡,观察现象	通过实验、讨论,师生共同总结出溶液的特征、组成
播放物质溶解过程的微观模拟动画	观看动画,进一步认识溶解现象	进一步理解并加深对物质溶解过程的认识
[探究二]用水不能洗去的污渍如何除去	思考并提出方案	通过讨论,总结得出溶液的定义及日常生活中的广泛应用
用所给仪器、药品进行实验验证	[实验]将少量酒精加入盛有碘的试管中;将少量汽油加入盛有润滑油的试管中,振荡,观察现象	
[探究三]洗洁精是如何洗去油污的? 教师讲解乳化的现象和意义	[实验]将洗洁精加入油水混合物中,有力振荡,观察现象	使学生认识洗洁精的乳化现象
解决问题,师生共同讨论得出,用分类的方法将这批衣物洗干净		使学生明白分类是一种重要的学习方法
[小结]总结去除衣物上污渍的两种常见原理; 归纳本节课的主要化学知识	学生反思本节课能力、情感方面的收获	通过学习,明白溶液在日常生活中的重要意义,感受化学对改善人类生活、促进社会发展的积极作用
布置课外实践活动	①给父母洗一次衣服,并和妈妈研究把衣服洗得又快、又干净的方法; ②找出日常生活中常见的溶液,分析该溶液的溶质、溶剂是什么	培养学生学以致用的意识,并提高学生的自理能力,渗透亲情教育

4.3 化学教学说课设计

4.3.1 说课概论

说课是在教学实践中产生并发展起来的。说课活动最早诞生于河南省新乡市红旗区。1987 年底,河南省新乡市红旗区教研室要推荐几名教师去参加市教坛新秀的评选,但当时临近期末,课已讲完,所以有关教师提议让这些候选教师来说说他们的教学设计,以"说课"代替"讲课"。结果发现,说课同样能反映一个教师的业务素质,而且比讲课更省时高效、简单易行。于是就有了"说课"这一崭新的教研活动。近年来,说课这一教研活动引起了教育界广泛的关注,其在教师培养与培训、教师招聘与评比活动中也经常被采用。

说课作为一项教研活动由两部分组成,即解说和评说。解说要阐明的问题是教什么、怎样教及其理论依据;评说则是针对解说而进行的评议、交流和研讨活动。本节中,我们重点讨论解说(以下称为"说课")。

关于说课的定义,不同的学者有不种的说法:①说课就是教师在备课的基础上,以语言为主要表述工具,面对同行、专家解说自己对具体课程的理解、教学设想及其依据的一种教研活动;②说课是教师在上课前或上课后,运用口头语言,面对有关同行、专家、学者或领导,在规定的时间内,对将要上的或已上过的一节课,科学地阐述自己的教学设想及理论依据;③说课就是教师口头阐述"课堂教学的内容是什么(what)、怎样设计(how)和为什么进行如此设计(why)"等问题;④说课就是要求教师在 10 分钟左右时间内,在同行面前,将一节课的教学内容、教学过程、课程分析和教学设计的依据,用简要准确的语言表达出来。

尽管说课的定义不同,但它们都包含"教什么"、"怎样教"及"为什么这样教"三个基本要素。

4.3.2 说课的类型

说课按时间顺序划分为课前说课和课后说课两种。课前说课主要说构想,具有预定性;课后说课主要说反思,具有总结性。

按内容范围可分为专题说课、单元说课和课时说课三种。

针对不同的目的,说课还可分为:研究(讨)型、示范型、评比型、汇报型等。就说课本身而言,这四种类型的说课,其目的都在于进行教学研究,只是由于组织者有不同的目的,希望起到不同的作用,所以才有四种说课类型之分。

(1) 研究(讨)型说课。研究(讨)型说课一般以教研组或年级组为单位,通常以集体备课的形式,先由一名教师事先准备并写好讲稿,说课后大家评议修改,从而变个人智慧为集体智慧。这种说课可以一星期搞一次,教研组或年级组里的教师可以轮流说课,这种说课有利于同行间的交流、切磋;有利于形成浓厚的研究氛围,共同探索优化教学途径;是大面积提高教师业务素质和研究能力的有效途径。

(2) 示范型说课。一般选择素质好的优秀教师,先向听课教师进行示范型说课,然后,让说课教师将说课的内容付之一课堂教学,最后,组织教师或教研人员对该教师的说课及课堂教学作出客观公正的评析。听课教师从听说课、看上课、听评析中增长见识、开阔眼界。示范型说课可以是校级或乡(镇)级的,也可以是区级或县(市)级的,一般一学期可以举行一次。示范型说课是帮助青年教师增强业务能力,提高教学水平的有效方法。

(3) 评比型说课。评比型说课要求参赛教师按指定的教材，在规定时间内写出说课讲稿，然后登台演讲，最后听课评委评出比赛名次。评比型说课有时除需要教师说课外，还要求说课教师将说课内容付之课堂实践，或者将说课与交流有关“说课”的理论和经验结合起来，以便将“说课”活动推向更高的层次。这是培养学科带头人和教学行家的有效途径。

(4) 汇报型说课。汇报型说课一般采用领导点名或轮流自报的办法来确定人选，这是一种教师向上级汇报自己教学情况的说课。

4.3.3 说课的内容和方法

说课，涉及“说”和“课”。“说”是说课中的表述形式，而“课”则是说课中所要表述的内容。因此，从这个意义上来理解，说课者需要在“说”和“课”，也就是从表述形式和表述内容两方面下工夫，才能取得良好的说课效果。

1. 说课的内容

目前说课的内容有多种模式，列举如下：

(1) “三说”模式。说教材、说教学程序或教学过程、说板书设计。

(2) “四说”模式。说教材、说教法、说学情和学法、说教学程序或教学过程。

(3) “五说”模式。说教材、说教法、说学情和学法、说教学程序或教学过程、说板书或练习设计。

(4) “六说”模式。说教材、说教法、说学情和学法、说教学程序或教学过程、说板书或练习设计、说设计的指导思想和着重注意及着重体现的一些问题。

综上所述，说课的内容通常包括说教材、说目标、说教法、说学情和学法、说教学程序或教学过程、说媒体、说板书设计、说课后反思等。

1) 说教材

说教材体现说课者分析、处理教材的能力。简要说明说课的内容来自学科的哪一册、哪一单元、课题，重点说明教材简析，包括本课题内容的知识类型、在学科知识体系中所处地位和作用、教材编排的意图和特点；本课题涉及的主要知识点及其与前后知识的联系；本课题或本节课的教学目标、本课题的重点、难点及依据；进行教材处理(修改、增减、顺序调整)的理由和依据。

教材的地位和作用不仅要描述该教材安排在哪里，还要分析“为什么在这里”。在分析教材安排时，应该包括：①前面已经学习了哪些相关知识与技能；②本部分内容包含了哪些内容，与前面的内容有何关系；③本部分内容与后续学习有什么联系。要指出该内容的学习将发展学生哪些方面的能力，这些知识对学生的学习和终生发展有什么重要作用，对学生学习方式的改变有哪些重要的意义？

在说课中，要阐述教学目标设计的依据，说明如何根据课程标准和教材内容、学生的知识基础和认知能力来确定目标。同一教材，对不同的学校、不同的班级可以有不同的目标，教师处理教材的方式不同，制订的目标也会有差异，说课者应说明制订目标的理由。

说课过程中，教学重点、难点的分析，以及教学过程的设计如何围绕重点内容的解决、难点问题的突破而展开是同行关注的焦点，教师必须对教材的重点和难点作出有效把握。

2) 说教法

说教法是指说明在教学过程中所采取的教学方法和教学手段，以及采用这些教学方法和教学手段的理论依据。解决“怎样教”和“为什么这样教”的问题，重点说如何突出重点、化解难点的方法。

具体要说清楚以下三个问题：

(1) 选用什么样的教学方法。教学方法的陈述不能太笼统，应重点阐述在教学过程中怎样采用这种方法以及为什么要采用这种方法等。

(2) 选用什么样的教具和学具。教具和学具的选用是辅助说明教学方法的重要部分。在说课中，不但要说清楚，而且要说明怎么运用，必要时可以现场进行演示。

(3) 选择教学方法的理论依据，如教学理论、课程理念、课程标准等。说好教法，需要教师熟悉各种教学方法及相关教学理论，并要透彻掌握教材内容，掌握学生实际。

3) 说学情和学法

学情分析是教师实施教学行为的关键。教师在说课中，如果缺少了对教学对象的分析，会使自己的教学安排显得缺乏针对性。教师要说明任教学生已具备的与本节内容相关的知识经验和能力水平等，它决定着学习起点的定位。

案例4-13

“硝酸的性质”学情和学法分析

在初中化学学习中，学生已经初步接触硝酸，并知道硝酸是一种常见的酸、具有酸的共同性质。在“化学1”的学习中，学生已经掌握了有关氧化还原反应的实质，并知道物质的氧化性、还原性和构成物质中心元素的化合价有密切的关系。这些知识为硝酸的氧化性以及浓、稀硝酸氧化性差异的学习奠定了基础。此外，经过前面章节的学习，学生已经建立起从物质属类和氧化还原反应的角度来学习元素化合物的知识，而且还掌握了通过实验探究来学习元素化合物知识的方法。这也是本节所要强调的学习和研究硝酸性质的观点和方法。

由于学生具有这样的知识基础、能力水平及化学观点和方法，要掌握硝酸的氧化性是完全能够实现的。当然，本节内容只介绍“硝酸……发生氧化还原反应，其中+5价的氮被还原”，但没有解释为何不同浓度的硝酸与铜反应得到的还原产物不同、不同浓度的硝酸的性质为何会存在差异等，这些内容将会成为学生的疑点。此外，由于受知识水平的限制，学生对教材中提到的“硝酸常用来制备……染料、塑料、炸药……”也会有迷惑。

说学法主要说明学生要“怎样学”和“为什么这样学”的道理。说学法不能停留在介绍学习方法这一层面上，要把主要精力放在解说如何实施学法指导上。不仅让学生“学会”，还要让学生“会学”、“乐学”。教师应针对所授课内容的难易程度，结合学生的实际，具体说明如何指导学生学习；怎样教会学生掌握知识的方法或技巧；怎样培养学生探究问题、提出观点、进行创造性学习的能力；怎样发展学生的观察、记忆、想象思维等智力因素和非智力因素。说学法具体要说清两大问题：

(1) 针对本课题教材特点及教学目标，学生宜采用怎样的学习方法来学习，这种学法的特点是什么？在课堂上如何操作？

(2) 在本节课中，教师要做怎样的学法指导？怎样使学生在学会过程中达到会学？怎样在教学过程中恰到好处地融进学法指导？

4）说教学程序或教学过程

教学程序或教学过程设计是说课者独具匠心的教学安排，它反映着教师的教学思想、教学个性与风格。教师也只有通过对教学过程设计的阐述，才能看到其教学安排是否合理、科学，是否具有艺术性。说教学程序或教学过程是说课的重点部分，也是最能反映说课本质特点的部分，重点要说明“怎样教”和“为什么要这样教”，是教师在说课中需要向听评者详细阐述的内容。

在说教学程序的安排中，教师不仅介绍自己如何处理教材、安排教学活动（说出主要环节的教学设计，重点如何突破，难点如何化简）、预测效果，最重要的是说在各种课堂生成的情境中，如何一步步引导学生主动获取知识，形成能力。通俗地讲，说教学程序就是说明教学活动是如何发起的，又是怎样展开的，最终又是怎样结束的。

值得注意的是，教学目标是教学的出发点和归宿，是教学的灵魂，支配着教学的全过程。教学程序或教学过程的设计要紧扣教学目标的达成，每一个环节的设计要与教学目标相呼应，使教学目标落到实处。另外，要依据教学目标对全部教学内容进行取舍、剪辑，说课时主次要分明、重点要突出。

5）说板书设计

说板书设计包括板书设计的思路、板书的主体内容及其与教学内容的内在联系。

6）说课后反思

说课后反思是以说课活动中的教材分析、学生分析及教学设计等内容为对象，剖析这些预设内容在教学实践中的可取之处及存在的不足。应该突出以下两个方面：

（1）在教材分析、学生分析及教学设计中的成功之处。例如，对教材分析和学生分析有哪些独到之处？根据学生的学习情况对教学内容进行了哪些调整与整合？如何有效地激发学生的学习兴趣？如何落实对学生学习结果的反馈与监控？在课程资源开发中有哪些可取之处等。

（2）在教材分析、学生分析及教学设计中的不足或难以把握之处。具体包括：对教学目标的定位特别是隐性目标（如过程与方法、情感态度与价值观等）有哪些困惑的地方？对学生情况的分析还有哪些难以把握之处？教学设计所设计的活动中哪些可能无法达到预期的效果等。

2. 说课的语言艺术

说课者的说课能否生动、深刻且吸引人，“说功”是关键。要想达到好的说课效果，说课者在说课中需要合理地使用好三种语言：一是独白语言（陈述性语言）；二是课堂语言；三是肢体语言。

说课者在说明课堂教学设计的理念，分析课堂教学的内容、学生的学情、学习目标的设计、学习重点和难点的罗列，说明教学流程的安排及其原因等方面，表述自己操作意向的描述性部分和理论依据部分时，都应使用独白语言。独白语言的使用，尽量做到言简意赅、有条有理。声音要自然，语速要适度。

说课者在预演或反思课堂中将会出现的教学情境时，要把自己的身份由说课者切换为课堂上的上课者，通过自己绘声绘色的课堂语言把预演或反思的教学情境展现在听者眼前，把听者带到真实的课堂教学情境中，这是课堂语言在说课中的独特魅力。一般来说，课堂语言只能用在“说教学流程”这个环节中，语言要有变化。

尽管说课只是说课者的单项活动，但是如果说课者能充分运用好自己的肢体语言，会为自己的说课效果增添很多色彩。说课者需注意，仪表要端庄、说课时要富有激情、实验动作要规范、演示手势要大气。

4.3.4 如何把课说好

1. 说课的基本原则

说课的基本原则是符合客观实际，突出科学性；说理精辟，突出理论性；客观再现，具有实效性；不拘形式，富有创新性。

科学性是说课活动的前提。具体体现在教材分析正确、透彻；学情分析客观、准确，符合实际；教学目标的确定符合课程标准要求、教材内容和学生实际；教法设计紧扣教学目标、符合课型特点和学科特点，有利于发展学生智能，可行性强。

理论性是说课活动的灵魂。说课的核心在说理，具体体现在教材分析依据化学基础理论，学情分析依据教育学、心理学理论知识，教学方法设计以教学论为理论指导，并能经受实践检验，理论与实际要有机统一。

实效性是说课活动的核心。虽然说课是独立于课堂教学的教研活动，但它却不能脱离教学，是课堂教学的前奏或总结。说课是为了提高课堂教学效率，优化课堂教学而“说”，是对教学活动的思想、过程、方法、手段的根本指导，要体现教学目标与教学手段的一致性，说清如何指导、引导、辅导学生质疑的具体操作过程。如果说课与教学相脱离，仅仅是为说而说，只能是纸上谈兵，是没有实用价值的。

创新性是说课活动的生命线。说课切忌照搬他人，人云亦云。要说好课，就要精心构思、找准切入点、抓重点、抓关键、讲究创新、体现自己的个性特点、有自己的独到之处。要做到这一点，要求教师要树立创新意识，说课要体现化学的学科特点，探索新的教学思路和方法，凸现教学亮点，同时要展示教师个人的优势和特色。

总之，教师要说好课，应“脑中有理论，眼中有学生，胸中有教材，手中有特色”。

2. 说课稿的准备

说课稿的撰写应经历这样一些过程或步骤：首先，教师在钻研教材的基础上，精心准备教学设计，写出教学方案；其次，认真进行课堂实施，课后总结反思并提出改进设想；最后，提取并设计说课框架，精心打磨说课内容，完成说课稿。说课稿不宜过长，说课时间应控制为10～20分钟。

案例4-14

说课稿的格式

课题：

一、教材分析

(1) 教材的地位及其作用。

(2) 教学目标分析。

(3) 教学重点、难点。

二、教学媒体与教具
三、教学方法
四、教学程序或教学过程设计
五、板书设计
六、教学反思

3. 说课实践

说课从何开始呢？顾名思义，说课说的是“课”，说自己对于“课”的理解，是经过对“课”的研究之后的结果。告知所说的“课题”是说课的开始，然后分几个部分来展示说课内容。如何展示“课”中诸因素？教学中的诸因素是一个辩证统一的有机体。教学目标基于对教学内容和学生原有认知结构的剖析；教学内容出于教学需要的考虑；学情则是对学习主体在学习动机和学习特点上的认识。基于以上的认识，才能科学、合理地用现代教育教学理论为教学方法、策略、过程提供事实、理论和逻辑上的依据，从而制订教学策略。教学过程是教师的教学观念、思想方法、策略和技术在教学活动中的具体体现。教学预测或评价是教师的教学反思从感性上升到理性的一种最直接、最有效的行动研究途径，也是教学反馈和教师教学元认知能力的展现。因此，说课在点明课题后分为以下三个层次来展开。

第一层次：教学背景分析。

第二层次：教学展开分析。解说教学策略—呈现教学实施—说明教学媒体的选择和运用。

第三层次：教学设计和教学结果(预测)评价。他人与自我评价。

说课的时间一般是 10 分钟，如何安排很重要。一般是四六分成，前 4 分钟说教材、目标、重难点、教法学法，后 6 分钟说教学设计(配合板书)以及教学反思。此外，说课还要注意以下问题：

(1) 提纲挈领说框架。说课时，首先是开场白，点明课题，介绍说课者的基本情况，上课班级、时间等。然后要注意先提纲挈领地介绍整个说课的内容，如分几个主要部分或板块来说明，最后再具体说各个部分。

(2) 详略得当说过程。教学过程的基本环节简略说，要做到惜墨如金；重点说突出重点与突破难点的策略；教学重点、教学亮点、教学特色等重点环节要具体说。

(3) 选准定位说理论。首先，所说的理论要做到准确、具体、贴切，与教学举措有紧密的内在联系，切忌教条式地照搬，或空话、大话、言之无物，如“根据新课程的要求，化学教学的规律，我班学生的实际特制订……”之类的说法。其次，说理论根据须注意突出重点、简洁明了、画龙点睛。不要每个教学举措都说理论根据，或不管需要不需要，都一概把有关甚至是无多少联系的理论都端出来。

(4) 自我说课小结，画龙点睛。说课讲究开头、结尾。开头要开得精彩，能吸引听者；结尾要收得有力，能让听者有所回味。同时，对听者表示感谢，恳请批评指正。

4. 充分运用说课的技巧

(1) 说课整体要流畅，不要像作报告，如“许多 1、2、3”等表述，几个环节的过渡要自然。例如，教材分析后，要确定目标时，可以这样说“基于对教材的理解和分析，本人将该节课的教学目标定位为……”、“下面我侧重谈谈对这节课重难点的处理”。

(2) 说课要有层次感，不要面面俱到，不要将课说得很细，要多谈谈学生在学习中可能碰到的困难和教师的教学策略。

(3) 说课要自信，要富有激情和个性。

初学者在说课中应注意以下问题：

(1) 说课与上课的对象不同。说课与上课不同，说课的对象是同行、专家、领导或评委而不是学生，说课不是再现上课过程，重点应放在阐述教学设想及理论依据上。

(2) 说课不是复述教案，要突出“说”字。要注意不同语言的运用与转换。

(3) 说课要注意详略得当，对所说课的内容应作详略取舍，切不可平均适用力量、面面俱到。对重难点、教学流程及理论依据等一定要详讲，对一般问题要略讲，若不分主次，必然会使听者感到茫然或厌烦。

4.3.5 说课评价

一个好的说课应语言简练，层次分明；观念先进，说理透彻；理论与实践有机结合；打开思路，大胆创新。具体的说课评价指标及内容见表4-4及表4-5。

表4-4 说课评价指标体系方案一——依据说课内容

内容	标准	分值
说教材	(1) 根据课程标准，说清教材内容的地位和作用、前后联系和编排意图	8
	(2) 能准确、具体、恰当地说出教学目标、重难点和关键，并能说出其根据	12
说教法	(3) 能说出以哪一种教法为主，哪几种教法为辅，能说出其依据，并利于突出重点，突破难点	4
	(4) 教法设想符合教材特点和学生实际，科学合理，体现实用性	6
说学法	(5) 能说出以指导哪种学法为主，哪种学法为辅，能说出其根据	4
	(6) 学法指导明确、具体，紧扣教法，符合学情	6
说教学过程	(7) 紧扣教学目标，内容正确	10
	(8) 能抓住关键，突出重点，突破难点	10
	(9) 能体现教法改革，学法指导	5
	(10) 过程安排合理，衔接自然，层次清晰	5
	(11) 练习设计的目的明确，具有系统性、层次性和针对性，题量适中，有新意，思维含量高	8
	(12) 板书内容精练，紧扣目标，重点突出，布局合理，美观大方	5
	(13) 教学手段选用合理，有助于提高课堂教学效率	5
教师基本功	(14) 普通话标准、措词严谨，语速适中，叙述流畅	4
	(15) 讲述清楚、生动、形象，理论功底扎实	4
	(16) 方法灵活，能根据实际，合理调控	4

表4-5 说课评价指标体系方案二——依据说课的基本原则

科学性(30分)	教材分析(10分)、教学目标(10分)、教学内容重难点(10分)
理论性(30分)	整体设计(10分)、典型设计(10分)、教法设计(10分)
实践性(15分)	方案对学生的可操作性(10分)、方案对执教者的可重复操作性(5分)
逻辑性(15分)	
艺术性(5分)	
时间性(5分)	

4.4 化学微型课教学设计

4.4.1 微型课概述

顾名思义，微型课是比正常课教学时间短、教学内容少的课。套用沈括《梦溪笔谈·雁荡山》的一句话，微型课即课之"具体而微者"，也就是说微型课是形体齐备而规模较小的课。一节微型课一般在10～25分钟，具体时间由活动组织者确定。在微型课教学中，教师通过对口语、肢体语言和各种教学技能与组织形式的展示，可反映教师的综合教学能力。

微型课的教学形式有两种。一是有学生参与，其只是课堂教学的一个片断，通常称为片段教学或实境教学，教师招聘考试常采用此种方式；二是没有学生的实际参与，只是面对评委授课，又称模拟课堂教学或虚境教学，目前教师资格证考试采用此种方式。模拟课堂教学中，上课的具体过程和常规课堂教学一样，教师在讲台上把预设的教学过程进行展示，包括问题的提出、课堂活动的安排、学生合作解决问题等过程都要呈现。由于没有学生，教师的这些设计都是在提出问题或安排后，假设学生已经完成的情况下，继续展示下一个教学环节。学生答疑或活动的时间在微型课中可以大大节省下来。

无论何种形式的微型课，实质上都是一节课，其教学过程和常规课堂教学是一样的。包括导入、新授、结尾三部分。从导入到新授，从提问到点拨，从归纳到拓展都要按部就班、一一落实，只是比实际的上课时间短。由于微型课内容上的具体，时间上的短少，因此它更能表现出一个教师教学的基本功和基本的教学素养。因此，微型课教学已成为当前对师范生和在职教师进行课堂教学技能训练的一种培训方法。

微型课属于经济实用型课，它对教学场地等的要求不高，能够在有限的简短时间内，对众多人员的教学能力分别作出甄别与评估，为教师招聘、资格认定、能力评估等工作提供较为快捷实用的可靠依据。近年来，微型课被用在很多赛教活动中，在教师招考面试中也常采用微型课这种教学形式。

4.4.2 微型课的特点

(1) 微型课是"规模较小"的课。微型课的时间短，一般在10～25分钟完成相对完整的教学任务。具体时间由活动组织者确定。

(2) 微型课的教学内容集中。一般为某一个知识点或某节课内容的某一个方面，要求授课者对一节课的教学内容中的多个知识点进行取舍，选择一个重点来策划一个相对完整的小课。

(3) 微型课是"形体齐备"的课。"微型课"的本质是课，具有课的基本属性。要求课堂结构完整，是一个完整的教学过程的浓缩。

4.4.3 微型课的教学设计与组织

1. 要按上课要求设计和组织教学

微型课的本质是课，具有课的基本属性。微型课实质上就是一节课，与常规课不同的是时间短，有时没有学生的真正参与。

微型课整体上也要具备新课导入、学习新知、巩固练习、小结评价等课堂教学的基本环节。

教师在提出问题或安排后，假设学生已经完成的情况下，继续展示下一个教学环节，学生答疑或活动时间均略去；教学设计是否恰当、点拨评价是否到位，由现场评委判定；对课堂语言的设计（导入语、提问语、过渡语、评价语、小结语和总结语等）要有预见。

导入语要引人入胜。一堂课的导入是展示教师教学艺术的"窗口"，教师应重视每一堂课的导入。好的导入能引起学生的认识冲突、打破学生的心理平衡、诱发学生的学习兴趣、激发学生的学习热情、引起学生的好奇心和求知欲。教学应当从学生感兴趣或熟悉的知识和现象开始。

提问不能少。提问语要目的明确；问后稍作停顿，要点评。

评价语要具体，有针对性，倾向正面激励，要有指导意义。可预设一些学生的典型错误回答，重视学生好习惯的培养，培养学生的学习能力。

一堂课最为重要的是过渡语。教学环节之间和新旧知识之间衔接巧妙，课堂教学就会流利顺畅。关键在于教师要仔细分析教材，找出新旧知识之间的内在联系，选择恰当的教学方法，使各环节自然过渡，课堂教学便能保持整体性。学生随着教师的引导步步深入，自然流畅地完成学习任务。

小结语和总结语要简练、有概括性。

2. 精心取舍课题内容，突出教学重点

微型课教学不是常规课堂的大容量教学，内容不能太多，做到恰到好处尤为重要。微型课的课题有些是很具体的一个问题，有些可能只是一个课题中的某个题目。如果抓不住重点，讲得面面俱到，在简短的时间内，好像方方面面的问题都讲到了，但是方方面面的内容却不可能讲清楚。因此，要会取舍教学内容，突出重点。

3. 选用恰当、合理的教学方式

微型课的时间短，尤其是虚境教学没有学生参与，是不是就平铺直叙的一讲到底呢？答案当然是否定的。根据微型课的特点，在教学方法上，当然是以讲授为主。但讲授要充满激情，循循善诱，启发思维，环环相扣。可以设计问题、引发思考、相互比较、深入探究等。总之，微型课的教学主要是对教师个人教学能力的体现和检测，教学方式要符合微型课的教学内容和教学特点，能够真正体现出教师个人的教学水准。

4. 要"无中生有"

教师的一切"教"的活动，都是为学生的"学"服务。在微型课的上课现场，一般没有学生参与，但教师心中不能没有学生，教师的活动要体现学生的主体性。

微型课的具体教学过程和常规教学是一样的，也是教师在课堂上展示课堂教学的整个流程。对教学流程中的"学生活动"，教师要进行一一呈现。只是学生没有实际做，教师是假定学生已经完成并估计学生完成的程度和结果。教师点拨评价是否到位，要由专家评委作出判断。所以，要做到估计"恰当"、点拨评价"到位"，要在备课时研究学生，做到"场上无学生，心中有学生"。

5. 要"虚实结合"

微型课中，学生的活动是"虚"的，教师的活动是"实"的。教师的活动要实实在在地展示出来，与常规课堂教学一样，通过设计，充分展示自己的业务素质和教学基本功。学生的活动虽然是“虚”的，但也要让评委感觉到学生的活动是存在且有效的。

6. 强化亮点，用清晰板书配合

微型课的时间简短，如果平铺直叙，就显得没有亮点，不容易给评委留下深刻印象，所以，微型课一定要有自己独特的亮点。这个亮点可以是深入浅出的讲授，可以是细致入微的剖析，也可以是准确生动的教学语言等。微型课教学有了自己独特的亮点，就能提升微型课的水准。

微型课要讲究板书，板书是一个教师教学基本功的体现。板书要精心设计，要精练、完整、美观。好的板书，要能看出整个课堂教学的基本内容和教学程序，能给听课者一个完整、直观的效果。

4.4.4 微型课教学的基本要求

1. 课堂结构要完整

微型课虽然时间简短，内容单一，但也要讲究课堂结构，既不能只讲主要问题，也不能不分主次全部都讲。微型课的课堂结构入题要简捷。由于微型课时间的短少，因此要把较多的时间分配给内容的讲授。切入课题的方法要引人注目，力求新颖，同时更要求与题目的关联紧凑。导入正题后，要把主要精力用在课题的中心上，或精要讲授、或巧妙启发、或积极引导，在有限的时间内能够圆满地完成课题所规定的教学任务。最后，一定要有小结，对本节微型课的教学内容加以言简意赅的归纳和总结，使微型课的课堂结构趋于完整。微型课的小结，要提纲挈领，画龙点睛，在注重总结内容的同时更应注重学科方法的总结。

2. 讲授线索要清晰

在微型课的讲授中，要尽可能地只有一条线索。在这一条线索上突出重点内容，着重进行主干知识的讲解与剖析。

3. 把握教学的节奏，快慢适当

在微型课中，学生活动被省略之后，教师的讲解水平备受评委的关注。要准确把握教学的节奏，快慢适当。教学的重点和关键部分，要慢、稳、准。非重点的部分，可以一带而过。教态要自然大方，语言要规范、准确、精练，力求生动，富有感染力，逻辑性强，简单明了。

4. 课堂板书要简约

板书不宜太多，也不宜太少，要真正起到对内容要点的提示作用。在微型课中，部分板书可以提前准备到纸板上，在授课的过程中，以挂图的形式展示在恰当的位置，这样可以节省时间。

教师资格考试对微型课教学的相关要求

1）仪表仪态

（1）仪表整洁，符合教育职业和场景要求。

（2）举止大方，符合教师礼仪要求。

(3) 肢体语言得体,符合教学内容要求。

2) 言语表达

(1) 语言清晰,语速适宜,表达准确。口齿清楚,讲话流利,发音标准,声音洪亮,语速适宜。讲话中心明确,层次分明,表达完整,有感染力。

(2) 善于倾听、交流,有亲和力。具有较强的口头表达能力,善于倾听别人的意见,并能够较准确地表达自己的观点。在交流中尊重对方、态度和蔼。

3) 教学设计

(1) 了解课程的目标和要求,准确把握教学内容。准确把握所教的教学内容、理解本课(本单元)在教材中的地位以及与其他单元的关系。

(2) 根据教学内容和课程标准的要求确定教学目标、教学重点和难点。

(3) 教学设计要体现学习的主体性,因材施教,选择合适的教学形式与方法。

4) 教学实施

(1) 能够有效地组织学生的学习活动,注重激发学生的学习兴趣,有与学生交流的意识。

(2) 能够科学准确地表达和呈现教学内容。

(3) 能够适当地运用板书,板书工整、美观、适量。

(4) 能够较好地控制教学时间和教学节奏,合理地安排教与学的时间,较好地达成教学目标。

5) 教学评价

(1) 在教学实施过程中,注重对学生进行评价。

(2) 能客观评价自己的教学效果。

4.5 化学学案设计

4.5.1 导学案的概念

“导学案”简称“学案”,顾名思义,就是学生的学习方案,它与“教案”(教的方案)一起,构成了教学设计的主体内容。教案、学案与教学设计三者之间的关系,如图4-4所示。

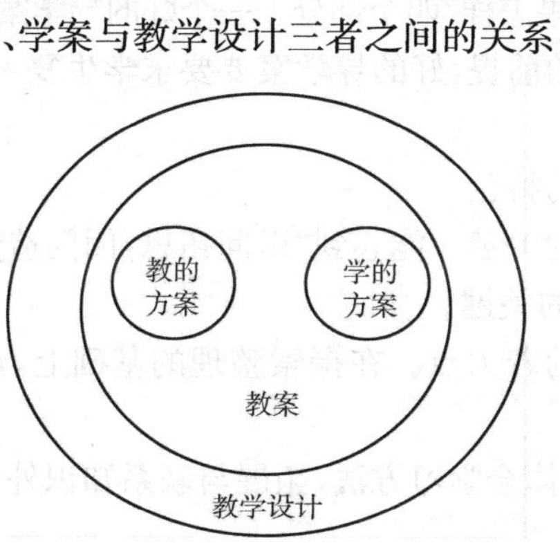

图4-4 教案、学案与教学设计三者之间的关系

导学案是教师站在引导学生自主学习的角度，依据学生的认知水平、知识经验，为指导学生进行主动的知识建构而编制的有学习目标、学习内容、学习流程的学习方案。其是教师对教材做二度创作后编写的，是适合学生自主学习的文本。导学案的着眼点在于“学生学什么”和“如何学”。

4.5.2 导学案的意义和作用

通过课前自学、课堂提高、课后链接等环节的调控，降低学生的学习难度。而教师则借助“学案导学”这一策略，将教材有机整合，精心设计，合理调控课堂教学中“教”与“学”，从而极大地提高了课堂教学效率。学生通过自主、合作、探究、交流、展示、反馈等学习活动，真正成为学习的主人。

导学案按照学生的学习全过程进行设计，通过“导学”实现“两个前置”(学习前置、问题前置)，凸显学生的主体地位，从根本上改变学生的学习方式。导学案遵循学生的学习规律，可帮助学生掌握教材内容、是沟通学与教的桥梁，也是培养学生自主学习和建构知识能力的一种重要媒介，具有“导读、导听、导思、导做”的作用。导学案既体现学习过程，又反映学习结果，从而大幅度提高课堂效率，最终提高学生的学习能力，具有很强的现实意义。导学案为学生的自主学习提供了六个便利：

(1) 学生自主学习的路线图。

(2) 课堂知识结构体系的呈现表。

(3) 学生课堂展示的备份材料。

(4) 学生课堂学习的随堂对照和记录本。

(5) 自我反思小结的文本材料。

(6) 以后复习巩固而使用的学习材料。

4.5.3 导学案的编制

1. 导学案的编写要求

导学案的编写要从学生自身的认知水平、现有学习能力和教师自身的需求出发。对于一份导学案，师生使用起来应既简单又实用。导学案的设计要解决的核心问题是“为什么学”、“学什么”、“怎样学”以及“学习的结果怎样”四个部分。一个好的导学案，应体现以下五个特点：

(1) 温故知新是导学案的前提，好的导学案要要求学生复习与本节课有关的知识内容，在此基础上建构新知识。

(2) 阅读思考是导学案的特色。

(3) 问题探究是导学案的关键。能起到“以问拓思，因问造势”的功效，并能帮助学生学会如何从理论阐述中掌握问题的关键。

(4) 巩固练习是导学案的着力点。在探索整理的基础上，让学生独立进行一些针对性较强的巩固练习。

(5) 归纳总结知识要点，体会学习方法，拓展与联系知识外延。

2. 导学案的栏目及其要求

导学案的内容与栏目组成一般包括学习目标、重难点、新知导读、过程导学、达标检测、学后反思等环节。导学案是为学生的学习服务的，必须从有利于学生学习操作的角度思考创作，要始终把学生放在主体地位；可根据学习内容的需要，适当增设知识链接、情景引入、学法指导、小组讨论、探究延伸、中考题精选、研究性学习、温馨提示、友情链接等栏目。

在当前的中学化学教学中，教师根据各自的教学实践与经验提出了很多优秀的方案。下面介绍两则典型的导学案。

导学案1

该导学案包括学习目标、学习方法策略、学习内容与活动、学习检验拓展四方面内容。

(1) 学习目标：按三维目标分列，明确达到要求。

(2) 学习方法策略：解决问题的方法、知识框图。

(3) 学习内容结构：知识要点、学习重点和难点；与内容相配合的思考题、练习题。

学习交流活动：要求解答的问题；观察要点、观察可得出的结论；实验项目、实验操作方法与结论；讨论主题、合作交流的内容。

(4) 学习检验拓展：知识拓展、学后记、规律总结等。

导学案2

该导学案包括学习目标、重点难点、知识链接、学法指导、学习内容、质疑问难、达标检测、学习小结八个方面的基本内容。

(1) 学习目标。

目标的制订要符合课程标准要求、课题教学要求、学生实际，要简单、明了，具有可操作性、可检测性。每节课中以两、三个为宜，不能太多。

(2) 重点难点。

根据课程标准要求、教学内容、学生实际，明确告知学生本节内容的重点、难点，并提示相应的突破方法。

(3) 知识链接。

包括必要的旧知识链接或者相关联的拓展性材料链接。导学案中可提示，不必详细引用。

(4) 学法指导。

以问题式学习为主线，重点研究如何让学生开展有效自学、小组合作、问题展示、问题质疑、知识自我建构等。学法有两种常见的形式：第一种是本学科的研究方法，如分析归纳法、类比法、实验探究法等；第二种学法是学生平时普遍采用的学习方法，包括做笔记的方法、自主学习的方法、小组合作的技巧等。

(5) 学习内容。

学习内容是导学案的核心，要体现导读、导思、导练的功能。学习内容应立足教材，注重基础，渗透学习能力的培养。设计的问题要注意渐进性、指导性。学习内容务必容量适中，切忌过于烦琐而冲淡学生看书、思考的兴趣。内容必须问题化，而问题要层次化。

(6) 质疑问难。

该栏目完全由学生自主学习后，在导学案中填写。教师要引导学生学会发现问题、提出问题、思考问题。

上课之前，教师要收看学生的导学案，发现学生的疑难，肯定学生质疑问难的思维品质，并进行二次备课，提高教学的针对性。

(7) 达标检测。

简单地说，就是“当堂检测”要和学习目标一致。目标定什么，就学什么，练什么，测什么，教师应明确指出该环节内容应该在课堂上完成。

· 题型要灵活多样，量要适中，不能太多，以5分钟左右的题量为宜。

· 紧扣学习目标，具有针对性和典型性。

· 每一个学习目标都应设置有相对应的练习。

· 难度适中，面向全体，关注差异。可设置一些选做题，促进学优生成长。

实际教学中“当堂检测”内容实际上有不少学生课前就完成了。没有真正起到“当堂检测”的作用；根据各校的实际，后面还可设计5～8道课外作业。

(8) 学习小结。

归纳小结需要学生对整节课学习目标完成情况做一个小结。一是在导学案的提示下，由学生归纳本节知识的线索及体系；二是引导学生对学科思想、学习方法进行归纳。

3. 导学案的编写

导学案的编写应以课程标准为指导，以学生为本，以“三维目标”的达成为出发点和落脚点，按照学生的学习全过程设计。将学习的重心前移，充分体现课前、课中、课后的发展和联系，主要依据五大环节：课前预习导学—课堂学习研讨—交流反馈—当堂检测评估—课后拓展延伸。在先学后教的基础上实现教与学的最佳结合。一份好的导学案能体现以下四个特点：

(1) 问题探究是导学案的关键。能起到“以问拓思，因问造势”的功效，并能帮助学生学会如何从理论阐述中掌握问题的关键。

(2) 知识整理是导学案的重点。初步目标就是让学生学会独立地将课本上的知识进行分析综合、整理归纳，形成一个完整的科学体系。

(3) 阅读思考是导学案的特色。学生通过阅读，养成习惯、形成能力、获取知识。

(4) 巩固练习是导学案的着力点。在探索整理的基础上，让学生独立进行一些针对性强的巩固练习。

4.5.4 导学案的使用

导学案是学生自主学习的方案，也是教师指导学生学习的方案。导学案的使用对教师提出的要求有以下几点：

(1) 课前。导学案要提前发放。导学案要做到有发必收，有收必批，有批必评，有评必纠。导学案一般提前两天发放，学生利用自主学习的时间预习自学，在上课的前一天再由学科班长收齐上交。教师进行第一次批阅，及时了解学生自主学习的状况，特别要关注疑难问题，也就是导学案中质疑问难的内容，然后进行二次备课，并确定重点展示内容。之后，在上课前再发给学生，以便学生在上课时使用。

(2) 课上。首先，教师用导学案教学要努力做到“放手”，即放手让学生阅读课本，放手让学生主动探索新知识，放手让学生讨论重点、难点和疑点，放手让学生思考解答提出的问题，放手让学生概括结论或中心思想等，放手让学生寻找规律，放手让学生建构知识结构体系。总之，只要学生在课堂上能完成的、做到的，教师绝不能包办代替。另外，教师可采用两种方式处理学生普遍存在的疑点：一是点拨，在学生相互讨论、解决疑点的过程中，教师参与其中，适时点拨；二是精讲，精讲应具有针对性，切忌面面俱到，应根据学生自学、讨论交流过程中反馈的信息展开。精讲应具有启发性，抓住要害，讲清思路，明晰事理，并以问题为案例，由个别问题上升到一般规律，以起到触类旁通的教学效果。

(3) 课后。学生要在课下整理落实导学案，订正完成后再收齐上交，教师进行第二次批阅。导学案的二次批阅环节就是为了检查学生的纠错及导学案的完善情况。课前无法解决的问题或有疑问的知识点，学生应该在课堂上通过合作探究来解决，并在导学案上写出来。

导学案的使用对学生提出的要求如下：

(1) 课前。学生拿到导学案后，根据导学案的使用说明、学习目标、重难点进行预习，然后根据导学案的过程有层次地学习教材并完成导学案上的问题。所有同学必须要解决导学案中的基础部分，然后可以再做提高题，在完成导学案时应做到自觉、主动、独立。

(2) 课上。要引导学生课堂记录、自我整理导学案，用不同颜色的笔标注重点内容、补充相关内容。学完一课后，要在导学案的空白处写上学后记。

(3) 课下。学生及时将导学案进行纠错及完善导学案，并在导学案上写出来。学生订正完成后收齐上交，教师进行第二次批阅。

案例 4-15

制取氧气(第一课时)导学案

一、学习目标

(1) 初步认识反应原理决定实验装置，气体的性质决定气体的收集方法。

(2) 能记住收集氧气及验满的方法。

(3) 通过练习连接仪器，熟练基本操作。

(4) 记住实验室制取氧气的步骤。

(5) 通过实验探究，记住氧气的一些主要化学性质。

二、重点、难点

重点：氧气的制法及实验操作。

难点：催化剂概念的理解和催化作用。

三、课前预习

高锰酸钾制氧气：

1. 药品：高锰酸钾(颜色__________)。

2. 原理(文字及符号表达式)：____________________________________。

3. 实验装置(适用于固体与固体加热条件下制气体)通常所需仪器有：________、________、__________、水槽等。

4. 实验步骤及注意事项

(1) 检查装置的气密性。

(2)装药品。

(3) 连接仪器并固定。

a. 试管口略向下倾斜的原因____________________________________。

b. 铁夹夹在距管口 1/3～1/4 处的原因____________________________。

c. 导管略微露出橡皮塞的原因__________________________________。

d. 试管口放一团棉花的原因___________________________________。

(4) 加热。

a. 先预热,再集中到药品部位进行加热的原因＿＿＿＿＿＿＿＿＿＿＿＿＿＿。

b. 用酒精灯外焰加热的原因＿＿＿＿＿＿＿＿＿＿＿＿＿＿＿＿＿＿＿＿。

(5) 收集气体。

a. 向上排空气法:因为＿＿＿＿＿＿＿＿(注意事项＿＿＿＿＿＿＿＿＿＿＿)。

b. 排水法:因为＿＿＿＿＿＿＿＿＿(注意事项＿＿＿＿＿＿＿＿＿＿＿＿;用排水法时,要先撤导管后撤酒精灯的原因＿＿＿＿＿＿＿＿＿＿＿＿)。

(6) 实验完毕,要先撤导管,再撤酒精灯。

5) 氧气的检验与验满

(1) 检验:＿＿＿＿＿＿＿＿＿＿＿＿＿＿＿＿＿＿＿＿＿＿＿＿＿＿＿＿。

(2) 验满(对向上排空气法):＿＿＿＿＿＿＿＿＿＿＿＿＿＿＿＿＿＿＿＿。

集气瓶的放置方向为正放,因为＿＿＿＿＿＿＿＿＿＿＿＿＿＿＿＿＿＿＿＿＿。

四、过程导学

氧气,人们曾经把它称为“养气”,是因为氧气能够供给呼吸,能支持燃烧。有了氧气,人类就可以“下五洋”探索海底的奥秘;有了氧气,人类就可以乘神舟五号“上九天揽月”。氧气是怎样制取的?它又有哪些性质呢?现在就让我们一起来探索吧!

五、实验探究

1. 药品:＿＿＿＿＿＿＿。

2. 反应原理:＿＿＿＿＿＿＿＿＿＿＿。

3. 实验装置

发生装置包括:＿＿＿＿＿＿＿＿＿＿＿。

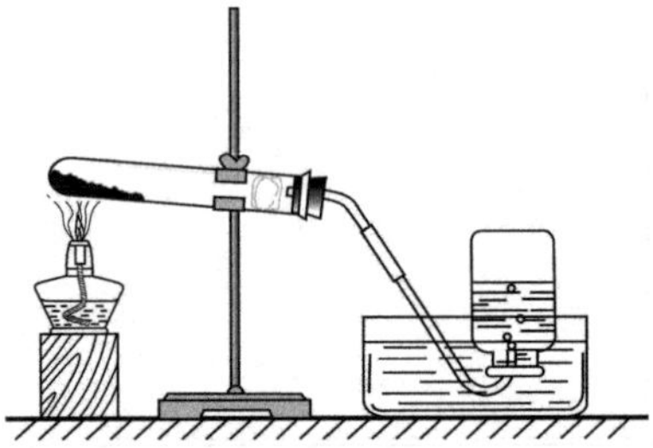

收集装置包括:＿＿＿＿＿＿＿＿＿＿＿。

思考:请说出实验室可以利用什么方法收集氧气?它们是利用了氧气的什么性质?

4. 实验步骤

(1) 检查装置气密性。

思考:如何检查装置的气密性?＿＿＿＿＿＿＿＿＿。

(2)装药品和棉花。

讨论:在试管口塞一小团棉花的原因:＿＿＿＿＿＿＿＿。

(3) 固定仪器。

(4) 点燃酒精灯加热。

(5) 收集气体。

当＿＿＿＿＿＿＿时开始收集气体。当＿＿＿＿＿＿＿时证明已收集满。

(6) 先移导管后熄灯。

讨论:为什么要先撤导管后撤酒精灯?＿＿＿＿＿＿＿＿＿。

注意:整个实验的步骤记为查、装、定、点、收、移、熄。可巧记为“茶庄定点收利息”。

5. 氧气的验满和检验

验满的方法:＿＿＿＿＿＿＿＿＿＿＿＿＿。

检验氧气的方法：________________。

6. 气体的收集装置

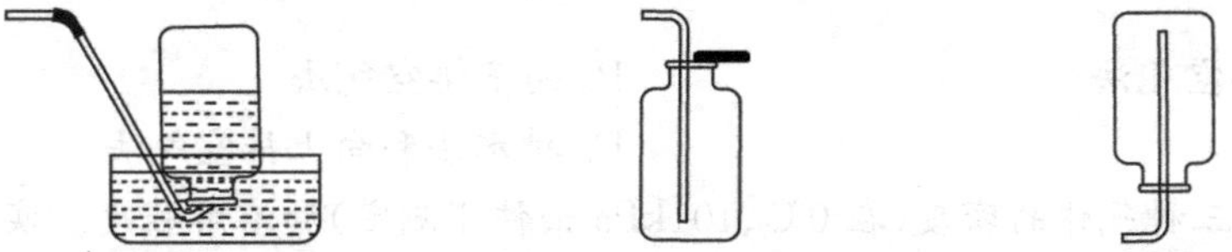

A. 排液(水)法　　B. 向上排空气法　　C. 向下排空气法

(1)排水法。适用于收集难溶或微溶于水且不与水发生化学反应的气体，如 H_2、O_2、CO、CH_4 等。排水法的典型仪器是A，注意导管只能伸入集气瓶内少许，以便于导管的取出。

排水法收集气体的优点：收集的气体比较纯净，便于观察气体是否收集满。

(2) 排气法。适用于收集不与空气反应且密度与空气相差较大的气体。又可分为向上排空气法和向下排空气法。用排气法收集气体时，导气管一定要伸入集气瓶____，把空气尽量排出。为了减少空气扩散，集气瓶口可盖上毛玻璃片(图B)；

a. 向上排空气法。适用于收集相对分子质量大于29的气体，如 O_2、CO_2 等，典型装置是B。

b. 向下排空气法。适用于收集相对分子质量小于29的气体，如 H_2、CH_4、NH_3 等，典型装置是C。

排空气法制取气体的优点：操作简便，收集的气体较干燥。

结论：气体的收集方法是由________和____________决定。

六、巩固练习

1. 下列实验操作错误的是　(　　)

A. 氧气验满　B. 收集二氧化碳气体　C. 倾倒液体　D. 检查装置气密性

2. 实验室用高锰酸钾制取氧气时有以下操作步骤：①加热；②检查装置的气密性；③装药品；④用排水集气法收集；⑤从水槽中取出导气管；⑥熄灭酒精灯；⑦连接仪器。其中操作顺序正确的是　(　　)

A. ①⑦③②⑤④⑥　　B. ⑦②③①④⑤⑥

C. ⑤⑦③②①④⑥　　D. ⑦③①②④⑥⑤

3. 用排水法收集氧气时，在导管口出现什么现象时才收集　(　　)

A. 没有气泡冒出　　B. 刚有气泡冒出

C. 气泡断断续续冒出　　D. 有连续气泡冒出

4. 用试管加热固体时，若出现试管炸裂现象，其原因不可能是　(　　)

A. 加热前试管外壁有水　　B. 加热不均匀，局部温度过高

C. 试管口略向上倾斜了　　D. 试管夹在中上部

5. 一氧化氮在常温下是一种难溶于水的气体，它的密度比空气略大，它能与空气中的氧气迅速反应，生成二氧化氮，现要收集一氧化氮气体，可采用的收集方法是（　　）

A. 向上排空气法　　B. 向下排空气法

C. 排水法　　D. 排水法和向上排空气法

6. 下表是三种气体的密度（在0℃、101kPa条件下测定）和溶解程度。实验室要收集二氧化硫气体，可采取的方法是（　　）

气体 / 性质	氢气	二氧化碳	二氧化硫
密度(g/L)	0.089 87	1.429	2.716
溶解程度	极难溶于水	不易溶于水	易溶于水

A. 向上排空气法　　B. 向下排空气法

C. 排水集气法　　D. 无法判断

7. 某种气体在收集时，既可用排水法，又可用向上排空气法，则这种气体具有的性质是（　　）

A. 难溶或不易溶于水，密度比空气大　　B. 易溶于水，密度比空气大

C. 难溶或不易溶于水，密度比空气小　　D. 易溶于水，密度比空气小

8. 根据下表中列出的几种常见的气体和空气的性质，可知其中既能用排水法又能用向下排空气法收集的是（　　）

项目	空气	A(甲烷)	B(SO_2)	C(氨气)	D(HCl)
0℃、101kPa时的密度(g/L)	1.29	0.72	2.86	0.77	1.63
20℃、101kPa时1体积水中溶解气体的体积(mL)	—	0.033	40	680	500

9. 要收集较纯净的氧气，最好用________（填“排水法”或“向上排空气法”）。若用向上排空气法收集氧气，需要用带火星的木条放在集气瓶口检验氧气是否收集满，这是利用氧气的________性质。

10.（能力型题）右图所示装置有许多用途：

(1) 用于排空气法收集氧气，氧气应从______端通入。

(2) 用于排水法收集氧气，瓶中先装满水，氧气从______端通入。

(3) 瓶中储存氧气，用水将氧气排出时，水从______端通入。

(4) 在医院给病人输氧时，瓶中放约半瓶蒸馏水，这时氧气从______端通入。

11. 小亮发现：收集的氧气占集气瓶容积的60%（空气占40%）时，能使带火星的木条复燃。那么，使带火星的木条复燃的氧气浓度的最低值是多少呢？小亮对此展开探究：

第一组实验：取5个集气瓶，编号为①、②、③、④、⑤，分别装入其总容积10%、20%、30%、40%、50%的水。用排水法收集氧气，恰好把5个集气瓶中的水排去。将带火星的木条依次插入①～⑤号瓶中，记录实验现象。

小亮在前一组实验的基础上又做了第二组和第三组实验，三组实验的数据和现象见下表。

	第一组					第二组					第三组
集气瓶编号	①	②	③	④	⑤	①	②	③	④	⑤	①
收集的 O_2 占容积的体积分数(%)	10	20	30	40	50	31	33	35	37	39	34
带火星木条的状况	微亮	亮	很亮	复燃	复燃	很亮	很亮	复燃	复燃	复燃	很亮

请根据实验回答下列问题：

(1) 写出一个实验室制取氧气的符号表达式______________________________。

(2) 使用带火星的木条验满氧气的方法是否可靠：__________(填"是"或"否")。

(3) 集气瓶中氧气的体积分数＝收集的氧气占容积的体积分数＋瓶中空气占容积的体积分数×______%。

(4) 收集的氧气占容积的体积分数最低为__________%时，可使带火星的木条复燃，这时集气瓶中氧气的体积分数是__________%(计算结果保留整数)。

4.6 化学实践活动设计

学科实践活动是在新一轮基础教育课程改革中应运而生的新型课程类型，是现代课程体系的重要组成部分。力求改变传统教学过于注重知识传授，过于强调接受式学习、死记硬背、机械训练的现状，提倡学生主动参与、乐于探究、勤于动手，培养学生收集和处理信息的能力、获取新知识的能力、分析和解决问题的能力以及交流合作的能力。中学化学实践活动是指中学化学课程中的学科实践活动。

4.6.1 化学实践活动的内容

中学化学实践活动的内容应该结合学生的知识、能力水平与学校的具体条件，侧重于与化学相关的科技活动。例如，学生用科学探究的方式进行的实验操作或从事参观、访问、调查等实践活动。中学化学实践活动的目的在于通过实践过程，培养学生的各种能力，如发现问题、解决问题的能力，分析、总结能力，动手实验的能力，查阅、收集、整理知识的能力等。中学化学实践活动的内容和形式主要有现场参观、考察；社会调查和访问；研究性学习；开放性实验；举办化学园地和展览（专题小报、版画、发明、创造和小论文活动）；系列科技活动（讲座、科普宣传、影视、表演等）；社区服务和实践等类型。

化学实践活动一般具有开放性、探究性、实践性、过程性、体验性等基本特点。开放性表现在实践活动的课题来源于学生的学习、生活和社会等多方面，实践活动方案的设计可以各不相同，呈现多样化；探究性是指实践内容、实践方案是在教师指导下，学生主动提出问题、解决问题、探求结论；实践性是指学生主动参与、亲身体验获得直接经验；过程性指注重实践活动设计和实际操作过程活动，注意学习和掌握一些科学的研究方法，培养学生发现问题和解决问题的能力；体验性指学生在实践活动中获得的亲身体验，是指逐步形成积极求知的态度，激发探究创新的欲望。

4.6.2 化学实践活动的形式与实施

化学实践活动的组织形式可以是全校活动、社团活动，也可以是班级活动或小组活动等。化学实践活动的实施，一般是在教师的指导下，从教材、社会和生活中选择和确定实践课题，由学生在教师的组织与指导下，小组讨论制订实践方案，并操作实施。其实施步骤如下。

1. 师生共同选题

化学实践活动是化学教学和化学实验的补充与拓展，应从学生最熟悉的学习和生活中选取课题，让学生掌握最基本的实验方法和学习方法，培养学生最根本的科学思维和实践能力，充分体现素质教育的精神和要求。可由教师提出一些学生感兴趣的备选问题(课题)，鼓励并引导学生多留意日常生活、学习中的各种现象，进行思考，发现问题、提出问题，最后师生共同确定实践课题如，调查金属与合金的用途、各种各样的电池、白色污染等。

2. 学生提出猜想，教师启发引导

教师提出问题后，学生会产生很多疑问，此时，教师就要鼓励学生查找资料、素材，从理论上寻找猜想的依据。然后，组织学生针对问题展开讨论，在学生对课题进行充分讨论的基础上，教师应启发、引导学生通过分析、比较、综合、类推等不断产生假设并围绕假设进行推理，引导学生将原有的各种片断知识、素材，从各个不同的角度加以考虑，从中发现必然的联系，逐步形成比较合理的探究方案。

3. 学生设计研究方案

活动方案是否可行，教师应从以下几个方面给予指导：①时间安排是否合理；②方案制订是否具体细致。例如，活动内容、组织形式、活动时间的安排、地点的安排、人员的分工合作、实验用品等都要一一细化，便于学生在活动中有的放矢。

4. 学生自主研究

制订好活动方案后，由学生分组进行自主研究，教师充当指导者的角色，要求要以实验或科学事实为依据，来判断假设的科学性。当事实与假设不符时，学生可再进行讨论或向教师提出疑问。教师要引导学生找出失败的根源所在，指导学生重新进行假设、验证。

5. 交流研究成果，师生共同评价

总结交流是实践活动中非常重要的一个环节，教师要指导学生对整个实践过程以及过程中的各个环节进行有目的性、有针对性的总结、交流、展示、提升、反思、感悟等。教师要从以下几个方面进行指导：①指导学生认真整理资料；②指导学生在认真分析的基础上形成结论；③指导学生总结出独特感受；④指导学生升华情感体验；⑤指导学生形成自我反思的意识；⑥指导学生总结方法，讨论收获。

6. 总结实践成果

通过以上的实践过程，要求学生以实验报告、调查报告、小论文等形式记录和汇报自己的实践成果。

思考与实践

1. 中学化学教学设计分几个基本层次？化学教学设计过程的基本环节主要有哪些？
2. 选取中学化学教材中的某一单元、课题、教学片段，分别尝试进行化学教学目标的设计和编写。
3. 选取中学化学教材中某一课题进行教学设计，制订教学方案。然后在小组中进行交流、讨论，并试教，再进行修改。在完成教学设计的基础上，写出该课题的说课稿，进行说课练习。
4. “对蜡烛及其燃烧的探究”是人教版九年级化学第一单元课题2中的探究内容，目标是让学生经历科学探究的过程，体验科学探究的方法与乐趣。下面是不同教师对九年级化学“对蜡烛及其燃烧的探究”的教学实录，请你结合本章学习，从教师的教学理念、教学方法、教学过程及目标达成等方面，对教师的教学设计方案作出自己的分析。

方案一：

教师以直观的演示实验、清晰的叙述语言、适时的课堂提问，必要的板书以及简单的原因分析等，使学生比较轻松地了解蜡烛在点燃前、燃烧时、熄灭后的各种现象及其基本原理。

方案二：

上课后，教师发给每个学生一支蜡烛及相关的仪器和药品，让学生自己动手实验，并根据教材上的提示，观察有关现象。一开始，学生兴趣浓厚，积极性很高，但很快就热情衰减，感到茫然，对教师的提示也不知怎么思考和回答，希望教师给出答案。他们表现出标准的接受性学习的心态，最后还是教师进行了系统叙述，学生才把教材上的表格填好，匆匆下课。

方案三：

上课了，教师发给每个学生一支蜡烛及相关的仪器和药品，要求学生拿到蜡烛后，结合平时的生活经验，面对蜡烛进行提问，想问什么，就问什么。顿时课堂气氛活跃起来，每一个同学都有问题提出，有些同学一连要问几个问题。在学生提问时，教师用规范语言引导学生对问题进行正确的表述。例如，学生问“蜡烛燃烧的时候，火焰为什么一直在动”此时教师引导说：“这位同学问，蜡烛燃烧时，火焰为什么会闪烁摇晃”；在剔除重复或类似问题的同时，将问题归纳整理并写在黑板上。

还没等问题提完，好多学生就已经迫不及待要进行实验、观察别人所说的而自己以前没有注意到的现象。例如，蜡烛很难点着吗？吹熄蜡烛时会有白烟吗？还有很多学生急着想通过实验来回答别人提出的问题。例如，白烟能燃烧吗？蜡烛燃烧后会生成什么物质？在学生的求知欲望非常强烈的时候，教师宣布：同学们开始实验，并把在实验、讨论、交流过程中产生的新问题记录下来。

第5章　化学教学技能

教学技能是指教师运用已有的教学理论知识，通过练习而形成的稳固、复杂的教学行为系统。它既包括在教学理论的基础上，按照一定方式进行反复练习或由于模仿而形成的初级教学技能，也包括在教学理论基础上因多次练习而形成的，达到自动化水平的高级教学技能，即教学技巧。教学技能是教师必备的教育教学技巧，它对取得良好的教学效果，实现教学的创新，具有积极的作用。

教学技能对外表现为成功地、创造性地完成既定的教学任务，卓有成效地达到教学目的和获得有效的教学方法；对内表现为保证完成教学任务的知识、技巧、心理特征和个性特征的功能体系，是教师的个性、创造性与教学要求的内在统一。

从表面上看，教学技能是教师在教学活动中有效促进学生学习的活动方式。从深层剖析，它是教师职业个性品格和专业修养外化的表征，是教学能力的重要标志。每一位教师要想形成自己的教学风格，达到艺术化教学的水平，就必须遵循教学技能发展的规律，在熟练掌握教学技能的基础上，不断探索、不断创新。

化学教学技能主要包括：创设教学情境的技能、呈现教学信息的技能、组织指导学习活动的技能、教学调控技能。

5.1　创设教学情境的技能

在当前的化学课堂教学中，教师运用教学情境已成为普遍的选择。在课堂教学的范围内，情境通常是指教学情境或学习情境，是指教师在教学过程中运用各种手段和方式创设的一种适教和适学的情感氛围，从而为完成教学目标和任务奠定基础。

5.1.1　教学情境及其意义

请结合以下案例深刻理解教学情境的含义及教学情境在学生学习中的重要意义。

在“钠的化学性质”的教学中，教师为学生出示了一篇经过教师整理后的新闻报道。

案例 5-1

“钠的化学性质”的教学情境设计

【大洋网讯】2001 年 7 月 7 日，广州市珠江水面上出现神秘“水雷”，6 个装满金属钠的铁皮桶漂浮在水面上，其中 3 个发生剧烈爆炸。记者赶到黄埔大道石溪路段时，在广东正大饲料公司旁边的石溪涌内看到了一个漂浮的白色金属桶。交警已经将现场封锁，6 辆消防车一字排开。消防队员说，早上已经有一个同样的金属桶爆炸了，爆炸的威力很大。

据现场一位围观的市民讲，早上有一个已漏气的铁桶漂在水面上，并不停地冒着气泡。10 时多，突然从铁桶内窜出亮黄色的火苗，紧接着一声巨响，蘑菇状的水柱冲天而起。“没想到水里的东西也能着火爆炸”一位妇女惊讶地说。随后直到中午，这个铁桶又连续爆炸了多次,爆炸腾起的蘑菇云有十几米高。

据悉,早在前日,珠江水面上就发现了2个铁桶,其中一个在江面上爆炸了,另一个则漂浮在石溪水面,被路过的船只发现。据说,晚上18时45分左右,该船曾经将铁桶打捞上船,本打算清洗过后使用。但是当船员把盖子一打开,桶内马上冒起白色烟雾,而且一接触桶内物质,双手立刻感到剧烈地疼痛,于是他们又将铁桶推到江里。一遇到水,这个桶就爆炸了。所幸该船只迅速逃离,伤亡不大。

此时,珠江水面上尚有3个一触即发的"水雷"漂浮着,消防队员、民警及广州化工集团有限公司的化学品专家都赶来聚在一起,紧张地研究处置"水雷"的对策。

在学生阅读材料的基础上,教师提出了第一个驱动问题:如果你是《化学学报》的特约记者,从现有资料来看,你还想做哪些调查?你能否根据新闻中的信息对这些疑问提出自己的一些假设或推测?小组进行交流汇报后,教师围绕学生们提出的假设,引导学生层层递进挖掘新闻背后的化学知识,最后完成总的驱动任务:如果你是《化学学报》的特约记者,你将如何从化学的视角写这篇报道?

试想如果在现实的课堂中,这样真实、令人震撼的报道马上就会引起学生的关注。在此基础上,引发学生从中提出一系列的问题,让学生从新闻中探究其中的化学道理。随着这些问题的解决,学生逐渐认识了金属钠的性质。这样的情境一直伴随着课堂教学的展开与结束,让学生在分析解释新闻的过程中获得认识,然后将获得的认识进一步应用。

通过以上案例,不难理解,创设教学情境的目的,一是让学生的学习贴近生活,贴近社会,激发学生的学习兴趣;二是承载教学目标中的情感态度与价值观目标,在具体的情境中培养学生的环保意识、严谨的科学态度等;三是为学生提供丰富多彩的学习素材,促进学生对知识的理解,提高学生解决实际问题的能力。学生在一定的情境中获得的具体化学知识,更具有迁移价值,是更内化了的知识。因此,教师在教学时,应尽量为学生创设一个优质的教学情境,让学生在情境化的学习中,积累经验,获得情感体验、知识和方法。

5.1.2 创设教学情境的方法

1. 从化学与日常生活的结合点入手,创设教学情境

化学与日常生活密切相关,人们的衣、食、住、行,处处离不开化学。从生活中的应用入手创设教学情境,既能引起学生学习化学的兴趣,又可以让学生从感性上体会到学习化学的重要性,同时又有助于学生利用所学的化学知识解决实际问题,提高知识的实际应用能力。例如,"铁与人体健康"专题中的补铁剂问题,教师询问学生是否有人曾患过缺铁性贫血,家里是否有补铁剂。这样的问题情境与学生的生活密切相关,激发了学生在日常生活中获得的铁与人体健康的知识的学习动机,也激发了学生在化学课程中学习"铁及其化合物"的知识的兴趣,促进学生进一步思考"铁及其化合物"的知识与补铁剂的相关问题。

2. 从化学与社会的结合点入手,创设教学情境

现代社会离不开化学,化学与社会紧密相连。一方面,当今社会的许多热点问题大多与化学有关,如能源问题、环境污染问题、人类健康问题等,都可以作为教学情境的素材;另一方面,在化学教学中,社会上已存在的事件或突发事件,如案例5-1中涉及的事件,也可作为创设教学情境的素材。

3. 利用化学实验创设教学情境

化学是一门以实验为基础的学科，通过化学实验进行教学是化学教育的特点之一。心理学研究表明，中学生具有强烈的好奇心和求知欲，尤其是新颖强烈的刺激更能激起他们学习探究的欲望和热情，而化学实验中形状各异的实验仪器、丰富多彩的实验现象、变化多端的实验操作，恰能满足学生的心理认知特点。

案例 5-2

"钠的氧化物"教学情境设计

[教师]根据日常生活的经验，大家知道水与火的关系是怎样的呢？

[学生]水火不容(水能灭火)。

[教师]对，当发生火灾时，我们首先想到的就是水，那么，如果现在我说水也能引起火的燃烧，你相信吗？

[学生](有的瞪大眼睛，有的交头接耳)

[教师]下面我们来做一个实验，请大家仔细观察。

[实验]用棉花包住少量黄色的 Na_2O_2 粉末，放在石棉网上，然后在棉花上滴加几滴水，让学生观察现象。

学生惊奇地发现，平常用来灭火的水在此实验中却使棉花燃烧起来，这到底是为什么呢？究竟发生了什么样的反应呢？

4. 利用问题和认知矛盾创设情境

适宜的情境一般总是与实际问题的解决联系在一起。利用实际问题来设计教学情境，便于展开探究、讨论、理解或问题解决等活动；利用学生认知上的矛盾，如新旧知识的矛盾，日常概念与科学概念的矛盾，直觉、常识与客观事实的矛盾等，都可能引起学生的探究兴趣和学习愿望，形成积极的认知氛围和情感氛围，因此都是用于创设教学情境的好素材。

知识链接

认 知 冲 突

利用认知冲突设计教学情境就是教师充分利用学生所要学习的知识中的某些内容与学生已有的观念或所了解的事实间的矛盾，制造认知冲突，引导学生进入新课学习的程序化结构。

在人类的认知活动中有一些刺激特性，能够唤起人们特殊的好奇心，因为它们能够引起人们认知上的冲突即矛盾。心理学家费斯汀格(Festinger)指出："当观念、事实间产生认知矛盾时，这种不和谐的状态会引起儿童去协调这一状态的动机，因而会出现协调这种状态的行为。"大千世界包罗万象，纷繁复杂，无奇不有。学生已有的知识水平和所了解的客观事实，往往与学生的认知和所要学习的知识之间存在着对立和矛盾。这种对立和矛盾，会引起学生心理的困惑，从而激发起学生解决困惑的动机。

利用认知冲突设计教学情境，引入新课，其具体操作如下：

(1) 引出问题。教师从学生已有知识或日常生活经验中，引出一个大家习以为常、皆以为然的问题。

(2) 制造认识冲突。教师提出一个与大家习以为常、皆以为然相对立、相矛盾的问题，并加以肯定，制造认知上的冲突。

(3) 导入新课。在学生困惑中引导学生进入新课学习。

案例 5-3

盐类水解

[教师]我们曾经学习过酸、碱、盐三类物质。它们都是电解质，溶于水能发生电离，使溶液呈现一定的酸碱性。如果酸溶液显酸性，碱溶液显碱性，那么盐溶液呢？

[学生]显中性(少数学生说不一定)。

[教师]检验溶液酸碱性最简便的方法是什么？

[学生]酸碱指示剂、pH 试纸。

[实验探究]学生采用不同的方法进行实验：

(1) 使用 pH 试纸测溶液的 pH。

(2) 分别取少量溶液，滴入石蕊试剂，观察颜色变化，判断溶液酸碱性。

[学生分析结果]有些盐呈碱性，有些盐呈中性，有些盐呈酸性。

[教师]为什么不同的盐溶液会呈现不同的酸碱性？

这是为新课“盐类的水解”所设置的教学情境，教师帮助学生复习了有关溶液酸碱性的旧知识，渗透了科学方法的教育和实验意识的培养。学生在实验后，发现客观事实与已有的观念发生冲突，引起了学生心理认知上的失衡，从而极大地激发了学生的求知欲。

5. 利用化学史实创设教学情境

化学发展史是一部生动曲折的科学史，在化学科学发展进程中，有许多感人至深的故事。在化学教学中，应用化学史料、化学事实和重大科技成就创设教学情境，能引发学生的兴趣，引导学生去追踪化学发展的轨迹，学生会获得一种对化学知识的亲近感，从而增强他们的主动探求精神。同时，将知识的学习放在一定的人文历史背景下，有良好的精神支配和积极的价值判断，其学习效果是不言而喻的。

案例 5-4

元素周期表

【情境创设】

1875 年，法国化学家德布瓦绍德朗发现了一种新元素——镓，并公布了他所测得的镓的主要性质。不久，他收到俄国化学家门捷列夫的信，在信中，门捷列夫祝贺了他的发现，却又指出镓的密度的数值为 4.7 是错误的，应该在 5.9～6.0 范围内，建议他重新测定。“不可能呀，要知道，当时世界上只有我手里有一小块金属镓。”德布瓦绍德朗不相信会有这样的事，回信说“不会错”。但门捷列夫再次去信，坚持自己的观点。本着对科学的严谨态度，德布瓦绍德朗重新提纯了镓，并测得其密度为 5.94，这与门捷列夫的预测惊人地相似。

门捷列夫预言的依据是什么呢？因为他发现了元素间的内在联系。元素间到底存在什么样的内在联系呢？今天，就让我们沿着前人的足迹去探求元素间的规律。

【活动 1】

首先从身边熟悉的元素出发。六个同学一组，每组说出六种元素。要求：所说元素必须是我们日常生活中常见的物质中含有的，说出它的存在或一种用途。例如，我们每天都要摄入的食盐氯化钠，其中含有氯元素和钠元素。

[教师]现在大家能不能试着去寻找这些元素的内在联系，把它们串接起来，形成一个系统，以便于我们从整体上去认识把握这些元素呢？

[学生]缺少有关元素性质的足够信息。

[教师]对，这些元素是不连续、零乱的。

【活动 2】

给出核电荷数从 1～20 连续的元素和它们的一些信息，将性质相似的元素放在一起，编成一张表，并说明编排理由。(20 张元素卡片，一张彩纸，一支胶棒)

[学生]编排，交流。

[教师]选择有特点的小组进行点评、小结。大家的编排是不是真的体现出了元素间的内在联系呢？让我们从不同的角度来检验。

【活动 3】

分组完成任务，作图：①原子半径与核电荷数的关系曲线；②主要化合价与核电荷数的关系曲线；③最外层电子数与核电荷数的关系曲线。

5.1.3 创设教学情境应注意的几个问题

1. 教学情境创设的全面性

适宜的、良好的教学情境既能促进学生智力的发展，又能帮助学生建构良好的认知结构，同时还可促进学生非智力品质的发展。因此，教学情境的设计要同时为情感教学、认知教学和行为教学服务，但局部的情境设计可以有所侧重。

2. 教学情境创设的全程性

情境不应只在讲解新课前发生作用，它应该在整个学习过程中都能激发、推动、维持、强化和调整学生的认知活动、情感活动和实践等活动，在教学的全程发挥作用。因此，教学情境可以分阶段设计，逐步地扩展、深入、充实。一个好的教学情境，应该能够不断地产生驱动性问题，驱动学生层层深入分析问题、解决问题，从而获得知识与方法。

3. 教学情境创设的真实性

建构主义认为，如果要求学生能用所学知识和技能解决真实世界中的问题，就必须使学生学习和应用的情境具有真实性。情境的真实性决定了学习方式的有效性，以及所学知识在新的情境中得以运用的可能性。教学情境越真实，学习主体建构的知识就越可靠，越容易在真实的情境中运用，使学生达到真正的理解和掌握，从而达到教学的预期目的。

4. 教学情境作用的发展性

教学情境应该具有促进学生产生继续学习的愿望，有利于激发和增强学生潜能的功能。因此，在创设教学情境时，首先考虑学生的现有发展水平和已有的知识基础，其次考虑不同年龄段学生的"最近发展区"，在精心创设的教学情境中，引导学生积极主动地学习，在原有的知识基础上达到新的水平。

5. 教学情境的可接受性

教学情境的设计要考虑学生能不能接受，要设计好合适的"路径"和"台阶"，便于学生将学过的知识和技能迁移到新情境中来解决问题。

5.2 呈现教学信息的技能

教学中，教师要通过各种手段为学生呈现教学信息，常用的方法有：语言、板书、多媒体、挂图、模型等。

5.2.1 教学语言

语言既是人类最重要的交流工具，又是人们的思维工具。教学语言是教学信息的载体，是教师完成教学任务的主要的和基本的工具，是教师向学生阐明教材、传授知识、提供指导、传递信息的一种教学行为方式。前苏联教育家苏霍姆林斯基曾说过："教师的语言修养在极大程度上决定着学生在课堂上的智力劳动的效率。"

1. 教学语言的基本特征

教学语言是语言在教育教学领域中的具体运用，是教师从事教学工作最基本的技能之一。教学语言除具有一般语言所具有的共同特征外，还具有与其他职业语言所不同的明显区别和特征。

1）思想性与教育性

教书育人是教师的天职，教师的职业特点决定了教师的一言一行都在对学生的思想、情感、道德、行为产生着影响和作用。教学语言具有思想性是对教学具有教育性的必然要求。

2）学术性

专业术语是各学科在发展过程中积累了大量知识素材的基础上，提炼概括出来的反映事物本质的概念、理论或范畴体系，是一定学科范围内的共同用语。教学语言不同于日常生活用语，教学时一定要处理好通俗语言与学科语言之间的关系。有时为了使讲解更生动、有趣，需要采用比较通俗的语言时，也应该是选择优美的、不失学术性的语言，只有这样才能做到既生动有趣又科学准确。

3）科学性

科学性主要表现在三个方面：

(1) 教学语言应该符合语言学的特点，具有语言学的科学性，即语言的规范性。规范性是指教师的语言要符合现代汉语的规范和要求。

(2) 化学教学语言还要符合化学学科特点，用本门学科的专业术语和特有的思维方式阐述教学内容，具有化学专业的科学性。

(3) 要考虑教学对象的特点,符合学生的年龄特征和心理特征。

4) 针对性

针对性强是教学语言的又一特征。教学的工作对象是学生,而学生是千差万别的,因此教学语言应因地、因时、因事、因人而异,不能千篇一律。

5) 简明性

学校教育中一节课的时间有限,若想在有限的时间内把较多的知识信息传达给学生,教学语言就必须要简明扼要。

2. 课堂讲授的主要类型

在化学课堂教学中,讲授是教师通过口头语言向学生系统地传授陈述性知识和程序性知识的一种基本文法。主要类型有讲述、讲解和讲演。讲述侧重于生动形象地描绘某些事物、现象和概念,以使学生形成鲜明的表象和概念,并从情绪上得到感染。讲解是指教师运用阐述、分析、概括等手段教授所学的知识内容。讲演是教师就教材中的专题进行有理、有据、首尾连贯的论说,中间不插入或很少插入其他教学活动,涉及的问题较广,需要的时间较长。

知识链接

二度消化论

二度消化论认为:教师对自己所教的内容必须经过二度消化。第一度消化是在教师自己当学生或搞科研时,针对自己存在的问题,结合自己的特点、条件,对输入的教学信息进行的加工。其目的是求得自己的理解。而第二度消化则是在成为教师以后,针对学生的特点、条件,对即将输出的信息所进行的加工。其目的是让学生更好地理解、记忆和运用。显然,一位好的教师必须是第二度消化上的强者。

1) 讲述

化学教学中,通常需要描述相应的事实,如描述实验现象、说明某个事实、介绍与化学学习相关的小故事等,此时就需要使用讲述技能。

讲述前的加工

在进行讲述前,常需要对教材语言进行删、增、变等加工:

删——删去与讲授关系不密切的内容。

增——增加材料上没有而对学生理解教学内容有帮助的内容。

变——变教材上的语言为学生易于理解的语言,如变抽象为具体、变平铺直叙为生动形象、变书面语言为口头语言等。

从语言运用上,可将讲述分为叙述式和描述式两种。叙述式的语言简洁明快、朴实无华,描述式的语言细腻形象、生动有趣。教师通过生动、形象、逼真的语言叙述或描述化学实验过程、方法、现象、物质的结构和功能以及化学史等,有助于学生获得感性知识。

案例 5-5

描述"王水的功能"

在学生了解了硝酸具有强氧化性,能与大多数金属反应,但不能溶解铂和金之后,

可以以著名科学家玻尔(Bohr)的事例为载体,描述一种比硝酸更强的氧化剂—王水。主要内容为:

曾经有这样一位伟大的科学家,在第二次世界大战期间,为了让心爱的金质奖章留在祖国而不落入法西斯之手,他巧妙地将奖章“藏”在实验室里。战争结束后,他又重铸了熠熠生辉的金质奖章。这位伟大的科学家就是著名的物理学家玻尔。他把金质奖章溶解在一种叫王水的溶液里。王水可以溶解金和铂,但浓硝酸不能。王水是由浓硝酸和浓盐酸按体积比 1∶3 混合的溶液。

上述案例,通过故事性的描述,使学生对王水的功能建立了形象的感性认识,同时也激发了学生的求知欲。

2) 讲解

讲解是教师向学生说明、解释或推导原理、定律、概念、公式的一种方法。讲解和讲述的主要区别在于:讲述偏重于叙述、描绘;讲解重在说明、解释事实、推导(或论证)原理等。讲解是运用学生耳闻目睹的丰富事例(包括实验过程和实验结果),引导学生从情境中接触概念,从感知到理解概念。或者把未知与已知联系起来,说明事物的本质属性和基本特征的一种讲解方式。

案例 5-6

“钠与水反应”的讲解

[演示实验]在一U形管中加入少量水,滴加1滴酚酞,再加入一小块金属钠,投影于屏幕上,可使学生更清晰地观察到实验现象。

[现象描述]“浮”(钠浮在水面上);“熔”(熔为小球);“游”(迅速游动);“响”(发出“嘶嘶”的响声);“红”(酚酞水溶液变红)。

[演示实验]检验收集到的气体,引导学生观察产生有关现象的原因。

[讲解]结合前面刚学过的钠的物理性质,解释演示实验的现象:钠浮在水面上的原因(钠的密度比水小);熔成小球(反应放热,且钠的熔点低);钠熔成小球后,在水面上向各个方向迅速游动(反应生成了气体,对其产生了推动作用,由“气体检验”实验课判断产生的气体为氢气);发出“嘶嘶”的响声(反应很剧烈);滴有酚酞的水变红(反应生成了氢氧化钠,使酚酞变红),由此,我们已可推断出钠与水反应的产物(书写化学方程式)……

上述案例中,教师针对实验现象进行分析、解释,是帮助学生理解陌生现象或抽象知识的有效方式。

3) 讲演

高年级的知识复习课,通常知识面广,时间有限,需要首尾连贯地讲授,中间很少插入或不插入其他活动,即为讲演。尽管讲演的时间较长,但有启发性,学生基础较好,大都能接受,并不等于注入式。讲演可以提纲挈领,以简去繁,增加课堂的知识容量,提高讲课的效率。

案例 5-7

数字概括法

黑火药的反应：

$$S+2KNO_3+3C=N_2\uparrow+3CO_2\uparrow+K_2S$$

可以将反应物归纳为：一硫二硝三木炭。

案例 5-8

特点归纳法

盐类是否水解，水解究竟呈酸性还是碱性，可以归纳为一个口诀："酸碱组成盐，部分可水解。谁弱谁水解，谁强显谁性。两弱双水解，酸碱待测定。两强不水解，溶液显中性。"

案例 5-9

串点成线法

通过硫及硫的化合物的学习，可以将各知识点串联成一条主线：

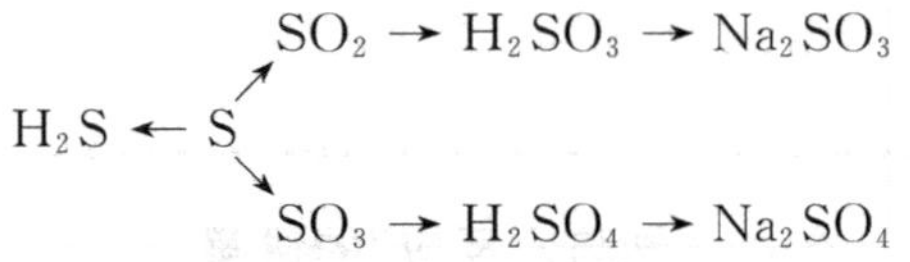

5.2.2 教学媒体

教学媒体是教学方法的物质要素。教学媒体能够突破课堂的时空限制，为学生创设真实或接近真实的学习情境；能为学生提供直接的、具体的经验和材料，有利于学生对知识的感知、记忆、掌握和运用；教学媒体还能提供行为示范供学生模仿学习；同时，教学媒体还能够帮助学生综合初步的经验以获得有意义的抽象概念，从而提高学习效率。

不同教学媒体有不同的功能，每一种教学媒体又有其最适宜的使用场所，同时每种媒体又有其局限性，所以在选择和使用教学媒体时，应注意发挥其优势，弥补其不足。

1. 板书设计

板书是教师运用黑板以凝练的文字语言、符号、图表等传递教学信息的教学行为方式，也是课堂教学的重要手段和环节之一。板书既是教师应当具备的教学基本功，又是每一位教师必须掌握的一项基本教学技能。

1）板书的功能

（1）揭示教学内容、体现知识结构。

心理学研究表明，人类在学习新知识时，必须使新知识与头脑中的原有知识建立起某种意义上的联系，并使知识的各个组成部分之间建立起逻辑关系，才能达到对新知识的真正理解。板书作为课堂教学不可缺少的部分，其主要作用就是揭示教学内容的重点、难点、关键知识间的逻辑关系，体现知识的脉络体系和结构，从而帮助学生理解教学内容，把握知识的整体结构及其内在联系。

(2) 反映教学程序、体现教学思路和认知过程。

完整的板书应该体现一节课完整的教学过程。教师的教学思路贯穿于教学活动的始终，形成有逻辑层次和内在联系的教学过程。教师的教学思路形象化地展现于黑板上，以引导学生进行思考，少走弯路。

(3) 增强直观性、集中注意力、强化记忆、启发思维。

在化学课堂教学中，将有关教学内容用精心设计的板书展现出来，既能将教学信息的结构和内在联系呈现给学生，又可以大大增强教学内容的直观性，并通过调动、刺激学生的视觉器官，集中学生的注意力，便于学生进行记录、联想、记忆，提高学生的记忆效果。同时，精心设计的板书还可以启发学生的思维。

(4) 为学生提供示范。

经过精心设计的板书，文字规范、图文准确，可以给学生起到无声的示范作用。在化学课堂教学中，教师通过板书可以向学生提供书写和运用化学用语的示范，为学生提供模仿的书写原型，帮助学生学会规范、正确地书写化学用语；还可以给学生提供规范解题格式的示范，使学生养成用规范格式解题的习惯，对他们形成科学的学习方法，对提高文字的表达能力也是非常有益的。

(5) 激发兴趣、引起动机、培养审美观和创造力。

精心设计的板书可以通过巧妙、别致的布局，色彩、字形的变化，多样的表现形式，激发学生的学习兴趣和动机，并使学生在潜移默化中受到美的熏陶，从而激起他们对美的追求和创造。

2) 板书的结构和类型

(1) 板书的结构。

根据板书的系统性和重要性的要求，通常把板书分为主体板书和辅助板书。主体板书包括一堂课所讲内容的大部分，如课题名称、授课提纲、教学要点、重点、难点。一般而言，主体板书能形成比较完整的知识体系，写在黑板的左侧并尽量保持到下课，不要轻易擦去。辅助板书是主体板书的辅助和补充，是为了帮助学生听懂课堂上所讲的主要内容的辅助手段，一般写在黑板的右侧，并可随写随擦(图 5-1)，不需要长时间保留。

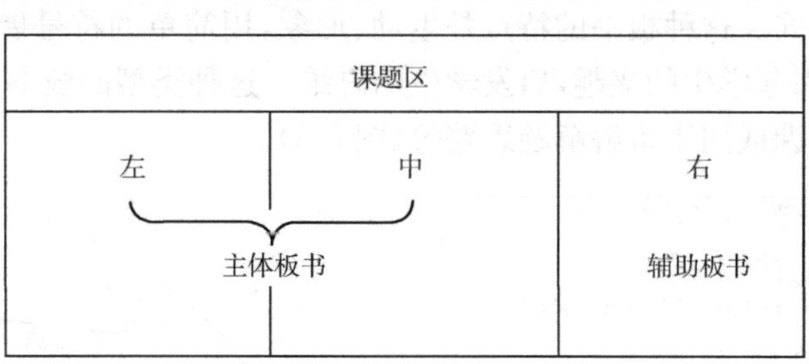

图 5-1　三分板书

(2)板书的类型。

a. 纲要式板书是以简明扼要的文字、提纲挈领地概括出教学内容，并以教学的顺序将教学内容依次书写并呈现于黑板的形式。这种形式的板书具有逻辑性强、条理清楚、重点突出的特点，便于学生理解、掌握和记忆。例如，“硝酸”一节的板书可设计成如图 5-2 所示的纲目。

硝 酸

一、硝酸的物理性质
色、态、味、挥发性、密度、沸点
二、硝酸的化学性质
1. 酸的通性
2. 硝酸的不稳定性
3. 硝酸的强氧化性
(1)与金属的反应
(2)与非金属的反应
三、硝酸的制法
1. 实验室制法
2. 工业制法

图 5-2 纲要式板书

上述纲要式板书是对“硝酸”一节内容的概括化反映，同时也隐含着化学物质学习和研究的一般思路，即先考察物质的物理性质和化学性质，然后再研究其制取方法。在纲要式板书的使用过程中，应将本节课最重要的信息呈现在黑板上，避免无关信息对学生注意力的干扰。

b. 在化学课堂教学中，有时为了比较、区别某些概念、物质之间的异同，可采用表格式板书(图 5-3)。表格式板书简单明了，有利于学生在对比中加深对知识的理解，并能更好地掌握知识。

	离子键	共价键
形成过程	得失电子	形成共用电子对
成键粒子	阴、阳离子	原子
实质	阴、阳离子间的静电作用	原子间通过共用电子对所形成的相互作用

图 5-3 “离子键和共价键的比较”的表格式板书设计

c. 包容式板书是由一个上位的概念或概括性的题目演绎分化出若干个相互联系的部分，从而构成一个从属或包容的关系。这种类型的板书具有脉络清楚、种属分明、一目了然的特点，对学生认识整体和局部的关系，发展归纳、演绎的思维能力具有积极意义(图 5-4)。

d. 图解式板书是在纲要式板书的基础上，用具有一定意义的线条、符号、箭头、图形等组成图文并茂的板书形式。这种板书的特点是生动、形象，用简单的符号展示教学内容，揭示知识之间的关系，并能引起学生的兴趣，启发学生的思维。这种类型的板书多用于较复杂的基本理论课、实验课、复习课或用于讲解解题思路等(图 5-5)。

第一节 原子结构

原子 $^{A}_{Z}X$ { 原子核 { 质子 Z 个；中子 $N=(A-Z)$ 个 }；核外电子 Z 个 }

核电荷数(Z)＝核内质子数＝核外电子数
质量数(A)＝质子数(Z)＋中子数(N)
离子所带电荷数＝质子数－核外电子数

图 5-4 包容式板书

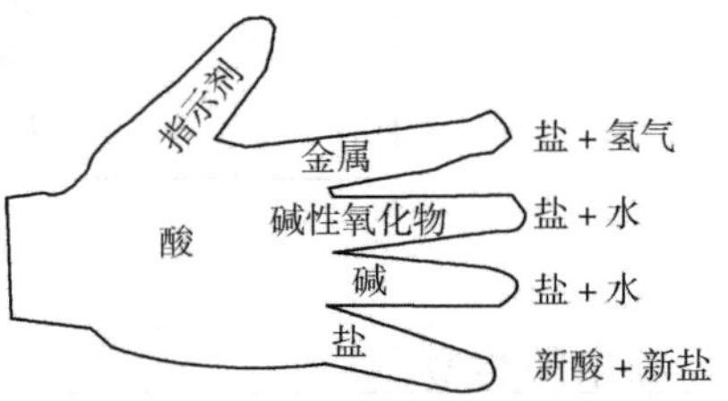

图 5-5 “酸的通性”图解式板书

3) 板书设计的要求

(1) 精心构思，整体设计。

首先，在进行板书设计时应该明确板书设计的目的性，根据教学的实际需要设计板书，如采用哪种板书类型、如何运用板书等。其次，考虑板书设计的整体性，根据教学内容的结构和特点，确定主体板书和辅助板书，使板书自身也形成一个相对完美的整体。最后，在构思与设计板书时，要考虑学科特点、学生程度、时空限制等因素。

(2) 简明精练，突出重点。

板书的目的在于直观、简明地呈现教学内容的精华，并揭示其内在联系。板书的内容应该是授课内容的中心和关键，所以，在进行板书设计时，要用简洁精练的文字和图形来表示授课内容的要点、重点和关键，层次要分明，脉络要清楚，富于启发性。化学用语、图表、化学仪器装置图、各种流程图等，能简明有效地反映化学概念原理、化学反应等，因此这些都是化学课教学板书的内容和形式，而且这也正是化学课板书的特征。

(3) 合理布局，讲写结合。

板书的合理布局是指对将要出现在黑板上的文字、图表、线条等统筹考虑，作出严密周到的计划安排，整个黑板如何使用，文字大小、行列间距等都要做事先的设计与准备，使整个板书看起来整齐美观、协调紧凑，有利于学生观察记录。同时，设计板书时，要设计好讲解语言，以便教师边板书边讲解，充分发挥无声语言和有声语言的双重作用。

(4) 师生合作，共同参与。

教师的课堂教学板书应鼓励学生积极参与，打破板书由教师一手包办的局面，这样做，对于激发学生学习兴趣、使其主动参与教学活动，形成生动活泼的教学气氛、合作融洽的师生关系、发展学生各方面的能力都有着积极的作用。

(5) 准确规范，提供示范。

呈现在学生面前的板书，一个重要的方面就是为学生提供示范。因此，板书的字、词、句等都要求规范，准确，符合汉语的文字要求，元素符号、化学式、化学方程式等化学用语要符合化学专业语言的规范要求，不能随意添加、删减和更改，以免造成学生的误解。

2. 多媒体的运用

在化学教学中，媒体发挥着越来越重要的作用，有人把教学媒体称为化学教学的“助推剂”或“催化剂”。媒体的使用不仅可以激发学生强烈的求知欲望，而且能化抽象为直观、化微观为宏观，引导学生在轻松自然的氛围中学习新的知识，提高教学效果。

案例 5-10

化学使世界变得更加绚丽多彩

[导入]新的学期，我将和大家一起走进一个新的学习领域。目前，这个领域中的许多知识相对于同学们而言，有如这张白色的纸一样(出示一张用酚酞试液写有“化学”字样的纸)是一片空白。但是通过我们的学习和探究，这个领域中的许多知识会呈现在我们面前。

[演示]将氢氧化钠溶液喷洒在白纸上，出现红色“化学”字样。

[播放录像]武陵源风景——黄龙洞。

[幻灯片]中国人上天了(神舟十号)。

[图片]隔水透气的鸟笼。

[flash 动画]焰火使夜晚绚丽多彩。

在上述初中化学绪言课的教学中，教师综合运用了实验、录像、图片、计算机等多种媒体。

通过魔术般的实验引出了学科主题;录像的播放向学生展示了大自然的鬼斧神工,让学生了解了一些奇妙的化学现象;神舟十号上天的幻灯片隐含着科技中的化学知识;图片中的鸟笼让学生惊奇于化学材料的魅力;最后的动画告诉学生化学与生活的密切联系。多种媒体的巧妙组合创设了一个趣味性的学习情境,调动了学生的好奇心,极大地激发了学生进一步学习和探究的欲望,为教学展现了一个良好的开端。

化学是从分子、原子层面上研究物质的性质和变化规律的科学,教学实践也表明微观粒子及其运动、化学键等抽象概念是学生学习化学的难点。借助教学媒体的辅助作用,在教学中可将微观粒子宏观化、抽象概念形象化地表示,从而帮助学生攻克难点,形成正确的科学概念。

案例5-11

水的组成

[演示实验]水的电解实验。

[学生活动]学生观察实验现象并讨论。

[讲解]在学生讨论的基础上分析讲解。

[挂图展示]出示水分解的活动挂图,结合挂图讲解反应中水分子的变化。

[flash动画]计算机模拟水分子的分解和氢、氧分子的形成过程。

如上所示,教师通过实验媒体从宏观层面向学生说明水在通电的情况下发生了分解反应,生成了氢气和氧气。为详细说明该反应的本质,教师接着用挂图媒体讲解水分子的分裂以及氢分子和氧分子的形成过程,最后用计算机媒体形象地模拟该过程。这样的处理不仅清晰地展示了化学反应的本质,而且巩固了原子是化学变化中最小的微粒的观点,并修正了“水中含有氢气”、“水分子中含有氢分子”等错误概念。

在使用计算机多媒体进行教学时,应避免为突出现代信息技术的应用而用多媒体取代其他必需的活动形式。不能变计算机多媒体的辅助作用为主体作用,计算机多媒体只是为达到教学目的而采用的一种手段,始终应是教学的配角。在一些教学实例中,教师整堂课都在用计算机播放各种动态的画面和变幻的文字,而很少就教学内容进行讲解,甚至一节课下来,黑板上没有任何板书。这样的教学中,教师成了名副其实的“放映员”,学生成了“观众”。此外,不能将计算机媒体作为公开表演的工具。在公开课和评优课中,教师都热衷于使用多媒体进行教学,评审团成员也对利用多媒体的教学青睐有加,甚至形成了无多媒体不成公开课的局面。但实际情况是,在许多公开课中,多媒体沦为了教师表演的道具,并没有起到应有的作用。计算机只是书本的替代品,在其华丽外衣掩盖下,教师仍然在进行“填鸭式”的教学,在这种教学环境下,多媒体对教学无促进作用。计算机多媒体的使用为化学教学带来了根本性的变革,作为一名化学教师,只有努力地学习与化学教学有关的计算机技术才能更好地提高教学水平。但对计算机,我们决不能顶礼膜拜,其实计算机并没有神奇的魔法,只有教师才是真正的魔术师。

5.3 组织、指导学习活动的技能

化学教学过程是师生双边的活动过程,化学教师的教是为了学生的学。教学过程中,学生的学习活动分为课内学习和课外学习两种。课内学习主要包括听课、记笔记、实验、观察、思考、讨论、探究、练习、自学等;课外学习主要是学生的作业、预习、复习、实践活动等。教师作为学生学习活动的组织者、引导者、参与者,在学生学习活动中起着重要作用。通过教师的组织指导,营造和谐的课堂氛围,激发学生的学习动机,培养学生的学习兴趣,使其树立学习信心,调动学习积极性,提高学习效果。因此,教师的组织指导技能直接影响着学生的学习信心和学习效果。

依据学生学习活动的类型,可将教师的组织指导分为:组织指导学生听课、记笔记;组织指导学生观察;组织指导学生讨论;组织指导学生合作、探究;组织指导学生自学。

5.3.1 组织指导学生听课、记笔记

化学教学中最常见的学生学习活动就是听课、记笔记,要组织好学生学习的这一环节,首先要激发学生学习的动机,使他们产生想听、要听、想记、要记的愿望,然后引导组织学生集中注意,学会听课,提高效率。

1. 指导学生明确学习目标

研究表明,当学生事先知道教师期望他们怎么样时,教师对学生的行为影响是最大的。在一节课的开始,教师就要做好学生的学习定向工作,使学生了解学习目标、学习步骤和学习方法。如果学生知道了他们要达到的目标,就能自觉地以目标来规范自己的行为,主动地逼近目标;反之,如果学生对教学目标一无所知,根本不清楚教师这堂课要讲什么,不知道在结束时他们应该形成何种能力,教师讲解一点,目标显现一点,学生清楚一点,学生被教师牵着鼻子走,直到教学结束,学生才明白课堂教学目标,这样的学习注定是盲目的、被动的。

2. 组织并维持学生的注意

中小学生受其年龄的影响,其注意的特点是:有意注意逐渐发展,而无意注意还在起重要作用,注意力不稳定、易分散,年级越低,这种表现越明显。因此,教学时教师应严格要求学生,随时唤起学生的注意并能维持注意,组织引导学生随时关注教师提出的问题、产生问题的背景、解决问题的思路、得到什么结论等,帮助学生养成良好的课堂注意习惯。

知识链接

注　意

注意是人的心理活动对一定对象的指向和集中。我国古代教育家就已经认识到注意对学习的作用。荀子在《大略篇》中曰:“君子壹教,弟子壹学”,其意是只要教师专心教书,学生专心学习,就能成功。英国心理学家布鲁德本特(Broadbent)认为,注意是过滤器,对外界信息起选择作用,经过过滤器的信息才可能进入中枢神经系统。当代信息加工理论也认为,学习过程就是信息输入、编码、储存、提取的过程,信息只有被选择性知觉(注意),才能从感觉登记进入短时记忆,进而被加工储存、提取。如果学生心不在焉,信息进入感觉登记后便迅速消失。苏联的教育家马申斯基说过,“注意是一扇门,凡是外界进入心灵的东西都要通过它”。注意力是一个人获取外部信息所必须具有的能力。学生的注意力关系到授课的成败。

注意可以分为无意注意与有意注意。无意注意是一种自然而然发生的、不需要作任何意志上的努力的注意。有意注意是一种有自觉的目的、需要作一定意志上的努力的注意。

教学活动方式的变化和强度的差异，会引起学生的无意注意。例如，教师放映一幅幻灯图像，拿出一件模型、挂图，打开录像机放映一段录像，都会给学生视觉和听觉上的刺激，都会将学生的目光吸引过来，使其安静下来。另外，教师生动的语言、手势、面部表情、目光的变化、走动等，都会引起学生的注意。

引起和保持学生有意注意的途径有：交代学习的重点、关键，介绍所学的知识对后面知识的作用；说明教学内容在生活、工作、学习中的意义；将教学目标具体化；把智力活动与实践活动结合起来，让学生参与某个过程，如看书、查图、回答问题等。

当学生注意力集中时，有许多外部表现，如注目凝视、侧耳倾听、引颈仰头、屏住呼吸、无关运动停止等。当全班大部分学生呈现出上述外部特征时，教师便可以进行重点内容的教学。

3. 指导学生学会听课、记笔记

一堂完整的课应该是由一个知识点的几个方面或几个知识点构成的。在教学中，教师应该指导学生注意听教师讲解的主要问题是什么、问题是怎样提出来的、用什么方法解决问题、问题解决的思路是什么、结论是什么、教师是如何进行分析论证的。

学生在听课时，听课和记笔记通常发生矛盾，听、记、思考往往不能兼顾。因此，教师应注意讲授时的停顿、重复和语速的快慢并配合必要的板书，同时指导学生合理分配注意，逐渐锻炼自己协调眼、脑、手、耳等感官，使其能够相互配合。一般情况下，要先注意听教师讲，再利用教师讲课的停顿间隙做笔记和思考。记笔记时，不要力求全部记下来，而是要学会选择内容，主要记讲课思路、内容纲要、重难点、教师的重要补充、疑难问题（课后继续思考）及学习指导等。必要的时候，还可以用简明扼要的文字、符号、图表等完成笔记。有时，对于暂时理解困难的内容，可以直接向教师提问，也可先记录下来，留待课后思考。

5.3.2 组织指导学生观察

观察是人们认识事物、获取信息的一种重要方法，是获取知识、发展智力和能力的首要步骤，是一切发明创造的必要条件。达尔文（Darwin）在谈到他自己取得的科学成就时说："我既没有突出的理解力，也没有过人的机智，只是在觉察那些稍纵即逝的事物并对其进行精细的观察的能力上，我可能在众人之上。"

就学生的化学学习而言，观察内容十分丰富，更需要学生有敏锐的观察能力。因此，教师应该有意识地组织指导学生进行观察，以培养和提高学生的观察能力。

1. 明确观察目的

学生对实验现象的观察，往往只注意神奇的或有强烈刺激的现象。学生的注意力很可能会集中到一些细枝末节上，而忽视或放过实验目的所要求观察的主要内容。这就需要首先指导学生有明确的观察目的，教师可以通过适当的提问，来指引学生观察的方向，而后再让学生进行观察，以免使其"误入歧途"。

案例 5-12

"钠与水反应"的提问

钠与水的反应比较快，如果放手让学生观察，他们可能会盲目地观察，导致观察到的现象可能不会很全面。因此，在做"钠与水的反应"实验之前，可以提示学生："做完实验后，请大家告诉我，你看到了哪些现象？例如，金属钠的形状有没有发生改变？液体的颜色有没有发生变化？液体的温度有没有产生变化？反应时，你有没有听到特殊的声音？”

由于钠与水的反应现象比较多，而且比较有意思，因此当反应完成后，学生可能还沉浸在反应现象中，这时教师可以通过以下提问来转换学生的注意力：“刚刚同学们观察到了哪些现象，产生这些现象的原因分别是什么呢？”这样就很自然地把学生的思路引导到我们需要讨论的重点问题上。

2. 制订周密的观察计划

明确了观察目的，还需要制订周密的观察计划，无论观察过程长短与否，都应组织指导学生有目的、有计划、有步骤、有重点地进行观察，尤其是对于稍纵即逝的实验现象更应有计划地抓住观察时机。指导学生学会观察的方法，由局部到整体、由个别现象到整个反应历程。同时，指导、训练学生感知和思维的敏捷性，发展学生的观察能力。

3. 指导学生全面观察

任何事物不仅其本身具有一定的内在联系，而且各种事物之间也存在着一定的关系和联系。在对事物或现象的观察中，不仅注意到其明显的变化和特征，还要指导学生善于抓住不显著但又非常重要的属性和变化。一般来说，可以指导学生从以下几方面进行全面观察：

(1) 按照事物本身的结构，观察时可以从上(下)到下(上)，从左到右，从内(外)到外(内)，也可从局部到整体或由整体到局部。

(2) 按事物的外部特征，观察时可以由小到大，由隐到显。

(3) 按事物所处的空间，观察时可以由近及远，也可以由远及近。

(4) 按事物的发展顺序和时间，观察时可以由先到后。

通过这样的指导观察，可以保证学生获取的信息有条理、有系统，提高学生观察活动的准确性和有效性。

4. 观察与思维相结合

心理学研究表明，人的大脑有感知、储存、判断、想象四个区域，在学习活动中，大脑各个区域的活动是互相促进的。实验证明，边观察边思维可以增进对事物的理解记忆和掌握，并促进对事物的更深刻的认识。

5.3.3 组织指导学生讨论

讨论是在教师的组织指导下，学生围绕一定的问题相互辩论、质疑、启发、补充，共同求得问题解决的一种学习方式。这种学习方式要求学生具有一定的知识基础、思考能力和表达能力，要求教师有较强的组织能力和控制能力。教师在组织学生讨论时，应注意既要控制讨论的时间和方向，使其具有较高的效率，又不影响学生学习的积极性。要做到以下几个方面：

(1) 围绕学习目标，精心设计讨论题目。教师在设计讨论题目时，一定要围绕教学所要达到的目标，使讨论题具有思考性、论辩性，并且难度适中。讨论题一般由教师给出，对于学生学习过程中提出的问题，需要进行选择加工，然后再交给学生讨论。教师还应该根据已有经验和对学生的了解，预测、估计学生在讨论中可能出现的问题和不同意见，做好进一步引导启发的准备。

(2) 让学生理解讨论题及其意义，留给学生足够的思考时间。讨论题目可以提前向学生公布，让学生明确讨论的要求，指导学生复习有关知识，查阅相关资料，准备好发言提纲。

(3) 讨论中要适时启发、引导学生认真思考，让学生紧扣主题大胆发言，积极参与讨论。既敢于坚持正确的意见，又善于接受不同意见，勇于放弃和修正错误意见。

(4) 讨论结束后及时总结，引导学生归纳得出正确结论，使知识系统化。同时，提出需要进一步思考的问题，供学生研究、思考，将学生的学习引向更深的层次。

5.3.4 组织指导学生合作

合作的意识和能力是现代社会对其成员提出的一项要求，也是一个现代人必备的素质之一。组织指导学生进行合作学习，应做好以下几项工作。

1. 选取合适的内容进行合作学习

教师在进行教学设计时要选择适合学生合作学习的内容，这些内容必须是通过采用小组合作的形式能够实现课堂的教学目标，并有助于学生全体参与。能够关注到学生之间的差异，实现因材施教，使每个学生在原有的基础上都能得到发展。

一般来说，以下五种学习任务适合合作学习：①为得到某些结论，必须靠“有分工、承担各自责任”才能完成的探究性任务；②需要学生“在特定的情境中进行生生互动，通过相互协作、配合来完成知识与技能、过程与方法、情感态度与价值观”教育目标的任务；③为了达到“小组内每一个同学都能完成学习任务”团体目标的学习任务；④在学生独立学习的基础上，对每个人得到的信息进行汇总的学习任务；⑤能使学生从“各自不同的实践经历、不同的结论”的展示过程中来发现学习方法存在的问题的学习任务。

实际上，这五个方面的任务是“整合”的，五种类型也经常是相互交织在一起的，不可截然分割。

2. 明确合作学习的任务

明确合作学习的任务，才能使学生的合作学习活动具有明确的方向和责任感。只有明确了合作小组的任务及每个成员的个人任务，他们在合作学习时，才会有集体责任感和个人责任感，才会积极地互动、互助，才能避免出现小组中个别成员承担大部分甚至所有的任务，而某些小组成员无所事事的情况，才会充分发挥每个成员的主观能动性。

3. 把握合作学习的时机

为了充分发挥合作学习的功能，促进学生有效地合作学习，在开展合作学习时，应当把握这样几个时机：①当学习任务较大，需要分工协作的时候；②当学生在自主学习的基础上产生了合作学习的愿望的时候；③当需要把学生的自主学习引向深入的时候；④当学生的思路不够开阔，需要相互启发的时候；⑤当一定数量的学生在学习上遇到疑难问题，通过个人努力无法解决的时候；⑥当学生的意见出现较大分歧，需要共同探讨的时候。

4. 实施合作学习监控

在合作学习实施的过程中，可能会存在一些带有普遍性的问题。教师可以抓住这些问题，对学生的合作学习实施监控。这些普遍性的问题可能是:合作讨论时的冷场、偏离主题,对学习内容的误解,部分学生过度依赖其他成员、消极被动等。教师应针对具体情况,认真分析出现问题的原因,指导学生掌握合作学习的技巧,明确个人责任和要解决的问题,纠正偏差,引导学生发挥自己的主观能动性,达成小组学习的个人及团体目标。

5. 注重合作学习评价

教师适时合理的评价有利于调动学生学习的积极性、主动性。对学生的合作学习进行评价,其方式可以是口头评价,也可以是书面评价,评价以激励为主,以达到强化学生有效地合作学习。评价要以小组评价为主,评价合作学习小组的合作过程和效果,同时将每一个小组成员的表现同合作学习小组的成绩紧密地联系在一起,使学生形成“组荣我荣”的观念,从而认识到相互合作、共同进步的意义。

5.3.5 组织指导学生探究

1. 选取合适的内容

很多化学知识都适合用探究的方式来学习,探究内容首先要围绕与化学有关的科学性问题展开活动;其次要注意问题本身的难度、所需要的科学方法的复杂程度、所用到的仪器和资料,以及在解释交流时所涉及知识的范围都要适合学生的特点。

2. 选择合适的教学组织形式

化学教学中的探究活动主要有:以实验为主要活动的科学探究、以查阅资料为主要活动的科学探究、以调查访问为主要活动的科学探究、以交流讨论为主要活动的科学探究等。在组织学生进行探究学习时,要根据具体的探究内容和学生的实际情况选择合适的教学组织形式。可供参考的教学组织形式主要有在教师指导下的探究学习、以学生个人为主的探究学习、小组合作式探究学习、完全开放的探究学习等。

3. 选择合适的教学场所

化学课程中的探究学习,根据学习内容可以选择在教室、实验室,也可以选择走出校门、走进社会,在真实的自然、社会环境中开展学习活动。教师要成功地组织学生进行探究学习,必须解放思想、勇于创新,组织学生有效利用多种场所进行学习。校内、校外、社区内、家庭,只要学习内容需要,条件允许,都可以成为开展探究学习的场所,并结合具体内容进行最佳选择。

4. 创设探究的必要条件

教师不仅要为学生创设更多的探究机会,还必须为学生提供探究的必要条件,并进行恰当指导。教师在指导过程中,尽量尊重学生所设计的探究方案,包括不可能实现的甚至是荒谬的方案,注意不要把自己的观点强加给学生,允许学生尝试错误、尝试失败,使学生在错误和失败中学会反思和改进。只有这样,学生才能有更多的收获,才能学会真正的探究。

5. 精心设计探究过程

教师要在充分研究学生的心理特点、化学学科的内容特点、探究学习的目标特点、自己的能力特点、教学条件和教学资源的基础上，进行最佳的教学设计。在组织学生的探究学习中，要注意遵循科学、全面、高效、优化的原则，把握主要矛盾、充分利用资源，把学生有效组织起来，使他们有条不紊地学习、思考、讨论、提问、实践、体验、发展。

6. 确保安全

在进行探究学习前，教师要充分考虑学生的安全，对学生身体有危害或对环境有污染的探究内容，一定要采取必要的措施，不能让学生盲目探究；对学生设计的探究方案，也要仔细审阅，以防事故的发生。另外，当学生的探究需要走出课堂，进行社会调查时，一定要把安全教育放在首位。

5.4 教学调控技能

教学调控是指在教学过程中，为了保持课堂教学系统的动态平衡，实现课堂教学的预期目标，教师根据教学反馈信息对自己的信息输出、学习者的心理及行为表现、教学环境等进行调节控制的行为方式。课堂教学调控的实施，是使课堂教学得以动态发展、教学得以顺利进行、教学目标得以实现的重要条件。教学调控不仅影响到课堂教学的效果，而且影响学生的智力、非智力、行为的发展。一个调控得当、井然有序的课堂环境，会使学生身心愉快，注意力集中，必然会收到好的教学效果。

5.4.1 兴趣调控

兴趣是人们为满足某种心理需要而积极从事某种活动(脑力和体力)的心理倾向和感情状态。学习兴趣是推动学生进行学习活动的内在动力。心理学研究表明，好奇心是学生学习兴趣的内因之一。在教学中，将学生的好奇心转化为求知欲望，进而转化为学习的兴趣、动机等学习内驱力，从而使学生变被动学习为主动学习。在教学中，教师要善于运用多种手段，如生动形象的语言、直观教具、多媒体、联系生产生活实际等，创设学习意境，激发学生的学习兴趣。同时，教师还要善于将学生的直接兴趣逐步转化为理解兴趣和创造兴趣，使学生的学习兴趣水平不断得到提升。

5.4.2 情绪调控

教师的情绪是影响学生注意力最敏感的因素之一。学生学习情绪的高低，课堂气氛活跃与否，往往与教师的情绪同步变化。因此，在课堂教学中，教师要将自己的情绪调整到最佳状态，始终精神饱满，满怀激情，充满自信。这样，学生就会潜移默化地受到教师激情的感染，精神振奋，情绪高涨。对于不同的教材内容，教师要善于用不同的情绪、情感调整学生的学习情绪，如热情的、自豪的、严肃的、忧虑的等情绪。用“情”为学生创设一种学习的氛围，使学生受到感染，全身心地投入到学习活动之中。这样，教师教学信心十足，生动活泼，思路清晰；学生学习情绪饱满，思维活跃，整个课堂教学处于教师积极主动的情绪调控之中。

案例 5-13

“元素周期律”教学的情绪调控

教师引导学生注视元素周期表，在优美的轻音乐陪伴下，声情并茂地道出自己对周期律的赞叹:元素周期表中的一行行、一列列和谐、对称而又美观,整个周期表就像一个完美的化学宫殿;每个元素就像是一个个音符,每个周期就像是一篇篇乐章,每个族又像是不同的和弦,这些乐章和弦随原子序数的变化循环往复地变化着,仿佛奏出一首首优美的交响曲。同学们,元素周期表美不美?!(当时课堂一片寂静,下课铃声响起,学生才回过神来,随即报之以热烈的掌声。笔者也为此感叹不已,余音缭绕,韵味难却,每每回想此景,都会被此教学情境所震撼)

5.4.3 反馈调控

反馈是控制论的基本概念之一。它是把系统输出的信息作用于控制对象后,产生的结果再输送回输出端,并对信息的再输出发生影响的过程。例如,舞蹈教室安装镜子,可以大大提高训练效果,由此可见反馈的重要性。同样,及时反馈是确保教学有效性的重要举措。教师通过提问、练习、测验、学生口头总结等方式了解学生对教学目标的掌握情况,反馈教学效果,以便从中发现问题,及时调整教学内容的呈现方式、呈现顺序及教学策略;学生也可以据此了解自己的学习效果,以便及时调整学习策略。

反馈过程中,教师要注重对学生进行有效的激励。激励是指通过刺激,激发个体的心理动力,使这一动力水平在某段时间内始终维持在一定的兴奋状态。当然,这并不意味着教师对学生的作答进行反馈时,需要对学生进行廉价的表扬。有时候一个肯定的眼神、一个会心的微笑、一个疑惑的表情就可以让学生很快领悟教师的思想。特别是当学生回答得不尽如人意时,更要给予鼓励,肯定其合理的部分,然后再让学生“换个角度再想一想”或“问题想得再全面些”。鼓励的语言和肯定的表情能给学生创造一种心理安全的教学氛围,能激发学生探求新知的欲望。

5.4.4 提问调控

提问是促进学生思维,评价教学效果,以及推动学生实现预期教学目标的基本控制手段。教师的问题通常是针对一节课的重点和难点内容而设计的,对学生的学习和思维有一定的导向作用,利于学生克服学习的盲目性和随意性。化学学科的知识点众多,各个知识点之间的关系错综复杂,学生的注意力很可能会集中到一些细枝末节上。教师可以通过适当的提问,来指引学生学习的方向,以免其“误入歧途”。

一个完整的提问通常由6个环节组成:

环节1:构思。对“提问”进行精心的构想和周到的布局是提问获得预期效果的重要保障。在课堂实施前,教师应该就提问目的、问题内容、提问的时机和过程,以及学生的反应作出预想(表5-1)。

表5-1 提问的构思与布局

序号	提问目的	问题	提问过程	预想学生的反应
1				
2				
……				

环节2:引入。在“引入”环节,教师应该给学生一个心理暗示“老师要问我问题了,我得立刻好好听了”,为此,教师可以用这样的语言提醒学生注意:请思考下一个问题……请同学们回答……

环节3:陈述问题,对问题作必要的提示说明后,教师以和蔼的表情、期待的目光关注每一位学生,让学生意识到“老师有可能让我回答问题”,以此提示学生积极思考。

环节4:点名回答问题。这里存在两种情况,一种是先提问后点名,让学生有思考的时间和心理准备;另一种是先点名后陈述问题,在这种情况下被点名的学生没有提前思考的时间。除非教师想惩罚这名学生,否则不提倡先点名后陈述问题。

环节5:介入。在学生回答问题时,根据不同情况,教师可以核查问题、重述原题、变换表述、催促回答、提示探询等。

环节6:评价。学生回答问题后,教师根据回答情况,进行评论、追问、更正、重复、重述、查核、延伸、扩展等反馈。

学生对教师提问的反应大致有六种。可以从以下六个方面观察教师在学生作答后的应对及评价:

(1)提问后,学生没有任何表示,看教师如何处理沉默。

(2)提问后,学生说“不会答”,看教师如何重复或重述问题。

(3)提问后,学生说不明白问题,看教师如何解释问题。

(4)提问后,学生支吾以对,看教师如何启发诱导。

(5)提问后,学生的回答一部分正确,一部分似是而非,看教师如何提示和探讨。

(6)提问后,学生迅速作出反应,要求回答问题,答案完全正确,看教师如何评价和鼓励。

请设计一个7人课堂模拟练习,1人充当老师,另6人扮演学生,以“燃烧的条件”为内容,设计并模拟课堂提问。其他同学以表5-2为依据,对提问模拟打分。

表5-2 提问技能评价量表

项目	评价内容	权重	分值		
			好(95)	中(75)	差(55)
1	提问目的明确,紧密结合了教学的重点和难点内容	0.12			
2	不同问题的设计具有层次性	0.12			
3	具有启发性,能指引各类学生学习	0.10			
4	提问时机恰当,促进了学生创新思维的发展	0.10			
5	问题表述清晰,语言简明易懂	0.08			
6	先提问,后点名,问题后有停顿,给学生思考时间	0.08			
7	学生回答问题过程中有介入,能帮助学生思考	0.12			
8	提问面广泛,照顾到各类学生	0.08			
9	对答案能分析、评价和引导,强化学习	0.12			
10	能鼓励学生参与教学,回答问题	0.08			
总分		1			

对整段教学内容的评价:

5.4.5 教学调控应注意的几个问题

1. 积极主动

教师的课堂教学调控应该是积极主动的，只有掌握了调控的主动权，才会达到教学的最佳效果。因此，在教学实施之前，教师应事先预计教学中可能发生的问题，做好充分的应对准备。教学中，教师应针对教学的反馈信息，积极主动地对教学加以调控，把握教学的方向和主动权。

2. 及时准确

教学中教师及时获取教学反馈信息，准确调整教学活动，对完成教学任务、达成教学目标十分重要。从某种意义上说，课堂教学是否获得最佳成效，很大程度上取决于能否对教学进行及时的、科学的、准确的调控。

3. 方法得当

教学调控中使用恰当的方法能起到事半功倍的效果。因此，教师应选择适合即时的教学环境，根据学生特点，选择突出自身风格的调控方法，有效地调控课堂教学，使其向着预定的教学目标行进。

思考与实践

1. 任选一个课题片断（初高中教材均可），进行教学语言设计，并在小组内讨论交流，然后进行角色扮演。
2. 任选一个课题片断，进行教学情境设计，并在小组内讨论交流，然后进行师生角色扮演。
3. 任选一个课题，进行板书设计，并在小组内讨论交流，修改后展示。
4. 组成模拟课堂，进行课堂教学调控练习。

第6章 化学教学实践

教师的课堂教学工作由三部分组成:教学设计(课前)、教学设计的实施(上课)、教学设计实施的评价(课后)。通常所说的化学课堂教学(或上课)是中学化学教学中最基本、最主要的组织形式,是实施素质教育和学生获得知识及提高能力的主要渠道。尽管化学课堂教学设计为化学课堂教学提出了理想化的教学方案和优化的教学程序,但这些只是达到教学目标、取得预想的教学效果的前提和条件。要想取得好的教学效果,必须认真做好课堂教学设计的实施与评价。

本章将通过对化学课堂教学的类型和结构、不同类型知识的课堂教学、课堂教学评价的学习,了解化学课堂的基本类型和结构,重点掌握化学基本理论与概念、元素化合物知识教学的特点与教学策略,以及课堂教学与评价的基本程序和方法。

6.1 化学课堂教学的类型和结构

6.1.1 化学课堂教学的主要类型

课堂教学的类型简称课型。在化学课堂教学中,一般根据课的性质、内容特点及主要任务进行分类。根据课堂教学的目的不同可分为:新授课(理论知识课、元素化合物知识课)、实验课、练习课、复习课、测验课、活动课等;根据学习任务的不同可分为:绪言课、学习新知识课、复习课、练习课、实验课、测验(考试)课等。下面从每种课的内容特点出发,简单说明每种课相应的教学方法。化学基本理论与概念以及元素化合物知识的教学将在本章6.2节与6.3节详细介绍。

1. 绪言课

绪言课是在化学课的开始或以后的某个专题开始时,为激发学习兴趣,提出学习目的、要求,介绍中心内容和学习方法等的课。绪言课一般采用讲授(讲解)法、演示(展示)法等,运用典型或有关的演示实验,通过教师富有情感的讲授,激发学生学习化学的兴趣,使他们明确学习目的、了解学习的内容和方法、产生学习动力。

2. 理论知识课

理论知识课包括基本概念和基础理论知识。它是研究物质属性的本质和变化规律的课。这种课具有严密的逻辑性和严格的科学性,而且比较抽象、概括,如离子反应、物质的量、化学平衡等内容。理论课一般采用讲授法、演示(实验)法与讨论法相结合。

3. 元素化合物知识课

元素化合物知识常称为描述性化学知识,是中学化学教学内容的重要组成部分。由于这部分知识主要是研究物质的组成、结构、性质、制法、用途等,所以授课时尽量运用实验和实物,让学生通过宏观现象来揭示物质的微观结构，推测其性质和制法，然后由性质联系到其存在形式和用途。元素化合物知识教学要采用多样化的教学方法，主要的教学方法是实验法、指导阅读法和讨论法。

4. 练习课

练习课是在一个课题或一个单元后组织的一类课，是训练学生技能的一种课。练习课以学生练习为主，穿插教师的讲述、点拨、启发。练习的方式有书面、口头、讨论、实验操作等。练习的内容应是典型性强、难度适中的习题。通过练习或讲评，学生可以培养自己的审题解题能力，训练解题的技能技巧。

5. 复习课

复习课是总结、系统、巩固知识的课。通过复习，学生可以加深对所学知识的认识和理解，及时发现和纠正记忆和理解上的错误，弥补学习中的缺陷。复习还可以使零散的知识系统化，使学生熟练实验技能，提高能力。但复习不是把讲过的内容简单地重复，而是包括巩固加深、提高两种含义。复习课应以学生为主体，通过教师的引导，把所学过的知识串联起来，使其系统化、网络化，再结合重点问题，设计一定量有针对性、综合性的练习，使知识得以巩固和迁移应用。复习课一般采用讨论法、练习法和讲解法结合。

6. 实验课

实验课即学生亲自动手来完成实验的课。它是培养学生实验技能、观察能力、思维能力，训练学生科学方法，使学生养成科学习惯和科学态度的重要教学形式。它包括两种形式：随堂实验和学生分组实验。随堂实验也称并进实验（边讲边实验），是新知识学习、学生实验、教师讲解、师生共同讨论相结合的课堂教学方式。学生实验重在组织和指导。

7. 测验（考试）课

测验（考试）课是检查某一段时间内学生掌握知识的情况和教师教学效果的一种课型。测验（考试）前要结合课程标准的要求、学生的实际和相关的教学内容，有针对性地拟好试题，确定好测试的时间、评分标准、测试方式等。测试后应进行试卷分析、讲评，针对存在的问题及时采取补救措施。

6.1.2 化学课堂教学结构

化学课堂教学结构是指一堂课的组成部分及其顺序。按课堂教学的时间序列，一般把化学课堂教学分为课的开始、课的中心和课的结尾三部分。

1. 课的开始

组织教学和检查复习（新授课）、明确实验目的和提示实验过程中注意事项（实验课）、明确练习目的要求和复习有关知识（练习课）、明确复习的要求和重点（复习课）等教学环节都属于课堂教学的开始部分。课的开始一般要做好以下三项工作：

(1) 要稳定课堂教学秩序，使学生做好上课学习的思想准备，准备好学习用具，将注意力集中到教学活动中来。上课的开始，教师首先要稳定学生的情绪，使其尽快进入“角色”。教师走进教室时，态度要从容大方，面带笑容，以亲切的目光环视全体同学，待所有学生都安定下来后，方可进行讲课。

(2) 要采用适当的方式把教学目标和学习要求交代给学生，学生在听课时就会有目的、有计划地学习知识，从而达到良好的教学效果。

(3) 要精心设计课堂导入，引起学生学习的兴趣，并由课的开始向课的中心部分过渡。“良好的开端是成功的一半”，一个好的导入能集中学生的注意力，激发学生的兴趣，调动学生的学习积极性，并激活与新知识有关的已有知识，为学习新知识做好必要的知识准备。通过灵活多变的方式设置问题是课堂导入的有效途径，可选取与本课时内容联系密切的有关社会、生活、科技方面的材料或学生已学知识，利用多媒体或实验等手段展示给学生。导入新课，要力争做到短(快)、新、精等。

2. 课的中心

课的中心是一节课的核心，每节课教学目标的完成、教学质量的高低，其关键就在这部分。讲授新课(新授课中)、学生进行实验操作(实验课中)、学生进行练习(练习课中)、复习(复习课中)等教学环节都属于课堂教学的展开阶段，是课的中心部分。由于教学内容、教师素质、学生的水平及教学时空条件的变化或不同，课的中心部分的组织安排是千差万别的。但基本的一条是相同的，即充分调动学生学习的积极性和主动性，遵循学生获得知识的过程规律，让学生动脑、动手去感知和获得化学知识，进而开发他们的智力，培养他们的各种能力。在课的中心，教师要做好以下几个方面的工作：

(1) 营造轻松的学习氛围。课堂教学的对象是活生生的学生，课堂教学的氛围对学生的学习效果有着直接的影响。心理学研究表明，学生在愉悦、活泼的气氛中，其智能操作活动的效率明显比在压抑、焦虑气氛中高。所以，教师在上课的过程中，为了调动和保持学生学习的积极性，培养学生的参与意识及思维能力，要努力营造一种宽松、愉悦、平等的学习氛围，使学生多一些安全感，少一些危机感，让课堂教学焕发出生命的活力。

(2) 遵循学生的认识规律，精心组织教学。教学过程中，教师应遵循学生的认识规律，精心组织教学。教师首先要精心设计问题、实验等情境，用生动的语言、鲜明的实验现象等激活学生的求知欲和原有的知识经验，让学生运用各种感官去感知、获取相关的信息，再通过分析、综合、抽象等加工处理，使新知识与已有的知识取得联系，改组或扩大原有的认知结构，从而达到对知识的理解。然后要设计练习、讨论等实践活动，让学生把所学到的新知识运用到具体的实践中，在分析、解决问题的过程中巩固知识、发展能力。

(3) 让学生参与知识的获得过程。在教学过程中，教师应精心设计阅读、讨论、实验、练习等多种实践活动，让学生主动参与到活动中，通过动手、动眼、动脑来获得知识和亲身体验，充分调动学生学习的积极性和主动性。例如，对中学生阅读与讨论的指导，如果让学生自己泛泛地阅读，通常会出现抓不住重点，收效甚微的结果。所以阅读前，教师要悉心指导，提出要思考的问题，让学生带着问题去阅读。课堂讨论要诱导学生从不同侧面、不同角度提出问题，鼓励学生充分表达交流个人看法，以提高分析问题和解决问题的能力。学生边阅读边思考再讨论，可起到“事半功倍”的教学效果。

3. 课的结尾

总结巩固、布置作业等教学环节都属于课堂教学过程的结尾部分，课的结尾设计与课的开始策划对课堂教学效果具有同等的重要地位。

“总结巩固”主要是在新课结束后，教师帮助学生对新学知识进行系统概括，使学生对整堂课的知识、技能有一个完整、清晰的印象，让新知识有效纳入到原有知识体系与认知结构中，并使知识系统化、网络化。常用的方式有以下几点：

(1) 概括性小结。教师用精练的语言、公式、图表或符号，对教学内容作简明扼要的归纳小结。也可由教师提示学生归纳的方法，师生共同回顾过程与方法，对本节知识进行总结归纳，形成知识网络，这样可提高学生的思维能力和口头表达能力，又能使学生对一节课所学的知识有完整的认识、正确的理解。

(2) 联系对比。在课的结尾，把与教学内容有内在联系的或相关的旧知识进行对比分析，一方面帮助学生认识新知识与原有的相关知识的联系与区别，掌握它们的共性和特性，抓住事物的本质，在对比过程中强化新知识的理解和记忆，防止学习中的负迁移；另一方面也能帮助学生及时把新知识纳入已有的知识体系中，使新旧知识融为一体，连成线，结成网，形成块，达到系统化、结构化。

(3) 讨论与质疑。教师围绕教学内容的重点、难点和关键点，设计富有启发性的问题，组织学生讨论，激发学生思维，加深学生对新知识的理解，并留出一定时间让学生提问质疑。

(4) 综合练习。教师围绕新授课内容，精心设计一些形成性的练习题，在课的结尾让学生练习，然后边讨论边小结。这样做，一方面可使学生学习的新知识得到巩固、深化和矫正；另一方面，可使学生掌握新旧知识的联系，把知识网络化。另外，教师也可设计一些综合性较强的练习题，通过变式训练、拓展训练，进一步提高学生的知识迁移能力及使学生的思维更加深刻严密。

“布置作业”是给学生布置课外学习任务，可以是化学习题、课外小实验、阅读教材等。布置作业时，要提出明确要求，有时还需提示或示范。

在实际教学中，课堂教学的三个部分都应体现，同时还应使它们有机地联系为一个整体。由一部分过渡到另一部分时，应注意用简短、逻辑的语言使之自然衔接。

6.1.3 化学课堂教学设计的实施

化学课堂教学设计实施的基本要求有以下几点。

1. 立足教学目标，突出重点、突破难点

教学目标是课堂教学的灵魂，教师要紧紧围绕教学目标组织实施教学。首先，要深入钻研、理解教学内容，对教学目标的全面性做到心中有数；其次，在课堂教学过程中，要善于引导学生从知识与技能的学习中，受到过程与方法、情感态度与价值观方面的培养和教育，做到三维目标的有机融合。抓重点、破难点是课堂有效教学的关键，重难点处理不好，会使学生思维受阻，注意力分散，造成学习障碍，从而对化学失去兴趣。教师应采用灵活的教学方法，处理好重难点。例如，有些学生从未接触过、难度较大、学生理解起来有一定困难的知识，在教学过程中应采取由浅入深、分散难点、化复杂为简单的方法，以帮助学生理解和掌握。

2. 运用多种手段创设良好的学习情境

在课堂教学过程中，教师通过生动的语言、化学实验、实物、模型、标本、图片或多媒体信息技术来创设学习情境。从创设的学习情境中，引发核心的驱动性问题，在分析解决实际问题的

过程中，获得知识、方法与态度，从而促进学生科学素养的全面发展。例如，化学知识与我们的实际生活紧密相关。教师应认真钻研教材，提炼教学内容的“生活化”元素，根据学生的生活经验，创设学习情境。

案例 6-1

溶质的质量分数

张老师一走进教室，同学们就被她手中的一袋小麦种子闹迷糊了。上课铃响了，同学们比以往更快地安静下来，等待老师揭开他们心中的谜团。只见张老师不紧不慢地打开手中的塑料袋，“咦，怎么那么多干瘪的种子”正在大家迷惑不解的时候，张老师开口了：“谁能快速地帮我把这袋子里的瘪种子挑出来”，大家议论纷纷，不知如何下手。看着大家期盼的目光，张老师说道：“我可以快速地把瘪种子挑出来，但我希望实验完后，大家能帮我解释为什么。”

张老师拿出了两杯液体，一杯标的是“蒸馏水”，另一杯标的是“食盐水”。张老师一手抓了一把种子，分别放进两只烧杯中。奇怪的现象发生了，只见标着“蒸馏水”的烧杯中，种子全部沉下去了，而标着“食盐水”的烧杯中，只有饱满的种子沉了下去，瘪种子全都浮了上来。“这是怎么回事”同学们陷入了思考之中……

【教学过程】

(1) 溶质的质量分数。

(2) 配制 16%的 NaCl 选种液的有关计算和配制方法。

3. 充分发挥学生的主体作用

课堂教学要以学生为主体，教师要成为学生学习活动的组织者、引导者和参与者。具体要求体现在以下几个方面：

(1) 课的开始，教师要根据学生的生活经验和知识背景，提出要学习的课题，让学生知道要学什么，进而理解要学知识的意义和价值。

(2) 在教学过程中，教师要尽可能让学生参与学习活动，让学生由传统教学中的被动接受变为主动参与。

(3) 要给学生提供交流、表达的机会。

(4) 让学生逐步学会反思和自我评价。在传统教学中，学生学得如何，一般都是由教师或者他人作出评价，学生很少对自己的学习进行反思。让学生学会反思和自我评价，不仅能很好地促进学生的成长和发展，也是发挥学生主体作用的一个主要方面。

4. 重视 STS 教育，发展学生的探究能力

STS 作为一种课程理念，重视从实际问题出发组织学习，强调学生的积极参与，使学生从科学、技术和社会相互联系的视角去认识化学问题，去思考社会问题。当学生看到所学知识在许多方面的应用时，就会涌现出一股强烈的求知欲望，在学习中表现出自觉性和主动性。

5. 充分发挥教师的教学机智

教学过程是一个动态的活动过程，尽管教师课前对课堂教学进行了周密设计，但一些意想不到的事情总会发生。在课堂教学中，教师对偶发事件迅速而又巧妙地处理称为教学机智。

教师在教学中要善于根据课堂教学的需要，灵活地驾驭课堂教学进程，恰当地处理教学进程中的偶发事件，针对施教情况创造性地进行教学，这也是教师聪明才智、教学经验、应变能力、课堂教学艺术的集中体现。

在课堂教学过程中，教师的教和学生的学随时都处于发展变化中，教师应密切注意各种反馈信息，一旦发现学生的认知结构与教材的知识能力结构不协调，就应及时调整自己设计的教学结构，以协调三种结构的关系。教材中的难点和疑点，往往是产生这种不协调的根源。教师在教学中要及时针对实际学情，或化抽象为具体、或化复杂为简单、或化生疏为熟悉，灵活设计合适的知识梯度，运用恰当的教学方法，突破难点，化解疑点。总之，比较理想的课堂教学，应该体现为通过教师的教学设计和实施优化课堂教学结构，最有效地协调教材的知识能力结构与学生认知结构的关系，有效地促进教材的知识能力结构转化为学生的认知结构。

6.2 化学基本理论与概念的教学

化学基本概念与基本理论属于化学理论性知识，是化学学习中最基本的内容与最基础的知识，是化学的灵魂。理论性知识具有高度的抽象性、严密的逻辑性、明显的概括性，这给化学教学带来了一定的难度，导致教师难教、学生难学。针对化学理论性知识的特点，在进行这部分知识教学时，一般要运用实验、实物等直观教学手段，联系日常生活实际进行教学。

6.2.1 化学基本概念教学

概念是将已经掌握的事实材料，经过分析、比较、抽象、概括同类事物得出的共同的关键特征(在哲学上称本质属性)或关键属性。化学概念是人们对物质及其变化本质属性的反映。化学基本概念是化学科学中较为基础且具有广泛应用的化学概念。化学基本概念是化学概念体系的基础，也是中学化学教学中最关键的内容。对于概念的理解，不仅是学生学好基础理论、事实性知识、化学计算的前提和基础，还是学生发展智力的主要载体。概念是思维最基本的形式，通过思维而形成或掌握概念是认识事物的重要环节。因此，了解化学概念的分类、特点、学习形式及教学方法十分重要。

1. 化学概念的分类

化学基本概念可以分为基础知识和基本技能两方面。基础知识方面的概念大致可分为组成、结构、性质、变化、化学量、化学用语等几类；基本技能方面的概念主要包括化学实验技术和化学计算等。

(1) 有关物质组成的概念，如混合物、纯净物、单质、化合物、溶液、饱和溶液、溶解度等。这类概念可借助于直观和学生的直觉想象来形成，教学中要尽量突出学生对宏观现象的认识和理解。

(2) 有关物质结构的概念，如分子、离子、原子结构、晶体结构、化学键、同分异构现象等。这类概念是在物质及其组成基础上，进一步抽象而形成的从微观结构揭示物质的结构的概念。教学中要注重从宏观现象到微观结构的抽象过程。

(3) 有关物质性质的概念，如元素及化合物的各种物理性质、化学性质、化合价、pH 等。这类概念多数依靠直观和直觉来形成。在教学中，要突出对宏观现象的认识，联系组成与结构，使学生深刻认识组成和结构是决定性质的根本原因。

(4) 有关物质变化的概念，如物理变化、化学变化、溶解与结晶、化合与分解、离子反应、氧化还原反应、加成反应、加聚反应等。这类概念是与性质密切相关的，学生可以从有关物质的结构上得到深入理解。在教学中，要在观察实验的基础上，与物质性质的宏观现象相联系，通过思维抽象出变化的实质。

(5) 有关化学量的概念，如相对原子质量、相对分子质量、摩尔质量、气体摩尔体积、物质的量浓度等。这些概念是用以表征物质特殊性质的，教师可运用形象化的比喻，通过具体的运算让学生理解其"量"的含义。

(6) 有关化学用语的概念，如元素符号、分子式、化学方程式和化学图式等。化学用语是国际上统一规定的，用来表示物质的组成、结构和变化规律的符号，是进行化学教学和科学研究所必需的一种重要手段，是化学工作者论述和交流学术成果不可缺少的一种重要工具。化学用语在教学上具有内容繁杂、涉及面广、记忆困难的特点。教学中，要紧密结合有关组成、结构等概念，让学生理解概念的含义，同时反复练习运用，达到准确、熟练、无误。

(7) 有关化学实验技术方面的概念，如蒸发、萃取、结晶、过滤等。这类概念包括使用仪器和试剂、基本操作、实验数据处理等。教学中，要让学生在理解有关概念的基础上，有目的、有计划地进行培养训练，逐步掌握并获得熟练的操作技能。

(8) 有关化学计算方面的概念。化学计算方面的概念是综合运用化学知识和数学运算而形成的概念。主要包括根据化学式的计算、根据化学方程式的计算、有关溶解度和溶液浓度的计算、有关化学反应速率和化学平衡的计算、电离度和溶液 pH 的计算等。对这类概念，在教学中要使学生注重有关化学知识的理解和运用，加强从分析解题思路和方法上进行培养训练。

知识链接

概念的两个方面

概念的内涵，即概念所反映的事物的本质属性，是概念的质的方面，即通常所说的概念的含义，它说明概念所反映的事物是什么样的。概念的外延，即概念的适用范围，即某一概念所包括的一切对象，是概念的量的方面，它说明概念所反映的是哪些事物。概念的内涵和外延有一定的关系。例如，"强电解质"概念的内涵(定义)是：在水溶液或熔融状态下完全电离的化合物；其外延是：在上述两种条件之一下，能完全电离的一切强酸、强碱、离子型盐类。

2. 中学化学概念的特点

1) 较强的抽象性

从化学基本概念的分类来看，中学化学基本概念有相当一部分内容属于微观范畴，如分子、原子、离子、质子、中子、电子、化合价等。这些概念是在对物质组成认识的基础上进一步抽象、推理而形成的更深层次的概念。它需要学生从感性认识实现到理性认识的飞跃，因此化学概念具有较强的抽象性和高度的概括性。

2) 严密的科学性

概念是思维活动的高级形式，是客观事物的本质属性在人脑里的反映。任何一个概念都具有严密的科学性。中学化学在对概念内容的描述中，除重视文字的准确性和语言结构的合理性外，更加重视概念的内涵和外延，其中每一个字、词、每一句话、每一注释都是经过认真推敲的并有其特定的意义，以保证概念的完整性和科学性。

3）形成的阶段性

化学基本概念是由浅入深，由简单到复杂逐步深入和完善的。在教材编排上，注意了学生的接受能力和合理负担以及概念的深度和广度，将概念穿插编排在不同的章节中，逐步深入。在教学要求上，由低到高将概念分为“知道”、“认识”、“理解、应用”三个目标层次。可见，中学化学基本概念具有很强的阶段性。

3. 化学概念学习的三种主要形式

奥苏伯尔按知识获得的内在过程把学习分为三类：下位学习、上位学习和并列结合学习。学生学习的新概念与原有概念之间同样存在着下位学习、上位学习、并列结合学习三种关系。

1）上位学习（总括学习）

当认知结构中已经形成了几个概念，新概念在综合和概括水平上高于学习者原有认知结构中已有的概念，新概念可以把一系列原有概念包括于其下时，新学习的内容便与学生认知结构中已有概念产生了一种上位关系。不少概念的形成就是以这种方式进行的。上位学习（概念的形成）是通过比较、概括等方法，发现概念的关键属性，排除非本质属性的过程。上位概念的形成可用图 6-1 来概括。

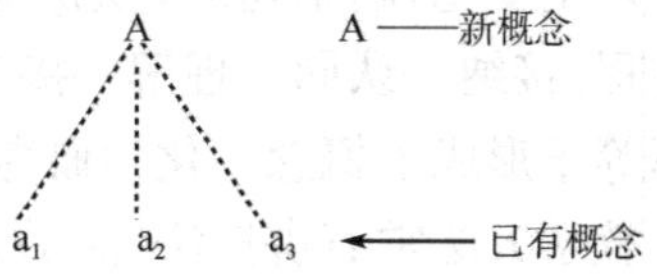

图 6-1 上位学习

例如，学习“分散系”的概念时，尽管该概念比较抽象，但学生头脑中已有了“溶液”、“悬浊液”、“乳浊液”的概念，并且也已接触到许多各概念的实例，对这些下位概念进行归纳总结“它们都是一种物质（或几种物质）分散到另外一种物质里形成的混合物”，便可概括出“分散系”的定义。再如，同系物概念的教学，可让学生写出甲烷、乙烷、丙烷、丁烷、戊烷的结构简式后，观察、分析、比较它们在组成结构上的差异，在教师的引导下，概括出同系物的概念（结构相似，在分子组成上相差一个或若干个 CH_2 原子团的物质互称为同系物），这种概念的学习方式就是上位学习。

2）下位学习（类属学习）

新学习的概念从属于学生认知结构中已有的、包摄性较广的概念，即新学习的概念是从已有概念中直接派生出来的，这种概念的学习称为下位学习。在概念教学过程中，如果学生已具备上位概念，新学习的概念是上位概念的特例，即新概念只是原有上位概念的衍生物，则可从上位概念出发，分析已有的下位概念，演绎推理出新的下位概念。下位概念的学习可用图 6-2 来表示。

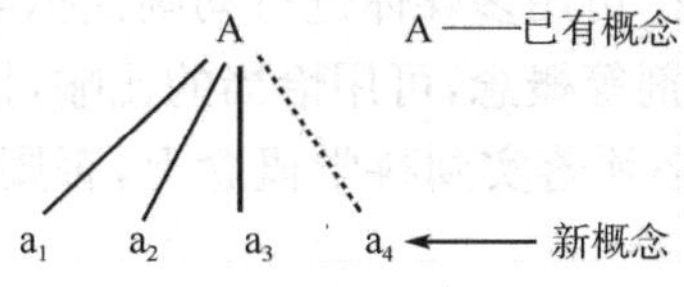

图 6-2 下位学习

例如，对于“物质的量”概念的学习，可让学生回忆以前所学过的物理量（上位概念）：质量、长度、时间等（已知的下位概念），再告诉学生“物质的量也是一个物理量”，然后从物理量所表示的物理意义、物理量的符号、单位、单位符号来研究、认识“物质的量”。

其他如弱电解质（已有概念电解质、强电解质）、乙酸（已有概念酸、一些无机酸）、物质氧化还原性（从得失电子分析）等概念的学习，也可以用下位学习来进行。

3）并列结合学习

当新概念与认知结构中原有概念不构成上下位关系，新概念与原有概念处于同一层次时，它们在有意义学习中可能产生联合意义，这种学习称为并列结合学习。并列结合学习可用图 6-3 来表示。

A ⟶ B—C—D

新概念　原有概念

图 6-3　并列结合学习

化学中此种关系较多，如离子键与共价键、离子晶体与分子晶体、原子晶体，还有化学平衡与溶解平衡、原电池与电解池、化合反应与分解反应、加聚反应与缩聚反应等。这些概念从形式上看似乎没有什么联系，但它们之间仍然具有某些共同的关键特征。例如，原电池与电解池分别是有关化学能与电能相互转化的不同装置；化合反应与分解反应，从反应物质总数看，正好相反；加聚反应与缩聚反应同属聚合反应等。

4. 化学基本概念的教学策略

概念的形成需要一个过程，它的内涵总是从模糊走向清晰，外延也在变化、扩大，定义也随之发生变化，越来越准确地反映它所代表的事物的本质特征。学生对概念的接受也需要一个过程：接纳—认同—理解—接受（内化）—发展、加深、扩大。概念可以用定义表述，但记住定义不等于形成了概念。化学概念具有高度的抽象性、逻辑性和概括性。化学概念教学采用的基本教学方法常有讲授法、演示法（实验法）、讨论法等，一般有以下教学策略。

1）运用直观手段，帮助概念的形成

概念的形成是指学习者运用已有的知识，从大量同类事物的具体例证中以辨别、抽象、概括等形式发现同类事物的共同本质特征，从而获得概念的过程。中学生的思维能力的发展处于从形象思维到抽象思维的过渡时期，形象思维多于抽象思维，对抽象概念的学习一般离不开感性材料的支持。教学中，必须根据化学基本概念形成的需要，运用实物直观、模型图像直观和语言直观帮助学生建立和形成概念。物质的性质、物质的变化等概念，可以通过演示实验或学生实验给学生以生动形象的感性认识，使学生从这些现象中，归纳出共同的本质特征，形成概念。例如，通过展示、观察和闻气体的方法，形成对氯气是黄绿色、有刺激性气味气体的概念；物质的组成、结构等概念，可以通过模型、磁性黑板、图表、多媒体课件、教学电影等手段使学生形成表象；金刚石、甲烷等物质的结构、键角等概念，可通过直观模型的展示，帮助学生理解并形成概念；原子结构、离子化合物、氧化还原反应等本质概念，可用多媒体进行动画模拟电子，变抽象为形象，方便学生理解有关概念；核外电子排布、催化剂等概念，可用恰当的比喻，把抽象的概念形象化、具体化。值得注意的是，比喻只是“桥梁”，必须落实到科学概念上，否则，不但达不到目的，甚至还会给学生造成某些错觉。

2）要重视概念建立过程的教学

在概念教学中，教师要重视概念建立过程的教学，在提供感性材料的基础上，应提出相关问题启发学生思考，调动学生的思维积极性。引导学生通过分析、综合、抽象、概括等思维活动，进行“去粗取精、去伪存真、由此及彼、由表及里”的思维加工，抽象化学事实与化学现象的本质属性，帮助学生形成正确的概念。过程教学符合学生的认识规律，使教学顺序与学生认知脉络一致，而且建立概念的过程，本身就是科学方法的训练和思维能力培养的过程。在这个过程中，学生不仅能学习如何从事实中分析如何进行推理、抽象、归纳，还能从中体会科学研究的过程与方法，培养科学品质。

例如，初中学习“分子”的概念时，教师这样设计教学过程：

[教师]为什么加油站要严禁烟火？（提供生活中的经验事实）

[学生]因为汽油易燃烧。

[教师]不接触汽油，为什么加油站附近也要严禁烟火？（启发引导，抽出本质属性）

[学生]加油站附近有大量汽油微粒（凭嗅觉感知汽油的存在），这些汽油微粒也能燃烧。（从现实中的标语引起联想、推测）

[教师]这些微粒有什么特点？（引导归纳本质属性）

[学生]保持着原物质的化学性质。

[教师]分子是保持物质化学性质的最小微粒。

[教师]接着解释“保持物质化学性质”及“最小”的含义，指出“嗅觉感”与“汽油存在”不是分子的关键特征。然后教师再通过演示有关实验，进一步揭示分子概念的本质。

再如，“盐类水解”的教学中，当做完演示实验，怎样从“乙酸钠溶液和氯化铵溶液使 pH 试纸变色”这个实验事实得出水解的概念？若直接将结论端出，让学生被动地接受，这种学习方式虽然“省事”，却扼杀了学生思考探索、参与知识形成过程的机会，是我们不提倡的。怎样去启发学生从现象到本质去思考呢？

盐类水解的本质是“水电离平衡的移动”。据此，教师设计了这样的问题：“纯水中，由于 H_2O 电离出的 $[H^+]$ 与 $[OH^-]$ 相等，因此纯水是中性的。乙酸钠晶体中并不含 OH^-，若它和水之间没有反应，乙酸钠的溶液也应该是中性的。但是 pH 试纸变蓝，说明它的溶液中 $[OH^-]>[H^+]$。显然，水的电离平衡发生了移动。那么，乙酸钠中的什么离子通过什么途径打破了水的电离平衡，从而使溶液中 $[OH^-]>[H^+]$ 呢？”

3) 深刻辨析概念，揭示概念的内涵和外延

化学概念具有严密的科学性，只有深刻辨析概念，才能准确把握概念的内涵和外延，掌握概念的实质。一般可以通过以下三个途径进行辨析：

(1) 抓关键词，讲授概念要严密。

概念中的关键词对理解概念起决定性作用。教学中，除全面介绍概念的内涵和外延外，还要特别注意引导学生准确掌握概念表述中的关键性用词。例如，“分子是保持物质化学性质的最小粒子”的概念中，“化学性质”是关键词，物质的物理性质是大量分子聚集体所表现出来的，分子不能保持物质的物理性质。又如，讲解“溶解度”概念时，“一定温度下”、“100g 溶剂中”、“溶液达到饱和状态”、“溶解溶质的克数”是关键词。这样的概念中，找出关键词既利于对概念的理解掌握，又便于知识的灵活运用。对一些含义比较深刻，内容又比较复杂的概念进行剖析、讲解，可以帮助学生加深对概念的理解和掌握。

(2) 逐字推敲，理解概念的含义。

化学概念都是高度概括、抽象的，概念中的每一个字（词）都可能表示不同的含义，要全面理解概念的含义，就必须让学生理解概念中的每个字、词的含义，这样可将高度概括化的概念充分展开，挖掘出内涵的各种因素。例如，催化剂中的“改变”二字，就隐含着“加快和减慢”两层意思；若不对字、词进行仔细的斟酌，学生就很可能看不到这样的隐性因素。

(3) 分析成分，找出概念的内涵和外延。

在化学教学中，要使学生形成一个正确概念，必须全面阐述概念的内涵和外延，既不过宽、也不过窄。学生只有正确理解概念的内涵和外延，才能正确应用概念去解决问题。例如，电解质的概念为：在水溶液或熔化状态能导电的化合物。让学生分析，可知其适用对象为“化合物”，条件是“在水溶液里”或“熔化”状态下，其实质是能导电。再仔细分析，得出导电的原因——有自由移动的离子。推导出离子浓度有大、有小，知道化合物电离有完全，也有不完全，从而理解概念的内涵（定义），并找出其外延——（包括）强电解质和弱电解质。

4）设置变式练习，加深对概念的理解

有些概念抽象，学生较难掌握，即使是通过实验后已有具体认识，但还未巩固成型，不能熟练使用。此时可以针对概念的关键词、概念的内涵、外延（使用对象、条件、范围等）设计变式练习，让学生通过判断，从而正确理解概念。例如，学生学习过化学变化、物理变化的概念后，可向学生提供大量的现象，使他们分析属于何种变化。学过从电子得失角度分析氧化还原反应后，给出各种类型的化学方程式，让学生分析判断是否属于氧化还原反应。再如，学习了电解质、非电解质概念后，可用下列练习进行强化训练。

下列物质中：①食盐；②盐酸；③熔化的食盐；④无水乙醇；⑤乙醇溶液；⑥铜；⑦硫酸。能导电的有（　）；属于电解质的有（　）；属于非电解质的有（　）；既导电又是电解质的有（　）。

5）对比归纳，逐步深化

在化学概念中，有些概念之间既有本质不同的一面，又有内在联系的一面。在学习过程中可以采用对比的方法，既有助于掌握概念的内涵，又有助于充实概念的外延，弄清概念的异同。然后进行总结、分类，使单个概念纳入到概念的体系里，形成概念网，方便学生记忆和运用。

例如，在学习元素和原子时，初学阶段，学生很难理解，容易混淆，因此在教学中可以运用对比联系的方法把它们之间的异同点列表比较，见表 6-1。

表 6-1　元素与原子的异同比较

	元素	原子
概念	具有相同质子数的同一类原子	化学变化中的最小粒子
区别	宏观：只表示种类，不表示个数	微观：既表示种类又表示个数
适用范围	宏观物质——对物质而言说组成	微观粒子——对分子而言说构成
联系	原子的质子数决定元素种类	

再如，学过三种类型晶体的概念之后，做如表 6-2 的比较，更能明了三种晶体的概念。

表 6-2　不同晶体类型比较

	离子晶体	分子晶体	原子晶体
构成微粒	阴、阳离子	分子	原子
形成方式	静电作用	分子间作用力	共价键
常见物质	大部分盐类、强碱、ⅠA、ⅡA 与ⅥA、ⅦA 形成的化合物等	酸、常温下气态物质固态时的晶体类型等	金刚石、晶体硅、二氧化硅、金刚砂等

通过对比分析，学生就能对有关概念深入理解，正确掌握。在基本概念中，有许多容易混淆的概念，如原子与离子，溶解度与溶质质量分数，酸、碱、盐与氧化物等，都应该采取对比分析的方法进行教学。在教学中要注意新旧联系，以旧引新，提出一些思考性问题，启发学生分析、对比、归纳，得出结论。

6）通过复习，形成概念体系

化学基本概念之间的联系是千丝万缕的，复习化学基本概念的首要任务就是要理顺相关概念的关系，也就是对相关概念按一定的从属关系或衍生关系进行系统整理，使之形成概念体系。复习化学基本概念，建立概念体系的方法是建立树状图，如图 6-4 所示。

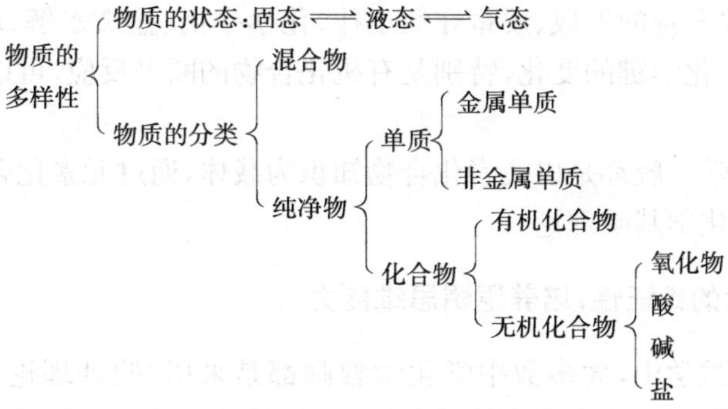

图 6-4 概念体系的树状图

当然，概念体系建立后，还应指导学生将形式上的“网络”转化为自身内在的认知结构，从而真正实现概念的系统化。

总之，在化学基本概念的教学过程中，要依据学生的认知特点和思维能力，使化学基本概念尽可能做到通俗易懂，通过对实验和事实进行分析、比较，抽象、概括形成概念，并引导学生在学习过程中不断地理解和加强记忆，再把基本概念运用到解题和生活实践中。这样就能不断加深对概念的理解，提高运用化学知识的能力，使学生的实验能力、观察能力、思维能力和学习方法都能得到提高。

案例 6-2

原电池教学

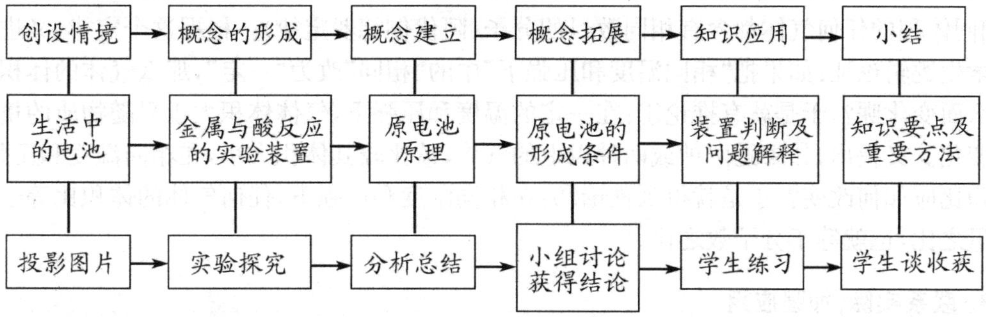

6.2.2 化学基础理论教学

化学理论是构成化学科学的重要内容之一，中学化学基础理论是化学基础知识的重要组成部分，在中学化学教学中具有重要作用。学习化学基础理论，能使学生从本质上认识物质的结构、性质和变化，使学生掌握化学知识的内在联系和变化规律，指导元素化合物知识的学习；培养学生分析问题、解决问题的能力，正确理解和灵活运用化学概念，培养唯物主义的辩证观点。

化学基础理论教学采用的基本教学方法一般有讲授法、演示法（实验法）、讨论法等，其一般的教学策略如下。

1. 充分利用实验、实物、模型等直观教具，使教学直观形象

化学是一门以实验为基础的基础理论课程，一切规律都是以事实为依据，通过大量的科学实验，归纳总结出来。通过实验、实物、模型等直观教具可把抽象的理论知识直观化，增强趣味性和说服力。例如，离子键的形成、质量守恒定律、化学平衡、盐类水解、原电池等都是在实验的基础上概括出来的；化学键的变化，特别是有机化合物的断键反应，可以借助模型，帮助学生对抽象知识的理解。

化学基础理论教学一般都是以元素化合物知识为载体，通过元素化合物的有关实验、实物来揭示或论证相关的化学基础理论。

2. 突出理论教学的论证性，培养逻辑思维能力

在化学基础理论教学中，大多数中学化学教师都是采用"验证理论—知识重现—推广应用"的模式进行教学，但因其具有高度的抽象性和严密的逻辑性，加强理论教学的论证性，有助于提高学生对基础理论认识的信度和深度。相关理论教学的论证性一般有两种方式：

（1）肯定论证与否定论证。肯定论证是从实验现象或已知事实，经过分析综合、抽象概括得出必要的结论。这些现象和事实要有普遍性，具有提供原理、概念的关键信息。实验验证是化学理论教学的重要理论方法。否定论证是一种对否定之否定的论证，是一种辨别信息。例如，"分子虽小，仍有质量"。假设分子没有质量，那么由无数水分子形成的水也就没有质量，而事实上水是有质量的，可见，形成水的水分子也是有质量的。

（2）逻辑论证。运用推理、判断的方法获得原理、定律。例如，由气体摩尔体积推出阿伏伽德罗定律，进而得到"两个推论"。既然 1mol 各种气体在标准状态下都约是 22.4L，推知这些气体分子间的平均距离是相等的。那么，等摩尔的各种气体，只要温度和压强相同，分子间的平均距离也是相等的，也必然具有相同的体积。由此概括出一个定律：在相同的温度和压强下，相同体积的任何气体都含有相同数目的分子（阿伏伽德罗定律）。根据这个定律，又进一步引导学生逻辑论证：如果把"相同温度和压强下"中的"相同"改为"一定"，那么气体的体积大小随什么而变化呢？于是就有推论①：在一定的温度和压强下，气体体积大小只随物质的量的多少而变化。又提出，如果是两种或两种以上的气体，欲比较其体积大小，在相同温度和压强下，其体积比应如何改变？于是就得到推论②：在相同温度和压强下，任何气体的体积比等于其物质的量之比，也就等于分子数之比。

3. 联系实际，加强应用

成功的教学应是用最简单的语言将最复杂的问题讲清楚，用日常生活的道理解释高深的理论。因为化学理论有高度的抽象性、概括性，学生难以理解。但如果与日常生活联系起来，与学生的生活经验结合起来，增强学生对知识的切身感受，在实际中加强应用，则有利于学生记忆和理解。例如，在讲解金属的腐蚀和防腐时，可播放"大海中航行的轮船，船底下吊有一块铁"的录像，提出问题"这块铁有何作用"，引导学生探讨金属防腐的原理。

4. 培养观点，注意方法

化学教学中处处体现唯物辩证法的思想和观点。例如，在"影响化学反应速率的因素"的教学中引入"内因外因规律"，外界条件如浓度、温度、压强、催化剂的变化，可影响化学反应速率，但如果反应过程中没有气体参与（反应或生成），压强不会影响其速率；在"质量守恒"的教学中可引入"物质的变化观"；在"化学平衡"的教学中，引入"物质运动的永恒性规律"；在"元素周期律"教学中，引入"量变与质变规律"等。辩证唯物主义观点的引入不仅可以使教学更加深入，使学生对化学基本理论理解得更透彻，还能帮助学生形成相应的化学科学观念，如"质能守恒观”、“化学变化本质观”等，更能在长期学习中潜移默化地对学生进行辩证唯物主义世界观和方法论的渗透，从而提高学生分析问题和解决问题的实际能力。

5. 循序渐进，把握理论的深广度

中学化学内容的基础理论部分，学生学习起来觉得系统性差，不易掌握。其中一个重要原因是学生没有掌握理论知识的脉络体系，对教材理论知识的深广度没有把握住。因此，在教学中要突出理论的内在联系和逻辑关系，明确各个具体理论和知识的地位、作用，注意前后知识的对比和联系，注意正确处理化学基础理论与其他化学知识的联系。在进行基础理论知识教学时，要讲究教学方法，注意螺旋上升，切忌一步到位，以免加重学生负担。例如，物质结构理论的教学，就先从原子、分子、离子到原子内部认识结构、电子运动状态，再从化学键、离子化合物、共价化合物等循序渐进，进行认识。

案例 6-3

“离子反应”的学习要求

理解酸碱盐在水溶液中的复分解反应是离子互换反应。

能读懂、理解离子方程式所表示的反应。

能判断已学的离子方程式的正确与否。

能分析并用离子方程式表示所学的酸碱盐在水溶液中的复分解反应，常见的离子检验反应，活泼金属与酸溶液、金属与盐溶液、卤素在水溶液中的置换反应的本质。一般不要求从概念、反应一般规律出发书写学生未学的离子反应方程式。

6.3 元素化合物知识的教学

元素化合物知识常称事实性知识（或描述性知识），主要研究讨论物质的性质、存在、制法和用途以及化学与社会、生产和生活实际的联系等内容。元素化合物知识是中学化学教学内容的重要组成部分，也是中学化学理论性知识学习的载体，因而是中学化学知识构成的基础和骨架，它贯穿于整个中学化学教材的始末。元素化合物知识在中学化学教学中具有重要的地位和作用，是学习其他化学知识的基础，是对学生进行情感态度与价值观教育的最好素材，是开发学生智力、培养学生能力的重要途径，也是与人们生活和社会发展联系最紧密的知识。

6.3.1 元素化合物知识的特点

1. 与化学实验紧密相关

化学是以实验为基础的，很多化学知识是通过实验获得的。元素化合物知识是研究具体物质的结构、性质（物理性质和化学性质）、制法、用途等的知识。而物质的性质和制法，特别是化学性质，是要通过化学变化才能体现出来的。也就是说，要让学生通过做实验（或观察实验），获得宏观实验现象，然后进行分析、抽象，从宏观现象抽象出微观本质，获得物质的相关概念。

2. 知识点繁多，规律性强

元素构成物质，物质的种类繁多，而每一种物质又有不同的结构、性质、用途、制法等，因而元素化合物知识点繁多。但元素化合物知识本身的规律性强，遵循元素周期律和周期表。教材中对元素化合物知识的讨论，一般都是先分析其结构，然后介绍其性质（从物理性质到化学性质），再介绍制法、存在、用途，按“结构—性质—用途”的顺序编排，具有很强的学习规律性。

3. 紧密联系实际

元素化合物知识与自然界、社会、工农业生产有着具体、紧密的联系，如氧、氮、碳、硫、铁、铝、水、硫酸、硝酸、氨、乙醇、石油、糖类、蛋白质和油脂，与化肥、化工、环保、新材料、新能源、新科技等的联系。这种联系是科学认识所必需的，也是学习化学基本概念和基本理论等知识的基础，是学生赖以进行科学抽象的依据和出发点。

4. 与理论知识穿插编排

中学化学教科书编排的一个显著特点是元素化合物知识与理论知识穿插安排，螺旋上升，相辅相成。这样编排的结果是既分散了相应知识的难点，使元素化合物知识成为化学理论知识学习的载体，又加强了理论知识与元素化合物知识的联系，使元素化合物知识的学习在一定的理论指导下进行，便于从本质上认识元素化合物知识。

6.3.2 元素化合物知识的教学策略

根据元素化合物知识的特点，一般常用以下的教学策略。

1. 实验法（演示法）、讨论法（或谈话法）、指导阅读法结合

元素化合物性质的教学，尤其是化学性质的教学绝大多数都是先通过实验来获得深刻的感性认识，然后再通过分析、推理，科学抽象出反应的本质，从而达到对事物的理解。教学中可采用以实验探究为核心的多样化教学方式。

有关元素化合物的性质、结构、变化规律等知识，多由宏观实验现象科学抽象而来，而这些概括的、抽象性知识的获得离不开集体的智慧，因而讨论法或谈话法是学习这些知识的常用方法。学生通过讨论，获得印象深刻的、全面的知识，同时也能调动学生的学习积极性，培养学生的口头表达能力和合作精神。

元素化合物的物理性质、存在、用途等属于描述性知识，这部分知识比较简单易学，一般运用指导阅读法，让学生通过阅读自学，运用已有的知识经验来获得新知识。

2. 归纳共性，掌握规律，加强基础理论对元素化合物知识学习的指导作用

人类认识的规律总是由个别和特殊的事物逐步扩大到一般事物。研究元素化合物的性质主要就是研究它们的共性和特性。为了方便学生记忆，首先应抓住典型物质，总结出一般规律，做到触类旁通，以提高分析问题和解决问题的能力。在学习元素化合物知识时，由于元素化合物种类繁多，性质各异，表面上看，彼此孤立，互不联系，但它们都可以按“构—位—性”的学习规律进行学习。因此，教师要善于引导学生找出其内在联系，由个别到一般归纳出共性，掌握学习的方法和规律，并推广到同类知识的学习中。例如，在“卤素”这一节里，对于所要学习的内容，就是在分析氯气性质的基础上展开教学，通过比较氟、氯、溴、碘的性质，引导学生得出卤素的共同性质和各自的特性，并将这样的学习方法迁移到其他族元素的学习中。

在元素化合物知识的教学设计中，要抓住物质的性质这个重点，而存在、制法和用途都是与性质直接相关的，或者说由性质所决定的。以性质为核心，再与用途、存在、制法密切联系，则知识就不会太零碎，也不会太枯燥。一种物质(如钠)很活泼，从结构上看是什么原因？这种活泼的金属，自然界能游离存在吗？这种金属的活泼性具体体现在可以跟什么物质发生什么反应？这些性质有实用价值吗？它为什么要电解才能制得？它为什么要保存在煤油中？这样的学习就将知识串在一起了。事物之间会存在一些内在的联系，元素化合物的教学设计必须揭示这种联系。

高中化学教学中，尤其要引导学生用元素周期律和周期表的知识指导元素化合物知识的学习。高中化学以元素周期表为界，“元素周期表前元素”的学习采用归纳法，从个别到一般，将元素性质的理解向原子结构、元素递变规律的方向归纳；而“元素周期表后元素”的学习，则采用演绎法，从一般到个别，用元素周期表的理论知识指导具体的元素性质学习。在有机化学部分，要关注物质结构和官能团等，每类有机物的官能团都具有其特殊的性质，各类有机物的特性反应主要取决于它的官能团。因此，对于有机物的教学，要使学生认识到有机物性质取决于它的分子结构，而分子结构中的官能团又起着关键性的作用。

3. 选择恰当的素材创设情境，以问题组织教学

大部分元素化合物知识是与社会、生产、生活有着紧密联系的。在教学过程中，教师应将“裸露”的知识进行“包装”，注意引导学生由生活走进化学，由化学走向社会。把化学知识尽量与实际联系起来，将教学内容问题化，通过创设真实的问题情境、设计实验、教给学生学习方法来解决实际教学问题，学生在解决实际的问题中意识到化学知识对社会、生活的重要性，从而增强学习的兴趣，获得相关的化学知识和过程、方法，形成情感态度与价值观，落实三维目标。教学设计如图 6-5 所示。

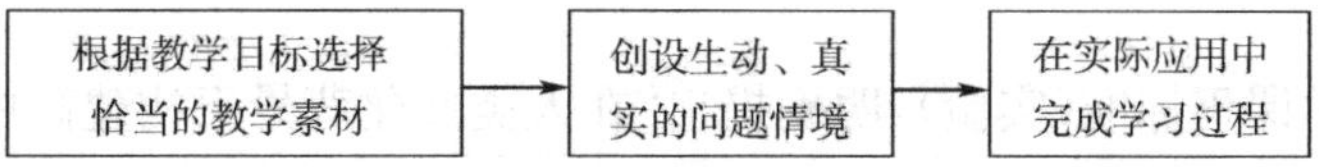

图 6-5　情境教学示意图

例如，在学习氯水的成分和性质时，把家庭生活中养金鱼的题材作为情境素材进行教学。

案例 6-4

自来水中什么物质让小金鱼窒息

小金鱼与自来水的故事(经验回顾)——自来水中什么物质让小金鱼死了——自来水是怎样杀菌消毒的(生活回顾)——自来水中可能存在什么物质——怎样检测存在的物质……然后展示实验室新制备的氯水，进一步观察、分析和探究氯水的成分，获得各成分的相关性质。

主要教学环节：教师创设生动、真实的问题情境，营造氛围；学生自发产生“为什么”、“怎么会”、“其中存在什么化学原理”、“是否有新的问题存在”、“如何解决问题”等问题；在问题的解决过程中理解了物质的性质；初步尝试实验探究，并对实验现象进行分析、对比、归纳总结，产生可靠的结论。

点评：用真实情景来创设教学情境，激发学生寻求情景信息中“化学问题”的解决。引导学生对情景事件作细致的化学问题梳理，并解决与物质性质有关的问题，从而形成一个化学问题解决的教学过程。

4. 重视元素化合物知识间的内在联系,形成知识网络

元素化合物知识内容多,资料琐碎,在进行这方面知识教学时,可引导学生将类同、相似的知识点通过横向的比较分析,辨清异同,找出它们之间的内在联系,以便减少记忆单元,优化记忆内容;也可通过纵向联系将物质的结构、性质、制法、用途等知识串成一个知识链,使零散的知识系统化、条理化、结构化,形成知识网络,从而方便记忆和提取应用。

以上四条策略是元素化合物知识教学常用的策略,但仅简单掌握这些策略是不够的,只有把它们有机地结合在一起,并有所侧重地联系其他方面的知识进行教学,才能真正提高学生的学习效率。

6.4 化学教学中的人文精神渗透

近年来,国内外基础教育改革都把人文教育提到了一个新的高度,在科学教育中融入了更多的人文内涵。在科学教育中渗透人文教育,提高学生的人文素养,既是社会发展的需要,也是学生全面发展的需要。科学教育可以表述为向受教育者传授科学、技术及人文伦理的一项国家事业。化学教育作为其中的一个分支,必定要体现科学教育发展更新的理念,落实科学教育与人文教育相互渗透的发展趋向,纠正忽视人文科学教育的偏向。科学不是强加在个人身上的片面知识和理智工具的总和,而是培养个性的各个方面和满足个性的各种要求的决定因素。化学教育不仅具有使受教育者理解和掌握化学知识与技能的功能,更蕴含着育人和笃行的重要功能。大学前化学教育的任务是培养受教育者科学判断推理的能力,开启受教育者探究科技世界的窗户,倡导并引导他们树立科学人文观念,实现它所蕴含的启智、益智、育人和笃行等方面的价值。

《普通高中化学课程标准(实验)》明确提出"在人类文化背景下构建高中化学课程体系,充分体现化学课程的人文内涵,发挥化学课程对培养学生人文精神的积极作用。"并且明确指出,化学课程要通过化学知识与技能、过程与方法、情感态度与价值观三个方面来实施对未来社会公民科学素养的培养。这一目标本身就蕴含着科学教育要和人文教育结合。

6.4.1 人文精神的内涵

人文精神是一个历史范畴,它的内涵极为丰富,不同的国家地域、不同的历史阶段有不同的诠释。关于人文精神的内涵,我国学术界一直在进行着探讨,不同的学者从不同角度给予了不同的理解和界定。

(1) 人文精神是一种普遍的人类自我关怀,表现为对人的尊严、价值、命运的维护、追求和关切,对人类遗留下来的各种精神文化现象的高度珍视,对一种全面发展的理想人格的肯定和塑造。

(2) 人文精神是一种追求人生意义或价值的理性态度,即关怀个体的自我实现和自由、人与人的平等、社会和谐进步、人与自然的统一。

(3) 人文就是与人有关的事情,具体而言,就是人与自然、人与社会和人与自身的关系。随着人类社会的发展和社会文明的进步,人文精神的内涵是不断发展的。人文精神同样重视科学精神,并且将科学精神的本质归结为人文精神。人文精神为科学精神的发展扫除一切发展的障碍,为科学的发展也指明了发展的方向,使科学技术更好地为人类自身的生存与发展服务。

(4) 也有学者从以下四个方面概括了人文精神的含义:①人文精神的核心是人,它以关注人的存在为基本前提，承认作为个体的人的价值、人的尊严、人的权利、人的自我实现和自我发展以及人的自由等；②人性是人文精神的基本概念，它认可人性的善、人性的优美和人性的丰富多彩，人文精神就是人性——人类对真、善、美永恒追求的展现；③人文精神在强调对个人自身关注的同时，也关注人与人的关系，人与自然的和谐统一；④人文精神本身蕴含着丰富的文化内涵，简言之，可概括为人之为人的文化精神。人文精神的核心是价值观、人生观、世界观，具体体现在处理人与人、人与自然、人与社会、人与自身的矛盾问题中。

6.4.2 化学教学中渗透人文精神的必要性

科学技术是一把双刃剑，既能造福于人类，也可能带来问题甚至灾难。现代科学技术发展带来的一系列问题如环境恶化、资源短缺、生态破坏等严重冲击着人类社会的生活方式、社会伦理及人文尊严，使人们强烈地意识到科学技术的发展必须有人文精神的引导与限制。科学技术越发达，就越需要人文精神的指引，否则，科学技术也可能走向邪路。同时，人们也需要用人文精神来指引和确定未来科学技术和社会发展的方向。著名科学家爱因斯坦说："用专业知识教育人是不够的，通过专业教育，他可以成为一种有用的机器，但是不能成为一个和谐发展的人。"只有把科学教育和人文教育两者有机结合起来，才能培养出健全的人格，培养和造就一大批"和谐发展的人"。

化学是人类在原子、分子水平上研究物质的组成、结构、性质及应用的一门学科。它是人类文化的一个有机组成部分，其中蕴含了丰富的人文内涵，和整个自然科学一样，是"科学理性和人文精神"的统一。首先，从化学发展的历史来看，化学家孜孜以求的探究精神、实事求是与严谨的科学态度、批判精神与创新意识等都展示了化学家的人文精神品质，对塑造学生健全人格具有重要的教育意义。其次，从化学与社会、人类的联系来看，化学在解决人类社会发展过程中所面临的有关问题、提高人类的生活质量和促进人与自然和谐相处等方面发挥着重要的作用；同时化学工业的发展，也给人类社会带来了一定的负面影响，因此化学担负着一定的社会责任。学习化学就需要让学生认识到这一点，以便培养他们的社会责任感。总之在化学教学中，要高度关注学生科学素质与人文精神的和谐发展，要处理好化学知识、能力、态度、价值观的关系，克服以往化学课程过分注重知识传承的倾向，把"知识与技能"，"过程与方法"，"情感态度与价值观"三者结合起来。使学生不仅知道重要的化学概念、原理、方法和结论，而且要发展化学思维能力，领会化学的精神实质和思想方法，通过化学发现史、化学家对社会的责任感等来使学生受到一定的人文精神的熏陶。

6.4.3 中学化学教育中的人文精神培养目标

人文精神教育的目标应该是培养具有人文精神的人。这个人应该有健康完善的人格，无论对自己、对社会还是对整个自然和人类都能真切关注和深入思考，并在实践中追求真、善、美的和谐。中学化学教育中的人文教育，旨在培养学生正确的世界观、人生观和价值观，使学生具有高尚、善良、纯洁和健康的情操与精神，从而具有关注他人、关注人类、关注社会的博大情怀。中学化学教育中人文精神培养目标主要有以下四个方面。

1. 完善自我

(1) 独立自主。拥有独立的人格意识，自主地思考、判断、选择，努力地开创、进取、奋斗。在化学教育中，独立自主性表现为：充分发挥学习化学的主动性，善于发现化学问题，激发学习化学的动机和兴趣；能够独立解决化学实验和化学学习中遇到的问题，勇于保留自己的观点，敢于独立决断。

(2) 批判创新。批判是创新的前提，只有勇于批判才能敢于创新，理性的批判和正确的创新是化学科学发展的基础。化学教育中的批判创新性表现为：认识化学概念、规律的局限性，具有对所学化学知识的批判意识；敢于对化学教材、参考书及教师的观点提出疑问；培养自己用严密的科学思维和开放的形象思维相结合的方式解决化学问题；努力改进某些化学实验装置或仪器的不合理性。

(3) 理想。理想是人从现实出发，对生活怀有的希望。学生应学会客观全面地认识和思考生活、人生，在现实生活中，不断自醒、觉悟，从而树立崇高的人生理想。

2. 善于与人合作

(1) 具有团体合作能力。具体表现为：通过化学发展的过程认识到任何一项化学发明都是化学家集体智慧的结晶；在活动中表现出合作的愿望，能够主动和同学讨论、交流问题，一起分享合作的成果。

(2) 尊重并理解宽容他人。具体表现为：认为人与人之间应相互信任，尊重教师的劳动成果；在生活和学习中宽容地对待他人，能够接受与自己各方面不同的人。

3. 关心自然

(1) 正确认识人与自然的关系。具体表现为：学会从化学视角关心爱护自然环境、爱护自然生命，具有维护生态平衡、保护环境的强烈责任感；认识到利用化学可以改造、利用自然但不能破坏自然；关注化学科技进步与资源、能源的利用关系。

(2) 感受自然科学之美。具体表现为：能够感受到宏观的化学现象美，微观世界中物质结构所显示的分子、原子层次美以及化学理论所反映的和谐与统一美。

(3) 科学精神。人在对自然的认识和研究中形成了科学，锤炼了科学精神。具体表现为：对真理的不懈追求、敢于怀疑一切的勇气、对公正和客观等准则的遵循、精益求精的科学态度、不畏艰难困苦的探索创新精神。

4. 关注社会

(1) 社会责任感。能深刻认识到个人作为社会的一员在社会中承担的责任，能自觉做到维护正义、和平，促进社会的进步和发展。

(2) 科学技术与社会。认识科学、技术与社会的关系，理解科学技术的双刃剑作用；在化学科学飞速发展的今天，积极思考如何利用化学的力量才能使人类生活地更美好，化学如何发展才能使人类社会向更加人性化的方向发展；对化学进行人文关怀，正确理解化学的价值。

(3) 爱国情怀。热爱祖国，树立祖国利益高于一切的思想；把爱国主义觉悟和情怀变成刻苦学习的实际行动，能为祖国的发展贡献自己应有的力量。

《义务教育化学课程标准(2011年版)》情感态度与价值观领域的目标

(1) 保持和增强对生活和自然界中化学现象的好奇心和探究欲望，发展学习化学的兴趣。

(2) 初步建立科学的物质观，增进对“世界是物质的”、“物质是变化的”等辩证唯物主义观点的认识，逐步树立崇尚科学、反对迷信的观念。

(3) 感受并赞赏化学对改善人类生活和促进社会发展的积极作用，关注与化学有关的社会热点问题，初步形成主动参与社会决策的意识。

(4) 增强安全意识，逐步树立珍惜资源、爱护环境、合理使用化学物质的可持续发展观念。

(5) 初步养成勤于思考、敢于质疑、严谨求实、乐于实践、善于合作、勇于创新等科学品质。

(6) 增强热爱祖国的情感，树立为中华民族复兴和社会进步学习化学的志向。

《普通高中化学课程标准(实验)》情感态度与价值观领域的目标

(1) 发展学习化学的兴趣，乐于探究物质变化的奥秘，体验科学探究的艰辛和喜悦，感受化学世界的奇妙与和谐。

(2) 有参与化学科技活动的热情，有将化学知识应用于生产、生活实践的意识，能够对与化学有关的社会和生活问题作出合理的判断。

(3) 赞赏化学科学对个人生活和社会发展的贡献，关注与化学有关的社会热点问题，逐步形成可持续发展的思想。

(4) 树立辩证唯物主义的世界观，养成务实求真、勇于创新、积极实践的科学态度，崇尚科学，反对迷信。

(5) 热爱家乡，热爱祖国，树立为中华民族复兴、为人类文明和社会进步而努力学习化学的责任感和使命感。

6.4.4 中学化学教育中人文精神教育的原则

化学是一门基础自然学科，中学教学内容中蕴含着丰富的人文底蕴和人文素材，其学科性质决定了化学教育中的人文教育具有内容的潜藏性与分散性、目标的广泛性等特点。因此，中学化学教学中人文精神教育应遵循以下原则。

1. 以人为本的原则

“以人为本”是化学教育活动中培养人文精神的前提和基础，教育教学目标、内容、形式、途径、方法等都必须从“人”出发，使每个受教育者都得到发展。

2. 注重过程的原则

首先，化学本身是人们进行科学探究活动的过程。化学的进展不只是化学结论的逐渐积累，还包括化学概念的建立和规律的发展过程，以及新概念和新理论对原有概念和理论不断超越的过程。这个过程显示着科学所走过的道路，渗透着大多数科学家执著的信念和高尚的品格。在化学教学过程中，通过对化学发展过程的展现，使学生了解知识的来龙去脉，体会其中蕴含的科学精神与人文精神，对化学发展过程中体现的人类对真、善、美与自由的追求也将会有比较正确的理解，从而使他们在科学道德、审美、心理和创造等方面得到培养和提高。其次，人的发展和完善是一个长期的过程，而教学过程的根本目的在于促使受教育者全面发展。教师在化学教学中不是让学生接受现成的知识，而是注重学生知识形成的过程，让学生通过主动探究获得科学结论，通过了解化学发展史来理解化学，通过对化学家心路历程的探询来增加他们的生活体验，逐渐认识自己的责任，领悟到生命的价值，并主动寻求自己的人生意义。

3. 科学知识与人文精神和谐发展原则

在化学教学中，要正确处理好传授知识与进行情感态度价值观教育的关系，处理好知识传授与学生发展的关系，将科学知识和人文精神二者相互结合，共同发展。

人文精神不是靠单纯的说教就可以形成的，也不会在知识的传授过程中自然形成，它需要一定的知识为载体。在教学中，我们要将人文精神渗透于科学教学内容中。这种渗透不是简单地相加，而是有机地整合，要求教师具体分析所教授的化学知识，挖掘其中的人文因素，进行教学设计，再展开教学。在教学中不仅要让学生去认知知识、掌握知识，还要引导学生去体验其中的情感、领会其中的思想、欣赏其中的美。让学生在实践中体验人与自然、社会和谐发展的重要性，从而学会关爱自然、关心国家和社会的进步，形成积极的人生态度。这也充分体现了知识本身的教育力量和传授知识的教育价值。

另外，教师要根据学生的知识基础、心理特点、教学内容、教学目标和教学条件，选择合适的教学方法和手段，寓人文精神于课程教学气氛之中，施人文精神于无形熏陶之时，使学生在潜移默化中，情操得到陶冶、心灵得到净化。

6.4.5 中学化学课堂教学中渗透人文教育的途径

中学化学教学开展人文教育绝不能游离于学习知识与技能，培养能力的化学教学活动之外，进行空泛的说教，而要融入学科教学中。教师可通过课堂教学、专题讲座、开展丰富多彩的课外实践活动等多种途径，引导学生在学习化学活动中体验、感悟、习得和内化，形成个人素养。

课堂教学是化学教育的主要渠道，教师在教学过程中结合知识教学，挖掘教学内容中丰富的人文素材，巧妙地将人文素材与教学内容有机融合，营造一种和谐的人文氛围；学生在不知不觉中受到人文气息的熏陶，达到“随风潜入夜，润物细无声”的效果。根据化学学科特点，可主要从以下几个方面进行人文教育的渗透。

1. 挖掘化学教材中的人文内涵，培养学生的辩证唯物主义精神和审美情趣

化学教材中的许多原理、定律，都体现了辩证唯物主义观点。在教学中，引导学生运用辩证唯物主义观点学习化学科学知识，可加深学生对化学本质的认识。例如，在讲到物质的组成——分子、原子、电子时，通过生动的事例和显微镜下拍摄的分子组成、原子排列的照片，突出分子、原子存在的真实性，从而使学生认识到“客观世界是物质的，是不依赖人类的意识而存在的”。化学是研究物质及其变化的科学，在化学教学中，应当使学生深信世界上没有不变化的物质，静止是相对的。例如，在讲到物质的溶解、扩散、物质的三态互变和胶体的性质时，通过蔗糖的溶解、溴蒸气的扩散、胶体的布朗运动等实验现象，向学生揭示物质的分子运动；讲到化学平衡、电离平衡时，揭示这只是正反应速率和逆反应速率相等时的动态平衡，而非化学反应的绝对终止。结合以上种种化学运动的事实，使学生明确“运动是物质存在的形式，是物质固有的属性”。化学上的量变，包括数量上的增减和形状上的改变，当这些因素的变化超过一定量时，会引起化学上的质变——物质的物理性质或化学性质的改变。通过物质变化的教学，可以生动地揭示量变到质变这一法则的普遍意义。例如，同素异形体的不同性质、同系物的性质递变以及元素周期表中元素的性质随着原子序数的递增而呈现周期性变化的规律，都体现了“自然界的变化是由量变到质变的过程”这一观点。

感受化学美是指用美学的眼光来审视化学问题。化学中处处存在美，只要我们潜心去挖掘，就会发现其中有取之不尽、用之不竭的美学资源。例如，镁带燃烧时发出耀眼的白光、硫在氧气中燃烧产生明亮的蓝紫色火焰、酸碱指示剂变色等，这些奇特的现象组成一幅幅色彩绚丽的图画，这是科学现象之美；蓝色的胆矾、白色的食盐、红色的铜、紫色的碘，化学物质呈现的颜色多姿多彩，这是色彩之美；苯的分子结构、C_{60}的足球状球体结构等，它们的和谐、对称、均匀，这是结构之美；化学反应中质量守恒、氧化还原反应中得失电子守恒等，化学中的许多东西都有维持自己不变的天性，这是一种守恒美；元素周期律的表现形式——元素周期表、元素排列成尽可能和谐的层次和系列，显示了良好的简洁性、融洽性和预见性，这是化学理论之美。这些美的享受只有在来自化学活动的实践中才能领略到。因此，教师在课堂教学中，要从不同的方位和途径来挖掘这些美的素材，展示其丰富的审美特性，这样既培养了学生的科学文化素质，又培养了学生感受美、欣赏美和创造美的能力。

2. 利用化学史，对学生进行爱国主义和科学精神的教育

化学史是化学家认识世界、改造自然、创造发明的奋斗史，其中蕴含着丰富的人文素材。在化学发展的历史长河中，正是许多杰出的化学家从事科学活动、探索科学真理、努力创造文明，从而为人类社会的进步和发展作出了巨大的贡献。他们在给人类留下物质财富的同时，也留下了不朽的精神财富。

爱国主义教育就是为使学生养成热爱祖国的崇高思想，树立忠于祖国的坚定信念和献身祖国的无畏精神所进行的思想政治教育。教师可以通过介绍我国古代、近代、现代的化学成就以及我国丰富的化学资源等事实来培养学生的爱国主义情感。例如，古代举世闻名的造纸、制火药、烧瓷器的发明，天然气和石油的最早发现及利用，商代精美青铜器的制造，春秋战国时期的冶铁和炼钢，再到近代的“侯德榜制碱法”，1965年结晶牛胰岛素的首先合成等，无一不是我国文化宝库中的宝贵财富。在教学过程中，教师不失时机地引入这些历史人物和历史事件，会激发学生的民族自豪感和责任心，从而培养学生的爱国主义思想。

在化学学科的发展过程中，每一种化学物质的发明、每一个化学原理的发现、每一次化学理论的重新建立，都凝聚着化学家辛勤的汗水。结合化学家的故事，可以培养学生求真求实、怀疑批判及开拓创新的精神，如舍勒发现氧的故事、阿伦尼乌斯(Arrhenius)的电离理论、居里夫人的故事、门捷列夫发现元素周期律的故事等。诸如此类的科学家为科学奉献甚至献身的事例数不胜数，科学家们坚韧不拔、锲而不舍的奋斗精神是他们取得成功的重要因素。在中学化学教学中融合科学史，让学生在历史背景或框架中学习科学，可以使学生在了解科学的发现和演变过程的基础上，更准确地理解科学知识，同时使学生受到一定的科学态度和科学精神的熏陶。

3. 通过探究活动，培养学生的创新意识

马斯洛曾说过：“我们已经发现，原来我们真正感兴趣的那种创造性的根源，是深藏在人性内部的。”培养学生的创新意识也是对学生人性潜能的挖掘，这是人文教育所追求的，也是化学教育中人文精神教育的途径之一。化学学习中开展科学的探究活动，就是学生在教师的引导下，了解化学家是如何进行发明发现的，然后像化学家一样去思考和探究化学问题，得出结论。在探究性学习中，学生不仅可以获得相关的化学知识和技能，得到能力的训练，体验科学发明发现的欢乐和艰辛,同时也挖掘了自我的创造潜能。一旦学生意识到自己也能像他们所崇拜的科学家一样具有无穷的创造力,就会激励他们崇尚创新、从事创新,这无疑对社会发展是一股巨大的人文力量。

4. 加强STS教育,形成正确的化学价值观

加强STS教育是化学教育中人文教育的重要途径。通过化学中的STS教育,学生可以在掌握化学知识与技能的同时,了解化学与技术、社会的联系。引导学生正确理解化学的价值,在给予学生化学这种科学力量的同时,也要教给他们正确使用这种力量的方法。培养学生运用化学知识分析和解决社会实际问题的能力,使他们将来在处理复杂的社会问题时,能运用化学知识权衡利弊、准确判断,作出恰当的选择和处理。

总之,在化学课堂教学中,教师应该将人文精神教育渗透到化学教学当中,使化学科学教育和人文教育融为一体,让学生的人文素养在潜移默化中得到提高。化学教师在进行教学设计时,需要根据不同的教学内容和主题,各有侧重地进行人文精神教育。

案例 6-5

"苯"的教学设计

【教学目标】

掌握苯分子的结构特点,了解苯分子结构的探索过程。

经历苯分子结构的探索过程,学习科学探究的方法,提高科学探究能力;培养逻辑推理、发散思维能力。

培养以事实为依据,严谨求学的态度和创新精神;探索苯分子的结构,了解自然科学研究的艰辛;在小组实验中,培养合作意识和精神。

【课型】

新授

【教学方法】

实验验证、引导探究、理论解释、巩固提高

【教学过程】

教师活动	学生活动	设计意图
[引言]19世纪初,由于冶金工业的发展,需要大量焦炭,而生产焦炭时产生副产物煤焦油。当时,煤焦油被当成废物扔掉,污染环境、造成公害。英国化学家法拉第历尽艰辛从煤焦油中提纯出一种化合物苯。这节课我们就沿着科学家的足迹去探索苯的奥秘。 [板书]苯 一、苯的物理性质	倾听思考	导入新课,与历史连接,激发学生学习的兴趣
[学生实验1]在试管中滴入3～5滴苯,观察苯的颜色与状态;再向试管中加入少量水,振荡后静置,观察现象	学生分组动手实验、观察现象,并小组讨论、总结苯的物理性质	培养学生的动手能力、观察思维能力、合作意识和能力

续表

<table>
<tr><th>教师活动</th><th>学生活动</th><th>设计意图</th></tr>
<tr><td>[投影]<table><tr><td>颜色、状态</td><td>无色液体</td></tr><tr><td>气味、挥发性</td><td>特殊气味、易挥发</td></tr><tr><td>水溶性与密度</td><td>不溶于水、密度小于水</td></tr><tr><td>特殊性</td><td>苯蒸气有毒</td></tr></table></td><td></td><td></td></tr>
<tr><td>[设疑]在化学1中,我们知道苯与CCl_4均为良好的萃取剂,CCl_4也可以作为良好的灭火剂,那么,苯呢?
[演示实验]用玻璃棒蘸一些苯,在酒精灯上点燃。火焰明亮,冒出浓重的黑烟,说明苯的含碳量高。经测定仅由碳、氢两种元素组成,即为烃,其中碳元素的质量分数为92.3%,在同温同压下,苯蒸气的密度为乙炔的3倍,试计算苯的分子式</td><td>[板演]
$M=26\times3=78$;
设苯的分子式为C_xH_y
$x=78g/mol\times92.3\%\div12g/mol=6$
$y=78g/mol\times(1-92.3\%)\div1g/mol=6$
苯的分子式为C_6H_6</td><td>检查学生对有机物组成的基本计算方法的掌握情况</td></tr>
<tr><td>[设疑]按照我们学习烷烃、环烷烃,烯烃和炔烃的经验,C_6H_6比饱和的烷烃少了8个H,分子中可能存在怎样的化学键?
每存在一个双键少2个H,存在一个叁键少4个H,存在一个环少2个H。少了8个H原子时,可能存在的化学键是哪些呢?
学生分为两组,左边的同学讨论链式结构,右边的同学讨论环式结构。由小组代表写出可能的苯分子结构简式,其他小组成员可补充</td><td>分子中可能有双键或叁键、环状结构等。
链状:
$CH\equiv C-CH_2-CH_2-C\equiv CH$
$CH_2=CH-CH=CH-C\equiv CH$
$CH_2=C=C=CH-CH=CH_2$
……
环状:
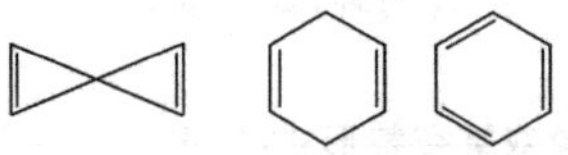
……</td><td>引导学生根据已有知识来推测苯的结构;鼓励学生充分发挥想象力、敢于提出自己的观点和想法,培养学生的创新精神</td></tr>
<tr><td>[设疑]我们知道,物质的结构决定性质,性质又反映结构。这些结构是否合理?科学家做了许多苯的性质实验,试图从性质推导结构,其中两个实验事实如下</td><td>由于苯的一溴代物只有一种,说明苯分子中的六个氢原子应该是等效的,由苯与氢气的加成产物是C_6H_{12},推测苯可能是一种环状结构,且只能是一个碳环</td><td>培养学生的逻辑思维能力和分析能力</td></tr>
<tr><td>[实验事实1]苯与液溴在铁粉催化下发生取代反应:
$C_6H_6+Br_2\xrightarrow{Fe}C_6H_5Br+HBr$
苯的一溴化物只有一种。
[实验事实2]苯在特殊条件下可与氢气发生加成反应:
$C_6H_6+3H_2\xrightarrow[\triangle]{Ni}C_6H_{12}$
生成物的分子式为C_6H_{12},从中可得出什么结论</td><td>根据实验事实1、2,分析苯的结构,请第一组同学派代表对第二组书写的结构进行检验……
上述结构可能的为
</td><td>引入新的事实,让学生进行自我检验,加深印象</td></tr>
</table>

续表

<table>
<tr><th>教师活动</th><th>学生活动</th><th>设计意图</th></tr>
<tr><td>[导思]那么科学家是怎样研究苯的结构的呢？
[录像]苯分子结构的确定曾经是困扰 19 世纪化学家的一大难题……
1825 年，英国科学家法拉第首先发现了苯，1834 年，德国科学家希尔里希为苯进行了命名。其后，法国科学家日拉尔等确定了苯的相对分子质量和分子式。
苯分子中含碳量之高，令科学家们为之惊讶，从此，他们踏上了探索苯分子结构的漫漫征途。
斗转星移，整整四十个春秋，让我们豁然开朗，为之振奋的时刻出现了。他就是极富想象力的德国科学家凯库勒(Kekule)，曾提出了碳四价学说和碳原子间可以连接成链这一重要学说。但就是这样一位想象力丰富的学者也曾经被定式思维所束缚，曾长期认为苯的分子结构是链状，因而冥思苦想，不得其解。
1864 年冬天，凯库勒为探索苯的分子结构殚精竭虑，日则忘食。一夜于梦中，突见一蛇，盘秀焉尔，而自食其尾。凯库勒于梦中突获灵感，跃身而起，将梦境中蛇自咬尾巴的形象画出。然后，凯库勒再予每个碳原子连接一个氢原子，于是，苯环结构豁然而成</td><td>倾听，对重大化学成就进行情绪体验</td><td>对学生进行化学史教育，让他们体验科学探索的艰难，培养学生不畏艰难的科学探索精神</td></tr>
<tr><td>[投影]凯库勒于 1866 年提出两个假设：
(1) 苯的六个碳原子形成闭合的环，即平面六边形。
(2) 各碳原子之间存在单双键交替形式，历史上称为凯库勒式</td><td>看投影、思考</td><td>在平时学习中，适当地表扬学生，使其不断树立信心</td></tr>
<tr><td>这一结构式较好地解释了苯分子的一溴代物只有一种，且能与氢气加成等化学性质。这个结构是否正确呢？同样用事实说话，如何验证？
<table>
<tr><th>实验</th><th>实验现象</th></tr>
<tr><td>实验 1</td><td>高锰酸钾溶液不褪色；溶液分层，下层为紫色水层</td></tr>
<tr><td>实验 2</td><td>萃取，上层为橙黄色有机层，下层为无色有机层</td></tr>
<tr><td>实验 3</td><td>不与溴水、酸性高锰酸钾溶液反应</td></tr>
</table></td><td>[学生回答]含 C═C 的物质，可用溴水验证后，再用酸性的 $KMnO_4$ 溶液验证。
[学生实验 2]在两支试管中分别加入 2mL 酸性高锰酸钾溶液和溴水，再滴入 1mL 苯，振荡静置，观察现象。
不敢相信，惊呆</td><td>指导学生以事实为依据验证假说，培养学生的实验动手能力和实事求是的科学态度，引导学生体会物质的结构决定性质，性质又反映结构的辩证关系；帮助学生树立质疑精神，勇于挑战权威</td></tr>
</table>

续表

教师活动	学生活动	设计意图
[过渡]苯分子到底是怎样的结构呢？1998年，化学家和IBM公司合作研制特殊仪器——扫描隧道显微镜(STM)。在扫描隧道显微镜下观察，我们得以窥见苯环的真面目。苯环果然为平面六边形结构，单双键完全均分，抱成一团，因此我们用圆圈来表示，每个碳原子连接一个氢原子，构成12原子共面。 苯分子中的碳碳键是一种介于单双键之间特殊的共价键，凯库勒的成功为这一切奠定了基础。在某些情况下，我们仍然可以用凯库勒式表示苯分子的结构，但绝不能认为苯环中各碳原子间存在着单、双键交替的形式	[体会]这种单、双键交替变换的结果是六个碳碳键逐渐趋于平均化，使它们的键长和键角都相等，因此苯分子中碳碳键既不同于单键，也不同双键，而是介于单键和双键之间的一种特殊的键	培养学生根据实验事实分析解决问题的思维能力；循序渐进，层层推进，意在让学生理解苯环中碳碳键的特殊性

6.5 化学课堂教学的评价

化学课堂教学评价是教学活动的重要组成部分，也是教师应该具备的基本能力之一。根据被评价对象的不同，教学评价分为对教师教的评价和对学生学的评价两个方面，本节主要讨论对教师教的评价即化学教学的评价。化学课堂教学的评价是以化学课堂教学为研究对象，以教学原则为依据，对教师的教学过程和效果给予价值判断的过程。化学课堂教学的评价是对教学活动本身的反思和评析，既对保证和提升教学质量具有重要价值，同时对促进教师的专业发展具有重要意义。

6.5.1 化学课堂教学的评价目的

化学课堂教学的评价目的在于诊断和指导教学，具体体现在用教育、教学规律规范课堂教学；为教学设计、教学组织提供指导；保护、激励教师教学的创造性；帮助教师分析自己课堂教学的优势和薄弱点，为教师改进教学、教师的专业发展指明方向；评测、甄别教师的教学水平、诊断存在的问题；为教学研究和教学管理提供信息。

从不同的角度可以对化学课堂教学评价的方式进行不同的分类。

1. 从评价主体分

根据评价主体的不同，评价方式可分为自我评价、他人评价和学生评价三种。

(1) 自我评价。自我评价是指教师在教学实践中，批判性地审视自己的教学行为，并对自己的教学活动状况进行自我反思和鉴定。其实质就是评价对象的自我认识、自我分析、自我提高的过程。反思的方法有写课堂教学后记、教学反思，与学生沟通、交流、通过反思发现问题等。开展自我评价时，要注意及时更新教育理念，加强教学理论的学习，并把自我评价与他人评价结合起来。

教 学 反 思

教学反思是教师根据一定的理论和实践标准，对自己的教学活动有意识地进行分析和再认识的过程。化学课程改革的课堂教学实践，对教师的教学反思能力提出了更高的要求。为此，教师应自觉地对自身的课堂教学过程进行反思，通过课堂教学前后的比较，对所制订的教学目标、所设计的各种学习活动和所运用的各种教学策略、评价方式等有意识地进行分析，及时总结经验，发现问题，以便更有效地开展课堂教学。教师可通过多种途径和形式提高自身的教学反思能力。例如，撰写“教学反思札记”或“教师成长札记”，对学生学习中的问题、自己教学中的经验教训和心得体会等进行剖析和总结；校内外教师间的交流与沟通，也是提高教师反思能力的有效途径。例如，参加说课、上课、评课以及观摩课等教研活动，以教研促反思，以反思促优化，以优化促有效。

“用微粒的观点看物质”的课后教学反思

在教学中，有些问题要引导学生提出，有些话要留给学生讲，有些事要让学生做。例如，设计实验“证明氨水中挥发出来的微粒与氨水中某种微粒的性质相同”时，在一个班上，我没有让学生自己设计实验，而是在我的指导下，按我的实验设计要求进行实验。学生没有自己的思考和分析，学生担心自己的操作是否会被教师批评，教师的精力集中在学生是否按自己的要求去做，是否看到想让学生看到的实验现象，课堂气氛紧张而沉闷，学生没有什么新的发现。而在另一个班上，我为学生铺垫了一些必要的知识，让学生自己设计，学生的设计方案不仅简捷，实验现象很明显，学生还惊喜地发现变红的纸又褪色，这真正使学生茅塞顿开，从中获得成功的感动和鼓舞。

这节课完成得比较顺利，学生对探究物质的组成非常感兴趣，对自己的表现很满意，享受到了探究学习的乐趣。我作为引导者，为学生提供了自主学习的机会，通过提问、总结、讨论、实验、辩论、归纳等教学活动，使每个学生的个性都得到了充分的展现。课后有学生说：“我知道怎样学化学了，得把自己想象成微粒，进入物质里面，去感受物质间的变化。”

案例中这位教师以“教学反思札记”的形式，记录了在不同的班级运用不同的方法进行教学的感受和体会。“在教学中，有些问题要引导学生提出，有些话要留给学生讲，有些事要让学生做”的感悟，是对“教”是为了“学”，为学服务的最好诠释；讨论、实验、辩论等教学方式的灵活运用，是这种感悟的有力体现。

(2) 他人评价。他人评价是指由同行、领导、专家以及家长、社会等课堂教学活动以外的人员通过对课堂教学活动的观察，对课堂教学活动的运行作出的价值判断。同行能够紧密结合课堂教学活动实际，作出比较全面、准确的分析评价。一般情况下有统一的评价标准。有准备的课堂教学分析评价往往是同行们一次有意义的教学研讨活动，是教师与教师的互动和经验交流的活动。因此，对教师自己及同行们都会有收益。领导听课主要是为了了解课堂教学活动过程的科学性和实效性，为客观、恰当地评价教师的教学效果和水平、进行教学工作总结或为评价体系改革提供第一手资料，有利于评价管理体制的改革。专家或教学研究人员对课堂的现场点评与指导能够为教师带来最新的教学理念和教学方法，能够找出教师课堂教学问题的本质，指出教师努力的方向，对教师的专业引领有很重要的作用。

家长及社会人员参与课堂教学的评价，一方面可使家长、社会了解学校和教师、形成家校教育合力；另一方面可增强对教师教育教学活动的监控，有助于促进教师反思习惯的形成，从而不断提高教学水平。

(3) 学生评价。学生评价是指学生对课堂教学的评议。学生是课堂教学活动的主体，对教师组织的教与学活动深有感受。注意听取学生的分析评价，收集其教学效果的反馈信息，对于改进教学、提高教学效率是十分必要的。

2. 根据评价内容分

根据评价内容的不同，化学课堂教学的评价又可分为整体评价和专题评价。整体评价是对化学课堂教学进行综合的、全面的、切合实际的分析，在此基础上，对其作出评价；专题评价则是根据教学研究和教学改革的需要，就教学的某一方面进行比较集中、深入的分析评价。但由于各个要素总是相互联系、相互影响的，即使进行专题评价，也可能涉及非专题的有关方面，并且有必要在专题评价的基础上进行整体的综合评价。

3. 从评价方法分

根据评价方法，化学课堂教学的评价可分为定性评价和定量评价。定性评价是从质的方面对课堂教学作出描述性的分析和评价；定量评价是从数量分析的角度对评价对象进行评价。

6.5.2 化学课堂教学评价的主要内容与评价指标

1. 化学课堂教学评价的主要内容

化学课堂教学评价内容究竟包括哪些？目前尚无统一认定，一般认为包括以下几个方面。

1) 教学目标

教学目标是一节课的灵魂，对其考察的重点，一方面是教师课前所设目标本身的明确性与具体化；另一方面是教学过程对教学目标的体现，即教学目标在教学中是否能为教师的教和学生的学真正起导引作用。

2) 教学内容

从系统论来看，一节化学课的教学内容由四个过程性要素组成：课程资源的开发、内容的选择、内容的组织和内容的呈现。每一要素的实施成效都受化学教师课程观的支配，都影响着课堂教学的效果。因此，对教学内容的评价包括教材处理与分析、挖掘的深度；内容的实用性与适用性；教学内容阐述的思想性与科学性；知识结构的逻辑性与系统性；教学目标的落实；重点突出与难点突破等。

3) 教学方式

教师的教学方式决定着学生的学习方式。根据以学论教的原则，以学生的学习方式对教师的教学方式进行考察，分为以下四个方面：

(1) 学习心理准备。在学习活动开始前，要创设学习情境，要促使学生建立已有经验与本节要探究问题之间的联系，在学生先有知识和经验被激活的状态下展开学习活动。

(2) 行为参与。行为参与是学习方式的载体，是情感参与和认知参与的支架。在课堂上，学生可以有自主、探究、合作等多样化的学习行为方式。

(3) 认知参与。认知参与是学习方式的核心。有研究指出,为了使学生在学习中进行深入的认知参与,教师要有强烈的问题意识,不仅自己能提出高水平的、有价值的问题作为教学活动的导引,还能创造条件,启发学生提出有探究价值的问题或解决问题的方案。

(4) 情感参与。情感参与是学习方式的灵魂。对化学课堂中学生情感参与的考察要抓住能体现学生情感变化的最主要的外显特点,要抓学生情感诸方面因素共同的基础性外观现象——兴趣驱动和成功体验。

4) 教师行为

教师行为包括教师教学的基本素质、教师的辅助教学行为和课堂管理行为。教师教学的基本素质表现为教师的语言表达、板书、演示、实验技能、体态语等方面的素质;教师的辅助教学行为是指有效的课堂交流、课堂强化技术、积极的教师期望;课堂管理行为是指课堂问题行为的处理和课堂时间管理。学生的问题行为能得到恰当、适时的处理,既可以保护学生参与的积极性,又是课堂教学秩序和效益的保证,而课堂时间的优化管理更是高效教学活动的重要组成。

5) 教学效果

一节课教学效果的直接表现就是学生的学习成效,其应该体现为三维教学目标的达成。教学效果好与不好不是看教师完成了哪些教学任务,而是看学生获得的是什么,获得了多少,是怎样获得的。是否每一位同学的科学素养在原有基础上都有应有的发展,或在上一节课的基础上得到了完善,或为下节课的发展作了铺垫。具体体现在:学生学习的兴趣和积极性得以提高,学生有收获,学生能力有提高;师生互动,教学相长,教师也有收获;学生喜欢主动学习,自主提问,社会责任感增强,掌握了化学核心内容,培养了科学的思维习惯和方法,培养了情感态度与价值观。

6) 教学特色

教学特色是指教师根据自身和学生特点,富有个性地、创新性地设计、组织和实施化学课堂活动。在遵循教学规律的前提下,突出教学的个性,实现化学课堂教学科学性和艺术性的统一,是化学教师专业发展的基础。

2. 优质课堂教学评价的主要指标

究竟怎样的一堂课才算是好课?优质课堂教学的评价指标应体现在以下三个方面。

1) 课堂教学整体设计最优化

课堂教学整体设计最优化主要反映在以下四个方面:第一,必须反映学生的真实学习过程,体现在学生对课堂教学的内容,从不懂到懂、从不会到会、从模糊到清晰、从错误到正确、从失败到成功的过程;第二,体现为教师对学生的循循善诱、真诚帮助、严格要求、耐心指导和规范训练等方面;第三,体现为注意培养学生科学的学习方式;第四,体现为教师高超的教学艺术,包括组织艺术、引导艺术、启发艺术、激励艺术、练习设计艺术、“顺应”和“同化”艺术以及应变艺术。

2) 促进学生的知识与能力同步发展

课堂教学是否真正促进学生的知识与能力同步发展,主要体现在以下几个方面:

(1) 教学目标的多元化达成过程及实现。

(2) 教学过程的生成化,即教师努力创设以问题为核心的学习情境,关注学生的学习过程,指导其不断改善学习策略,提升学习水平。

(3) 教学内容的开发化,即注意开发和利用课程资源,“用教科书教,而不是教教科书”,为学生主动建构知识提供学习材料。

(4) 教学评价的激励化,即遵循及时、多样、适度的激励原则,对学生进行评价。提倡积极的反思性评价,重视培养学生反思的习惯和反省认知的意识,引导学生经常思考诸如“我是怎么想的”、“我的解题途径是否最佳”、“今天所学的知识之间有何联系”等。

(5) 教学媒体的恰当化,即媒体使用的目的是有利于学生的发展,有利于学生主动而成功地学习。

3) 充分体现学生的主体地位

在课堂教学中学生主体地位的发挥,表现在三个方面:第一是学生的参与状态,如学生是否积极主动地参与,参与的广度(是否都参与了)和参与的深度(是否主动探究了)等;第二是学生的交流状态;第三是学习目标的达成状态,要做到每个学生都得到发展和提高。

6.5.3 化学课堂教学评价方案的构建

教学评价方案是整个教学评价过程的计划和蓝图,是有效实施教学评价的有效工具。教学评价方案还是评价组织者依据教学评价目的,严格遵守教学行为的客观规律,在实施教学评价之前制订的有关教学目的、评价对象、评价标准、评价方法、评价手段、评价程序和预期结果的纲领。

为了更好地提高课堂教学的有效性,必须建构合理的课堂教学效果评价方案。评价方案的构建要坚持以下原则:一是评价功能的发展性原则,即评价必须要有利于促进学生的科学素养发展和化学教师的专业发展;二是评价方式的多样化原则,即要采用质性与量化相结合的方式,要通过自评、他评、学生评教等多种形式进行评价;三是评价内容的全面性原则,即要评价教学的结果,评价教师对教学目标的确定和落实,还要评价课程资源的开发、课堂上师生的活动等各方面;四是以学论教的原则,即以学生在课堂上表现的状态和学习结果来进行评价。教师化学课堂教学效果评价方案建构的思路如图 6-6 所示。

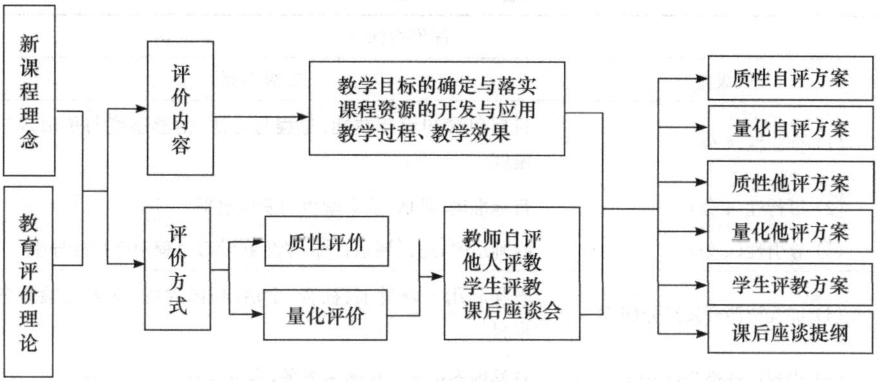

图 6-6 化学课堂教学效果评价方案

1. 化学课堂教学效果自评方案

1) 质性自评方案

质性自评主要是为了让化学教师倾诉、展示自己对已完成的这节课的第一感受,促使教师对已实施的课堂教学进行有条理、有针对性的反思，找出需研究的问题，为校本教研和行动研究奠定基础。自评就是对教学设计和教学实施过程进行反思，肯定成绩，找出问题，以利于改进和继续研究。

质性自评提纲

(1) 这节课上下来，你认为最成功的是什么？有遗憾吗？遗憾在什么地方？

(2) 在这节课的准备、实施过程中，你遇到了哪些困难？是如何解决的？

(3) 在课程进行中，你对原教学设计进行过调整吗？为什么进行调整？效果如何？

(4) 你设计的学生活动都成功实施了吗？效果如何？

(5) 通过课堂观察，你觉得还有哪几个学生需要课后特殊的帮助？你打算如何帮助他们？

(6) 是否有些学生(如高能学生、一般学生、困难学生、害羞者、女学生、缺课者、问题学生)没能或很少从这节课获益？如果有，是否可以避免？

(7) 下次再上这节课时，在教学设计和教学活动的组织等方面，你打算做的调整是什么？为什么？

(8) 这节课还存在什么目前无法解决的问题？

2）自评量化评价方案

量化评价方案由“评价项目”、“一级指标”、“二级指标”这三层由高到低的指标体系构成。用系统分析的方法将化学课堂教学活动分解为六个评价要素，考虑到一线教师接受和使用的方便，采用大家熟悉的术语作为评价项目的名称。一级指标是推断指标，是通过对课堂中外显现象的观察，推断出教师的课堂教学状态；二级指标是观察指标，是为推断指标的确定服务的，是课堂中可观察到的教师或学生的外显现象。教师自评的量化评价方案见表 6-3。

表 6-3 教师自评的量化评价方案

评价项目	评价指标		得分
	一级指标	二级指标	
教学目标(12 分)	(1) 全面性(4 分)	目标包含知识与技能、过程与方法、情感态度与价值观三个维度	
	(2) 可行性(4 分)	目标准确、具体，适合学生的发展水平	
	(3) 导引性(4 分)	教师适时、适式展示目标，学生在学习过程中受目标导引	
教学内容(24 分)	(4) 课程资源开发充分(6 分)	教师利用了教科书、社会、生活、校园周围、师生经验等各种素材	
	(5) 内容选择恰当(6 分)	教学内容都为目标落实服务，容量合理	
	(6) 内容组织有序(6 分)	教师按一定主线组织所选素材，层次逻辑关系清楚	
	(7) 内容呈现形式多样(6 分)	采用文本、实物、实验、讨论、信息技术等多种形式呈现教学内容	

续表

评价项目	评价指标 一级指标	评价指标 二级指标	得分
教学方式（26分）	(8) 创设学习情境(6分)	师生共同创设真实、生动的学习情境，激活已有经验和情感	
	(9) 组织学生全方位参与(5分)	学生在实验、合作中进行自主探究	
	(10) 教师问题意识强烈(5分)	学生的学习受高质量问题的驱动，能提出有价值的新问题或解决问题的方案	
	(11) 培养学生科学方法(5分)	学生运用比较、分类、归纳、概括等方法得出结论，能得到教师的恰当指导	
	(12) 激发学生情感参与(5分)	学生对自然现象、化学实验、科学知识有强烈的兴趣和探究欲望，体验学习过程的快乐和成功的喜悦	
教师行为（15分）	(13) 教师教学基本素质(5分)	教师有较好的语言表达、板书、演示、实验技能、体态语等素质	
	(14) 积极的激励与期待(5分)	学生表现能及时得到强化，意见被尊重，得到积极的教师期待	
	(15) 恰当的课堂管理(5分)	课堂时间利用率高，学生的问题行为得到恰当处理	
学习评价（10分）	(16) 评价形式多样(5分)	学生学习活动评价采用自我评价、活动表现评价、命题评价等多种形式	
	(17) 评价内容全面(5分)	既评价知识的获得，又评价参与状态	
教学效果（13分）	(18) 目标达成良好(4分)	教学设计中的学习目标都能完成和实现	
	(19) 目标调整价值高(4分)	目标调整的时机恰当，对课程总目标的落实价值高	
	(20) 促进学生全面发展(5分)	与前、后课配合，使全体学生的科学素养在原有基础上有所发展	
凸显特点	(21) 新课程理念凸显		

注：“教学效果”评价中，若教师在课堂上没有临时调整教学目标，请将第19条的4分分解到该项目中的另两个方面，即将第18条“目标达成良好”变为6分，第20条“促进学生全面发展”变为7分。

‘凸显特点一项，不在总分之内，由评价者判断教学活动在哪些方面(可以是前20条之内，也可是之外的)特别突出了新课程理念，参照前20条给分，有几点给几点，但必须注明特点内容。

2. 化学课堂教学效果他评方案

他人评价是指同行、领导、专家等课堂教学活动以外的人员通过对课堂教学的观察，就课堂教学活动的运行作出的价值判断。

1）量化他评方案

基于评价功能的充分发挥和使用方便的考虑，教师自评的量化评价方案与他人评价的量化评价方案合二为一，设计为同一量化评价表。这样的设计主要是为了在评价后，双方可以方便地就表征课堂教学情况的各项进行对比、分析，便于交流、阐述各自的观点，达到肯定共识、交换不同意见的目的。诚然，对课堂现象观察的角度，授课者本人与听课者是不会完全相同的，这种差别正构成了各自作为评价主体的优势，这种优势正是他评与自评契合的结合点，是评价功能实现的最主要途径。下面一份评价量表(表6-4)适合于教师自评、同行评价和教学管理人员对课堂教学进行评价，可供参考。

表 6-4 化学课堂教学评价量表

评价指标		评分栏				说明
母项	子项	A	B	C	D	
教学目标（12分）	(1)符合课标要求 体现教材特点	4	3	2	1	(1)评估人根据评估要素及要求在评分栏(在相应的分值上打√)打分，然后将各分值相加，得出总分，再转换成评估等级。(2)分数转换评估等级：100～85分为优，84～74分为良，73～60分为合格，60分以下为不合格。(3)评估人由专家、教师、学生、家长等多元参与
	(2)面向全体学生 切合学生实际	4	3	2	1	
	(3)明确三基要求 渗透情感教育	4	3	2	1	
教学内容（20分）	(4)教学容量适当 重点关键突出	5	4	3	2	
	(5)难易把握适度 联系学生实际	5	4	3	2	
	(6)拓展延伸适宜 依据及时调整	5	4	3	2	
	(7)是否科学健康 培养健全人格	5	4	3	2	
教学方法（20分）	(8)创设课堂情境 调动学习动因	5	4	3	2	
	(9)教学步骤合理 课堂结构科学	5	4	3	2	
	(10)方法灵活多样 媒体运用恰当	5	4	3	2	
	(11)讲练有机结合 指导学习方法	5	4	3	2	
学习状况（20分）	(12)学习目标明确 学习兴趣浓厚	5	4	3	2	
	(13)实验操作规范 参与探究积极	5	4	3	2	
	(14)善于观察思考 常能提出问题	5	4	3	2	
	(15)愿意交流合作 与人配合默契	5	4	3	2	
教师行为（16分）	(16)授课精神饱满 教态亲切民主	5	4	3	2	
	(17)教学思路清晰 引导点拨得法	6	5	4	3	
	(18)语言准确生动 演示板书规范	5	4	3	2	
教学效果（12分）	(19)学生情绪饱满 思维活动活跃	4	4	3	2	
	(20)学生反馈正确 智能活动有效	4	4	3	2	
	(21)设计风格独特 达到教学目标	4	4	3	2	
评估总分		评估等级				

2）质性他评方案

质性他评方案，一是要与量化评价相互补充、互相印证；二是不求全面，但强调新课程特别关注的理念的落实；三是采用建议性评价提纲的方式。

听课人员在课后可根据自己的感受，对这节课作出质性评价，目的是肯定课程的成功之处，找出可以改进的方向，以实现共同提高。

质性他评提纲

(1) 教师制定的本节课的教学目标恰当吗？还有可改进的余地吗？从学生的学习成效看，这节课实现的教学目标有哪些？

(2) 该教师教学的基本技能如何？优势是什么？劣势是什么？

(3) 除教材外，教师开发利用了哪些课程资源？对这些资源(如社会生活、生产实践、新闻事件、学生经验、教师经验、课堂中的偶发事件等)的筛选、组织如何？

(4) 课堂上，教师提出了哪些驱动性的问题，用以引发学生的思考和讨论？

(5) 课堂上，学生提出了哪些有探究价值的问题、解决问题的方案？或者根据事实、资料是否对其进行了比较、分类、归纳或概括等？

(6) 在课程进行中，该教师运用了哪些方式对学生的学习活动进行评价？这些评价起到了什么作用？还可以有什么改进？

(7) 在学生充分讨论和思考的基础上，教师是如何抓住了有利的时机、事实、证据对学生进行有效的认知干预，促使其认识和观点获得发展的？

(8) 这节课最大的特点是什么？最成功的是什么？最遗憾的是什么？

(9) 从这节课中发现的在课程改革中需继续研究的问题是什么？

(10) 就该教师的教学风格发展和专业水平，你提出的建议是什么？

3. 化学课堂教学效果学生评教方案

学生是教学活动的主体，是教学活动的直接参与者。学生评教是与教师自评、他人评教并列的一种评价方式。

学生评教与教师自评、他人评教不同，有着自己的特点：一是中学生的心理发展还不成熟，思维能力虽有较大的发展，但辩证逻辑思维能力还存在明显的差异。而对课堂教学活动的评价又是一个从注意、感觉到辩证推理的心理过程，中学生还不能准确地把握这一过程。二是中学生不具有教育学、心理学和有关化学新课程的理论知识，对教育现象的产生原因、教育学实质、对后续学习的影响等都不会有系统、清晰的认识。

学生评教方案不设置量化评价，不让学生进行量化打分；不让学生作教学价值判断，只描述对课堂活动和现象的心理感受；不求全面，只从学生最能体会到的、能作出描述的，特别是新课程强调的环节、现象、过程进行评价。

学生评教的调查方案

亲爱的同学们：

为了了解你们在刚才这节课中的体会和收获，下面有几个问题请你们回答。请在你同意的选项字母上画“√”，可选一项、多项，也可不选，但请务必按照你的真实感受认真填写，不用写你的姓名。谢谢！

1. 你对化学老师的印象是

A. 很亲切　　B. 是我们的朋友　　C. 知识渊博

D. 很严厉　　E. 看不起我　　F. 我不喜欢他(她)

2. 在这节课中老师曾提出过问题让你们思考、回答，面对老师的问题，你的感觉和行动是

A. 非常感兴趣，愿意去思考或与同学讨论

B. 担心老师批评，被迫去思考或想法找到答案

C. 我只是不经心地思考了其中的一部分

D. 我没去思考，只想等其他同学回答或等老师讲解

3. 通过这节课的学习，你觉得学习化学

A. 是一种有趣或吸引人的活动

B. 学好化学对我将来走向社会有用途

C. 学化学就是学一些道理、掌握一些知识

D. 学化学是一件需要耐着性子去做的活动

E. 学好化学对我们的生活、学习和工作都很有帮助

4. 今后你还希望老师与你们一起用这节课的方式去上课、学习化学吗？

A. 非常愿意　　B. 愿意　　C. 还行

D. 不太愿意　　E. 非常不愿意

5. 在本节课中，你从其他同学的方案设计、讨论、发言中得到的启发、收获大吗？

A. 较大　　B. 有一些　　C. 几乎没有

6. 下课了，你还有问题想去问这位老师，或与他(她)再争论吗？

A. 有　　B. 没有

7. 在这节课中，下列念头(想法)你曾有过哪些？

A. 有一次或几次，特别想把我的想法告诉老师和同学们

B. 有一次或几次，特别想与老师或同学们争论

C. 有一次或几次，我特别想去查查资料或动手试一试，找出问题的答案和结果

D. 以上念头我都未曾有过

8. 你在问题 7 中的想法实现过吗？(7 题选 D 的不用答)

A. 实现过多次　　B. 实现了几次

C. 实现了一、两次　　D. 从未实现过

9. 总结一下这节课你都有哪些收获？

10. 上完这节课，你最想对同学或小组同伴说的话是什么？你最想对化学老师说的话是什么？

4. 课后座谈会

课后座谈会是课堂教学评价的最后一个环节，它决定了这个评价方案实施的效果。课后座谈会就是在进行完上述评价后，授课教师、全体参加他评的人员坐在一起，对评价进行对比分析，阐明观点，明确优势与不足，确定改进的方向及继续研究的课题。其中，不仅有思想的交流、观点的融合，更有心灵的碰撞和共同提高。为实现以上目的，评价方案给出了“课后座谈提纲”，对座谈会提出大体的程序轮廓。评价者可根据具体的情况，安排座谈的步骤和内容，以实现参评各方的共同发展为最终目的。

课后座谈提纲

座谈会一般在听课人员和上课教师进行质性和量化评价并收集学生问卷后进行，目的是沟通对课的认识，肯定课的成功之处，提出进一步改进意见，确定继续研究的课题，以便共同提高。下面的内容供座谈时参考：

(1) 听课人员用适当的方式问候、关心上课教师，说明听课的目的，形成融洽的讨论氛围。

(2) 上课教师就课的准备、实施过程进行说明。

(3) 对比、分析自评、他评、学生评教结果。

(4) 大家在哪些方面可达成共识?

(5) 大家认识的分歧在哪些方面? 原因是什么?

(6) 大家确认还需继续研究的问题有哪些?

6.5.4 化学课堂教学评价的具体实施

一般意义上的化学课堂教学评价是指以一节化学课的教学为研究对象,以化学课堂教学目标和化学教学原则为依据,对化学课堂教学的过程和效果给予价值判断。但由于评价目的不尽相同,因此化学课堂教学的评价要求和方式也有所区别。

1. 竞赛性的化学课堂教学评价——评优课

竞赛性的课堂教学评价是通过评价活动对教师的课堂教学水平进行分等鉴定,评优课是目前备受人们关注的一种课堂教学评价。

从评优课的评价过程来讲,就是评价者按照事先制订好的评价量表,逐项进行打分。如何客观、公正地打分至关重要。

为了提高评优课的工作效率和质量,通常直接以专家组作为评优课的唯一评价者。在实施评价时,专家组要认真、广泛地从教师和学生两个方面收集评价信息;当专家组内意见不一致时,要通过讨论取得共识,在此基础上再下结论,从而提高评价结果的科学性和可靠性。

在教学评价的实践中,评优课的评价者有时是由被评教师、被评学生和评价专家组(一般由教研人员、教学管理人员及有经验的教师组成)三部分人员构成。从一般做法来看,以专家组评价意见为准,教师的自我评价和学生评价只作为专家组评价的主要依据或供专家讨论评价时的参考。

2. 形成性的化学课堂教学评价——检查课

检查课是指教学管理人员平时对教师课堂教学质量实施检查的一种形式。检查课的听课过程,实际上就是对教师课堂教学质量作出评价的过程。与评优课相比,检查课的特点表现在:①以促进教学目标的全面落实为主要目的;②是以教学目标为标准的评价;③重视实施检查的意义。

为了更好地进行形成性的化学课堂教学评价,应把握以下几点:

(1) 在实施检查课之前,要制订出具体的计划和方案,检查的对象应面向全体任课教师,在时间和检查对象的具体安排上要采用随机方式,以便获取客观的教学反馈信息。

(2) 在实施检查课的过程中,要区别于评优课,要准确地把握课堂教学目标,全面而有重点地观察课堂教学的全过程,进而全面评价教师的课堂教学活动。

(3) 在实施检查课之后,要结合被检查教师的具体教学特点,评价课堂教学的成功与不足,使其明确今后改进教学的努力方向。

3. 诊断性的化学课堂教学评价——研究课

研究课是指评价者帮助教师诊断课堂教学中存在的问题,并提出帮助教师改进课堂教学的措施、计划、方案,以提高教师的课堂教学水平。与评优课和检查课相比,研究课有以下特点：①研究课以教师在课堂教学中可能存在的问题为评价重点；②研究课以提高教师的教学水平为直接目的；③研究课是提高教师教学水平和开展化学课堂教学研究的主要手段之一。

进行诊断性的化学课堂教学评价，应做好以下几项主要工作：

(1) 认真做好课前准备，首先要了解被评教师的有关情况。例如，被评教师的课堂教学存在什么问题，希望得到什么样的帮助和指导等。与被评教师共同讨论和确定要研究的问题，制订出切实可行的教学方案和观察、研究计划。

(2) 如实做好课堂观察、记录。被评教师的课堂教学行为和学生的学习行为是研究课进行评价的唯一依据。因此，在实施研究课时，要根据事先制订的观察、研究计划，尽可能全面、准确地记录教师的行为方式和学生的行为反应。如果条件允许，可以将整个教学过程实录下来。

(3) 做好课后分析与评价。课堂教学结束以后，先对观察、记录进行分析处理，对研究重点所涉及的信息进行分类，然后与被评价教师共同讨论，比较教师的实际教学行为与理想教学行为之间的差异，分析其原因。在对教师的课堂教学行为进行评价时，不要套用某种固定不变的评价模式和方法，应注意结合教师自身的素质、个性，找到符合被评教师特点的问题和原因，作出准确诊断。在此基础上，进一步制订出改进教学的具体措施，作为下一次研究课新的起点，从而保持课堂教学研究的连续性，最终实现研究课不断提高教师教学水平的目的。

(4) 不断提高评价者的水平。相对于评优课和检查课而言，研究课对评价者有着更高的要求。首先，评价者只有具备丰富的化学教学经验和一定的化学教学理论水准，才有可能帮助被评教师准确发现课堂教学中存在的问题和提出切实有效的改进途径和方法。从这个角度而言，与其说他是评价者，不如说是指导者或研究者更为合适。其次，评价者还应采取恰当的工作方式和沟通交流方式，才能与被评教师建立起良好的人际关系，获得被评教师的信任、尊敬与合作，以保证研究课的顺利进行和取得满意效果。

为了使大家更好地理解、把握三种课堂教学评价，现将其列入表 6-5 中比较如下：

表 6-5　化学课堂教学评价比较

	评优课	检查课	研究课
评价目的	对教师水平分等、鉴定	对教学质量作出判断	诊断和指导教学
评价内容	整体	整体或专题	整体或专题
评价方式	量化打分为主	定性分析为主	定性分析为主
评价过程	判断、打分	观察、记录	观察、记录
评价结果	分析＋排序	分析＋改进	分析＋提高
评价者	专家为主	领导或专家	指导教师或同行
对评价者要求	高	高	更高

思考与实践

1. 你认为化学课堂教学设计实施应注意哪些基本要求？它们对提高教学质量有什么意义？
2. 什么是化学“概念”？什么是概念的内涵和外延？试举一例说明，并谈谈你将采用什么方法进行教学。
3. 试应用元素化合物知识的教学策略，设计一节元素化合物知识的教案，并分组进行教学模拟与评议。
4. 化学课堂教学评价的目的是什么？
5. 参与或通过调研，了解目前中学化学教师课堂教学评价是怎样进行的？你从中受到什么启发？如果你是一位中学化学教师，你将从哪些方面来评议一堂化学课？

第7章　化学实验与化学实验教学

化学是在分子、原子水平上,研究物质的组成、结构、性质和变化规律的一门科学。化学的产生和发展,以至被确立为一门真正的科学,不仅与人类的生产活动密切相关,而且始终与化学实验紧密联系着。化学实验是化学科学赖以产生和发展的基础,也是化学课程教与学的重要内容与方式,它对学生科学素养的主动、全面发展具有其他化学教学内容和形式所不能替代的特殊作用。本章我们就对化学实验及实验教学的有关内容进行学习和研究。

7.1　化学实验与化学教学

化学实验在教学中占有非常重要的地位,化学教学质量的高低,在很大程度上取决于是否能充分发挥化学实验的作用。什么是化学实验?化学实验的构成要素及其过程方法又是怎样的呢?

7.1.1　化学实验及其方法论

1. 化学实验

化学实验就是根据化学实验目的,实验者运用实验仪器、设备和装置等物质手段,在人为特定的实验条件下,改变化学实验对象的状态或性质,通过实验观察获得各种化学科学事实(化学实验事实)的一种科学研究方法。

2. 化学实验的要素

从系统论的观点看,自然界的一切事物都具有系统性,化学实验作为一个系统,可以看成是由化学实验者、化学实验手段(包括仪器、装置、方法)和化学实验对象等要素组成的。

1) 化学实验者

化学实验者主要指化学教学中的实验人员,可以是教师也可以是学生,他们是化学实验的认识主体,在各实验要素中处于支配地位。化学教学中的演示实验和学生实验就是按实验主体的不同划分的。作为实验主体,实验者还有物质性、社会性和能动性。实验者的主观能动性无论对于实验活动本身,还是对其认识过程都十分重要。因此,教学时一定要充分调动学生的认识能动性,更好地发挥其主体性作用,不断促进学生的发展。

2) 化学实验对象

化学实验对象是化学实验的认识客体,它和实验主体(实验者)都是实验不可缺少的因素。化学教学中的实验对象,一般来说是早已被认识的客观现象,但对于学生来说,仍然具有一定的未知性。因此,它们既可以看成是学生实践的客体,也可以看成是学生认识的客体。它们可以为学生提供最直接的化学现象,使学生获得必要的感性认识,为学生形成有关的化学知识打下基础。化学教学中的实验对象既有天然对象,也有人工对象和人造对象。

案例 7-1

选取不同实验对象的实验

【实验 1】

比较铁丝在空气中和氧气中的燃烧。

【实验 2】

比较石棉、羊毛、黏胶纤维等燃烧时的区别。

【实验 1】涉及了天然对象(空气)和人工对象(氧气)。【实验 2】中的石棉为无机天然纤维,羊毛为有机天然纤维,因而属于天然对象;黏胶纤维为人造纤维,属于人造对象。

3) 化学实验手段

化学实验手段是指由化学实验仪器、装置、工具和设备等组成的,为使化学实验者改变和控制化学实验对象而使用的实际物体的总和。

在化学实验过程中,化学实验者一方面要把自己改变和控制实验对象的主观意图通过化学实验手段以物化形式作用于实验对象;另一方面,化学实验对象受到改变和控制后,所显现出来的各种具体的化学现象和性质,通过化学实验手段反作用于化学实验者,使化学实验者能够获得有关化学实验对象的信息。没有化学实验手段,化学实验者和化学实验对象之间的联系就不可能发生,实验对象的各种性质和规律性变化也就不能通过实验的变革表现出来,化学实验者也就不能获得对实验对象各种属性的认识。可见,化学实验手段是化学实验者用来认识化学实验对象,建立认识主体和认识客体之间的信息联系不可缺少的"桥梁"和"中介"。

3. 化学实验方法论

方法论是人们认识世界、改造世界的一般方法,是指人们用什么样的方式、方法来观察事物和处理问题。概括地说,方法论主要解决"怎么办"的问题。实验方法论是关于实验方法在科学认识中产生、形成和发展的理论。它包括实验方法的发展史、实验方法在科学认识中的性质、地位和作用、实验的构成要素及其结构功能、实验实施的一般程序和所运用的一些具体的科学方法(如测量、测定、实验设计、实验条件控制、实验观察、记录、实验结果的处理等)。本节我们重点从实验实施过程的角度来探讨其具体方法论的问题。

1) 化学实验问题确定

确定化学实验问题是化学实验教学认识的首要环节。化学实验问题是指作为化学实验主体的学生,在某个给定的化学实验中的当前状态与所要达到的目标状态之间存在的差距。"当前状态"是指学生已知的知识或理论,"目标状态"是指学生目前未知但准备去探索的新知识或新理论。因此,化学实验问题是已知与未知之间的桥梁和纽带。

例如,学生学习了"盐酸能使紫色石蕊试液变红(已知的化学知识)"以后,提出"其他的酸是否也能使紫色石蕊试液变红呢",通过实验,学生就可以认识到"无论是盐酸还是硫酸和硝酸,只要是酸,就能使紫色石蕊试液变红(新的化学知识)"。

确定化学实验问题要注意遵循以下几个要求:①要与化学教学目标相配合;②要善于发挥化学实验问题的动机功能;③化学实验问题的应答要明确、具体;④要有探究价值;⑤要符合学生的认知和能力水平。

2) 化学实验设计

化学实验设计是指实验者在实施化学实验之前,根据一定的化学实验目的和要求,运用有关的化学知识与技能，对实验的仪器、装置、步骤和方法在头脑中所进行的一种规划。它一般包括实验原理的选择、实验仪器及药品的选用、实验装置的设计及装置顺序的连接、实验操作的顺序、方案优劣评价(隐性的)和实验注意事项等。

化学实验设计在化学科学研究中具有极其重要的作用，它直接关系到实验效率的高低，乃至实验的成败。对同一个化学实验问题，可以设计出多种实验方案，这就涉及实验方案的选择问题。在选择实验方案时，可依据下列标准：①效果明显；②操作安全；③装置简单；④易操作、用药少；⑤步骤少、时间短。

3) 化学实验条件控制

化学实验条件是指同特定实验对象相联系，并对其状态性质和变化发生影响的诸因素的总和。从化学实验用具来看，化学实验条件主要包括化学试剂(药品)、实验仪器装置和实验操作。任何化学实验都必须在一定的实验条件下才能进行。例如，用稀硫酸和锌反应制取氢气的实验，实验装置、稀硫酸的浓度和体积、锌的加入量、硫酸铜晶体的加入量等，都是影响氢气产量的实验条件。

既然实验条件对化学实验如此重要，那么，要想使实验对象保持或达到某种状态，发生某种特定变化，得到理想的实验结果，就必须对实验条件进行严格有效的控制。实验条件的控制，就是通过改变实验条件，运用各种不同的实验比较法，来探寻最佳实验条件的一种科学的操作方法和思考方法。

由于具体的化学实验的目的和要求不同，因此实验条件的控制方式也不尽相同。从所需控制的实验条件(也称因素)的多少来看，化学实验条件的控制方式主要有以下两种类型：

(1) 单因素控制。单因素控制即只对一种实验条件进行控制。对一种实验条件进行控制，并不意味着影响实验的条件只有一个。事实上，任何一个化学实验都包含各种实验条件，即使是比较简单的木炭燃烧实验，也涉及木炭的形状、质量、温度、燃烧器皿等不同条件。但在具体的化学实验中，由于实验目的和要求不同，不一定对每个实验条件都进行实验控制。

(2) 多因素控制。多因素控制即对多种实验条件进行控制。这种情况较为复杂，从实验条件对实验结果的影响来看，又可分为两种：

a. 固定其他条件，改变一种条件。这种方式所控制的实验条件对实验结果的影响具有相对独立性，每种实验条件都能单独地影响实验结果。例如，在“浓度和温度对化学平衡的影响”的实验中，首先改变反应物的浓度，而保持其他条件，如反应物溶液的种类和体积、反应的温度等不变，观察浓度变化对化学平衡的影响；然后，再改变反应温度这一条件，而保持其他条件，如反应物溶液的种类和体积、浓度等不变，观察温度对化学平衡的影响。

b. 对几种实验条件同时加以综合控制。这种方式所控制的实验条件对实验结果的影响并不是单一的，而是共同起作用的，具有综合性。例如，“氨氧化制硝酸”实验，需要对温度、催化剂的种类和氨水的浓度等几个实验条件同时综合控制，否则，难以得到满意的实验结果。

4) 化学实验观察与记录

化学实验观察与记录是指用文字、化学术语、化学用语、数字、计量单位、化学实验仪器和装置图、线图、表格等形式，对实验观察对象进行简要、概括描述的一种科学方法。

在进行实验观察与记录时应遵循以下原则：一是准确无误，即观察到了什么就记录什么，不能凭主观想象，更不能凭空捏造、编造实验现象和数据；二是周密完整，即要根据实际情况，尽可能将化学实验的全过程记录下来，如实验日期、目的、原理、仪器和装置、步骤、现象和数据、实验条件等，不能凭主观随意取舍；三是详细有序，即对每个化学实验现象，都应该按照实验过程的顺序依次详细地记录下来，不能只记录主要的和显著的现象，而忽略次要的和不突出的实验现象。

为了做好化学实验的观察与记录，还应注意以下要求：

(1) 要准备专门的化学实验观察与记录本，不允许在零纸碎片上进行记录。

(2) 要尽可能在实验前预先设计好实验观察与记录表格，以便实验时按顺序依次观察记录。

(3) 所有的实验现象和数据，均应在实验时直接记入记录本，不允许靠回忆记录，或记在纸片上以后再转抄到实验记录本上。

(4) 记录实验数据后，应尽可能核对一下所记的数值与单位；记录的实验数据应该是原始数据。

(5) 记录时，书写应工整，字体、数字要易于辨认。

5) 化学测定

化学测定是根据一定化学实验原理通过测量得到的数据，对实验对象量的特征进行认识的一种科学的思考方法和操作方法。

化学测定在化学教学中具有非常重要的作用。它不仅可以为学生提供客观、准确的感性认识，还有利于学生从量的方面加深对物质的性质和变化规律的理解，在培养学生的实验操作技能，让学生养成实事求是、严肃认真、一丝不苟的科学态度及训练学生观察、测量、进行实验条件控制、数据处理等科学方法方面也具有重要意义。

化学测定的一般步骤主要包括明确测定原理、正确进行实验操作、准确进行计算。通过测定得到的化学实验结果，往往同理论上得到的结果不太相符。因此，教师在教学中要帮助学生分析产生误差的原因。根据误差的来源，可把测定误差分为系统误差和偶然误差。系统误差通常包括仪器误差、环境误差和方法误差等，限于中学的实验条件，很多系统误差难以消除。偶然误差主要有测量误差和实验操作误差，在实验时应尽力避免或减小偶然误差。

测定误差主要有以下两种表示方法：绝对误差和相对误差。绝对误差指测定值与真实值之间的差。相对误差是绝对误差与真实值之商。相对误差用百分数来表示，称为百分误差。

6) 化学实验结果处理

实验结果的处理就是把实验中获得的各种信息经过恰当、巧妙地处理，使实验结果简明直观，一目了然。因此，在实验结果的处理上，多采用列表法、图解法和化学用语法进行表述。

(1) 列表法。用线条制成表格，对实验结果进行系统化、简明化处理的一种方法。表格可根据实验结果的各种因素进行设计，形式不拘一格。

(2) 图解法。用直线图或曲线图对实验结果进行表述的方法。特点是直观性强，各因素之间的关系明了。它是建立在表格基础上的，用横、纵坐标分别代表变化因子，根据表格中的数据描点连线而成。

(3) 化学用语法。用元素符号、化学式、化学方程式、化学图示等来表述化学实验结果的方法。

7.1.2 化学实验的教育功能

化学实验在帮助学生建构化学概念，巩固化学基础知识，提高提出问题、分析问题、解决问题的能力，掌握实验技能，养成严肃认真、一丝不苟、严谨求实的科学态度等方面具有非常重要的意义，具有其他内容和形式所不可替代的作用。为此，我们有必要来认识化学实验的多重教育功能。

1. 化学实验的认识论功能

化学实验对化学教学认识的重要作用主要表现在以下三个方面。

1）化学实验是提出化学问题的重要途径

在化学教学中，激起学生思考，提出化学问题的方式有多种，其中通过化学实验来提出问题是重要途径之一，我们来看下面这个教学案例。

案例7-2

过氧化钠与水的反应

【实验】

“滴水生火”——取一块棉花放在石棉网上，将过氧化钠放在棉花上，包起来，往棉花上滴水。观察现象。

【讨论】

棉花为什么能够燃烧？

【提出问题】

过氧化钠与水发生反应，除生成氧气外，还生成了什么物质？

2）化学实验能为学生认识化学知识提供化学事实

化学实验能为学生认识化学概念和理论提供化学实验事实，中学化学教学中的很多概念和理论的形成，一般都借助于实验。学生通过感知物质及其变化的实验现象，获得化学实验事实，并在此基础上进行分析、推断，形成概念、认识理论。例如，在学习二氧化碳的性质时，为了让学生认识二氧化碳与水发生了化学反应而不是简单的溶解，可以设计一组对比实验：取四朵用石蕊试液染成紫色的干燥的小花，第一朵纸花上喷稀乙酸，第二朵纸花上喷水，第三朵纸花直接放入盛满二氧化碳的集气瓶中，第四朵喷水后再放入盛满二氧化碳的集气瓶中，观察四朵纸花颜色的变化。

3）化学实验能为学生检验化学理论、验证化学假说提供事实

化学教学中的化学知识一般都是人类已知的实验事实，但是对于学生而言，又具有一定的未知性。学生在接受理论的时候往往会进行假说，而对假说进行验证的一个非常重要的途径就是进行实验、搜集证据。

但是，受实验条件的限制，学生对中学化学教学中化学理论的认识，只是在若干个别实验的基础上获得的，不像科学家的实验那样严谨、系统、深入，其正确性与普适性还有待进一步实验的检验。

2. 化学实验的方法论功能

前面我们已经从实验过程的角度探讨了化学实验相关的方法论。毋庸置疑，化学实验在培养学生的实验能力，训练学生科学方法方面同样发挥着重要作用。我们通过以下案例来认识。

案例 7-3

用晶体析出法测定硝酸钾在水中的溶解度及绘制溶解度曲线

1）操作方法

准确称取 5g 硝酸钾晶体放入试管中，再准确量取 5mL 蒸馏水注入试管中。将一插有温度计和搅拌棒的橡胶塞安装在试管口上。将试管在水浴中加热，待硝酸钾晶体全部溶解后，将试管从水浴中取出，在空气中使其自然冷却。准确记录硝酸钾晶体刚析出时的温度。再将试管放入水浴中，待硝酸钾完全溶解后，再取出试管冷却，记录硝酸钾晶体析出的温度。直到两次测得的温度接近为止，最后取两次的平均值。当第一组实验数据确定后，可往试管中每次加 1mL 水，按以上步骤和要求继续测定，记录当水为 6mL、7mL、8mL、9mL、10mL 时，溶液中刚析出硝酸钾晶体时的温度。

2）列表

硝酸钾溶解度测定表

编号	KNO_3 的质量(g)	水的体积(mL)	KNO_3 晶体析出温度(℃)			溶解度(g)
			1	2	平均值	
1	5	5				
2	5	6				
3	5	7				
4	5	8				
5	5	9				
6	5	10				

3）绘制曲线

从化学手册中查出硝酸钾在不同温度时的溶解度，并与本实验所测得的数据绘在同一坐标系中，得出溶解度-温度曲线，并将二者进行分析和比较。

4）误差分析

据所测得的数据和图形进行误差分析并加以解释。

这是一个简单的定量测定实验，但却包含着实验方法论中所涉及的具体实验方法，如实验设计、数据测定、实验条件控制、现象观察、数据记录、实验数据处理(表格和图解)。通过这个实验，学生不仅学到了相关的化学知识和操作技能，而且体验了实验过程，学会了运用实验方法解决实际问题。

3. 化学实验的教学论功能

教学论是化学教学的理论基础，对化学教学起着重要的指导作用。实验作为化学教学的一项重要内容和教学方式，它的作用和功能只有在化学教学活动中才能更好地体现出来。具体表现在以下几个方面。

1）化学实验能够激发学生的学习兴趣

兴趣可以从低到高分为感知兴趣、操作兴趣、探究兴趣和创造兴趣四个层次。

学生的感知兴趣是指学生通过感知演示实验所产生的表观现象及观察各种实验仪器、装置、实物而产生的一种直觉兴趣。学生在刚开始学习化学时，这种兴趣往往起到主导作用。例如，有颜色和状态的变化、沉淀的生成和溶解、伴随有燃烧或爆炸等现象鲜明的实验及奇特的化学实验仪器随时都能引起他们的兴趣。但是这样的兴趣在化学教学中一般不够稳定也不持久，学生的注意力往往主要集中在对实验现象的观察上，对实验基本操作的规范性和实验的本质可能会有所忽略。因此，教师应根据学生的特点，在保护他们直观兴趣的同时，引导学生明确学习目的，深入观察分析实验的内在因素，掌握基本的化学概念原理及元素化合物知识，使兴趣的层次不断提升。

操作兴趣比直觉兴趣高一层次(仍属于直觉兴趣层次)，是学生在观察实验现象的基础上试图通过亲手进行实验操作而获得实验现象所产生的一种兴趣。凭借这种兴趣进行实验的学生，其注意力往往只集中在实验操作本身，表现为操作欲望强烈，主动性、积极性很高，满足于完成操作的快感，往往对化学变化的本质理解不够透彻，容易出现按部就班、照方抓药的现象。

探究兴趣属于间接兴趣，指学生通过探究实验现象产生的原因即物质变化规律而产生的兴趣，比直接兴趣水平更高，具有稳定持久的特点。凭借这种兴趣进行实验的学生具有极强的科学探究欲望，力图探究化学事物的本质及内在关系，对生活及社会中的化学事物变化能够作出科学的解释。探究兴趣对提高学生的探究能力及科学素养有积极的作用。

创造兴趣是兴趣的最高层次，是指学生运用已有知识、技能和方法进行创造性的实验活动所形成的兴趣。在这种兴趣的推动下，学生的创造能力得以充分展现，对化学事物的认识更加深入。

各级兴趣既有区别又有联系，不能割裂开来。教师要根据学生的认知水平，保护和鼓励学生的直接兴趣，充分发挥其在学生学习化学启蒙阶段的积极作用。大力提倡和培养学生的间接兴趣，不断提高学生的探究能力和创新能力，促进学生科学素养的全面提高。

2) 化学实验能够为化学教学创设情境

知识是具有情境性的。情是指情感，境是指外界的环境，情境是指能够激起人们情感的环境。“化学教学情境”是指与教学内容相关的文化、环境、活动等方面，是一种优化的、特定的学习环境。化学实验在创设教学情境方面，有着自身的优势。首先，素材来源广泛，可以取自学生学习、生活、社会实践；其次，其现象大多生动、直观，使学生身临其境。

3) 化学实验可以促进学生学习方式的转变

“倡导以科学探究为主的多样化学习方式”是化学课程改革的重要理念之一。实验探究作为科学探究中最常用、最主要的表现形式，对转变学生的学习方式起着举足轻重的作用。在教学中，可适当安排一定的学生实验，突出学生学习的主体地位，增强他们的动手能力与探究精神，培养他们交流与合作的意识与能力，使化学学习变得生动、活泼。

例如，在学习“质量守恒定律”时，教师先通过展示一些发光放热的化学反应的图片创设情境，提出问题：“化学反应前后，反应前参与反应的物质的总质量与反应后生成物的总质量之间是什么关系?”学生根据已有的生活经验提出自己的假设；接下来学生小组内设计实验方案，小组间交流完善实验方案，依据实验方案实施实验，并进行细致的观察与记录；小组间交流实验结果，最后得出一致结论：在化学反应中，参加反应的各物质的质量总和等于反应后生成的各物质的质量总和。

上述案例就是让学生通过实验探究来学习质量守恒定律。从问题的提出、方案的设计、一直到结论的得出，体现了完整的科学探究的过程，从而促进了学生学习方式的转变。

4) 化学实验是落实“情感态度与价值观”的重要途径

“情感态度与价值观”的培养是化学课程追求的重要目标之一，而实验是落实这一目标的一个重要途径。通过一些实验史实,能够培养学生的科学态度、科学精神;通过某些具体的实验事实和相关分析,能够培养学生严谨求实、实事求是的科学态度,帮助学生树立辩证统一的思想;通过实验探究活动,能够让学生有更多的自我体验,自我感悟,获得情感的升华。

案例 7-4

某学生实验探究后的体会

"原来科学研究这么不容易,科学真了不起!""我以前就听说过科学的道路并不平坦,只有那些在崎岖的小路上不畏艰险、勇于攀登、坚韧不拔的人,才能征服最高的山峰。可是,对于探索需要不屈不挠的科学精神这一点,今天通过这次挫折与失败,我才真正有些初步的感受和体验了。""艰辛之后的成功更快乐、更迷人。"

"实验结果竟然与我们的预期差别这么大,怪不得老师告诉我们不能想当然地看问题。""通过这次探究,我最大的感受是,多数人认为对的不一定对,有时真理掌握在少数人手里。"

7.2 化学实验教学

化学实验教学指教师将化学实验置于一定的化学教学情境下,为实现一定的化学教学目的而开展的讨论、探究、归纳、总结等一系列的教学活动。

7.2.1 化学实验教学的基本模式

教学模式是沟通教学理论和教学实践的桥梁,是教学理论的具体体现,也是教学实践的概括和总结。教学模式的选择对教学效果有着直接的影响。

化学实验教学模式是指在一定的教育思想和教学理论指导下,为完成一定的化学教学目标和任务,而建立的一种比较典型和稳定的化学实验教学程序及其实验方法的策略体系。目前,在教学实践中比较常用的有演示讲授模式、实验归纳模式、实验演绎模式和实验探究模式等。

1. 演示讲授模式

演示讲授模式是一种经典的、较为传统的实验教学模式。它的特点是将化学演示实验与教师的讲解、评述有机地结合起来,以达到预期的教学目的,是中学化学(实验)教学中最为广泛的一种教学模式。

演示讲授模式的教学过程一般为:根据教学目的,确定教学实验内容;教师示范操作并提示学生观察实验过程中所发生的各种实验现象;引导学生思考实验问题;教师结合实验现象进行讲解,启发学生提出问题,回答问题;在教师总结的基础上得出科学的结论。

在演示讲授模式的教学中,学生的观察和思维受教师的演示和讲解的影响较大。所以,在教学过程中,教师要注重学生学习积极性、主动性的发挥。

例如,在引导学生学习"金属钠与水的反应"这一化学性质的时候,教师取绿豆大小的一块金属钠,用滤纸擦干表面的煤油,投放在事先滴有无色酚酞试液的水中。为便于学生观察实验现象,教师对实验进行投影,并指导学生观察,学生说出"浮"、"游"、"熔"、"响"、"红"这五个明显的实验现象后,师生在分析这些实验现象的基础上得出实验结论,并板书钠与水反应的化学方程式。这就是典型的演示讲授模式。

2. 实验归纳模式

实验归纳模式是将学生的实验活动与教师的引导提示相结合，通过归纳整理的方法，使学生认识化学概念和化学理论的一种实验教学模式。在中学化学教学中，边讲边实验应属于这种模式。

实验归纳模式的教学过程一般为：教师根据教学目的，选择合适的实验内容；由教师演示或学生进行实验操作，通过观察实验现象，获取实验信息；在师生互动中共同归纳总结出相关的化学概念和化学理论。

实验归纳模式初显了探究性教学的功能。学生能够亲自动手完成实验操作，对实验现象的观察更加细致、全面，学生的实验操作技能也得到了相应的训练。

例如，在学习“物质的溶解”这节课时，为了让学生认识“什么是溶液”，教师安排学生亲自动手操作并观察“氯化钠、硝酸铵、硫酸铜、润滑油、碘这五种物质在水中的变化”。学生在操作、观察的基础上，根据这些物质在水中变化的不同，对溶液有了一定的感性认识，同时，在分类、对比的基础上对浊液也有了一定的认识和了解。

3. 实验演绎模式

实验演绎模式是在学生已有化学知识的基础上，通过新的实验，用演绎的方法深化、拓展相关知识。

实验演绎模式的教学过程一般为：在学生已有知识的基础上，设立实验主题；通过实验，学生获得新的化学实验现象；经过演绎推理，得出新的结论。

例如，学生学习了金属活动性顺序，知道排在前面的金属能够把排在后面的金属从它的盐溶液中置换出来。但把金属钠放入硫酸铜溶液中却得不到金属铜，而产生氢氧化铜沉淀。学生通过实验推理得出结论，这就是实验演绎模式的教学示例。

4. 实验探究模式

早在18世纪，法国的思想家、教育家卢梭就提出了探究教学的思想。他主张“用探究的方法创造性地进行学习”。我国自20世纪80年代开始开展这方面的研究活动，并取得了一定的成效。自2001年以来，初高中化学课程标准更是把实验探究作为化学实验教学新的目标和方式，足见它的重要意义。

根据探究活动的过程，可将实验探究教学模式大体分为两种。

1）模式Ⅰ

化学实验探究教学模式Ⅰ如图7-1所示。

创设情境 → 提出问题 → 收集事实 → 科学抽象 → 得出结论 → 交流与应用

图7-1　化学实验探究教学模式Ⅰ

这种模式的突出特点是，在实验探究的基础上，运用科学抽象的方法得出结论。科学抽象是在思维活动中，把事物的各种属性、特点和关系进行分析、比较、分类，从中舍去偶然的、非本质的东西，最终形成结论性的认识。

案例 7-5

物质的溶解

【创设情境】

一家服装干洗店的工作人员接到某化工厂送来的一批工作任务，几百件工作服上分别沾有不同的化学药品，有食盐、硫酸铜、硝酸铵、润滑油、碘等。

【提出问题】

哪些污渍能够用水洗去？不能用水洗去的污渍用什么处理？

【收集事实】

实验 1：取这五种物质分别放入水中，观察现象。

实验 2：将碘与酒精、润滑油与汽油混合，观察现象。

【科学抽象】

食盐、硫酸铜、硝酸铵溶于水后，其固体颗粒物消失不见了，放置一段时间后，也不分层，形成了均一、稳定的混合物。而润滑油和碘则不溶于水，但却能分别溶于汽油和酒精中，并且形成了均一、稳定的混合物。

【得出结论】

一种或几种物质分散到另一种物质里，形成均一、稳定的混合物称为溶液。能溶解其他物质的物质称为溶剂，被溶解的物质称为溶质。溶液是由溶质和溶剂组成的。水能溶解很多物质，是最常见的溶剂；汽油、酒精等也可以作为溶剂。

【交流与应用】

(1) 我们常喝的可乐、醒目饮料是溶液吗？溶质是什么？

(2) 向滴有水和润滑油的试管中滴入几滴洗涤剂，观察现象，是形成溶液了吗？为什么？

(3) 干洗店清洗带有油污的衣服时，是用汽油洗的吗？用的是什么？原理是什么？

2) 模式Ⅱ

这种实验教学模式一般是以情境创设为先导，首先提出相关的问题，再根据问题进行讨论，提出与问题有关的假说，分析假说的可能性，并设计检验假说的实验方案，然后通过实验去伪存真得出科学结论，如图 7-2 所示。

图 7-2 化学实验探究教学模式Ⅱ

案例 7-6

"铁生锈条件"的实验探究

【创设情境】

请同学们交流所查阅的资料：我国每年因钢铁生锈所造成的经济损失情况。

【提出问题】

铁为什么会生锈？

【提出假说】

铁生锈的原因可能是:①与空气接触;②与水接触;③与空气和水共同接触。

【实验验证假说】

实验1:取一支试管,用酒精灯烘干,向里面放入一根铁钉,然后用橡胶塞塞紧试管口,使铁钉只与干燥的空气接触;

实验2:取一支试管,向其中放入一根铁钉,注入刚煮沸过的蒸馏水至浸没铁钉,然后在水面上注入一层植物油,使铁钉只与水接触;

实验3:取一支试管,向其中放入一根铁钉,然后注入蒸馏水,不要浸没铁钉,使铁钉同时与空气和水接触。

通过实验现象发现,实验1和实验2中的铁钉都未生锈;而实验3中的铁钉却生锈了。

【得出结论】

常温下,铁在干燥的空气中或在隔离空气只与水接触的情况下均不生锈;而当铁同时与空气、水接触时,才会生锈。因此,铁生锈的原因是水和空气共同作用的结果。

【交流与应用】

(1) 根据铁在潮湿的空气中生锈(主要成分是Fe_2O_3)以及铁丝在纯氧中燃烧生成Fe_3O_4的实验,讨论和交流反应条件对化学反应结果的影响。

(2) 根据铁生锈的原因,提出一些防止铁生锈的措施。

值得注意的是,模式Ⅰ是化学实验探究教学的基本模式,很多元素化合物知识,化学概念、定律、原理等都可以通过这种模式来获得。模式Ⅰ和模式Ⅱ并没有绝对的界限划分。同一个教学内容,既可以按照模式Ⅰ来设计,也可以按照模式Ⅱ来设计。

7.2.2 化学实验教学的改革与创新

化学实验教学是化学教育的重要组成部分,是提高学生科学素养的重要环节。化学实验教学的改革与创新一直是化学教育教学领域的一个重要课题。在化学实验教学改革的过程中有一些问题值得从理论上重视,同时也有一些问题需要在实践中去解决。

1. 深刻认识有关化学实验教学的几个问题

1) 全面理解“以实验为基础”中“实验”的含义

化学是一门以实验为基础的自然科学,以实验为基础是中学化学教学的最基本特征。

从理论上说,以“实验为基础”中的“实验”有四重含义:“实验探究活动”、“实验方法论”、“实验事实”和“实验史实”。“实验探究活动”和“实验方法论”是获取“实验事实”的基础。但通常情况下,人们对于“实验事实”的理解往往有失偏颇,而对于“实验史实”也重视不够。

化学教学中的“实验事实”实际上有两种,一种是学生直接从实验中获得的事实,称为“直接实验事实”;另一种是限于中学化学教学的实际条件,学生无法直接从实验中获得,而只能通过其他途径(如教材、教师的讲授、网络、有关书籍和杂志)获得的事实,称为“间接实验事实”。无论哪一种实验事实,都是运用实验方法论进行实验探究活动获得的结果,区别仅在于是直接还是间接。

“实验史实”实际上就是一部运用实验方法论进行实验探究活动,以获取化学实验事实,建立化学科学理论的发展史。在教学中，结合典型的化学实验史实，引导学生进行科学探究，对于培养学生的科学素养，具有重要意义和价值。因此，以实验史实为基础也是以实验为基础。

2）正确认识化学实验技能及其训练问题

从动作技能来看，化学实验技能主要包括基本操作技能、仪器和试剂的选择技能和综合运用技能三个方面。

基本操作技能主要包括“试剂的取用”、“加热”、“移液管、容量瓶、滴定管的使用”、“天平的使用”、“酸度计的使用”、“气体的收集”、“过滤”、“蒸发”和“仪器的使用和连接”等。

仪器和试剂的选择技能主要包括对试剂的种类、纯度、浓度、用量的选择和对实验仪器的种类、规格、数量、用途等的选择。

综合运用技能主要包括重要物质的主要性质的检验、常见化学物质的区分、使用过滤、蒸发方法对混合物的分离和提纯、溶液的配制、重要气体的制取装置的连接及制取操作、酸碱滴定和氧化还原滴定等。

将“实验技能”放在“科学探究”这一主题中，而没有单独列出；将实验技能分成“基本操作技能”、“仪器和试剂的选择技能”和“综合运用技能”，实际上蕴含着两个方面的重要变化。其一是对“实验技能”强调的重点由过去单纯的“实验基本操作”向“综合”、“运用”技能转变；其二是“实验技能”的地位，由过去单独的一部分转变为“科学探究”的一部分，倡导将实验技能的训练置于具体的“科学探究”活动中。

3）辩证处理验证性实验和探究性实验的关系

根据实验在学生认识化学科学知识中的作用，可以将实验分为“验证性实验”和“探究性实验”。

目前对验证性实验的批评较多，很多人主张将验证性实验改为探究性实验。对于这种批评和主张，要辩证地加以认识。从理论上讲，验证性实验和探究性实验在教学认识中有各自的作用，只不过是在认识的不同阶段发挥作用，不存在谁替代谁的问题。诸如“告诉学生详细的实验步骤”、“告诉学生结论”等问题，并不是验证性实验自身存在的问题，而是在验证性实验设计和实施中人为造成的问题。

要解决这一问题，首先，要正确认识验证性实验的不可替代作用；其次，要系统规划，统筹考虑，将验证性实验作为实验探究活动的重要表现形式之一，与实验探究活动其他功能的发挥紧密结合起来；再次，要改变验证性实验“照方抓药”式的设计，倡导结合所学知识对“验证性实验”进行探究。

2. 努力改进化学实验教学

1）追求绿色化实验教学

绿色化学是20世纪90年代出现的一个多学科交叉的研究领域，也称为环境友好化学、清洁化学等。它的理念是在化学反应过程及化工生产中，不再使用有毒、有害物质，不再产生废物，不再处理废物。它是一门从源头上阻止污染的化学。根据这一理念，化学实验在设计上要体现绿色化，应尽可能做到原料（反应物）的绿色化，化学反应的绿色化（采用原子经济性反应），生成物的绿色化及催化剂、溶剂的绿色化。

绿色化学的理念是化学、化工生产所追求的理想目标，是社会对化学科学发展的新要求。因此，在中学化学教学中，要注意渗透绿色化学的教育，使学生从小树立保护人类赖以生存的环境的意识，实现人类社会的可持续发展。

案例 7-7

制取氧气的绿色化方法

实验室制取氧气一般是用氯酸钾、高锰酸钾或过氧化氢分解的方法。

$$2KClO_3 \xrightarrow[\triangle]{MnO_2} 2KCl + 3O_2\uparrow$$

$$2KMnO_4 \xrightarrow{\triangle} K_2MnO_4 + O_2\uparrow + MnO_2$$

$$2H_2O_2 \xrightarrow{MnO_2} 2H_2O + O_2\uparrow$$

【案例分析】

比较三种方法可知：氯酸钾的利用率较高，但有 Cl_2、ClO_2 等杂质产生。高锰酸钾分解后所得的氧气虽然较纯，但产率较低。而过氧化氢分解时，所产生的氧气既多又纯。

从原料生产过程分析：高锰酸钾是通过焙烧二氧化锰和氢氧化钾，制得锰酸钾，再电解其水溶液获得的；氯酸钾是通过电解氯化钠水溶液先制得氯酸钠（中间有氯气产生），氯酸钠再与氢氧化钾反应获得。而生产过程中，需要消耗大量以燃煤为主产生的电能，在一定程度上也是一种间接污染。

过氧化氢的生产可以采用将2-乙基蒽醌先氢化，再氧化的方法制得。

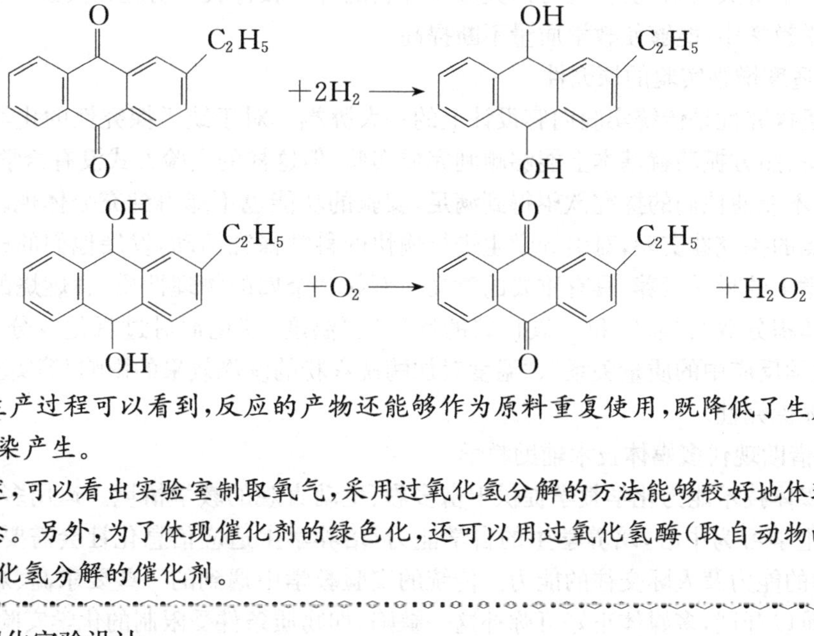

从这个生产过程可以看到，反应的产物还能够作为原料重复使用，既降低了生产成本，又没有污染产生。

综上所述，可以看出实验室制取氧气，采用过氧化氢分解的方法能够较好地体现绿色化学的理念。另外，为了体现催化剂的绿色化，还可以用过氧化氢酶（取自动物的肝脏）作为过氧化氢分解的催化剂。

2）注重微型化实验设计

对于中学化学实验来说，要想完全做到实验绿色化，目前来说还不太现实。有些物质（如CO、苯、甲醛）本身就具有毒性，但实验中又必须用到它们。如何在实验中最大限度地消除其负面影响，改用微型实验不失为一种有效的方法。

国外对微型实验方法的研究与应用始于20世纪初，而国内外真正迅速发展和推广微型实验也就是近20年的事情。它是化学界公认的体现绿色化学思想的一种新举措，是当今国际化学实验教学改革的一个亮点。下面就微型实验的几个主要特点加以说明。

(1) 节省药品、降低成本。

这是与常规实验相比最突出的优点。微型实验中试剂用量大约为常规用量的10%，有时仅为常规实验的几十分之一，从而使实验成本大大降低。另外，微型实验所用的仪器体积小，有时可用代用品，又可以节约大量经费。因此，微型实验非常适合于实验条件较差、经济欠发达地区的基层中学，使那里的学生能亲自参与丰富的实验探究活动。

(2) 安全性高、污染小。

微型实验由于实验仪器微型化，实验试剂微量化，使实验的危险性和污染大大降低。

(3) 节省时间、提高效率。

在微型实验中，试剂用量少、仪器简单、实验时间短，可节省实验耗时(一般情况下比常规实验可节约 1/3 的时间)，从而大大增加了学生的有效学习时间。

(4) 趣味性强。

微型实验的仪器小巧玲珑，大多都像艺术品，对学生有极大的吸引力。学生可以亲自动手进行实验操作，还可以用一些日常生活中的废弃物品自制微型化学仪器，这将会给学生带来无穷的乐趣。通过这些实践活动，可以提高学生的动手能力和创新能力，同时还可以激发学生的实验兴趣，为以后更加深入的探究奠定良好的基础。

(5) 增强教学效果。

微型实验为化学实验在中学化学教学中的普及创造了有利条件，学生真正从“听实验”、“背实验”中解放出来，实验也可以充分发挥它的各项教育教学功能。实践证明，微型化学实验用于化学教学中，能够使教学质量不断提高。

3) 适度增强实验的探究性

缺乏探究性是传统实验内容设计上的一大弊端。对于缺乏探究性的化学实验，学生只要按部就班、照方抓药就基本上能够顺利完成实验，但这样的实验方式没有给学生留出足够的探究空间，不能使他们的探究欲望得到满足，实验的功能也不能得到充分体现。因此，设计适合学生特点的探究性实验，对引导学生进行愉快的科学探究活动，发展他们的科学探究能力，全面提升学生的科学素养，具有重要的意义。例如，“金属的物理性质”、“燃烧的条件”、“空气中氧气的体积分数”、“氧气和二氧化碳的性质”、“温度、催化剂对过氧化氢分解反应速率的影响”、“化学反应中的质量关系”、“温度对加酶洗衣粉的洗涤效果的影响”等实验，在教学设计时均应凸显探究性。

4) 借助现代多媒体技术辅助教学

多媒体技术能为化学教学提供丰富多彩、生动直观的教学情境。运用多媒体技术可以实现以学生学习为中心，培养学生的自学能力，培养学生适应信息化社会需要的信息，收集、选择、处理的能力及人际交往的能力。传统的实验教学中遇到的一些要求高、难、设备贵重的实验往往难以开展，多媒体正好可弥补这一缺陷，如物质条件受限制的化学实验，爆炸、毒性较大且不易控制的一些危险实验，易出错误的实验，微观物质结构及其运动的实验。

7.3 化学实验教学的内容分析

中学化学实验一般包括以下五方面内容：化学基本操作的实验、元素化合物的性质及制备实验、揭示基本概念和基本理论的实验、联系生产和生活实际的实验、独立设计实验。化学实验内容是配合化学学科知识分散安排的。

7.3.1 初高中化学课程中的实验内容分析

1. 全日制义务教育化学实验内容分析

《义务教育化学课程标准(2011年版)》进一步明确了化学实验在化学课程中的重要位置，化学实验以分散的形式分布在“科学探究”、“身边的化学物质”、“物质构成的奥秘”、“物质的化学变化”、“化学与社会发展”这五个一级主题中。主要实验内容见表7-1。

表7-1 《义务教育化学课程标准(2011年版)》实验内容

主题	实验内容
科学探究	能进行药品的取用、简单仪器的使用和连接、加热等基本的实验操作
	能在教师的指导下根据实验需要选择实验药品和仪器，并能安全操作
	会配制一定溶质质量分数的溶液
	使用酸碱指示剂、pH试纸检验溶液的酸碱性
	根据某些性质检验和区分一些常见的物质
	使用过滤、蒸发的方法对混合物进行分离
	运用简单的装置和方法制取某些气体
身边的化学物质	实验探究：空气中氧气的体积分数
	实验：氧气和二氧化碳的制取和性质
	实验探究：呼出的气体中二氧化碳相对含量与空气中二氧化碳相对含量的差异
	根据实验现象判断水的组成
	试验活性炭和明矾等净水剂的净水作用
	实验：比较氯化钠、硝酸钠、氢氧化钠三种物质在水中溶解时的放热(或吸热)现象
	根据已知比例配制某种无土栽培所需的无机盐营养液
	实验：金属的物理性质和某些化学性质
身边的化学物质	用实验方法将氧化铁中的铁还原出来
	设计实验，探究锈蚀的条件，讨论防止锈蚀的方法
	试验某些植物花朵液在酸性和碱性溶液中的颜色变化
	使用pH试纸检验唾液、食醋、果汁、肥皂水、雨水和土壤溶液等的酸碱性
	自制汽水
	常用铵态氮肥的检验
	实验探究：酸碱的主要性质
物质构成的奥秘	实验：水的电解
	加热碘固体，观察发生的现象
	实验：粗盐中难溶性杂质的去除
	实验：比较空气和水在被压缩时的体积变化情况
	观察并解释浓氨水和浓盐酸相互接近时的“空中生烟”现象

续表

主题	实验内容
物质的化学变化	观察一组化学变化，讨论并归纳出化学变化的一些特征 设计实验证明：加热碱式碳酸铜有新物质生成 观察二氧化锰、硫酸铜溶液对过氧化氢分解反应的影响 观察铜锌原电池实验 实验：镁条燃烧、高锰酸钾加热分解 设计实验证明：氢氧化钠与盐酸能发生化学反应 实验探究：酸溶液、盐溶液与金属发生的置换反应及其规律 小组协作完成当地土壤酸碱性的测定实验，提出土壤改良的建议或适宜的种植方案 实验探究：化学反应前后的质量关系
化学与社会发展	观察某些燃料完全燃烧和不完全燃烧的现象 燃烧条件的实验探究 实验：氢气的燃烧 观察少量汽油、柴油、润滑油样品的燃烧现象，调查其用途 用简单的实验方法区分棉纤维、羊毛纤维和合成纤维（如腈纶） 设计实验，探究农药、化肥对农作物或水生生物生长的影响

2. 普通高中化学实验内容分析

普通高中化学课程由 8 个课程模块组成，包括 2 个必修模块和 6 个选修模块。化学实验的设置除以分散的形式分布在“化学 1”、“化学 2”、“化学与生活”、“化学与技术”、“物质结构与性质”、“化学反应原理”、“有机化学基础”这几个课程模块中外，还专门设置了“实验化学”课程模块，以此来强化化学学科以实验为基础的特征，凸显化学实验在化学课程内容中的重要性。具体实验内容如表 7-2 所示。

表 7-2 《普通高中化学课程标准（实验）》实验内容

课程模块	实验内容
化学 1	收集浓度不同的水样，测定其 pH，并用图表或数据等表示实验结果 实验探究：配制一定浓度的溶液，比较不同浓度溶液的某些性质差异 设计实验探究市售食盐中是否含有碘元素 溶液中 Ag^{+}、CO_3^{2-}、Cl^{-}、SO_4^{2-} 等的检验 氢氧化铁胶体的制备 铝盐、铁盐的净水作用 氯气的漂白性 通过实验探究，了解氧化还原反应的本质 通过实验了解氯、氮、硫、硅等非金属及其重要化合物的主要性质

续表

课程模块	实验内容
化学2	几种金属盐的焰色反应 实验探究:碱金属、卤族元素性质的递变规律 结合实验事实认识元素周期表 中和反应和中和热的测定 用生活中的材料制作简易电池 实验探究:温度、催化剂对过氧化氢分解反应速率的影响 设计实验:证明某些化学反应的可逆性 通过实验认识化学反应的速率和化学反应的限度 实验探究:乙烯、乙醇、乙酸的化学性质 对比实验:尿液中的葡萄糖检测 淀粉的分解和产物的检验
化学与生活	实验探究:鲜果中维生素C的还原性 食品中的膨化剂 实验探究:抑酸剂化学成分的检验 易拉罐的主要成分 一氧化碳的毒性
化学与技术	用碳酸氢铵和氯化钠制取碳酸钠,对产品进行检验 电路板的化学刻蚀 用淀粉自制吸水材料,并进行模拟保水实验 测定土壤的酸碱性,讨论改良酸性土壤和碱性土壤的一般方法
物质结构与性质	熔融盐的导电性 明矾或铬钾矾晶体的生长条件 “相似相溶”规则的实际应用
化学反应原理	实验探究:电能与化学能的相互转化 实验探究:浓度、温度对硫代硫酸钠溶液与稀硫酸反应速率的影响 向用硫酸酸化的草酸溶液中加入酸性高锰酸钾溶液,测定溶液褪色所需时间,讨论溶液褪色先慢后快的可能原因 实验探究:不同催化剂对淀粉分解速率的影响 实验探究:温度对加酶洗衣粉的洗涤效果的影响 温度、浓度对溴离子与铜离子配位平衡的影响 用pH计测定中和反应过程中溶液pH的变化,绘制测定曲线 测定不同盐溶液的pH,说明这些盐溶液呈酸性、中性或碱性的原因 实验探究:促进或抑制氧化铁的水解 沉淀的转化

续表

课程模块	实验内容
有机化学基础	观察实验:李比希法分析碳氢元素含量的仪器装置与原理 甘油中碳、氢元素的检验 氯丁烷中氯元素的检验 实验探究:比较甲烷、乙烯、乙炔、苯的化学性质 观察实验:苯的溴代或硝化反应,甲苯与酸性高锰酸钾溶液的作用 乙醇的酯化 醛基的检验;乙酸乙酯的水解 苯酚的化学性质及其检验 自制肥皂与肥皂的洗涤作用 实验探究:蔗糖、纤维素的水解产物 酶的催化作用 蛋白质的性质 区别聚乙烯、聚氯乙烯、聚苯乙烯 聚苯乙烯的热降解,酚醛树脂的合成
实验化学	食用色素的提取和层析实验 用化学方法(或红外光谱法)检验卤代烷中的卤素 用中和滴定法(或气相色谱法)测定食醋中醋酸的含量 酸碱反应滴定曲线的绘制 天平、温度计等仪器的使用方法 实验探究:制备硫酸亚铁的条件 用氧化还原测定法或电化学分析法测定污水中的化学耗氧量 比色法测定动物血液或抗贫血药物(或补血剂)中铁的含量 实验探究:硫酸铜溶液与镁、铝、锌等活泼金属反应的产物
实验化学	设计实验:金属(或塑料)的电镀 设计实验:硫酸亚铁铵的制备及纯度测定

7.3.2 化学课程中实验内容的特点

仔细分析不难发现,初高中国家化学课程标准在化学实验方面的安排与设计凸显出以下几个特点。

1. 重视化学实验,并增大探究性实验内容的比例

初高中的化学课程都非常重视化学实验,将化学实验作为化学课程的重要内容及重要的教学与学习方式。《义务教育化学课程标准(2011年版)》除在各内容主题中编排化学实验外,还明确了8个必做的学生基础实验,而《普通高中化学课程标准(实验)》更是将化学实验单列为实验化学模块供学生选择。

此外,初高中化学课程标准均重视探究性实验的设置,增大了探究性实验的内容比例。《义务教育化学课程标准(2011年版)》中,明确要求通过实验探究来完成的化学实验共13个,

占总实验数的 32.5%。《普通高中化学课程标准(实验)》中的“内容标准”明确要求通过探究来完成的实验有 7 个，占“内容标准”实验条目总数的 14.29%；“活动与探究建议”中明确要求通过实验探究来完成的实验有 18 个，占“活动与探究建议”中实验总数的 27.27%。

2. 注重联系生活实际，凸显实验内容的生活化和社会化

注重化学实验的生活化，将“贴近生活、贴近社会”的理念落实到实验教学内容中。重视选取学生日常生活中熟悉的素材，引导学生从观察与探究身边的一些常见物质入手，了解化学对人类生活的影响，体会化学发展与改善和提高人类生活质量的关系。例如，“小组协作完成当地土壤酸碱性的测定实验，提出土壤改良的建议或适宜的种植方案”、“观察少量汽油、柴油、润滑油样品的燃烧现象，调查其用途”、“设计实验，探究农药、化肥对农作物或水生生物生长的影响”、“用生活中的材料制作简易电池”、“对比实验：尿液中的葡萄糖检测”、“实验探究：鲜果中维生素 C 的还原性”等实验。

3. 实验类型多样，实验教学功能得到拓展

初高中课程标准淡化了演示实验和学生实验的界限，并在不同模块中设置了 8 种可供选择的实验类型：实验、实验探究、讨论或实验探究、设计实验、对比实验、调查或实验、观察实验、观察，不同的实验类型分别承载着不同的教学功能。即使是同一类型实验，也可选择不同的实验技术、不同的实验内容和不同的实验教学策略。实验呈现方式的多元化，必将导致实验教学实施的多样化和实验教学功能的拓展。

4. 实验仪器与设施凸显现代化

随着科技的发展，各种先进的实验装备、设施越来越多地在化学实验及其教学中得到应用，这在课程标准中同样得到了体现，如红外光谱仪、气相色谱分析仪、精密电子天平、数字测温仪、数字式 pH 测量仪、导电仪、紫外可见吸收光谱仪、质谱分析仪、溶解氧测定仪、COD 测定仪等。另外，多媒体教学手段的发展也为化学实验教学提供了日益现代化的外部条件。

思考与实践

1. 化学实验具有怎样的教育功能？
2. 化学实验内容改革体现在哪些方面？
3. 如何看待各种实验教学模式？根据现行教材及查阅相关的教学参考材料，设计用不同的模式进行实验教学的典型案例。
4. 若在传统的教学环境中开展实验探究的教学活动，将会遇到哪些困难？提出解决问题的设想。
5. 结合中学教材，找出不符合环保要求的实验实例，设计出充分体现绿色化学理念的实验方案。
6. 以“过氧化钠与水的反应”实验为例，采用实验探究的教学模式，进行教学设计并进行模拟实施。

第 8 章　化学学习的测量与评价

提高学生的科学素养是化学课程的根本理念。将教育测量与评价的基本原理和方法应用于化学学习领域，对学生的化学学习进行测量与评价，以衡量和促进学生的发展，是化学教学的基本环节之一。为了充分发挥测量与评价的功能，教师不仅要掌握化学学习测量与评价的基础知识和基本方法，还应了解其发展趋势，不断更新评价理念与方法，并在今后的教学工作中践行完善，使之更加科学化。

8.1　化学学习的测量

8.1.1　测量与评价的含义

测量是指为了达到某种目的，采用适当的工具收集有关信息，从而反映和描述被测对象某种客观属性的过程。例如，为了测量桌子的长度，我们拿尺子来量一量，就可以把桌子的客观属性——长度用具体数据表示出来，这个过程就是测量。

化学学习的测量是为了达到某种目的，运用一定的工具和方式（如纸笔测验、讨论交流、调查问卷和学习档案等）收集有关信息，从而反映和描述学生化学学习状况的过程。例如，某中学期末考试中，一学生化学得了 85 分，这就是对该生化学学习效果的测量。

评价是指根据测量所得到的结果，通过比较，对被测对象的客观属性进行解释和说明，从而对该属性作出价值判断的过程。例如，测量得到桌子的长度为 1.20m，比需要的 1.50m 短，这就是对桌子的评价。

化学学习的评价是指根据测量所得到的结果，通过比较，对学生化学学习状况进行解释和说明，从而对学生的化学学习作出价值判断的过程。例如，前例中一学生得 85 分，与班级平均分 65 分比较，可知该学生在班级中是优等生，这就是对他的评价。

测量与评价密不可分。没有测量，评价就失去了依据和可行性；没有评价，测量也就没有了意义。

化学学习的测量与评价是检验教学成效、确定学生学习结果和教师教学效果的有效手段。通过化学学习的测量与评价，教师可以诊断学生的学习状况，为今后调整和强化教学提供依据；学生可以获得学习反馈，为反思和改进学习提供动力；高等学校可以对考生的学习结果进行鉴定，为选拔优秀人才提供标准；教育行政和研究人员可以积累教学管理和教学行为信息，为今后的教学改革决策提供参考。

8.1.2　测量的方式

化学学习测量的主要方式包括口头方式、书面方式和活动方式。

1. 口头方式

口头方式主要是指课堂教学中的提问、讨论、谈话和口试。其中，前三种被广泛采用，口试一般不单独进行，而是结合一定的活动(如实验探究)来进行。口头方式，具有及时性和针对性的特点，可以用来了解学生的知识与技能水平、表达能力、思维的敏锐性、深刻性，用来发现学生的知识缺陷、错误的症结所在和教学中存在的问题，有利于教师及时调整教学和促进学生及时改进学习。但提问的问题和谈话提纲等需要教师提前统筹规划、精心安排，才能收到预期的效果。

2. 书面方式

书面方式主要是指书面作业、纸笔测验、实验报告和调查报告等，是目前最主要、最常见的测量方式。其中，书面作业能有效地检查学生对化学基础知识和基本技能的掌握情况；纸笔测验一般涉及较多的知识点，可以比较客观、有效、可信地检查学生的学业成绩，其反馈的信息量较大，具有可展现性；实验报告和调查报告能有效地检查学生对科学方法的基础知识和科学探究基本技能的掌握情况，往往能体现学生独特的见解和思维方式。书面方式属于延时反馈，但能较为全面地检查学生学期学年、章节单元、主题项目的学习情况。

3. 活动方式

活动方式主要是指学生个人或小组进行的实验设计、工厂参观、社会调查、角色扮演等研究性的学习活动。这种方式往往能全面体现科学探究的8大要素，是全面了解学生科学素养发展水平的有效途径，有利于检查学生综合运用已具备的知识和技能来解决实际问题的创新精神和实践能力，有利于教师和学生本人检查、监控和调整学习过程，是一种值得大力提倡的测量方式。这种方式一般周期较长，各项投入较大，并需要教师精心组织和管理。

测量的方式不同，其功能和针对性也不同。教师可以依据认知性学习目标、技能性学习目标和体验性学习目标的学习内容与学习水平，设计合适的学习任务和相应的测量方式。

8.1.3 测量的程序

测量的目的不同、方式不同，其程序也不尽相同。最常见的纸笔测验的基本程序如下。

1. 明确考试的目标和要求

考试是作为选拔、诊断之用，还是作为评价或分类之用？这一点是命题时必须明确的。考试目标不同，编制试题的取材范围及试题难度也就有所不同。例如，我们日常教学过程中的常规考试是为了检查学生对化学基础知识和基本技能、科学探究的过程与方法的掌握程度，为制订教学计划和调整教学做准备，考试的要求一般较低；中考和高考属于学能倾向性考试，是为了实现对人才的鉴定和选拔，考试的要求较高。

2. 命题

命题是考试能否达到预期目标的关键所在，也是一项要求很高、难度很大的工作。

1) 命题原则

虽然考试的试题形式繁多，性质不同，功能各异，但在编制时都应遵循以下的命题原则：

(1) 目的性原则——体现考试的目标和要求。

(2) 科学性原则——试题的内容及其表述必须科学准确，措辞严谨；题目的编排顺序要合理。

(3) 全面性原则——试题内容的取样具有代表性，能代表教学的全部内容，而不能只偏重某一方面的内容而忽视其他方面的材料；既要检查学生掌握知识的程度，又要考核学生运用知识分析问题、解决问题的能力；试题类型要多样化，在同一份试题中，应依据考试的目标与要求的不同，选用各种不同的题目形式，不宜“单打一”。如果要考查学生对概念的记忆，宜用简答题；要考查学生对事物的辨别和判断，宜用多选题。

(4) 有效性原则——试题难度要适当，能有效测量学生的学习状况；试题应彼此独立，各题不能含有暗示本题或他题的正确答案的线索。

(5) 严密性原则——命题时要认真细致，不能遗漏解题所必需的条件，文句要简明扼要，答案应正确可靠；试题的评分标准要公正明确，易于掌握；试题要做好保密工作。

(6) 艺术性原则——命题时要充分运用各种技巧，使题目的呈现富有艺术性。

(7) 创新性原则——命题要新颖，能够充分体现课程的特点，注意结合课程的发展，体现时代性和创新性。

2) 命题计划

命题应以课程标准为依据，切实体现课程理念的要求，加强与社会实际和学生生活的联系，有利于考查学生的水平，有利于促进学生的发展，达到考试的目标和要求。在此基础上，制订科学合理的命题计划。

考试命题双向细目表是一种考试目标、要求和考试内容之间的列联表(表 8-1)。双向细目表可以使命题工作避免盲目性而具有计划性；使命题者明确考试的目标，把握试题的比例与分量，提高命题的效率和质量。

表 8-1　反映考试内容与考试目标关系的双向细目表

测验内容		测验目标			合计
分类	知识点	了解	理解/掌握	综合应用	
合计					

3) 试题设计、编制试卷

(1) 试题设计。

试题设计要严格按照命题原则和命题计划中的“双向细目表”来进行。

试题的类型(题目的形式)在考试中占有很重要的地位。如果题型不适当，学生进行考试就要浪费很多时间，教师评分时就会发生种种困难。因此，在编制试题前，必须慎重选择适宜的题型。根据应答方式的不同，可以将试题分成两大类：客观题(固定应答型试题)和主观题(自由应答型试题)。

客观题可以客观地评分，不因评分者的不同而影响评定结果。例如，选择题、是非题、匹配题等都属于客观题。这类试题的优点是：能测量不同层次的学习结果，评分标准客观统一，对被试者公平，可以加大试题容量使试题覆盖面广，利于考查被试者思维的敏捷性和判断力的准确性，答题方式最简便；缺点是：试题编制技巧要求高(答案的似真性要强、干扰性要强)，无法测量被试者的思维过程，难以测量学生的综合能力、创新能力，猜测的机会大。

主观题的答案不唯一，可用多种方式表述，主要依靠评分人的主观判断评定结果。例如，简答题、论述题、设计题等都属于主观题。这类试题的优点是：能考查学生的语言表达能力、思维能力、创新能力；缺点是：评分容易受到评分人的主观因素影响。

具体到化学考试中，常见的试题类型主要有是非题、填空题、选择题、改错题、问答题、鉴别题、论证题、推理题、实验探究题、信息给予题、计算题等。

（2）试卷编制。

试卷的编制要综合考虑题型安排、难度分布以及分数分配等多种因素。在题型安排上，一般把选择题、填空题排在前面，问答题和计算题排在后面；在难度分布上，一般按照先易后难，或者按易—难—更难—难—较难的顺序，尽量考虑考生答题时的心理状态和精神负担，使整份试卷难度适中，区分度高，使考生成绩尽可能呈现正态分布。

3. 考试

考试是给所有学生提供一个共同的机会来显示他们的化学学习成就，即把化学教学测量付诸行动。考试之前要加强保密，并对考生进行诚信教育；考试时要严格管理，统一要求，以便使考试结果真实有效。

4. 成绩评定

首先要制订、修改并熟悉评分标准。对于客观题，只要提供正确答案即可；对于主观题，则应详细规定答案要点，并对评分规则作详细的说明，明确可接受的答案变式。评分标准应注重内容，不宜注重形式。评分者要充分把握评分标准。

评分时要客观公正，客观评分是考试的基本要求。对于客观题，客观评分比较容易做到。但是对于主观题，由于评分标准很难把握，各个评阅者的偏好各不相同，即使是同一位教师一次评阅多份试卷，受情绪、疲劳、试卷前后位置引起的对比效应以及对学生成见的影响，标准也可能不统一，因此其评分的客观性较差。为了使评分尽可能客观，一般可采取多人评阅求平均分和每人负责评阅一题的办法。为保证评分质量，一定要加强复查。

5. 考试总结与分析

考试结果蕴含着丰富的教学信息，因此在对学生的原始分数（卷面分数）进行登记统计之后，一定要避免简单排序、张榜公布的做法，应该认真地进行总结与分析。由于考试的目标和出发点不同，考试总结与分析的方法也不同（表 8-2、表 8-3、表 8-4）。

常规考试的主要目的是检查、了解教学效果，因此对常规考试的总结和分析，一般要统计最高分、最低分和分数分布，计算平均分、及格率和优秀率。平均分、及格率和优秀率越高，说明教学效果越好。同时，要查明学生分数高低的原因，以便今后进一步强化和调整教学。

表 8-2 各题得分统计表

科目________ 班级________ 应试人数________ 任课教师________ 日期________

学号	姓名	各题得分								总分	备注
		一	二	三	四	五	六	七	八		

表 8-3　试题分项得分统计表

科目________班级________应试人数________任课教师________日期________

试题号	考核项目	对错人次(划"正"统计)	小计	百分数	备注
一	(1)	正确 缺陷 错误 空白			
	(2)	… …			

表 8-4　考试质量分析表

科目________班级________任课教师________日期________

成绩统计	成绩	100	90～99	80～89	70～79	60～69	60 以下
	人数						
	百分数						
	其他	应考人数	实考人数	最高分	最低分	平均分	及格率
试题概况							
答题分析							
改进措施							

标准化考试的主要目的一般有两个:一是为了实现对受教育者的全面评价和选拔,因此要对标准化考试进行综合的统计与分析;二是为了评价试卷本身的优劣,因此要对考试的质量指标和考试的内容分布进行统计和分析(详见"标准化考试"及"化学学习的评价")。

8.1.4　测量的类型

测验或考试是学生学习测量的常用方式,依据不同标准,可以把测验或考试划分为不同类型,通常根据考试目标和参照标准进行分类。

1. 按考试目标分类

1) 诊断性考试

诊断性考试是指在新学年、新学期、新课程开始或者教师接手新年级教学之前进行的考试。目的在于了解学生对未来教学活动的准备状态,即是否具有完成新的教学任务所必需的预备知识和认知能力。这种考试的试题难度较低,考核内容主要是有关的基本知识和基本技能。通过诊断性考试,教师可以主动地按学生实际,有效地安排教学活动。

2) 形成性考试

形成性考试是在教学实施过程中进行的考试。目的在于了解学生在教学过程中达到教学目标要求的程度,探究教学中存在的问题或缺陷,以便及时调整教学,提高教学的自觉性和主动性。单元测验、期中考试都属于这种考试。这种考试的试题根据教学内容和教学要求制订,可难可易,一般由任课教师本人根据教学进度和实际教学情况实施。

3）终结性考试

终结性考试是指在学年或学期终结，为了衡量终结性的教学效果，给学生评定成绩而进行的考试。这种考试着眼于测试较大范围内教学内容的掌握，各种试题比例与整个课程各类学习结果所占比例相当。期末考试、毕业考试都属于这种考试。终结性考试结果，标志着学生在阶段性学习过后是否达标。

4）学能倾向性考试

学能倾向性考试是指为了考查学生学习能力的发展潜力而进行的考试。各种级别的化学竞赛都属于这种考试，中考和高考也属于学能倾向性考试。通过这种考试，主要是选拔人才，甄别教学。

2. 按参照标准分类

1）目标参照考试

目标参照考试是以教学目标为参照标准，为了检查学生已经掌握的内容和应该掌握的内容之间的差异而进行的考试。例如，某学生的化学考了 60 分，说明该生达到化学教学目标的程度为 60%。常规教学中的诊断性考试、形成性考试和终结性考试都属于目标参照考试。这种考试要求试题内容要紧扣教学目标，考试总结与分析一般不比较学生个体之间的差异，考试分数的高低不能反映学生在该群体中的相对位次。

2）常模参照考试

常模参照考试是以常模为参照标准，为了区分和选拔不同水平的学生而进行的考试。常模是指对极大规模的同类（同年龄、同年级、同程度）学生群体，使用标准化试卷，在严格控制的条件下（使考试过程标准化）进行测试，得到平均分和标准差数值，并按照成绩的高低将学生分成若干等级，而且分数分布接近正态分布。这样得到的考试常模，可以为以后的同值考试作参照标准。这种考试要求试题有很强的鉴别力，测得的分数变异要大，得分的范围要广，充分显示个别差异。不同参照标准考试的属性比较见表 8-5。

表 8-5 目标参照考试与常模参照考试比较表

种类	参照系	归属	作用	理想分布
目标参照考试	教学目标	绝对评价	鉴定	负偏态
常模参照考试	群体水平	相对评价	比较选拔	全距大，正态

此外，还有论文式测验和实验操作测验。

论文式测验是以少数试题让受试者或申述说明，或分析比较，或论证批判，或鉴赏评价等，根据自己的想法和认识自由作答，用来衡量较高级思维过程的一种测验。其优点是试题容易编写，能够测量学生分析和解决问题的能力，没有猜测答案的机会；缺点是覆盖面小，评分主观随意性大。

实验操作测验是化学课程中独具特色的一类测验。一般侧重于测试学生的实验态度和实验操作技能以及运用实验来解决问题的创新能力。这种测验的优点是能考察学生的动手能力；缺点是需要较多的人力和物力。表 8-6 是某市中考化学实验操作试题。

表 8-6 化学实验操作考试题

实验要求	利用组装好的实验室制取二氧化碳的装置制取二氧化碳，并检验石灰水				
实验用品	铁架台（带铁夹，固定在铁架台上），试管架，试管（15mm×150mm），组装好的实验室制取二氧化碳的装置（发生器用 20mm×200mm 试管，气密性良好），镊子，大理石（盛在广口瓶里），稀盐酸（与水的体积比为 1∶2，盛在细口瓶里），待测液 A、B（蒸馏水、石灰水，二者随机标示 A、B），废物瓶（回收大理石用），废液桶（带塑料纱网），抹布				
序号	操作要求	评分标准	满分	得分	备注
1	按实验用品清单清点，检查仪器、药品	按清单检查实验用品（1 分）	1		
2	用镊子取大理石，放入试管中	试管先平放或稍倾斜，放入大理石后慢慢竖起（1 分）	1		
3	将适量盐酸倒入试管	试管口与试剂瓶口相接触（1 分）	1		
4	将带导管的单口塞塞住试管口，夹在铁夹上	①用单孔塞稍带旋转塞紧试管口（1 分） ②试管垂直，底部稍离开台面（1 分）	2		
5	在试管中倒入少量待测液 A 或 B，将玻璃导管通入待测液，观察现象，向教师报告哪种是石灰水	①倒液时试管口与试剂瓶口相接触（1 分） ②导管插入待测液 A 或 B 中，观察现象（1 分） ③检验结果正确（1 分）	3		
6	整理仪器	回收大理石，清洗仪器，擦拭桌面（1 分）	1		
7	笔试部分：谈谈你对这套实验装置的改进设想	改进设想合理即可（1 分）	1		

8.1.5 标准化考试

目标参照考试（常规考试）方便易行，但存在如命题质量不稳定、评分误差大、考试分数的合成与解释不科学等弊端，所以有必要学习和研究标准化考试。

1. 标准化考试的含义

由专门的考试机构主持，以常模为参照标准，按照科学的系统程序严格控制考试误差，以保证考试的准确性、可靠性和可比性，这样的客观成绩测验称为标准化考试。“标准化”是指试题编制的标准化、施测过程的标准化、评分记分的标准化和分数解释的标准化。

标准化考试的优点：一是能够减少无关因素对考试目的的影响，使测量准确可靠；二是能够使不同的考试分数具有可比性；三是同一套测验有多个副本可以反复使用，较为经济；四是可用来校准其他考试。缺点是：标准化考试过分注重答案的标准性和唯一性，客观性试题占有很大比重，难以考查学生思维的多样性和解决问题的过程。

2. 标准化考试涉及的几个量化指标

化学试卷从本质上说是一种用来测量学生化学学习状况的工具。要想测出学生的真实水平，首先要求测量工具必须可靠有效。为了保证标准化考试的可靠性和有效程度，可以用效度、信度、难度、区分度和标准差等量化指标对考试的质量进行衡量。为了更好地说明和理解这些指标，首先要知道什么是相关和相关系数。相关是指两类事物或现象在发展变化的方向上相互联系的状况；相关系数是表示两列变量之间相关程度的一种统计量数。事物和现象之间一般有以下三种相关状态：

正相关——两列变量的变化方向相同，即一种变量有增大或减小的变动时，另一变量也同时发生增大或减小的变动。例如，人的身高和体重之间就存在正相关。

负相关——两列变量的变化方向相反，即一种变量有增大或减小的变动时，另一变量却同时发生减小或增大的变动。例如，练习次数和错误出现次数之间就存在负相关。

零相关——两列变量的变化之间没有明显联系，即一种变量有增大和减小的变动时，另一变量只做无规律的变动。例如，学生的学习成绩和其身高或体重之间就是一种零相关。

相关系数不仅可以通过正负号表示两列变量之间相关的方向，而且还能通过相关系数的绝对值表示相关程度的大小。常用 r 表示相关系数，其取值介于 $-1.00 \sim +1.00$。$r>0$ 时，表示正相关；$r=0$ 时，表示零相关；$r<0$ 时，表示负相关。r 的绝对值越大(越接近于 1)，相关程度越高。r 的绝对值越小(越接近于 0)，相关程度越低。

1) 效度

效度表示考试内容与教学内容之间的相关程度，是衡量试卷质量最重要的指标。我们知道，考试内容是教学内容的一个“样本”，这个样本选得越好，就越有代表性，考试内容与教学内容的相关程度就越高，考试的效度也就越高。在实际的化学测量工作中，一般采用内容效度和效标相关效度两种方法来统计效度。

内容效度的统计方法是将试题内容按照教学内容的特点进行分类。例如，化学高考试题是按照化学概念和理论、元素化合物知识、有机化合物知识、化学计算和化学实验操作技能等来分类。如果试卷内容分布和命题双向细目表的内容分布一致时，则内容效度越高；相反则越低。

若用具体数值(相关系数)来表示考试效度时，常采用效标相关效度(r)。效标是先用经过严格检测的标准化试卷向某一学生群体进行测试，然后再用待测试卷向同一学生群体进行测试，通过计算两次考试结果的相关系数来考察待测试卷的效度。

效度系数为 1，表示考试内容完全反映了教学内容；效度系数为 0，表示考试内容与教学内容无关。一般要求效度要在 0.30 以上，超过 0.50 则属于很好的效度。

2) 信度

信度表示学生的实际水平与考试结果之间的相关程度。它也是衡量试卷质量的重要指标。因为影响考试结果的因素，除学生的实际水平外，还包括学生的情绪、身体状况、考试环境以及评分标准等多种因素。当用理想的试卷对学生进行测量时，不论是多次测量，还是多人测量，其结果都应该是一致的。因此，信度表明了试卷的可靠性和考试结果的一致性、再现性和稳定性。信度越高，表明学生的实际水平与考试结果的一致性就越高，相反则越低。在实际工作中，通常采用再测信度、复本信度和分半信度等方法来统计信度。信度系数最高为 1，表示考试结果与学生的实际水平完全一致，完全不受其他因素的干扰；信度系数为 0，表示考试结果与学生的实际水平无关，完全是由其他因素导致的结果。

对较大型的考试，如考生在 500 人以上，要求信度系数在 0.80 以上；对于年级考试，信度系数在 0.60 以上就可以了，低于 0.50 则是不好的。

3) 难度和区分度

难度是指试题的难易程度，一般采用得分率或答对率来表示。一般考试的难度分布要求多数题在 0.30～0.80，总难度要适中。

当试题以二分法计分(答对得分,答错不得分)时,难度一般用正确回答试题的人数与参加测验总人数的比值为指标,即难度=答对的人数/参加测验的总人数。例如,100 个学生参加化学考试,答对第一题的为 30 人,则第一题的难度=30/100=0.30。

当试题是以连续分数计分时,难度一般用参加测验的全体学生在该试题的平均得分与该试题的满分的比值为指标,即:难度=试题平均得分/试题的满分。例如,第二题的平均得分为 1.7,满分为 3,难度=1.7/3=0.57。

区分度是衡量试题质量的重要指标。区分度高表示这道题或试卷能区分不同水平的学生,即水平高的学生得高分,水平低的学生得低分。一般要求试题的区分度在 0.30 以上,低于 0.20 的试题在大型考试中就被认为不合格,必须将试题进行修改或者淘汰。但在常规教学中可以保留少量区分度较低的试题。

在现代教育统计中,常采用"27%的两端分组法"来计算试题的难度和区分度。其计算程序是:

(1) 将全班学生的考试分数从高到低按顺序排列,然后从最高分开始向下取 27%的考生作为高分组,再从最低分开始向上取 27%的考生作为低分组。

(2) 计算高分组和低分组的平均分,由平均分计算出答对率,然后查"弗拉南根"数据表(见附录),上端 27%答对率数值和下端 27%答对率数值两者纵横直线相交点所代表的数值则为区分度数值。如果是试题分数,则为试题区分度;如果是试卷分数,则为试卷区分度。例如,满分 100 分,高分组(15 人)平均分 82;低分组(15 人)平均分 46。所以,上端答对率为 82%,下端答对率为 46%。

上端 27%答对率
82
下端 27%答对率
46 …… 39

由此得到的区分度为 0.39。难度的计算采用下述公式:

难度=(上端答对率+下端答对率)/2=(0.82+0.46)/2=0.64

4) 标准差

标准差表示学生得分的离散程度。标准差数值越大,表示学生的分数越参差不齐,高低分相差较大,学生的分数离散程度大,这样的班级不容易组织教学;标准差数值越小,表示学生分数集中在平均分附近,学生成绩比较接近,分数的离散程度小,这样的班级容易组织教学。对于一个教学班来说,如果考试的标准差随着考试次数的增加而不断缩小的话,则说明成绩差的学生可能进步快,这是当前提高教学质量所希望看到的。

$$s=\sqrt{\frac{\sum(x-\overline{x})^2}{N}}$$

式中,s——考试的标准差;

x——考试的原始分数;

$\overline{x}$——考试的平均分;

$\sum$——求和符号;

N——考生人数。

3. 标准化考试的几个主要环节

1）制订考试大纲或考试指南

考试大纲或考试指南是课程标准具体化、系统化和简明化的结果。具体化是指使知识纲目更详细；系统化是指按知识结构将教材的知识点归类；简明化是指对考试的深度、广度和要求给予简要的说明。通过考试大纲，广大教师可以进一步了解考试的目标、范围、内容以及评分和记分的方法。

2）编制命题双向细目表和知识技能纲目

命题双向细目表是考试目标和考试内容的双向关联表，是教学目标和教学内容在标准化考试中的集中体现，也是试题设计和试卷编制最直接的参照标准。双向细目表的编制，要以化学课程标准和教材为依托，以有关的学习理论和教育测量与统计理论为指导，同时要紧密结合历届化学高考试题和省高考改革试验方案。其具体的编制方法，一是要以知识点的形式列出知识技能纲目并进行分类；二是要确定知识点的达到目标并进行分数分配。在此基础上，以知识类别（考试内容）为纵坐标，以达到目标（考试目标）为横坐标来编制成表。请参照下面的化学高考标准化命题双向细目表（表 8-7）。

表 8-7　化学高考标准化命题双向细目表

项目	识记	理解	应用	分析综合	探究	总分
基本概念、基本理论	1	13	9	7	2	32
元素化合物	3	5	6	5	2	21
有机化合物	1	5	3	4	2	15
化学计算		3	4	8		15
化学实验	1	6	2	6	2	17
总分	6	32	24	30	8	100

3）命题和测试

命题标准化是考试标准化的核心，标准化考试的试题要严格按照命题双向细目表进行设计和筛选，同时要保证试卷编制的质量。测试是衡量试题和试卷质量高低的“试金石”。测试工作要严格保密，并有专家到“常模测试观察点”进行指导。每年的测试要求与方式要保持统一，保证测试条件、进程和规格基本不变，这样才能通过测验检测试题的质量、试题的稳定性以及学生的适应性。

4）建立题卡和题库

将按照标准化程序命题并经过测试的试题，以及与高考有同质性效果的化学试题收集起来，并加以整理分类储存，这就是建立标准化考试题卡和题库的过程。

5）施测以及结果分析

在严格控制的条件下（使考试过程标准化），采用测试合格的标准化试卷对极大规模的同类（同年龄、同年级、同程度）学生群体进行施测，并对考试的结果进行总结与分析。

6）建立常模

根据考试的平均分和标准差数值，按照成绩的高低将学生分成若干等级。例如，我国在化学高考标准化考试中采用的分数常模，一般为平均分 55 分左右，标准差 14～17；一般每隔 10 分左右为一级，可以将学生分为六等或九等。这样建立的考试常模就为考试的可比性以及考试质量指标的统计分析提供了科学的依据。

8.2 化学学习的评价

8.2.1 评价的依据

化学学习评价的依据是化学课程标准，因此应严格根据课程标准来确定评价的目标、测评的范围和方式，以确保学习目标、教学要求和学业评价之间的一致性。化学课程标准指出："义务教育阶段课程实施评价的重点是学业评价，其功能主要是促进学生的有效学习，改善教师的教学，进一步完善课程实施方案"，"高中化学课程评价既要促进全体高中学生在科学素养各个方面的共同发展，又要有利于高中学生的个性发展"。

良好的评价活动应具备下列特征：

(1) 关注学生三维学习目标的达成，强化评价的诊断与发展功能，既要促进全体学生在科学素养各个方面的共同发展，又要有利于学生的个性发展。

(2) 评价标准清晰、完备，保证评价的信度与公平性。

(3) 评价的设计与实施应科学、简捷易行。

(4) 过程评价与结果评价并重，定性评价与定量评价相结合，有效评价学生的学习结果。

(5) 任务真实、公平，能提供给学生充分展示的机会，并符合学生不同阶段心理发展的特征。

(6) 评价的方式多样化，评价的主体多元化。

(7) 评价结果能为学生的学习提供大量的反馈信息，增强学习的自信心和主动性，能让教师据此作出正确决策以改进教学。

8.2.2 评价的标准和方法

考试获得的分数只是学生学习成绩的一种数量化表达，只有通过进一步解释，才能充分表明这种数量的含义。评价是对测量结果的解释和说明，解释和说明的过程实质上是一种比较过程。根据比较的不同标准，可以把化学学习评价分为相对评价、绝对评价和个人内差异评价。

1. 相对评价

1) 相对评价的含义

相对评价是以一个学生的化学成绩与同一群体的平均成绩或标准样组的成绩(常模)相比较，从而确定该生的化学成绩的程度或水平的评价方法。因此，相对评价又称为常模参照评价或相互参照评价。相对评价可以确定考生在群体中的相对位置，可以为分班、分组、升级和录取提供依据，有利于甄别性强的考试目标的实现。不足之处是：①仅凭卷面成绩进行比较，未必客观准确；②对学习困难的学生缺乏激励。③相对评价重视的是个人在群体中的位置，只要相对位置不变，即使他的学习实质上提高了，其评价仍然不变。

采用相对评价法来评价学生的化学学习状况，首先要对原始分数进行适当的处理。这是因为原始分数只能表示分数的高低，而不能表示学生在班级中的位置。例如，某生考了 60 分，如果班级平均分在 80 分以上，那该生属于学习困难的学生，如果全班平均分仅为 40 分，那该生就可能是优等生。或者从名次上说，该生列为全班第 20 名，这还要看全班人数多少才能确定该生的水平。因此，不宜采用原始分数作为相对评价的比较标准，需要将原始分数转化成标准数值才能进行比较。标准数值的表示方法有标准分数法、五分等级法和百分等级法等。

2）相对评价的方法

（1）标准分数法。

标准分数又称为 Z 分数，是以标准差为单位表示一个分数在团体中所处相对位置的量数。它的计算公式为

$$Z=\frac{x-\overline{x}}{s}$$

式中，Z——考生的标准分数；

x——考生的原始分数；

$\overline{x}$——同次考试中全体考生的平均分数；

s——考生分数分布的标准差。

算出 Z 分数以后，可以根据正态分布曲线（图 8-1）或正态分布表查出每个考生在群体中所处的相对位置或名次。例如，某生的 Z 分数是 1（1s），可知他的分数比平均分多一个标准差，比他分数低的考生占 84.13%，比他分数高的占 15.87%，如果考生群体是 100 人，则该生在其中处于第 16 名的位置。Z 分数有正负之分，使用起来很不方便，可以通过公式：$T=10Z+50$ 把 Z 分数转化为 T 分数。T 分数既包含标准分数的性质，又有百分数的含义，这样可以把水平考试的分距放大，而且相对位置不变，使用起来非常方便。

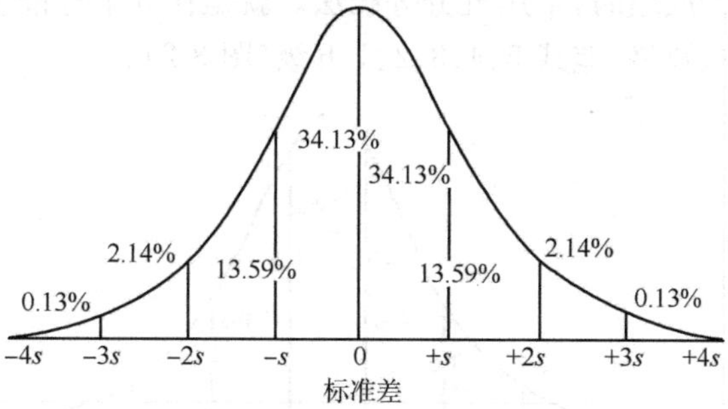

图 8-1　正态分布曲线

用标准分数法很容易确定某一分数在正态分布曲线中的具体位置，而且各科成绩由原始分数转化为标准分数以后，就可以进行比较和加合来考察各科水平的差异以及总体水平的高低。

对一个学生同一学科两次考试成绩的比较，见表 8-8。由表可知，该生原始分相差不大，第二次稍低；标准分表明，第二次成绩在班级平均水平之上，该生相对进步了。

表 8-8　一个学生同一学科两次考试成绩的比较

考试次序	原始分	班平均分 $\overline{x}$	标准差 s	标准分 Z
1	85	87.14	14.59	−0.15
2	84	80.35	8.89	0.41

对一个学生不同学科成绩的比较，见表 8-9。从原始分看，化学分高于数学分，但标准分显示该学生的数学成绩在班级中的名次超过了化学。

表 8-9　一个学生不同学科成绩比较

学科	原始分	班平均分 $\bar{x}$	标准差 s	标准分 Z
数学	65	69.35	12.67	−0.34
化学	67	72.84	9.89	−0.59

对两个学生几门学科总成绩的比较，见表 8-10。从原始分看，乙同学高于甲同学，但标准分显示甲同学比乙同学的成绩好。

表 8-10　两个学生几门学科总成绩比较

学科	原始分		班平均分 $\bar{x}$	标准差 s	标准分 Z	
	甲	乙			甲	乙
语文	78	90	70	8	1	2.5
数学	72	60	65	4	1.75	−1.25
化学	84	78	80	5	0.8	−0.4
英语	60	76	60	10	0.0	1.6
总计	294	304			3.55	2.45

(2) 五分等级法。

在用标准分数来评价成绩时，常用五分等级法。就是在 5 个标准差范围内，以 1 个标准差为单位，划分成优、良、中、及格、差或 5、4、3、2、1 五级(图 8-2)。

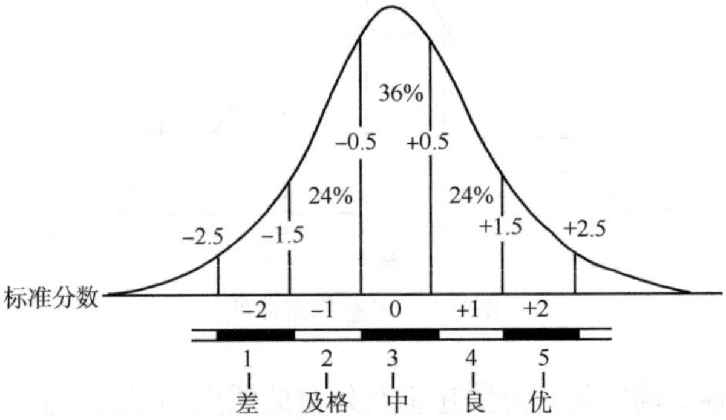

图 8-2　五等级评定尺度

(3) 百分等级法。

在正常的班级教学中，在较小的范围内，很难使学生的成绩做到正态分布。若用百分等级法就可以克服这个困难而得到标准数值。

百分等级(P_R)是一种适用于次序变量的相对位置的量数。在一次考试中，不管有多少人参加，把最高分与最低分的差值称为全距，将全距分成 100 个等级，某生得分的数值在这 100 个等级中所处的位置，就称为这个数值的百分等级。例如，在一次考试中，某生化学成绩为 65 分，班上有 50 名学生，其中 30 名的分数低于 65 分，则该生在班上化学成绩所占的百分等级为

$$P_R = \frac{30}{50} \times 100 = 60$$

该得数表明，在该班中有 60％的学生，得分低于 65 分。也就是比该生成绩差的学生占 60％，比该生成绩好的学生占 40％。

2. 绝对评价

1）绝对评价的含义

绝对评价是对照化学教学目标，用分数的绝对值来表示学习程度、学习质量的标准。由于这一评价的价值标准是所参照的教学目标，因此绝对评价也称为目标参照评价。它所表示的是一个学生经过教学的历程后，在指定的学习范围内达到目标的多少和程度，与评价对象所在的团体无关，不能表明学生在团体中所处的位置。

2）评价方法

(1) 两级法。

一般只用通过与失败两级表示。凡达到指定标准的为通过，否则就认为未通过或失败。关于及格的标准如何确定，有的学者提出应在80%～90%的范围内，布卢姆(Bloom)曾以80%～85%为达到标准。达标标准的确定是绝对评价的重要问题，不可定得过高或过低。定得过高，学生经过努力也无法达到，势必挫伤学习的积极性；定得过低，又会降低学习水平，也不利于学生学习积极性的发挥。一般来说，短期的教学目标标准可以定得高些，长期的标准可以定得低些。

(2) 三级法。

完全掌握——答对率在85%以上；
大体完全掌握——答对率为70%～84%；
未完全掌握——答对率在69%以下。

(3) 五级法。

优——熟练掌握主、次要教学目标(答对率为95%～100%)；
良——熟练掌握所有主要教学目标和大部分次要教学目标(答对率为85%～94%)；
中——能掌握主要教学目标和少数次要教学目标(答对率为75%～84%)；
及格——仅掌握一些主要教学目标和次要教学目标(答对率为65%～74%)；
差——未能掌握主要教学目标(答对率在64%以下)。

3. 个人内差异评价

个人内差异评价是以被评价对象自身的标准进行的评价。例如，在一个学生的各种学习能力之间进行比较，以便了解他的优势和弱点；或者以他个人原来的成绩与后来的成绩相比，以便了解他的进步情况。前者称为横断评价，后者称为纵断评价。个人内差异评价的优点是有助于教师了解学生的个性，便于因材施教，并适当减轻了被评价对象的压力；缺点是由于缺乏客观标准，不易给被评价对象提供明确的目标。

8.3 化学学习评价的新视野

掌握化学学习评价的理论和方法是对化学教师最基本的要求。要想做好化学学习的评价，充分发挥评价的功能和作用，化学教师还要不断学习、更新自己的评价理念，以适应基础教育课程改革不断深入的需要。评价理念是评价方法的依据和指南，评价理念对评价方法具有指导和制约作用。

8.3.1 化学学习评价的新理念

1. 评价的诊断和发展功能要强化

化学学习评价具有多种功能，传统的化学学习评价侧重甄别和选拔，特别重视学生在群体中的相对位置，很容易挫伤学生的自尊心，加重学生的心理负担。《义务教育化学课程标准(2011年版)》建议"要强化评价的诊断与发展功能"，"对日常教学而言，测验不是为了确定每个学生在群体中的位置，而是为了诊断教育教学中存在的问题，促进每个学生的发展"，"注意发挥好评价的激励功能。设计评价内容应顾及大多数学生的实际水平，评价反馈应充分肯定每个学生在学习中所付出的努力，增强他们克服学习困难的勇气，帮助学生发现自己的优点，看到自己的潜力，使学生产生更持久、更强大的学习动力"。只有这样，才能促进学生的有效学习，使全体学生在科学素养的各个方面都得到发展。

2. 评价主体多元化

在传统的化学学习评价中，教师是学生发展及其学习状况的"裁判员"，学生始终处于被动接受的地位。《义务教育化学课程标准(2011年版)》建议：评价主体多元化，教师是学业评价的主要承担者，但也需要学生、同伴和家长等予以协同，以保证评价更加全面，评价结果更为可靠。教师可通过对学习全过程的考查，确定学生的学业成就、思维发展情况和情感态度等。建议家长对自己子女在校外的学习状况进行评价，如学习兴趣、态度和习惯等；要求同伴评价同学在学习活动中表现出来的优缺点；学生个人可对自己的学习现状进行总体分析和总结，反思自己的不足和差距。在纸笔测验之后，教师应要求学生自己分析试题，以提高他们自我诊断、自主分析、自我反思与评价的能力。在学生的实验活动中，应根据评价标准中的每项内容，分别由学生本人、同组同学和教师进行评价，给出相应的分数等级，并进行综合评定。

3. 评价内容全面化、综合化

传统的化学学习评价过于注重对学生化学知识与技能的评价，而忽视了对过程与方法以及对学生情感态度与价值观的评价。现代化学学习评价强调评价的整体性和综合性，既要考核学生知识与技能掌握的程度，又要评价学生化学学习的过程与方法、科学探究能力和实践能力，还要关注学生在情感态度与价值观方面的发展。

4. 评价方式多样化

1）过程评价与结果评价并重

传统的化学学习评价由于其目的重在甄别和选拔，因此只关注化学教学活动的结果，而对化学教学活动的过程很少关注。化学新课程认为，学习评价不仅发生在化学教学活动之后，同时也伴随和贯穿于整个化学教学活动中。因而，以促进学生发展为根本目的的评价不仅要关注化学学习的结果，即终结性的结果评价，而且也需要形成性的过程评价，应通过关注"过程"而促进"结果"的提高。

2）质性评价和量化评价相结合

传统的化学评价过分追求评价的标准化和客观化，即对学生的评价仅仅是用测量分数加以衡量，这在评价方式上属于"量化评价"。量化评价具有简明、精确的特点，能减少人的主观推论。但由于教育现象十分复杂，把复杂的教育现象简化成若干量化指标，无法从本质上客观反映学生的发展，使学生生动活泼的个性被抽象成僵硬的数字，学生在各方面的发展和进步也被简化成数字，而个性的复杂性和学生发展的丰富性则被泯灭其中。化学新课程倡导评价方式的多样化，要求评价能真实、全面地反映学生的个性和发展，客观地记录学生成长过程中的具体表现，这就是“质性评价”。建议采用评语(或在写实性的记录基础上作分析性的描述)和等级结合的方式，充分肯定学生的进步和发展，帮助学生比较全面地认识自己在群体中的相对水平，明确发展方向和需要克服的弱点。当然，质性评价并不排斥量化评价，而是把量化评价统整于质性评价之中，目的是让评价能更逼真地反映学生的发展情况。

5. 评价情境真实化

传统化学学习评价的重点主要放在对知识点的简单记忆和重现上，现代化学学习评价认为，不应孤立地对基础知识和基本技能进行测试，而应把测试的重点放在分析和解决实际问题的背景中去评价，从知识的整体联系上去考核。

纸笔测验作为常用的评价方式，也要根据需要作出相应的改进。考核的重点要以基础知识的理解和运用为主，注意联系生产、生活实际，取用鲜活的情境，体现实践性和探究性。例如，对结晶现象的考查，如果从注重“双基”的角度，可以出“使物质从溶液中结晶析出的方法有______”之类的题目，但如果从注重情境真实性的角度，应该设计成联系实际的考题。例如，“为什么可以用晒盐的方法从海水中把食盐结晶出来？为什么在严寒的冬天可以从盐碱湖中捞出纯碱(碳酸钠晶体)？”

通过对具有实际背景的、综合性和开放性问题的书面考核，既了解学生掌握知识、技能和方法的程度，又体现了对学生解决实际问题能力的有效考核。对开放性、探究性的问题，应允许学生有较充裕的时间作答，可结合自我报告、小组讨论、学生互评与学生答辩相结合的方式给予评价。

8.3.2　化学学习评价的新做法

化学学习倡导评价方式的多样化，以促进学生在知识与技能、过程与方法、情感态度与价值观等方面都得到发展。这些评价方式主要包括纸笔测验、学习档案评价和活动表现评价等。纸笔测验是广泛应用的评价方式，当前正在兴起的是学习档案评价和活动表现评价。

1. 学习档案评价

1) 学习档案评价的意义

学习档案评价是通过建立化学学习档案，注重学生自我评价的一种重要方法，是促进学生发展的一种有效评价方式。

建立学习档案可以促进学生对自己学习和发展状况的了解，使学生学会反思和自我评价；加强学生与教师、同学、家长间的沟通和交流；利用学习档案，教师可以更全面地了解、评价每个学生，反思自己的教学，研究怎样改进教学。

学习档案的日常化可以反映学生发展的全过程，为开放地、多层面地、全面地评价学生的学习提供材料，由此可把握学生学习与发展的轨迹。

2) 学习档案的内容

学生在学习档案中可收录自己参加学习活动的重要资料，如实验设计方案、探究活动的过程记录、单元知识总结、疑难问题及其解答、有关的学习信息和资料、学习方法和策略的总结、自我评价和他人评价的结果等。一个相对完整和规范的学习档案，应由以下6部分构成。

前言——对有关化学学习档案的一个总的说明和提示，具体阐明学习档案中材料的种类、收集的方法等。

目录——以提纲的形式展示各部分化学学习材料的关联，并配有页码。

内容——包括核心内容和选择性内容。核心内容是每个学生学习档案中必须包含的内容，它为学生的自我评价和教师、家长及同伴的评价提供基础性的信息，如“化学实验设计方案”、“化学实验记录表”等；选择性内容是学生自我选择的、最能反映学生自己化学学习情况的材料，如“实验失败的原因分析”、“对准确称量重要性的认识”、“化学实验小窍门”等。

时间——对于每次收录在学习档案中的材料，应注明日期，以显示随着时间的推移所取得的进步情况。

反思——对于自己的化学学习的过程和结果方面所做的自省，如“学习心得”、“实验探究方法总结”、“实验疑惑”等。

交流——学习档案中的材料虽然是学生自主构建的，但它却不是封闭的。因此，其中应显示同伴评价、家长评价和教师评价的一些信息。

3）学习档案的管理与使用

一般来说，学生作为学习的主体，对学习档案行使管理权与使用权。但考虑到学生的年龄特点和心理特征，教师必须对学习档案的建立、管理与使用进行指导，并就档案存放的地点、使用的时间与学生磋商；定期组织安排档案的交流、汇报与评比，并注意对个别学生的档案建立、管理与使用情况进行深入细致的交流，以避免学习档案评价方式流于形式。教师应鼓励学生根据学习档案进行反省和自我评价，将学习档案评价与教学活动整合起来，促进学生将知识与技能、过程与方法、情感态度与价值观等学习目标不断内化。

案例 8-1

“身边的化学物质”学习档案中收集的资料

(1) 自己或同伴收集到的有关物质组成、性质和变化的资料，包括有关化学品的性质、使用和生产的新闻，有关化学研究和化工生产动态的剪报、图片、照片及当地的矿物标本等。

(2) 在学习空气、金属、水与溶液和生活中的化合物等内容后，写出的对这些物质的性质及其与社会生活关系认识的小结、小论文，提出的疑难问题。校园或社区里灭火器材的配备情况(数量、类型、使用期限和更新、维护的情况)及存在的问题。

(3) 自己设计的有关氧气、二氧化碳气体性质的探究方案，活动过程与结果的记录。

(4) 对学校所在地区大气污染状况的调查和防治污染的建议。

(5) 对自己学习状况、学习方法与学习策略的分析、评价，对提高学习成绩的设想。对练习、测试中出现的问题进行的统计，针对差错的原因分析及错题订正。

学习档案中的材料会因学生的不同而有一定差异，有时差异还很大。但对于了解学生个人科学素养的发展情况，价值却很大。因此，教师、家长在评价时，要避免以“法官”的面目出现，而应以“合作者”、“协商者”的身份出现，与学生进行平等的交流。评价的角度应以激励为主，在肯定成绩的基础上，指出进一步改进和提高的方向。

2. 活动表现评价

1）活动表现评价的内容及意义

活动表现评价是指通过观察、记录和分析学生在各项学习活动中的表现，对学生的参与意识、合作精神、实验操作技能、探究能力、分析问题的思路、知识的理解和认知水平以及表达交流技能等进行全方位的评价。

活动表现评价可以采用独立、小组或团体的形式，既可以在学习过程中进行，也可以在学习结束后进行；既评价学生在活动过程中的表现，又评价学生的活动结果。因此，活动表现评价是评价学生三维学习目标达成的有效手段，是一种值得倡导的评价方式。

2）活动表现评价的过程

活动表现评价的过程大致可以分为以下4个阶段：

(1) 评价的准备。在准备阶段，教师首先要选择并设计学生的活动，其次要制订评价的目标和标准，最后要确定评价的方式和方法。

(2) 评价的实施。在实施阶段，教师首先要设置问题情境并且划分学习小组，其次要指导学生设计活动方案和动手操作，最后要对学生在活动中的表现进行观察和记录。

(3) 评价结果的评定。在结果评定阶段，教师要根据评价标准组织学生自评、小组互评和教师评价。

(4) 评价结果的反馈。在评价结果的反馈阶段，教师要根据实际情况确定反馈的具体方式，并将评价结果及时地反馈给学生。

3）活动表现评价应注意的问题

活动表现评价要有明确的评价目标，应体现综合性、实践性和开放性，力求在真实的活动情境和过程中对学生在知识与技能、过程与方法、情感态度与价值观等方面的进步与发展进行全面评价。

案例8-2

分子、原子概念教学中“活动表现评价”

1）方案设计

【演示实验，创设情境】

向盛有约20mL蒸馏水的小烧杯A中加入5～6滴酚酞溶液，搅拌均匀，观察溶液颜色。另取一小烧杯B，加入约5mL浓氨水。用一个大烧杯罩住上述A、B两个小烧杯(如图)。观察几分钟，有什么现象发生？

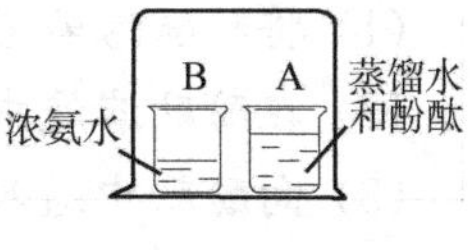

探究题目：探究A中酚酞变红、B中氨水没有变红的原因。

【活动目标】

(1) 初步认识分子运动的特点。

(2) 尝试根据所要探究的问题提出假设，并设计实验探究方案。

(3) 学习和体验从宏观现象入手探索微观原理的方法和乐趣。

【仪器与药品】

仪器：大烧杯(1个)、小烧杯(3个)、小试管(2支)、胶头滴管(2个)。

药品：浓氨水、酚酞、蒸馏水。

【过程和方法】

(1) 作出假设：本小组同学根据实验现象，推测出现上述现象的原因，并作出假设。

(2) 设计方案：根据假设，设计相应的探究方案（验证或排除所作假设）。

______

(3) 准备活动用品。

根据所设计的方案，列出探究所需的仪器和药品（包括代用品）。

仪器：______

药品：______

(4) 活动记录和分析（表 8-11）。

表 8-11 活动记录和分析

活动步骤和方法（可图示）	现象	结论

本组收获：______。

2）评价样例

第四组同学填写的实验探究报告内容如下所示。

假设：

(1) 空气中的物质使其变红。

(2) 浓氨水挥发进入 A 中使其变红。

(3) 酚酞中混有杂质。

(4) B 溶液中的水使酚酞变红。

(5) B 溶液中的氨气分子进入 A 中。

设计方案：

(1) 将酚酞溶液置于空气中，观察其是否变色。

(2) 在酚酞溶液中加入少量浓氨水，观察其是否变色。

(3) 向酚酞中通入氨气，观察其是否变色。

收获：

(1) 能从微观分子分析现象，很神奇。

(2) 对比是一种重要的实验方法，更喜爱化学实验了。

(3) 在小组活动中分工合作很重要。

3）评价标准

评价标准见表 8-12。

表 8-12 评价标准

活动阶段	评价项目	本组评价	他组评价	教师评价
评价方案（30 分）	可行合理（8 分） 对比方法（10 分） 新颖独特（8 分） 听取改进（4 分）	30 分	28 分 氨气从哪来？ −2 分	28 分 实验方案基本可以解决假设中的问题，但对假设(4)没有设计相应的实验方案

续表

活动阶段	评价项目	本组评价	他组评价	教师评价
活动过程(40分)	态度积极(10分) 分工合作(10分) 操作规范(5分) 现象明显(5分) 及时记录(5分) 问题解决(5分)	38分 实验操作不够规范,原因为不熟练		40分 慢慢练习,实验一定能够越做越好
活动结果(30分)	讲解交流(10分) 倾听反思(10分) 提出问题(10分)	28分 讲解有点简单	25分 讲解不够流利	30分 分析解答比较充分

4) 评价功能

这一评价方法可以让学生通过实验探究感知分子性质,深化对"分子是客观存在的,且在不停地运动"、"分子的种类不同,运动速率也有差异"等知识的认知。通过实验探究,学生将微观分子、原子概念的学习建立在宏观实验的基础上,将具体现象与抽象粒子建立联系,通过对实验现象的分析,初步感知了分子、原子的性质,加深了对分子、原子性质的认识。

学生通过小组合作学习,体验了实验探究的过程,初步感知了设计实验的科学方法,体验了小组合作学习中分工与合作的重要性。

案例8-3

高中学生化学学业评价单

高中学生化学学业评价单如表8-13所示。

表8-13 高中学生化学学业评价单

姓名		模块类别		模块名称		
课时总数		学生学习学时数		学时数的等第		
表现性评价	项目	评语	得分	权重	总分	等级
	实验技能			0.2		
	活动探究			0.2		
	课堂表现			0.2		
	学习档案			0.2		
	其他			0.2		
纸笔测验	专题测试成绩	—		0.3		
	阶段测试成绩	—		0.3		
	模块水平测试成绩	—		0.4		

续表

	等第 项目	优秀	良好	合格	不合格
过程表现评价	考勤与守纪				
	努力与进步				
	参与与合作				
	创新与个性				
综合性评价	自评				
	同学评				
	家长评				
	教师评				
获得学分			本人签字	年　月　日	
任课教师签字		年　月　日	班主任签字	年　月　日	

注:(1)等第用"优秀、良好、合格、不合格"表示;等级用"A、B、C、D"表示,表现性评价和纸笔测验在85～100分为A,75～84分为B,60～74分为C,60分以下为D。

(2)综合性评价重点描述学生模块水平学习的特点、特长和表现,并指出学生努力的方向。

(3)学生在模块水平学习中的纸笔测验、表现性评价成绩分别在60分以上(含60分),学生学习学时数、过程表现合格,可获得2学分。

思考与实践

1. 比较诊断性考试、形成性考试和终结性考试的特点和功能。
2. 列表比较绝对评价、相对评价和个人内差异评价的异同。
3. 设计一套高中一年级化学的纸笔测验试卷(内容自定)。
4. 以中学化学内容为素材,设计一份化学实验探究活动表现评价方案。
5. 设计一份九年级第一学期学生化学学习成就的综合评定方案。
6. 请谈谈你对当前中学化学学习测量和评价的看法、意见和建议。

第 9 章　化学教育研究

科学的教育离不开教育的科学。化学教育发展到今天，化学教师有目的、有计划、有系统地采用科学的方法去认识教育科研现象，探索教育规律的科学研究，已成为深化教育改革，促进教育发展最重要的力量之一。向教育科研要质量、要效益，走科研兴教、科研兴校、科研兴师之路是我们迎接挑战、解决问题的最佳选择。

9.1　化学教育研究与化学教学论科学的发展

早期的化学教学论研究是由一些化学家在自己科学研究和化学教学的实践中无意识地进行的。例如，被誉为近代化学教育奠基人的李比希(Liebig)，既是一位有着丰富研究成果的化学家，又是世界上第一个化学教学实验室——吉森实验室的创始人。他创造了一种新的化学教学方法，即让学生在学习讲义的同时进行实验，如定性分析、定量分析、无机合成及有机合成等，完成这一课程后给学生研究课题，在教授指导下让学生进行实验研究，独创了使学生学会如何进行研究的指导方法：给每个学生布置研究专题，并检查他们的研究发展情况，然后予以评价指导，学生自己寻找研究的思路。再如，凯库勒的教学也非常有特色，他不赞成学生盲目听从教授指导进行实验的方法，而始终把重点放在培养学生的独立思考能力上。另外，本生(Bunsen)、门捷列夫、霍夫曼、韦勒(Wöhler)、武慈等也都曾是化学教育的热情实践者。

徐寿是中国化学教育的启蒙者。1847 年，他在上海成立"格致书院"，常就科学问题举办讨论会、讲演会。

在我国近代的化学教育研究仍以化学家与化学教师为主，而在西方则因教育学家及心理学家的参与而声势浩大。20 世纪 50 年代末，美国兴起了轰轰烈烈的科学教育改革运动，其代表人物是哈佛大学心理学家布鲁纳。在其代表作《教育过程》一书中，他提出了"教什么"和"如何教"的问题。他认为，让学生有继续学习的能力，应该教给学生各学科的基本结构，而教的方法应用发现法、探究法。首先将能力培养和科学方法训练作为中学教育的教学目标。在化学学科中，其改革运动的物化成果是 CBA 和 CHEM Study 两套新化学教材。美国的科学教育改革运动在 20 世纪 60 年代波及西方各国和日本，其核心思想是从传授化学基础知识、基本技能为中心的化学教育，逐渐向在"双基"的基础上培养能力转化。这一转化在我国虽然晚了 15～20 年，但这并不妨碍一些有远见的化学教育家的早期实践。例如，著名无机化学家戴安邦先生毕生活跃在化学教育战线上，他主编的《无机化学教程》是几代化学教育工作者的基础教材。早在 20 世纪 40 年代他就写了《近代中学化学教育之进展》，80 年代末，又发表了《基础化学教学启发式八则》、《全面的化学教育和实验室教学》等论文，强调教学用启发式，强调全面的化学教育要求化学教学既能传授化学知识与技术，又能训练科学方法和思维，还能培养科学精神和品德。化学实验课是实施全面化学教育的一种最有效的教学形式。著名的物理化学家傅鹰先生也十分强调教学要在传授知识的同时启迪思维。他讲课时注意跟踪科学的发展，常以新颖的科学事例和理论充实教学内容。他很善于从人类认识自然的过程、从科学发展的历史角度，深入浅出地阐述科学概念和讲授科学知识。他认为，一门科学的历史是这门科学最宝贵的一部分。科学只给我们知识，而历史却给我们智慧。1957年，北京市化学教师刘景昆先生创造了“启发学生思维，培养学生独立工作能力”的先进化学教学经验，反映了广大中学化学教师在教学一线结合实际进行的化学教学研究。

从1970年开始，国际纯粹与应用化学联合会(IUPAC)与联合国教科文组织(UNESCO)致力于开展国际间化学教育研究的交流与合作，并于1971年在意大利召开了首届国际化学教育会议，这在一定程度上推动了世界各国的化学教学论研究。世界上许多国家都成立了化学教育研究的组织，如美国有化学会(American Chemical Society，ACS)及其化学教育分会(Division of Chemical Education)、美国理科教师协会等，我国也有中国化学教育委员会，还有中国教育学会化学教学专业委员会及各省、市的分会。这些组织通过出版刊物和举办各种学术交流会、研讨会，对促进化学教育教学研究起到了组织保证的作用。

近几十年来，教学论、课程论、心理学、教育测量学、教育评价学等学科有了新的发展，这为化学教学论的发展提供了理论基础。改革开放引进了国外各种教学理论、课程理论、学习理论，开阔了我们的视野，启迪了我们的思想。大量的专业人员和广大一线教师在化学教学研究领域辛勤耕耘，不断探索，获得了大量研究成果和一些关键性的突破。例如，培养能力与学习知识并重的观念、素质教育的观念、STS的观念、多媒体与远程教学的观念等，均孕育着化学教学论新的飞跃。

我国新一轮基础教育课程改革的实施，从教育理念、课程内容、教学策略、学习方式、教学评价等多方面为化学教学论的发展提供了广阔的空间。我们相信，随着我国基础教育课程改革的逐步实施，化学教学论从“学科”和“科学”两个层面都会得到新的发展。

9.2 化学教学艺术概论

教师要想获得良好的课堂教学效果，必须树立正确的课堂教学艺术化观念，把讲台当成舞台，运用恰当的表现形式，为学生提供丰富多彩的课堂内容。化学教学艺术突出表现在语言艺术和实验艺术两个方面。

9.2.1 语言艺术

1. 化学教学语言的特点

教学语言是指师生双方在共同的教学活动中，为了完成教学活动而发生的语言现象。讲授艺术是教师用真、善、美的语言传授知识、交流思想、表达情感的一种教学方式，是化学教学艺术最基本和最主要的组成部分。化学教学语言是教学语言和化学学科本身特点有机结合的产物，它具有化学学科的特点，通常表现在以下几个方面。

1) 科学性

化学教学语言的科学性体现在化学教学语言的准确、规范、精练和逻辑性、系统性上。化学教学内容是严谨的，要求教师在选词上要准确、贴切。尤其是特有的化学术语、基本概念、性质、实验现象和结论等，表达应符合科学性。例如，不能将试管称为“管子”、将试剂瓶称为“瓶子”；在读化学方程式时，不能将“＋”读做“加”，不能将生成标志读成“等于”；不能在读化学方程式时不读名称，而读英文字母等。

2）启发性

孔子曰："不愤不启，不悱不发。"他主张教师通过启发式教学，开发学生的智力，增强学生的自学能力、理解和应用知识的能力。教师要善于运用启发式语言启发学生的积极思维。例如，在讲授"溶解度"概念时，教师可以提出这样的问题："用一杯水和一桶水来分别溶解蔗糖和食盐，你能判断哪个溶解得更多吗？"让学生思考和判断，从而得出"溶剂的量要一定"的结论。

3）趣味性

抽象是化学学科的一个明显特征。要想把抽象的概念、实验的推理过程讲得具体、形象、通俗易懂，就离不开生动形象、富有趣味性的语言。例如，在讲到"相对原子质量"概念时，有位化学教师就引用了一个形象的例子来讲解这个概念：我有100g苹果，200g梨子，300g香蕉，400g橙子，它们的质量都是直接称出来的；但是为了说着方便，可以选取一种水果，比如，以苹果作为参照物，四个数字分别除以100g，所得倍数就是它们相对于苹果的质量，苹果是1，梨子是2，香蕉是3，橙子是4。

4）富有感情色彩

有的教师认为化学是理科，不像语文在分析、朗读课文时要带有感情色彩。古人云："感人心者莫先乎情。"如果化学教师的教学语言毫无感情色彩的话，就很难调动学生的感情。教师语言单调乏味、平铺直叙、四平八稳、毫无兴致，怎么能调动学生的学习兴趣呢？怎么还会有好的教学效果呢？所以化学教师的教学语言应该富有鲜明的感情色彩。具体来说，化学教师的语言首先要清晰、完整；此外，音量要适中，化学教师也可以通过调节音量大小来表达自己的意图和情感，语速也应该根据教学要求有所变化。例如，在做浓硫酸稀释实验时，为强调操作要点，教师要适当放慢语速，对强调的要点加大音量，在稀释时一定要注意(以下加粗部分需要加重语气读)："将浓硫酸沿着器壁**慢慢**注入水中，并**不断**搅拌散热，**千万**不能将水**直接**倒入浓硫酸中！"语音、语速、音量综合反映出一种节奏。抑扬顿挫、轻重缓急有致的节奏所衍生出来的教学语言有利于让学生保持良好的听课状态。

2. 化学教学语言的禁忌

在化学课堂教学中，禁忌语言大致有以下几种类型，教师应当尽力避免。

1）绝对化、容易引起争议的语言

类似"一定"、"完全"、"都"等的字眼儿就是绝对化的语言，进行使用时一般是有前提条件的。例如，在学习"金属活动性顺序"时，有的教师会直接说："氢后金属都不与酸发生反应。"这样的表述是不准确的，因为高中阶段就有能与酸发生反应的氢后金属。严格来说，应该这样表述：一般情况下，氢后金属不与酸发生反应。

2）讽刺挖苦、容易伤害学生自尊心的语言

讽刺挖苦的语言无视学生的人格尊严，容易伤害学生的感情，使学生与教师之间产生对立情绪，甚至会使学生产生严重的心理问题。在教学过程中，个别学生有时违反纪律或搞恶作剧，干扰和影响了教学的正常进行，教师在课堂上对他们进行严厉的批评是必要的，但是不要伤及学生的自尊和人格。

3）冷淡鄙视、容易挫伤学生积极性的语言

冷淡鄙视的语言会极大地挫伤学生的自信心，使学生产生心理阴影。在一个班集体中，学生的基础和接受能力各不相同，教师对学业成绩较差的学生要因材施教，对反应慢的学生给予格外的关心和爱护。切忌采用鄙视的态度，甚至使用侮辱性的话语，如"你怎么这么笨……你干脆回家种地去吧……你根本不是念书的料……”这种话会严重刺伤学生敏感的心灵，对学生的成长极为不利，严重的甚至会使他的一生都活在阴影中。

3. 表扬的艺术

心理学家詹姆斯(James)说过，人类最迫切的需求是渴望被肯定。这就很好地解释了为什么我们都喜欢听“好话”，尤其是喜欢受到表扬。同样的道理，教师应当掌握表扬的艺术，能够经常地从学生的言行中找到值得肯定的东西，不失时机地对学生进行表扬，满足学生的这一心理需求，促使教与学良性循环。

课堂表扬对激发学生学习的兴趣，增加学生的求知欲，提高课堂教学的质量起着巨大的作用。表扬的方式可以是一句鼓励的话，“你真棒”、“你真会动脑筋”、“你的想法很有创意”，也可以是一个肯定的手势、一个赞赏的眼神、一个会心的微笑、一个意味深长的轻抚等。但是，并不是所有表扬都能起到积极的作用。如果表扬不当，甚至可能适得其反。所以，课堂表扬也要讲究艺术。课堂表扬的一个重要原则就是：表扬要适度，不可滥用。

课堂表扬应该准确，讲究分寸。表扬基调的高低，应根据实际情况而定。如果该高却低，就不能起到激励先进、发挥典型示范的作用；如果言过其实，让学生觉察出教师的虚伪，就会贬低表扬的价值；表扬次数过多，也就失去了表扬的魅力。

课堂表扬要因人而异，这是“因材施教”的一种具体表现形式。一般来说，学习态度认真，或者考试成绩优异，或者思维活跃、反应机敏的学生更容易受到表扬。但是，教师仍然要区别对待，各有侧重。对于学习态度认真的学生，表扬之后应要求他们拓宽思路，注意增加灵活性；对于思维活跃、反应机敏的学生，应强调敏捷性与严密性共存。还有一些不易被人注意的学生，上课时安分守己、沉默寡言，有些甚至思维较慢，跟不上教学节奏，对于这些学生，教师要善于观察，尽量捕捉这部分学生的“闪光点”，只要看到他们有一点进步，就要抓住时机进行表扬。

表扬“努力”，而不只是表扬结果。很多教师认为，能提供标准答案的学生是最值得表扬的，而对于其他回答问题的学生则表现出冷淡，甚至对于回答不完善的学生还会批评指责。这样做非常容易伤害学生的学习积极性和自尊心，会造成消极的课堂教学效果。其实，对于正处于知识学习阶段的学生而言，他们回答问题不完善甚至完全错误是非常正常的。教师不应忽视学生思考问题并回答问题的努力，即使结果还不尽如人意，这些学生也应当受到表扬。例如，对于回答问题不完善的学生，教师可以说：“你对于某某方面的分析非常准确，再考虑一下其他的方面呢？”这样既保护了学生的积极性和学习热情，又指引了学生继续深入思考的路径，不仅这名学生从教师的表扬中受益，其他学生也会有所收获。

4. 批评的艺术

在课堂教学过程中，为了保证教学质量，教师经常需要根据具体情况，采用不同的方式进行调节。表扬并不能解决所有问题，有时批评也是必不可少的。但批评不是目的，只是一种保证教育教学质量的手段。

在课堂教学中，批评有着表扬所不能替代的作用：对于偏离课堂教学秩序的不良现象和行为(如旁若无人的闲聊、讨论中的恶语相向、人身攻击等)，必须即时制止并提出适当的批评，否则会影响教学活动的进行；另外，批评具有强大的威慑力，教师批评时的语气、表情、动作等会给有过错的学生心理上极大的触动，使其迅速地自省，并及时地加以改正。所以，要使课堂批评能够收到立竿见影的效果，教师也应该努力掌握批评的艺术。

批评也是一门艺术。教师只有恰当地运用课堂批评的手段，批评的教育教学功能才能真正发挥；否则滥用乱用批评只能事与愿违，达不到批评的目的。一般来说，课堂批评的方式主要有以下几种。

1）心平气和式

教师平心静气、不愠不火地指出违纪学生的错误，并给予恰如其分的批评。适用于有一定自尊心但自制力较差的学生。

2）了解式

教师以询问的方式了解学生违纪的原因，在关切中流露出对违纪者的批评。例如，对于上课时精力不集中的学生，教师可以走到他旁边轻声询问："你今天心神不宁的，是不是身体不舒服？"学生很快就会领会教师善意的提醒，开始集中精力上课。

3）商讨式

当学生在课堂上出现不良表现时，教师不应一味训斥责骂，而应以平等的姿态，心平气和地与之商讨，这样学生更容易接受。例如，教师进行讲授时，发现有两名学生在窃窃私语，教师就可以停止讲授，直视他们，以商讨的语气询问："你们在谈论什么？是不是对我刚才所讲的有不同意见？"如果他们就是在闲聊，就会感到羞愧而停止。但如果他们的确是在讨论问题，也正好给了他们一个当堂和教师讨论交流的机会。这种情况下，教师反而应该给予表扬，但是要指出，在课堂上有问题时，可以直接举手问教师，尽量不要影响其他人。

4）沉默式

所谓"此时无声胜有声"。面对学生的不良表现，教师沉默不语静静注视学生，就会给学生造成一种心理压力，他们就会自觉反思自己的言行，很快领会教师内心的希望。还用上面的例子，教师进行讲授时，发现有两名学生在窃窃私语（尤指闲聊），教师只需要停止讲授几秒钟，就会收到比使用语言更好的效果。教师可以面无表情，或微笑注视，学生意识到教师的突然停顿，马上就会对自身的不良行为进行校正。

5）毫不留情式

对于缺乏起码的自尊心与廉耻感、屡教不改的学生，教师就不应一味迁就，而应该毫不留情地对其错误予以严肃、严厉、尖锐的批评。教师表现出的严肃的表情、严厉的眼神、铿锵的语气、高昂的语调，会给违纪学生内心极大的震撼。

批评的方法当然还有很多，有的情况下，教师可以交叉使用多种批评的方法。例如，教师发现学生的课堂违纪行为后，可以先沉默片刻，静观其变。若此法无效，可改用询问式。暗示、启发均无效时，可以采用毫不留情式的批评。当违纪学生认识到自己的错误行为以后，教师还可以采用心平气和的语气进行正面引导。所以，批评不仅要因人而异，还要因情而异。除此之外，教师进行课堂批评时，还应该注意以下几点：

（1）批评要抓住问题的要害。击中要害的批评才会让学生心服口服，思想上受到教育，能收到立竿见影的效果。

（2）批评的前提一定是事实清楚。切忌在弄清楚事实真相之前对学生进行批评。错误的批评不但会使学生蒙受委屈（甚至学生会仇视教师，与教师间产生对立情绪），而且会使教师的威信受到损害。

（3）批评的语言应干脆利落，不要吞吞吐吐，不痛不痒。教师的指令要明确清晰，具有可操作性，易于学生执行。

（4）批评要尊重学生人格，要对事不对人。

(5) 批评要就事论事，不要翻旧账。

(6) 批评忌用伤害性语言。俗话说：良言一句三冬暖，恶语伤人六月寒。教师批评学生时，一定要注意择词用语，不要使用伤害性话语(如"笨蛋"、"废物"、"丢脸"等)。

9.2.2 实验艺术

精心设计、合理布局的实验具有高度的艺术性，是化学教学艺术的重要组成部分。艺术化的实验具有特殊的魅力，能够有效地唤起学生的注意和兴趣，并引起学生探索的动机和行为；艺术化的实验能为学生提供丰富的感性材料，帮助学生形成概念，理解和巩固化学知识。实验中鲜明、生动、直观的实验现象能为学生提供丰富的形象思维素材，有效地激发学生的想象和联想。同时，实验所引发的问题，可以激起学生为寻求答案而运用归纳演绎、分析综合等方法去解决问题的思维活动，从而培养和发展学生的形象思维和抽象思维能力。

1. 演示实验的艺术化

教师规范的操作，有条不紊、镇定自若的演示，对学生形成正确的操作技能、方法、严谨的科学态度、一丝不苟的学习作风，以及良好的心理品质等都具有潜移默化的影响。教师对实验略加设计，就可使实验变得饶有趣味、富有艺术性和美感。

演示实验中，晶莹剔透的玻璃器皿，和谐有序的仪器装置，色态万千、变化无穷的实验现象，以及蕴含于其中深邃而简明的规律，都充分展示出化学实验动静交错、内外和谐之美。这些可使学生对化学实验美产生新奇、愉快和向往的审美感受，使学生获得美的熏陶，培养审美能力。

教师在演示实验时要突出主要观察的部分，按学生观察的顺序从左到右安装仪器，使仪器的大小、高低、长短保持协调，布局合理，重心沉稳。暂不用的仪器、药品等不要摆在桌面上，以免干扰学生的注意力。在保证演示时间的情况下，选用较大的实验仪器，同时加背衬，作为空白对照，或用投影仪放大等。在选择背衬时，透明液和深色物质选用白色背衬，浅色物质如乳白色、肉红色、淡黄色沉淀等则用黑色背衬。对一些演示实验进行研究改进，利用投影、摄像头等设备使实验现象更直观。例如，钠与水的反应在烧杯里进行，用摄像头可以从上面观察到整个过程。再如，教师可以在演示钠燃烧的实验前，拿出一只破损的烧杯说："我们让这只烧杯'破罐子破摔'，为科学再献身一次。"然后将钠放在上面，用摄像头进行该实验的"现场直播"，这些都是实验艺术化的表现。

将演示实验改为边讲边实验、布置家庭小实验、在教室临时开设化学角、组织开展化学课外活动、定期开放实验室等，也是实验艺术化的展现。让学生从实验中获得化学的知识，享受成功的喜悦。例如，将金属钠放在教室里一个安全的、便于观察的位置，让学生观察钠逐渐变成碳酸钠的整个过程。

把一些验证性实验改为探索性实验，甚至把某些演示实验先设计成化学魔术，让学生产生悬念，激发学生的求知欲，然后再讲解反应原理，演示实验操作。例如，将 Fe^{3+} 与 SCN^- 的反应设计成"魔刀斩妖"的魔术、滴水生烟、火棉爆炸等，这些操作简便、现象明显的实验对激发学生的思考，加深学生对知识的理解和记忆很有好处，也是实验艺术化的方法。

2. 分组实验教学艺术

1) 实验前的准备

实验前教师要认真把实验所用药品、仪器反复核对检查，不缺不漏，确保完好无损，使学生能顺利完成实验，不影响实验效果；编好实验小组，每组的成员应是实验能力强、中、差三者的结合，用以协调实验时间，有利于同学之间互帮互学；把实验按步骤计分，便于指导学生规范学习。

学生的准备工作：预习实验内容，填好实验报告中的题目、目的、原理、所需仪器、药品等；有条件的，可以利用幻灯、录像让学生先看一遍规范的操作过程，使学生加强对实验操作的印象，提高实验兴趣，做到心中有数。

2）实验过程

（1）查缺补漏。学生进入指定实验台后，应先认识实验仪器，核对药品、仪器是否缺损。

精讲示范：指导教师简单讲述实验要求，并讲明仪器的用法，有些标准操作要示范，如滴管的正确使用。另外还要讲明不规范操作的后果。

（2）监督计分。每次一人操作，同组同学按要求计时计分，完毕后，由同组同学指出其操作失分的原因，并把得分记入实验报告中。如有疑问，要同组讨论，最好由教师指导。例如，做铁锈的实验时，可以把有锈和无锈铁钉混在一起，取用的铁钉不同，实验中观察的现象就会不一样，教师和学生共同分析为什么有的溶液变成黄色、有的溶液变成浅绿色。有兴趣的同学还可以重做实验。

（3）巡视指导。在学生动手做实验的同时，教师应在各小组之间巡视，及时排除出现的各种障碍，解决学生在实验中的困难。

（4）做好总结。实验完毕，教师要带领学生认真整理实验用品，将物品摆放整齐，将仪器刷洗干净，并做好实验总结。对学生在实验中出现的各种错误操作要全面纠正。对如何填写实验报告提出要求，要让学生必须根据自己做出的实验现象实事求是地填写，认真总结实验成功的经验和失败的原因；如果实验现象与教材不一致，要分析查找原因，分析结果也要写在实验报告上，以便于今后的学习和实验。

9.3 信息技术与化学课程整合

随着科学技术的飞速发展，人类社会已进入了信息（information）时代。信息时代的主要特征之一就是知识的增长与更新加快。信息社会所需要的人才，应该是在对知识的获取、加工、再生等方面具备较强能力的人。为了与信息社会相适应，教育本身也要实现教育信息化（educational informationization）。因此，构建新型的课程体系与教学内容是教育教学改革、顺应时代发展的基本条件，也是创新型人才培养的基础。

9.3.1 信息时代与化学教育

在信息时代，人类通过信息感知世界、认识世界和改造世界，利用信息技术接受和处理信息已成为社会发展对社会成员的基本要求。与之相适应，传统的化学教育将从内容、形式、方法和组织等方面发生根本的变革，以培养具有高度创新能力及使用信息化手段获取知识和更新知识的能力的高素质人才。

1. 信息技术及其在教育中的应用

现代信息技术主要是指应用信息科学的原理和方法，利用电子计算机和现代通信手段实现获取信息、传递信息、储存信息、处理信息、显示信息、分配信息等的相关技术。教育本身是一个人类文化的传播过程，其中包含大量的信息传播、加工、组织、储存与表达，使用了许多信息技术。21世纪的教育将会由现在的基于印刷技术的教育走向基于电子技术的教育，其发展过程就是教育的信息化过程。面对这一现实，人们认识到教育需要改革，而教育改革的突破点在于使用信息技术。我国著名科学家钱学森也曾对未来教育作了如下论述："未来教育＝人脑＋计算机＋网络。"

作为一个信息时代的合格教师，究竟应该具备哪些基本信息素养？怎样才能有效地在课堂教学中使用信息技术？这是当今社会对教师提出的要求。

2. 信息技术对于化学教育的影响

在化学教学中应用信息技术，不只是一种教学手段的改善，它将对化学教师的教育观念、教学方法及教学的组织形式等带来深远的影响。运用信息技术优化课堂教学，完善新型教学系统的构建，具备数字化环境下的课程资源开发、应用能力等，都是一个未来的化学教师应有的素质。

随着信息技术的发展及其在化学教学中的广泛应用，化学教学的信息化是必经之路。在这一进程中，我们可以看到信息技术与教学的融合程度越来越深，传统的化学教学将从内容、形式、方法和教学组织等方面发生巨大的变革。

早在20世纪80年代，我国的化学教育工作者就已经开始了诸多的工作，并取得了一定的成绩。实践表明，在化学教学中应用信息技术，可以优化教学过程，提高教学效率，加大课堂的信息流量，在强调教学基础性的同时兼顾其时效性，使教学更贴近生活和生产实际。在教学中，让学生有更多的时间去自由地探索和研究，全面提高学生的化学学科素质。图9-1描述了信息技术(IT)在化学教学中应用的几个主要方面。

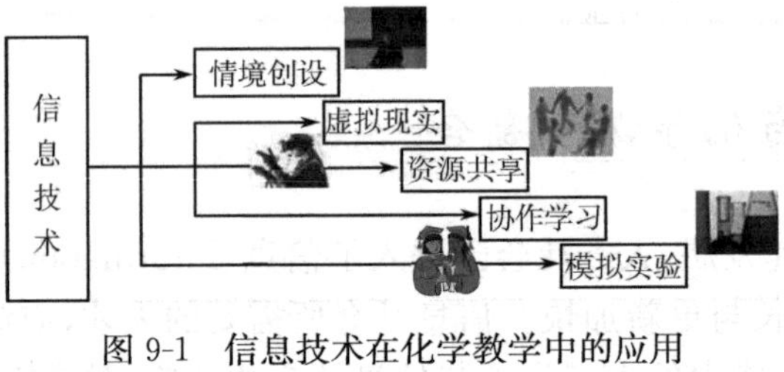

图9-1　信息技术在化学教学中的应用

1）构建新型教学模式

由于现代教学及学习理论的影响和信息技术的运用，对传统教学中教师的角色、学生的地位、媒体的作用以及教学过程进行变革，从而构建能适应信息时代的新型教学模式。

2）转变学习方式，注重能力培养

随着多媒体技术及网络的发展，信息技术已经成为学习的有效工具，基于网络的自主学习和协作学习是信息技术环境下有效的学习方式。

(1) 自主学习。在传统的教学过程中一切都是由教师主宰，学生只能被动地参与这个过程。而在信息技术支持下的教学环境中，尤其是超文本(hyper text)/超媒体(hyper media)技术的实现，学生可以按照自己的学习基础、学习兴趣来选择所要学习的内容和适合自己水平的练习；还可以自主选择使用个别化教学策略或协作式教学策略。

(2) 协作学习。在传统的教学模式中，学生由于学习时间和思维水平的限制，经常在找到某一个解决途径后就止步不前了，而在网络平台的协作式学习环境下，学生个体之间可通过对话、商讨、辩论等形式对问题进行充分论证,集思广益,找到解决问题的最佳途径。

3) 资源共享,提高教学效率

传统的教学模式中,由于信息获得的手段过于单一,教师往往只能对着课本或几本参考书照本宣科,而不能为学生的自主学习提供新的学习资源和学习情境。随着因特网的普及,网络信息的海量化提供了使学生可以自由翱翔的知识天空。可以使一个年轻人在大约几个月的时间内达到用传统教学方式需几年才可达到的水平。

4) 情境虚拟与仿真

化学是一门以实验为基础的学科,实验是用于揭示或验证有关化学反应原理的最直接手段。在教学过程的某些环节中,我们可能要求重现某些实验现象,以加深学生对实验现象的认识、深化对化学原理的分析。但由于实际条件的限制,我们不能一而再、再而三地在传统的教学过程中重复一个实验;此外,中学化学课程所涉及的一些工业流程,如硫酸的工业制法;某些可能危害人体或环境的实验,如硫化氢的性质实验等,我们不可能多次重复,也无法在传统的实验室或课堂上重现。但是,信息技术就能够改变这一点,在需要重现某些实验现象,或是模拟某些工业流程时,计算机视频技术或动画技术可以轻松高效地完成。

3. 信息技术应用于化学教学的基本特征

化学是一门理论性和实验性统一、应用性和开放性并重的学科。但是在传统的教学模式下,由于教学传播手段的限制,使化学学科的这些特点不能得到很好的体现,对教学产生了一些消极影响。但在信息技术条件下,利用丰富的信息资源和网络化的技术支持,就能为化学课程教学提供理想的教学环境,将消极因素转化为积极因素。

信息技术应用于化学教学,具有不同于传统教学模式的诸多特征,其最终目标是实现信息化的化学教育。

1) 数字化

从广义上讲,信息技术早在古代就已经有了,我们现在所说的信息技术主要指以计算机为基础的数字化技术。数字化技术应用于化学教学过程,将逐渐形成数字化的学习环境、数字化的学习资源和数字化的学习方式。

2) 多媒体化

媒体是人的延伸。以计算机为基础的多媒体技术可以使信息媒体高度集成,实现信息的多元化表征。特别是超媒体技术的运用,可以构建动态化、形象化的教学内容体系,通过文字和图形,加上声音、动画、录像以及模拟的三维景象等,提供给学生的不是单一的外部刺激,而是视、听、触等多种感官的综合调用。图文并茂、动静结合的表达方式能有效地激发学生的学习兴趣,使学生产生强烈的学习欲望,从而形成学生的学习动机。

3) 网络化

网络是计算机技术与通信技术完美结合的产物,信息技术应用于化学教学的基础是多媒体计算机和网络化环境。

4) 智能化

人工智能(artificial intclligencc,AI)将成为信息化教学系统的核心技术,智能化的实现将使系统能够做到教学行为人性化,人机之间可以实现自然语言通信等。

9.3.2 信息技术与化学课程的整合

信息技术与学科教学整合(integration)是教育信息化的核心内容。在国外的教学研究资料里，整合指计算机辅助教学的研究不能停留在低档次，而要达到较高级水平，要使现代信息技术与学科教育融合为一个整体，达到提高教育质量，使之适应现代化社会对教育的需求。自2000年起，我国开始出现并使用信息技术与学科课程整合这一提法。2001年，教育部发布《基础教育课程改革纲要》，提出“处理好知识传授与能力培养的关系，促进学生在教师指导下主动地、富有个性地学习”和“大力推进信息技术在教学过程中的普遍应用，促进信息技术与学科课程的整合”，强调“互动”和“充分发挥信息技术的优势”。

整合是指一个系统内各要素的整体协调、相互渗透，使系统内各要素发挥最大效益。相应地，我们可以把教育、教学中的整合理解为“教育、教学系统中各要素的整体协调、相互渗透，以发挥教育系统的最大效益”。“整合”是自20世纪50年代以来，以计算机为核心的信息技术在教育教学中应用的最高阶段。

信息技术与化学教学整合是指在化学教学过程中把信息技术、信息资源、信息方法、人力资源和化学教学内容有机结合，共同完成化学教学任务的一种新型的教学方式。信息技术与化学教学整合的本质与内涵是要求在先进的教育思想、理论的指导下，把计算机及网络为核心的信息技术作为促进学生自主学习的认知工具与情感激励工具、教学情境的创设工具，并将这些工具全面地应用到化学教学过程中，使各种教学资源、各个教学要素和教学环节、教学内容及教学结构，经过整理、组合，相互融合，在整体优化的基础上产生聚集效应，从而促进传统教学方式的根本变革，达到培养学生创新精神与实践能力的目标。

信息技术与化学教学整合所包含的内容：

(1) 把信息技术有机地融入到化学教学中，就像教师使用黑板和粉笔，学生使用纸和笔一样自然、流畅。信息技术要既应用于教师的教，又应用于学生的学，并且要不断开发多种有效的运用形式。

(2) 以系统论的观点综合运用传统媒体和信息技术手段，做到优势互补，相得益彰。

(3) 以认知心理学和建构主义学习理论为指导，利用信息技术手段改变课堂教学模式和学生的学习方式，逐步建立起“主导-主体”相结合的教学结构。

(4) 利用信息技术手段设计、开发和管理各种教学资源，创建信息化教学环境。

(5) 在化学教学中学习和使用信息技术，培养学生的信息素养，使信息技术的目的和手段相统一。

9.3.3 信息化条件下化学课程资源开发

1. 开发利用数字(信息)化资源

利用信息技术提供的资源环境就是要改变“书本是知识主要来源”、“教师是权威”的限制，改良封闭、孤立的课堂教学，使学生能开阔思路、集思广益，有利于发散性思维和创造性思维的培养，有利于学生对信息的获取、分析及运用能力的培养。

1) 充分利用网络资源

互联网提供了许多新的交互方式，论坛便是其中使用较为普遍的一种方式。目前，许多资源获取的途径都已被纳入“云技术”的范畴。云课堂就是“云技术”在课堂教学中的实际应用，

是近年来国内外教育界的热门议题。当前,“云课堂”主要有4种不同的表现形式:

(1) 网络课堂(或网络教室云课堂)。网络课堂是构建在互联网上的远程教育、网络教室类应用平台。平台的核心是网络课堂应用软件,系统采用音视频传输及数据协同等网络传输技术,模拟真实的课堂环境,通过网络给学生提供有效的教学资源,如新东方在线、多贝公开课等。

(2) 电子书包(或电子书包云课堂)。电子书包是指构建在学校私有云计算中心上的网络课堂应用平台,是无纸化的一种教学模式。学生不用纸笔,而是用平板电脑等电子终端进行学习。教师可以实时了解每一位学生的学习进度,这利于教师的分层次教学。系统自动生成学习诊断单,科学计算帮助教师全方位了解学生。

(3) iPad云课堂(或iPad移动学习课堂)。iPad云课堂是以iPad平板电脑作为移动学习终端,替代现有传统书本教学的一种学习模式。

(4) 云计算网络课堂。云计算网络课堂是构建在云计算平台基础上的“云应用”的一种教学模式。主要由“云计算教室”和“云网络课堂”两部分构成。“云网络课堂”是基于Windows/Android/iOS平台的各类资源共享应用软件,提供各类收费或免费云课堂、云存储教学资源的应用平台,如网易公开课。“云计算教室”即云计算网络课堂的基础平台,其典型代表是慕课(massive open online courses,简称MOOC,大规模开放网络课程)。MOOC集结了全世界最优质的大学资源,包括哈佛大学、斯坦福大学等常青藤大学,以及北京大学、清华大学、台湾大学等世界著名高校,为每一位学习者提供免费优质课程,掀起了新一轮全球学习的革命。

2) 开发适宜的校本资源

开发适宜的校本资源是信息技术与化学教学整合的较高级阶段。需要化学教师具备较深厚的教育理论基础,较强的信息技术开发能力和较扎实的学科知识基础。具体做法可以是以学科组为创作群体,开发建构教学积件(integrableware)库,放在校园网上。每一个上课教师应能够利用积件库的资源开发自己的多媒体教学课件(courseware),多媒体课件不应是“印刷品”教材的翻版,而应体现出信息技术应用的特点,如超媒体性、交互性、智能性等。另外,随着网络的普及,网络课程(network curriculum)的开发成为当前信息技术与学科教学整合的一个热点。网络课程为教师和学生提供了一个跨越时间和空间的学习环境,有利于学生的自主学习和协作学习,也为学生之间、师生之间的交流提供了多种途径。

信息化教学资源的建设目前仍缺口较大,应大力加强这方面的人才培养与基于校园网的教学信息数据库的建设,这是信息技术与教学整合的重点所在。

2. 化学教学课件的开发

从教学应用来分,化学教学课件有基于单机的多媒体课件和基于网络的多媒体课件两种。在校园网广泛普及的今天,基于网络的教学课件的开发与使用应该是信息技术教学应用的重点。化学课件的开发,一般要经过以下步骤:

(1) 教学内容分析。通过对教学内容的分析,选出适合于应用信息技术的部分。

(2) 脚本编写与设计。对教学内容进行二次创作。

(3) 媒体选择。针对脚本设计,选择适宜的媒体。

(4) 选择制作平台。根据教学内容,选择适宜的多媒体创作平台。

(5) 合成与反馈。进行课件的后期编辑与集成、调试等工作。

化学多媒体课件的设计与制作是一个综合性非常强的工作,涉及学科知识、计算机知识、图论、信息论、控制论、网络技术等多方面的知识与技能。表 9-1 列出了化学课件开发常用的软件及对应功能。

表 9-1 化学课件开发软件一览表

开发序列		所需软件
脚本编写		Microsoft Word
媒体设计与选择	文本素材	Microsoft Word
	声音素材	Cool Edit,Goldwave
	图形、图像素材	Adobe Photoshop,SnagIt
	动画素材	Flash,Cool 3D
	视频素材	Adobe Premiere,V for Win,超级解霸,SnagIt
	流媒体素材	Windows Media Encoder 9,Helix Producer,Real Producer
	化学专业素材	ACD/Sketch,Chemoffice
课件创作平台		Powerpoint,Authorware, Frontpage,Dreamweaver,ASP,VB,VC
网络辅助		Authorware Web Player, Flashplayer, Realplayer, QuickTime Windows Media Player,Streambox Vcr Suite

一个好的课件,其 80%的工作量在脚本设计与素材准备方面,另外的 20%则是课件的合成与调试。按照使用需要,可以选择不同的制作平台。演示型课件可以选择 Powerpoint,制作成“幻灯式”课件;对于网络型课件,可使用 Frontpage 或 Dreamweaver 来实现;如果基础较好,可将 ASP 等技术嵌入,以获得交互性良好的教学课件。

3. 基于手持技术的化学课程的开发

手持技术也称掌上技术,是由传感器、数据采集器和配套软件,与计算机整合,勇于在理科教学领域进行定量科学探究的技术。手持技术最突出的特点是便携、实时、准确、综合、直观和定量,使得教学能随时随地进行,兼顾课内和课外。在化学教学领域,开始出现将先进的传感技术、计算机技术与现代教学理念相结合的新型化学实验室,即化学数字化探究实验室。也就是在传统的化学实验室基础上配备整套与化学相关的传感器、计算机和计算机网络。

化学数字化探究实验装置包括传感器、数据采集器、软件、计算机四部分。

传感器:能感受规定的被测量,并按照一定的规律将其转换成可用输出信号的器件或装置。

化学探究实验中常使用的传感器有不锈钢温度传感器、热电偶高温传感器、pH 传感器、滴数传感器、气体压力传感器、电导率传感器、电压传感器、电流传感器、二氧化碳传感器、氧化还原电位传感器、氧气传感器、色度计传感器、溶解氧传感器、分光光度计传感器等。

数据采集器:将实验过程中的物理信号转变为数字信号、模拟信号输出,全程跟踪实验过程中的数据变化并以多种形式显示实验结果的装置。

软件:将数据采集器输入的信号(实验数据),通过应用软件进行分析处理,并以多种形式实时显示在计算机屏幕上。

4. 微课程的开发

微课程(microlecture,简称“微课”)并不是指为微型教学而开发的微内容,而是在线学习或移动学习为目的的实际教学内容。其课程时间在5～10分钟以内，有明确的教学目标，内容短小，集中说明一个问题。微课程以主题突出、目标明确、情境真实、短小精悍等特征迅速发展起来，它高效、便捷的学习方式在教育领域产生了不小的影响。微课程制作的方法有以下两种。

1）手写＋终端拍摄

这种微课程制作的方法需要准备一些白纸、各种颜色的笔以及一个可拍摄视频的终端。拍摄终端可以是摄像机、DV、iPad之类的平板电脑、带摄像功能的手机以及摄像头等。微课程可以由两名教师合作完成，一名教师拍摄，一名教师边在纸上书写边讲解。微课程也可以由一名教师单独完成，教师可借助支架或者采用其他办法将拍摄终端固定好。根据讲解内容可以加配音乐。录制下来的视频还可以进行加工剪辑，录制过程中如果发生错讲漏讲的情况，可以通过视频剪辑来消除。

2）PPT课件转成视频

这种制作方法需要使用PPT(Powerpoint)自带的录音功能。目前，很多教师上课都会使用PPT多媒体课件，而且多数教师对PPT的操作非常熟悉。另外，很多教师已有现成的PPT课件资源。教师可以使用PPT自带的录音功能，边播放PPT边进行讲解录音，实现录音与画面同步。待全部录制完后，将PPT另存为视频格式即可。

9.4 化学教育研究论文的撰写

化学教育研究是用科学的方法来解决化学教育中的问题的过程。它是在继承前人成就的基础上对某些问题进行研究，从而揭示化学和教育教学规律。长期以来，人们普遍持有一种观念：教育研究是教研人员或大学教师的工作，一线教师可以不做研究。这其实是理论与实践长期脱节的表现。另外，缺乏一线教师的参与，教育研究也表现出缺乏生命力、创新不足等特点。

9.4.1 化学教育研究的一般过程与方法

化学教育研究是一种有目的、有计划的认识活动，其研究过程必须按照一定的科学程序进行。一般来说，一个完整的化学教育研究项目要经过选题、查阅文献、制订研究计划、收集资料、整理资料、资料的分析研究和撰写研究报告几个步骤。

1. 选题

爱因斯坦说："提出一个问题往往比解决一个问题更重要，因为解决一个问题也许仅是一个数学上或实验上的技能而已，而提出新问题，新的可能性，从新的角度去看旧问题，却需要有创造性的想象力，而且标志着科学的真正进步。"选择和确定研究课题是进行教育研究的第一步，并且是关键性的一步，它不仅决定研究者现在和今后科研工作的主攻方向、目标与内容，而且在一定程度上规定了科学研究应采取的方法与途径。选题指经过选择来确定所要研究的中心问题。选题包括两方面含义，一是确定科学研究的方向，二是选择进行研究的问题。

1）选题的原则

选题应遵循以下原则：第一，问题必须有价值，所选择的研究课题要符合社会发展、教育事业发展的需要，有利于提高教育质量。例如，"加大作业量提高学生学习成绩的策略"这样的研究就没有实际价值。第二，问题必须有科学的现实性，指导思想及目的明确，立论根据充实合理。第三，问题必须具体明确，界限要清，范围要小，不能太笼统，大而空、笼统模糊、针对性不强的课题往往科学性差。第四，问题要新颖、有独创性。选定的问题应是前人未曾解决或尚未完全解决的问题，通过研究应有所创新，有新意和时代感。第五，问题要有可行性。例如，1958年有人提出的"关于中国十五年内普及高等教育的对策研究"，这样的选题不仅徒劳，并且会导致实践的盲目性。选题时还要充分考虑开展研究的主客观条件。主观条件包括研究者自身的理论水平、能力水平、兴趣、专长；研究者的时间和精力等。客观条件包括课题研究所需的资料、设备及其他条件。

2）课题的来源

教育研究的课题，可以是国家课题（政府主管部门下达的科研项目），也可以是自选课题（由研究者根据教育理论或教学实际需要选定的研究课题）。很多时候，这两类课题又是相互联系的。前者能为后者提供方向和思路，后者也可由研究者申请纳入国家科研计划。有人提出了自选课题的"五点"办法：第一，在成功经验中寻找生长点；第二，在现实问题中寻找突破点；第三，在学校固有特点中寻找切入点；第四，在已有成果课题中寻找聚集点；第五，在前后期实验中寻找连接点。

3）科研课题的表述

（1）科研课题不宜用肯定的语句表述。

课题是问题，要体现问题性，科研课题可以用疑问句或陈述句表述。例如，"良好的学习习惯是提高中学生化学学习成绩的基础"就不能作为科研课题，应改为"培养中学生良好的化学学习习惯的研究"，或"培养中学生良好的化学学习习惯，提高其化学成绩的研究"。

（2）科研课题应是有确定含义的具体问题。

科研课题要防止太大、太笼统，否则研究就无法下手。要小题大做，不能大题小做。课题越大，研究越空。例如，"学生学习规律的研究"就无法下手。如果把课题确定为"对中学生学习化学方法的指导研究"就比较确切。有些大课题在实际操作时，应该通过界定研究范围分解为若干子课题，子课题可以再分解为一些更小的子课题。例如，"发挥学生主体作用的研究"，可以界定为"在课堂教学中发挥学生主体作用的研究"，进一步界定为"在中学课堂教学中发挥学生主体作用的研究"，再进一步界定为"在中学化学课堂教学中加强学生自主学习的研究"。课题具体，研究范围缩小，研究就容易操作。

（3）科研课题的表述要完整。

为了克服科研课题研究目标不清的问题，科研课题的表述一般应包括三个部分，即研究问题、研究对象和研究方法。例如，"石家庄市中学生化学课外作业情况的调查研究"的研究问题是"化学课外作业"，研究对象是"石家庄市中学生"，研究方法是"调查法"。有的课题，如"小学生课外阅读的调查"就不合适，因为这样表述，总体范围就成了全世界的小学生，无法调查。

（4）科研课题表述时要用语严谨。

科研课题表述时要用语严谨，要用学术性的语句，不应用"大白话"，不应用比喻句。例如，前面所说"浅谈教职工队伍建设"，"浅谈"不是研究。再如，"特别的爱给特别的你"、"反复抓，抓反复"、"托起明天的太阳"、"扬起自信的风帆"等，看起来很生动，但很不严谨，也没有切实的含义。

4）教育研究选题应防止的错误

（1）范围太大、无从下手。选题时范围不要太大。例如，"中学生创造力培养研究"这样的题目就太大，首先是"中学生"这个概念范围包括初中生和高中生两个范围，研究范围太广，其次是“创造力”这个概念也太大，如果改为“发散思维能力”，范围就小一些。

(2) 研究目标不是十分清楚。例如，“在学科教学中培养学生能力的研究”，“学段”不清，“学科”不明，“能力”概念不确切，若改为“在初中化学教学中培养学生创新思维能力的研究”则较为明确。再如，“培养学生创新能力的实践研究”，若改为“在初中化学教学中培养学生创新能力的实践研究”，则明确了“研究”的学段、学科、研究内容和研究范围。

(3) 问题太小、范围太窄、意义不大。例如，“浅谈小学美术应注意的三个问题”、“电教媒体在小学低年级音乐教学中的作用”中“三个问题”、“作用”都是比较小的问题，没有研究的价值。

(4) 经验感想之谈，不是科研题目。例如，“班主任怎样开班会”、“教给学生学习方法”、“自主学习，交流探索”、“培养自信，转化差生”、“转化后进生，全面提高教学质量”等题目，还有“试论……”、“浅谈……”、“……初探”、“……尝试”等，研究价值不高，也不符合研究课题名称的要求。

2. 查阅文献

文献资料是人类宝贵的精神财富，科学史表明，任何一个科学家的发明或创造都是以一定的文献资料为基础，以研究前人的成果为开端的。

为了使研究课题具体化，并使它建立在先进的教育科学发展水平上，研究者查阅、了解有关该课题的研究情况和指导理论是非常必要的。在选定课题之后的主要工作就是查阅与本课题有关的文献，全面了解前人在该领域、该问题上已经做了哪些重要工作，取得了哪些成就，解决了哪些问题，还有哪些问题尚待解决，他们采用了哪些研究方法，所得到的结论的科学性及可靠程度如何等。

查阅文献的目的，一是避免不必要的重复劳动。由于对课题资料和信息缺乏了解，致使花大量人力、物力、财力所做的研究却是前人早已研究并公开发表的研究结果，这样就会造成巨大的浪费；二是确保研究在前人研究的基础上取得新的较高一级的成果。科研工作贵在创新，某一项研究成果之所以能有一定的水平高度，是因为它站在最新研究成果之上，达到了对本课题的最新认识；三是从别人类似的研究中借鉴研究方法和论述方法，使研究工作少走弯路，较易成功。

查阅文献包括以下几个过程：首先，是对文献资料的检索，就是将众多的文献按一定的规律排列、储存起来，并查找出符合研究课题的文献的过程；其次，是对文献的初步加工，就是对检索的文献进行筛选、鉴别和阅读的过程；最后，是对文献的分析研究，就是对事实、数据进行定量和定性分析。

3. 制订研究计划

在选定课题和查阅文献的基础上制订出科学的研究计划，是研究过程的一个重要环节，是展开研究的行动计划和安排。研究计划是为了达到研究目的，验证研究假设，而对课题研究过程的实施方案所做的设计。该设计是否科学、合理、完善、有效，不仅直接影响研究的进程，而且还影响研究结果的可靠性和科学性。周密的研究计划应能保证研究目的的达到，揭示教育现象的特点和规律，并使预计的研究成果在教育改革实践中具有推广应用价值。

研究计划一般包括以下内容：

(1) 课题名称。课题名称必须简单、明确，要与研究的内容、拟完成的任务和准备解决的问题完全相符，切忌课题名称过大，过于笼统。

(2) 研究目的、意义。研究计划要明确研究的目的、意义，即要阐明提出课题的理论或实践依据，说明该课题目前的研究水平，阐明研究的重要性和必要性，特别是该计划在当前或今后一段时间内对教育工作的意义。

(3) 研究范围。研究范围指研究对象、研究内容、采用资料等方面的内容。研究范围的大小与选择的课题有密切关系。

(4) 研究方法。科学教育研究方法很多，化学教学科研一般采用文献法、经验总结法、调查法、实验法、统计分析法等，研究者往往根据课题的特点、任务和研究对象，采用起主导作用的某一种方法，配合运用其他方法。

(5) 资料来源。在研究计划中，说明主要资料来源于哪些调查、实验、观察或哪些文献、档案材料，以表明课题研究的主要依据。

(6) 研究步骤。在研究计划中，说明研究的步骤、各阶段的时间分配、课题完成时间、成果表现形式。

4. 实践研究，收集资料

以上所述的选定课题、查阅文献、制订研究计划只是研究工作的准备阶段，而实践研究、收集资料环节，才真正进入了研究工作的主体阶段，是研究计划的实施。研究者采用调查、实验、观察或其他不同的方法和手段进行研究，从中发现问题和收集相关资料。这里所说的资料除包括以上所说的文献资料以外，还包括通过系统观察、教育调查、教育实验或其他方法获取的事实资料。

事实资料是指研究者通过对同一事物进行实践活动所得到的资料。研究者可以运用系统观察收集事实资料，既可以在自然情况下进行观察，也可以在控制条件下进行观察；研究者可以通过制订调查表格、访问提纲或问卷等方式收集事实资料；研究者还可以通过对大量教育经验的筛选获得有关事实资料，运用精密仪器或教育实验获得事实资料。收集教育事实资料的方法很多，最主要的有系统观察、教育调查、教育实验三种方法。

在收集资料过程中，要进行记录、分类、整理。在整个研究过程中，要不断记录研究中需要运用的资料以及自己对具体资料的分析意见和结果，对资料进行分类并使之系统化，这样可以使积累的资料便于系统保存，以后在分析问题、概括结论、撰写论文时，可以方便地将资料找出来。整理资料是对资料加以核对、考证，淘汰一些不必要和不真实的资料，对某些零乱的数据可以进行统计加工，使资料内容的规律一目了然。

5. 统计分析，得出结论

教育科研不能单纯地停留在对资料的广泛收集或直观描述上，需要对所收集到的资料与事实运用统计原理和逻辑分析方法进行统计分析，更好地揭示教育现象的本质和规律。

教育统计是统计原理和方法在教育问题研究中的具体运用，它是进行教育科研的重要工具和方法。在教育科研工作中，通过调查、观察和实验得到的数据多是零散的，它只反映个别现象的个别特征，必须经过整理加工之后，才能使之系统化，为进一步研究提供有用的信息。

逻辑分析方法是指通过理性思维整理分析研究所获得的资料，即通过分析与综合、抽象与概括、归纳与演绎的方法，对资料进行去粗取精、去伪存真、由此及彼、由表及里的整理分析研究，得出正确结论，准确揭示教育的本质和规律。

在教育科研中，必须把统计分析方法与逻辑分析方法很好地结合起来，对教育研究过程中搜集到的大量资料进行定量和定性分析，概括得出的结论还需要到教学实践中加以检验，才能得出符合实际的正确结论。

6. 整理分析资料

化学教育研究中，为了保证分析的正确性、可靠性和时效性，还必须将搜集的资料进行整理。有些资料可能与所解决的问题关系不大，有些资料可能缺乏代表性，还有些资料不一定准确，或者不可靠等，这些都需要通过整理加以筛选。通过整理，还可以确认哪些资料是主要的和次要的、哪些资料是可靠的和不可靠的、哪些资料是重要的和不重要的、哪些资料是完整的和缺少的等，这可以为后续的分析研究提供可靠的依据。

在初步整理资料的基础上，还要运用分析、综合、比较等辩证唯物主义思想和方法，以及逻辑学和数学的方法，进一步分析研究资料，使感性认识上升到理性认识，以形成科学的结论。研究资料的方式包括定量研究和定性研究两大类。一般而言，对很多资料既需要进行定量研究，也还需要进行定性研究。

7. 撰写研究报告

常见的研究报告的形式包括：调查报告、实验报告、经验总结报告、学术论文。前三类主要是用事实来说明问题，要求资料具体、典型，通过典型事例分析，找出规律性的东西，提出经验、方法、建议或存在的问题，最后形成结论。第四类主要是以理论分析为主，要求作者自己要有独特的看法，有创新的见解，形成新的思想、观点、方法和体系。当然，这几种研究报告也是相互联系的，没有绝对的界限。

1）化学教学研究论文的结构

不同类型的研究报告具有不同的报告内容和特色，但它们的基本结构相似。一般来说，研究报告由题目、署名、摘要、关键词、前言、正文、结论、参考文献等部分构成。其中，前言、正文、结论是研究报告的核心部分。

(1) 题目及署名。

论文题目必须反映论文的实质内容，尽量鲜明、醒目、确切、中肯、简练，让人一看便知道论文主要论述的问题。论文署名一般包括姓名及工作单位等，是为了表明著作权人，便于明确文责，有些杂志报纸要求附上作者简介，还要有职务、地址和邮编、著作与文章、主要工作经历等。

(2) 摘要及关键词。

摘要是以概括论文内容为目的，简明扼要地叙述论文的主要内容及观点，不对论文本身做评价。摘要对于论文极为重要，很多国内外的数据库都只是收录摘要，不收录全文。

关键词是从论文标题、摘要、内容中选择最具实质性的关键性词语来揭示主题内容，国家标准 GB 7731—87《科学技术报告、学位论文和学术论文的编写格式》中规定："每篇报告、论文选取 3～8 个词作为关键词。"

(3) 引言。

引言是为了读者在通读正文前对作者研究的全过程有所了解，为阅读正文做准备。它可以是对研究课题所作的说明，如研究的起缘，研究目的、要解决的问题、研究的价值与意义、介绍前人所做的工作及未解决的问题等；它也可以是对课题研究方案的说明，大体介绍研究的方法和研究的过程等。

(4) 正文。

正文是论文的主体和关键部分，主要内容包括课题的理论依据、研究方法、研究对象的选择、观察到的事实、收集到的资料数据、对资料数据的分析处理结果等。但各类论文的内容有所侧重。例如，调查报告的正文着重叙述所调查问题的现状和实质，产生问题的原因及发展趋势；实验报告的正文包括实验目的、实验过程、实验数据或结果、结果分析和讨论等；经验报告应该指出所总结的经验是什么，并对此分析、归纳、论证，指出经验的实践意义。

(5) 结论与讨论。

结论是对研究中所观测到的事实、搜集到的资料数据进行处理，并在此基础上分析、判断、推理，得出的对事物本质的规律性的认识。它是一篇论文的总论点，一般包括所发现的规律、得出的结论、解决的问题等。

讨论的主要内容是本研究的局限性、仍然存在的问题、今后努力的方向和设想等。

(6) 注释和参考文献。

注释和参考文献是研究论文必不可少的一部分，目的在于表明作者科学严谨的研究态度和对前人研究成果的尊重，是对知识产权的尊重，并方便读者对本课题有更全面的了解，有利于进一步研究。注释是论文中所引用和采纳的观点和论述，所列文献应是作者在研究和撰写过程中参考并引用的文献成果。

2) 撰写化学教学研究论文的基本要求

(1) 观点明确、新颖。

论文应清晰准确地表达自己的观点，观点是一篇论文的"眼睛"，绝不能含糊不清，它将统领整篇论文。观点新颖体现了研究成果的创造性，应是别人没有提出的观点或是从不同的角度提出的观点。

(2) 论据可靠、充分。

提出论点要靠科学资料的支持，作者观点的来源应该是基于雄厚的事实依据和对前人工作的广泛吸收、借鉴。只有论点，缺乏可靠充分的论据，论文就会显得枯燥、空洞，没有说服力。

(3) 论证坚实、严密。

论文的主要内容是论证，即证明作者所提出的观点，论证不仅使读者了解结论是如何获得的，还应使读者相信结论的正确性。因此，论文要进行逻辑推理，论证过程要坚实、严密，合乎逻辑顺序，切忌论点和论据之间的脱节和矛盾。

(4) 表达准确、顺畅。

论文表达要准确无误，不能含糊其辞、模棱两可，陈述上应通顺合理，不应出现语句不通、逻辑混乱等情况，要言之有理、言之成文、言简意赅。

(5) 结构规范、合理。

国家标准 GB 7731—87《科学技术报告、学位论文和学术论文的编写格式》规定了学术论文的书写结构。合乎规范的结构对于论文来说是一个相当重要的方面，结构要有所依据和考究，不合理的结构不能很好地表达自己的思想，容易给读者造成阅读和理解上的困难，要合理安排论文中各种资料和各个部分的顺序，前后连贯、布局合理。

9.4.2 化学教育研究案例剖析

1. 课题选择

课题题目：新建地方本科院校化学专业师范生教师胜任力的现状和发展研究

分析：本课题的研究对象是师范生，限定的范围是新建地方本科院校以及化学专业的师范生，这样缩小了研究的范围，使研究从对象看具有可行性。课题的核心词汇是教师胜任力，研究的是教师胜任力的现状和未来发展情况。

研究的可行性：研究得到了省内外多所院校的支持，这为获取丰富的数据提供了有力的保障。主要研究者既有来自于国家教师教育创新平台的有国外研究经历的学者，也有各个学科的教师教育专家，他们的积极投入也是研究的有力保障之一。目前，该研究主要采用网络测试的形式，服务器设在某大学，设有专门的计算机工作人员管理，能够进行稳定安全的数据采集。

2. 文献综述

师范生的学习成绩能否用来预测他们的工作业绩？20世纪中叶，传统的基于“智力”选拔和评价人才的方式，如学业测验、学校成绩、能力倾向测验等受到越来越多的质疑。著名心理学家麦克兰德(McClelland)在其文章“测量胜任力而非‘智力’”中写到：我曾比较大学中得全A和全C的两类学生，多年后，发现他们中都有医生和律师，而且生活工作情况没有什么差别。他认为，在工作中取得卓越成就的人，不是因为学校考试成绩很好，而是因为他们具备一些不易观察到的潜在特征，这些特征就是胜任力。由此，麦克兰德提出“要用测量胜任力(competence)代替测量智力(intelligence)”，他同时提出了胜任力的测评方法。

20世纪70年代，麦克兰德首次将胜任力测评应用于美国外交官选拔项目，获得了极大成功。自此，胜任力的理论研究和应用迅速风靡美国、英国、加拿大等西方国家，至今已是心理学、人力资源管理学、教育学的热点研究问题。美国最早以教师胜任力理论为基础，展开了能力本位和人本教师教育运动。澳大利亚依据教师胜任力标准为新教师开发设计了胜任力框架，给教学与教师教育的发展提供了新的思路。

多数学者认为胜任力需满足以下条件，即与工作任务、绩效密切相关，能够用来预测个体未来的工作绩效，能够区分工作业绩优秀者与一般者，突出特定工作情境中的动机、态度、价值观、个性、能力、知识和技能等。胜任力特征之和为胜任力模型，该模型通常是通过对绩优者和平均绩效者进行“行为事件访谈(BEI)”，抽取关键点而建立的在心理学中拥有结构完整的访谈程序和编码方法。优秀的胜任力模型作为统一的框架，可用于员工选拔、评估、绩效管理和职业发展等。

多数国外学者认为，教师胜任力模型应该包括广博精深的科学文化素养、高超的教育教学科研能力和在品德、知识、能力等方面的发展能力。国内学者认为，教师胜任力指的是教师个体具备的、与实施成功教学有关的知识、技能和价值观。师范生教师胜任力评价是对师范生潜在的工作绩效作出判断的活动。

国内研究主要集中在教师评价、教师素质、教师特征等方面，多以构建模型为主，为我国教师胜任力的评价建立了坚实的理论基础，但多数模型没有经过实际检验。从研究对象看，教师胜任力的研究主要集中于在职教师，很少看到以师范生为对象的文献。

3. 制订研究计划

1）研究意义

随着世界范围经济竞争和科技竞争的加剧，各国把教育摆在了社会发展的战略位置，纷纷启动了基础教育改革。在世界范围的教育改革浪潮中，人们越来越深刻地认识到教育改革的成败在教师。师范生是我国基础教育发展的后备军，通过师范生教师胜任力的研究，既能丰富教师胜任力理论，也能促进教师专业化队伍建设，从而提高我国教师的整体素质。

首先，研究解决了什么是高质量师范生的问题。教师作为职业有其特殊性，它将来要面对的是成长中的人，经常需要在非预设的情况下进行判断和解决问题，传统的教师量化评价显然很难对这些行为进行预测。以徐建平为代表的研究者们从优秀教师身上抽取教师胜任力特征，构建了教师胜任力模型。师范生职业成长的目标是优秀教师，但师范生的教学胜任力特征与优秀教师要求又不完全相同，本研究根据实测情况修正某些教师胜任力特征，最终将得到师范生的教师胜任力模型。

其次，本研究有助于解决师范生评价问题。师范生的素质一直被人们诟病，如何公正客观地评价师范生一直是人们关注的问题。本研究将最终得到适用于师范生的教师胜任力测评问卷，作为客观评价师范生的测试工具。

最后，本课题将有助于完善师范生培养方案。

2）研究的主要内容

研究以教师胜任力问卷为基础，关注教师胜任力的10个维度，包括职业偏好、师范生效能感、教师个人特质、人际沟通能力、尊重他人、关注学生、建立关系、教师专业素养、信息搜索能力、理解他人。每个维度包括5～9道测试题。

3）主要观点

观点一：师范生的教师胜任力与他未来教师工作的绩效存在着较高的相关性；观点二：个体师范生的教师胜任力水平随年级的增长而提高；观点三：不同专业、年级、学校、性别、民族的师范生，教师胜任力特征水平存在显著差别。

4）研究的基本思路和方法

研究的思路和方法如下所示。

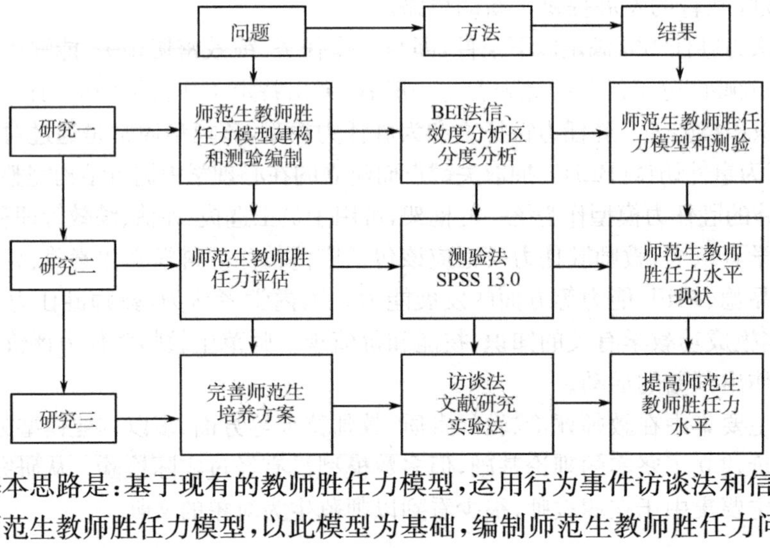

研究的基本思路是：基于现有的教师胜任力模型，运用行为事件访谈法和信度、效度、区分度分析建立师范生教师胜任力模型，以此模型为基础，编制师范生教师胜任力问卷；然后对师范生胜任力做测验，使用SPSS 13.0进行大规模的数据分析；在此基础上，利用访谈法、文献研究、实验法，提出师范生的培养建议。

5）重点和难点

第一，运用SPSS 13.0对6000余份数据进行分析，力求做到客观真实地反映师范生的教师胜任力现状；第二，检验师范生的教师胜任力模型，进一步完善测验的模型和问卷；第三，为建立我国师范生评价的标准和培养提出政策建议和具体方法。

6）参考文献(略)

4. 实践研究,收集资料

课题组目前已经对山西、深圳、河北等地区的在职骨干教师进行了测试,积累了相当多的经验与数据。同时,我们对清华大学、陕西师范大学、河北省某师范院校的部分师范生进行了胜任力预测试,共得到有效数据2000多份。将陆续得到:师范生胜任力总体情况、胜任力的总体性别差异、不同民族师范生的胜任力情况、各年级师范生的胜任力情况、各级学生干部及非学生干部的胜任力情况、有无实习经验师范生的胜任力情况、不同专业师范生的胜任力情况等。

5. 统计分析,得出结论

对以上测验所得数据、资料进行数学统计和逻辑分析,为了更加直观,可以通过计算机把数据转化成相应的图表,如测试结果多边分布图、测试结果频数分布直方图等。通过统计分析和逻辑推理,得出结论(略)。

6. 撰写论文或研究报告(略)

思考与实践

1. 简述化学教育发展史。
2. 查阅资料,简述信息技术在化学教学中应用的发展进程与现状。
3. 调查中学化学教学现状,你认为现阶段中学化学教学研究应从哪几个方面做起?
4. 选定一个中学化学教学研究课题,试拟订一个课题研究计划。

第 10 章 化学教师的专业化发展

教师的素质和专业水平是影响教育教学质量的一个极为重要的因素。化学教育作为学校教育的一个重要组成部分，担负着许多教育功能。这些功能主要是通过化学教师的教书育人来实现的。本章将重点讨论教师专业化的概念、化学教师的专业素养和化学教师专业化发展的途径等内容。

10.1 教师专业化概述

10.1.1 教师专业化的内涵

专业化是一个社会学概念，是指一个普通职业在一定时期内，逐渐符合专业标准、成为专门职业并获得相应的专业地位的过程。教师专业化是职业专业化的一种类型。

教师专业化是指教师在教学过程中逐渐从不成熟向成熟转变的过程。教师作为一类教学专业人员，必须经过职前培养、在职锻炼和职后培训才能逐渐成熟，要经历一个由不成熟到逐渐成熟的发展过程。

广义上来说，教师专业化和教师专业发展这两者可以等同，均指教师专业性加强的过程。但狭义上来讲，教师专业化主要强调教师群体的、外在的专业性的提高；教师专业发展主要指教师个体的、内在的教学专业性的提高。

10.1.2 教师专业化的具体内容

教师专业化主要包括以下六个方面的内容：

(1) 教师具有法定的专业地位。教师职业具有国家法定的重要地位，国家对教师的特殊权利和待遇有明确规定。

(2) 教师具有双学科的专业基础，即教育专业基础和所任教学科专业基础。

(3) 教师具有专业标准。国家对教师任职既有规定的学历标准，也有必要的教育知识、教育能力和职业道德的要求。

(4) 教师具有明确的职业道德规范。

(5) 教师培养培训的专门化。国家有专门机构负责教师的职前教育、入职教育和职后培训，有专门的教育内容和管理措施。

(6) 教师具有专门的认定制度和聘任制度。国家对教师资格有专门的认定制度，对教师教育机构有专门的管理制度。

10.2 化学教师的专业素养

化学教师作为学科教师群体的一个专门人群，应该是一类受过专门职业训练的、掌握精深渊博的专业知识、懂得教育科学和教育方法、具有高尚的道德品质和崇高的精神境界的、能为人师表的专业群体。

化学教师专业化发展的核心就是化学教师专业素养的提升。21世纪的化学课程以提高学生的科学素养、促进全体学生全面和谐的发展为宗旨，着眼于课程内容、学生认知特点与发展需要的内在联系，对课程体系作了较大的改革，这就给化学教师的专业化发展提出了更高的要求。

本节将结合学科特点，从职业素养、观念素养、业务素养和身心素养四个方面，对化学教师应具备的专业素养加以阐述。

10.2.1 教师的职业素养

1. 坚定的政治方向

对一个教师来说，必须具有坚定正确的政治方向，坚定正确的政治方向是教育成功的政治基础。如果一个教师掌握了丰富的科学文化知识和娴熟的教学技能，但他却没有正确的政治方向，不仅不能利用自己的聪明才智为祖国和人民的教育事业作出贡献，甚至会把学生引向歧途。

时代的发展要求教师必须具有良好的政治素质。热爱党、热爱社会主义祖国、忠诚于人民的教育事业、有高度的事业心和责任感是教师坚定正确的政治素质的集中体现。在教书育人的过程中，教师起着主导性作用，教师的政治观点、思想方法对学生的世界观、人生观、价值观的形成会产生重大影响，教师要用正确的理论引导学生，自己首先要成为正确理论的坚定信仰者。这就要求教师必须具有坚定的政治立场、正确的政治观点、科学的思想方法、坚定的政治信念、较高的政治理论水平，同时还要具备较强的民主意识和法治观念。

2. 正确的人生观和价值观

人生观是人们对于人生道路、人生幸福以及个人荣辱得失的态度和看法，它由人生的目的、态度、责任和评价四部分组成。价值观是人们对现实生活中的各种事物、现象进行价值判断、决定取舍的基本观点。它对人们的生活、学习、工作等各方面产生支配作用。

教师怎样看待自己所从事的职业，对自己所从事的职业抱什么样的态度，这不仅是一个职业观的问题，也是一个人生观和价值观的问题。

我们根据境界高低把教师的职业观分成三个层次——谋生型、良心型和事业型。

谋生型的教师把教师职业只作为一种谋生的选择，对事业、对学生缺乏应有的热爱和责任感。“拿多少钱干多少事”、“做一天和尚撞一天钟”是谋生型教师的突出表现。这是一种庸俗的人生观。

良心型的教师凭良心教书。教师在教书育人的过程中自觉地遵守职业道德，尽职尽责，“凭良心教书”是一种尽职的人生观。

事业型的教师热爱教育事业，他们不被眼前利益所困惑，对教育事业执著追求，甘于平凡，乐于在艰苦的岗位上，无私地奉献自己的聪明才智和毕生精力，实现人生价值，创造人生辉煌。这是一种高品位精神境界，是一种崇高的人生观。

教师是人类灵魂的工程师，教师的主要工作是“传道、授业、解惑”，从职业性质来看，“教师”本身就意味着奉献。教师从选择了这份职业起，就应具备“捧着一颗心来，不带半根草去”的精神。

古今中外，凡是卓有成效的教育家，都是对教育事业无限忠诚、无限热爱、把全部知识无私奉献给教育事业的人。把教育当成谋生手段，“做一天和尚撞一天钟”是对教师的神圣职责的亵渎。真正的教师必须忠诚于人民的教育事业；要有春蚕的精神、园丁的品格、孺子牛的志向；甘为人梯，做一个无名英雄。

教师的世界观、人生观、价值观对学生的成长有着直接影响。随着改革开放的不断深入，新情况、新思维、新观念、新特点冲击着人们的思想，各种思潮都时刻影响着、改变着人们的世界观、人生观、价值观。在价值观念多元化的今天，教师同样会受到负面的影响。因此，教师必须加强自身的人格修养，提高自身素质，在市场经济的大潮中磨炼自己，使自己的世界观、人生观、价值观达到一个较高层次，真正做到“学高为师，身正为范”。

3. 崇高的职业道德

“德为师之本”，“师者，人之楷模也”。教师的使命是教书育人，教师崇高的职业道德是立教之本。教师在学生心目中，是知识的化身，是智慧的源泉，是莘莘学子人生中可靠的引路人。

教师担负着培养德、智、体、美全面发展的社会主义合格建设者和可靠接班人的历史重任，这就要求教师必须具有强烈的社会责任感和使命感，具有忠诚于党和人民教育事业的事业心、热爱学生的高度责任心、为人师表和不断进取的上进心。教师要敬业、乐业、勤业、精业，关爱学生，诲人不倦。

热爱学生是教师职业道德的核心，是教师的灵魂，在一定程度上说，热爱学生就是热爱教育事业。苏霍姆林斯基说：“一个好教师意味着什么？首先意味着他热爱孩子，感到跟孩子交往是一种乐趣，相信每个孩子都能成为一个好人，善于跟他们交朋友，关心孩子的快乐和悲伤，了解孩子的心灵，时刻都不忘记自己也曾是个孩子。”他把“爱孩子”当成教师最重要的感情修养，认为这是教师应具备的素养中起决定作用的一种，是教育艺术的基础。

10.2.2 教师的观念素养

1. 科学的人才观和育人观

社会发展到底需要什么样的人才？教育如何促进人的发展？我们的学生必须具备什么素质以应对未来？这是每位教师应该经常思考的问题。

当今世界，国际竞争日趋激烈，科学技术迅速发展。全球化、信息化、知识经济、可持续发展是当前社会发展的时代特征。全球化要求社会每位成员具有全球意识和国际视野，具备开放的意识，善于沟通、合作、交往、赞美、欣赏、分享，能够与他人共同生活和工作，具有参与国际事务的能力，了解多元文化及其价值。信息时代要求人们具备信息意识与素养、信息获取与处理能力、信息思维能力。以创新为灵魂的知识经济时代，需要具有健全人格和鲜明个性、知识基础宽厚、创新精神和实践能力强的新型人才。社会的可持续发展的核心是人的可持续发展。人的可持续发展要求每个社会成员具有终身发展的愿望和能力，能够自主地思考和规划人生，同时可持续发展时代要求每个社会成员具有起码的资源意识、环保意识，具有自主获取新知识的能力。

联合国教科文组织对世界各国基础教育发布的“德洛尔报告(Delors Report)”强调，未来社会的合格公民应具有基本的创新品质和社会实践能力，并指出：“学会认知”、“学会做事”、“学会共同生活”和“学会生存”是基础教育的四大支柱，而基础教育的根本目的应是使学生获得“走向生活的通行证”。

全面贯彻党的教育方针，着眼于学生的终身发展，重新构建符合素质教育要求的基础教育课程体系，为提高未来社会公民的素质，为造就数以亿计的高素质劳动者、数以千万计的专门人才和一大批拔尖创新人才奠定基础，是时代对我国基础教育的要求。培养兼备高尚品德与聪明才干、创新精神与实践能力，具有鲜明个性且善于合作的一代新人，是社会对教师的期望。21世纪的化学教育必须全面实施素质教育，以育人为本，努力提高学生的素质，并以此作为自己的根本宗旨。

长期以来，人们受传统的人才观的影响，认为只有书读得好才能成才，只有考上大学才是人才，只有考上名牌大学或能出国留学才算优秀人才。在这种以高考为核心、以短期功利主义为目的错误的人才观的影响下，不少学校、教师和家长重智轻德，重分轻能，“为考试而教，为考试而学”，片面追求升学率，大搞题海战术，学校的教育功能和教育价值被扭曲、异化。这对中学生的成长以及人生观、价值观的形成起了误导作用。

未来社会，我国既需要发展知识密集型产业，也依然需要保留大量劳动密集型产业。未来社会的职业是多层次的，社会需要的人才也是多种多样的，对社会有高度责任心、有实践能力、勤奋工作、在不同岗位创造性地进行工作、为社会作出贡献的人，就是人才。也就是说，未来社会需要的人才应是具有创造精神和实践能力的人。因此，不应简单地用学习标准、考试成绩来看待学生。经济建设和社会发展在人力资源方面的多样化需求，要求我们确立科学的人才观。

著名的发展心理学家、美国哈佛大学加德纳教授批判了传统的人才观，认为传统的人才观是建立在传统智力观的基础之上的。加德纳认为，智力并不是一个容易“被测量”的东西，目前所能够测量的东西仅仅是语言和数学逻辑。如果一定要去测量智力，那么应当侧重于该智力所要解决的问题或在运用该智力时表现出来的创造力。因此，在加德纳看来，智力是一种或一组个人解决问题的能力，或制造出在一种或多种文化背景中被认为是有价值的产品的能力。智力是以组合的方式来进行的，每个人都是具有多种能力组合的个体，而不是只拥有单一的、用纸笔测验可以测出的解答问题能力的个体。由此，加德纳提出了智力多元论的观点。

加德纳认为，我们的智力是多元的，人除了言语/语言智力和逻辑/数理智力两种基本智力以外，还有其他七种智力，它们是视觉/空间关系智力、音乐/节奏智力、身体/运动智力、人际交往智力、自我反省智力、自然观察者智力和存在智力。加德纳承认每个人都或多或少拥有不同的九种多元智力，这九种智力代表了每个人不同的潜能，每个人的潜能又都有独特的表现方式，这就造成了个体智力的差异性，使每个人看起来都与众不同。这些潜能只有在适当的情境中才能充分地发挥出来。每一个学生都可以按照自己的智力特点、学习类型，沿着适合自己的发展方向成为可造就人才。

每个人都有要求进步的愿望，每个人都有丰富的潜能，每个人都有自己的智力优势。每个学生都有才，通过良好的教育和训练，每个学生都能成才、成功，这是教育的本意和真谛。

新课程的核心理念是“为了每一位学生的发展”。化学学科教学一定要以人的发展为本，服从、服务于人的全面健康发展。教师要关注每一位学生。既要关注学生知识的获得，还要关注学生能力的发展、心理的健康；既要关注与学习有关的各种智能的形成和发展，还须关注学生的道德生活和人格养成，重视学生各种潜能的开发与发展。教师应该在全面开发每一个人的各种智力的基础上，为学生创造多种多样的展现各种智力的情境，激发学生潜在的智能，给学生多样化的选择，促进学生全面和谐的发展、终身持续的发展、活泼主动的发展和个性特长的发展。

2. 正确的学生观

怎么看待学生？把学生看成什么样的人？对学生采取什么态度？一直是教育理论和实践的重要问题。“为了每一位学生的发展”是新课程的最高宗旨和核心理念。那么，新课程倡导哪些具体的学生观呢？

1）学生是发展的人

学生是不成熟的人，是正在成长的人，是处于发展过程中的人。学生的身心发展是有规律的。教师应依据学生身心发展的规律和特点开展教育教学活动，从而有效地促进学生身心健康发展。教师应该相信学生具有巨大的发展潜能，坚信每个学生都是可以积极成长的，是有培养前途的，是可以获得成功的。教师对教育好每一位学生应充满信心。

2）学生是独特的人

学生并不是单纯的、抽象的学习者，而是有着丰富个性的完整的人。人的完整性植根于生活的完整性。在教育活动中，作为完整的人而存在的学生，不仅具备全部的智慧力量和人格力量，而且体验着全部的教育生活。学校课程应该还学生完整的生活世界，丰富学生的精神生活，给予学生全面展现个性力量的时间和空间。

“学生”是个整体的、抽象的概念，是由一个个活生生的、存在差异、各有个性的学生个体组成的。每个人由于遗传素质、社会环境、家庭条件和生活经历的不同，而形成了个人独特的“心理世界”，他们在兴趣、爱好、动机、需要、气质、性格、智能和特长等方面是各不相同、各有侧重的，每个学生都有自身的独特性。教师应珍视学生的独特性，把学生培养成为既有丰富知识、健康体魄、高尚道德，又具鲜明个性的人。

3）学生是具有独立意义的人

学生不是被动的、装填知识的“容器”，不是接受教训、听话的“驯服工具”，而是活生生的、有主观能动性的人，具有独立性的人，是学习的主体。教师的“传道、授业、解惑”只是外因，只有通过学生的内因——主观能动性的发挥才能实现。正如陶行知先生所说：“先生的责任不在教，而在教学，而在教学生学。”教师不可能代替学生读书，代替学生感知，代替学生观察、分析、思考，代替学生明白任何一个道理和掌握任何一条规律。教师只能让学生自己读书，自己感受事物，自己观察、分析、思考，从而使他们自己明白事理，自己掌握事物发展变化的规律。

3. 先进的教学观

教学不仅是课程传递和执行的过程，还是课程创生与开发的过程。教学与课程的关系是基础教育新课改提出的新课题。

长期以来，在传统的教学论概念系统中，课程和教学成为两个彼此分离的领域。课程是学校教育的实体或内容，它规定学校“教什么”，教学是学校教育的过程或手段，它规定学校“怎么教”；课程是教学的方向、目标或计划，是在教学过程之前和教学情境之外预先规定的，教学的过程就是忠实而有效地传递课程的过程，而不应当对课程作出任何调整和变革。教师只是既定课程的阐述者和传递者，学生只是既定课程的接受者和吸收者。这就是传统课程所倡导的教学观。

随着社会的进步，当课程由“专制”走向民主，由封闭走向开放，由专家走向教师，由学科走向生活、社会的时候，课程就不只是“文本课程”（教学计划、教学大纲、教科书等文件），而更是“体验课程”（被教师与学生实实在在地体验到、感受到、领悟到、思考到的课程）。这就意味着，课程在本质上不是对所有人都相同的、“一刀切”的内容，在特定的教育情境中，每一位教师和学生对给定的内容都有其自身的理解，对给定内容的意义都有自身的解读，这就会对给定的内容不断进行变革与创新，以使给定的内容不断转化为“自己的课程”。因此，教师和学生不是外在于课程，而是课程的有机构成部分并作为相互作用的主体。学生与教师应共同参与课程开发。如此一来，教学就不只是忠实地实施课程计划（方案）的过程，而更是创生与开发课程的过程。

这是新课程所倡导的教学观。教学过程因此成为课程内容持续生成与转化，课程意义不断建构与提升的过程。由此，教学与课程相互转化、相互促进、彼此有机地融为一体。

教学是教师教、学生学的过程，还是师生交往、积极互动、共同发展的过程？教与学的关系问题是教学过程的本质问题，同时也是教学论中的重大理论问题。教学是教师的教与学生的学的统一。这种统一的实质是交往、互动。基于此，新课程把教学过程看成师生交往、积极互动、共同发展的过程。

教学重结论还是重过程？结论与过程的关系是教学过程中一对十分重要的关系，与这一关系相关的还有学习与思考、学会与会学、知识与智力、继承与创新等关系。

从教学角度来讲，教学的结论，即教学所要达到的目的或所需获得的结果；教学的过程，即达到教学目的或获得所需结论而必须经历的活动程序。毋庸置疑，教学的重要目的之一就是使学生理解和掌握正确的结论，所以教学必须重结论。但是，如果不经过学生一系列的质疑、判断、比较、选择，以及相应的分析、综合、概括等认识活动，即如果没有多样化的思维过程和认知方式，没有多种观点的碰撞、争论和比较，结论就难以获得，也难以被真正理解和巩固。更重要的是，没有以多样性、丰富性为前提的教学过程，学生的创新精神和创新思维就不可能被培养起来。因此，教学不仅要重结论，更要重过程。现代教育心理学研究指出，学生的学习过程不仅是一个接受知识的过程，而且也是一个发现问题、分析问题、解决问题的过程。这个过程一方面是暴露学生产生各种疑问、困难、障碍和矛盾的过程；另一方面是展示学生发展聪明才智、形成独特个性与创新成果的过程。正因为如此，新课程强调过程，强调学生探索新知的经历和获得新知的体验。当然，强调探索过程，意味着学生要面临问题和困惑、挫折和失败，同时也意味着学生可能花了很多时间和精力，结果表面上却一无所获。但是，这却是一个人的学习、生存、生长、发展、创造所必须经历的过程，也是一个人的能力、智慧发展的内在要求，它是一种不可量化的“长效”、一种难以言说的丰厚回报，而眼前耗费的时间和精力应该说是值得付出的代价。

4. 科学的质量观

传统的静止的质量观，仅以考试成绩对学生进行单一评价，通过考试层层筛选淘汰，以学生学习考试分数的高低作为评价教育质量的唯一标准。新课程的质量观提倡发展性评价观和多元评价观，认为应从多角度、多层次对学生的素质发展进行全面评价。新课程评价关注学生的全面发展，不仅关注学生的知识和技能的获得情况，更关注学生学习的过程、方法，以及相应的情感态度和价值观等方面的发展，特别是学习能力、创新能力和实践能力的形成和发展。

教师要树立科学的综合素质质量观，要改变单纯通过书面测验和考试检查学生对知识与技能的掌握情况，倡导运用多种评价方法、评价手段和评价工具综合评价学生在情感态度与价值观、创新意识和实践能力等方面的进步与变化。打破教育评价“一卷定高低”的局面。只有实现评价方式的多元化，才能使每个学生都有机会成为优秀者，才能促进学生综合素质的全面发展。只有这样,才能培养出适合时代发展需要的身心健康、有知识、有能力、有纪律的创新型人才。

10.2.3 教师的业务素养

1. 知识素养

1) 精深的学科专业知识

教师的劳动是一种复杂的、创造性的劳动,教师要成功地完成教学任务,首先要精通所教学科的知识,对自己所教学科的全部内容有深入透彻的了解。“资之深,则取之左右逢其源”。教师首先应是一个学者,是所教学科的专家。

化学教师必须具备系统、扎实、广博而又深厚的专业基础知识,并时时注意知识的更新和发展,才能胜任化学教学工作。

中学化学教师的学科专业知识包括陈述性知识、程序性知识和策略性知识三部分。陈述性知识的主要组成部分包括大学无机化学系统的元素化合物知识、有机化学的有机化合物性质的知识、结构化学的基本知识、化学发展史的知识以及化学与其他学科交叉渗透的内容等。程序性知识包括无机化学的基础理论知识、有机化学反应的基本规律、物理化学原理、分析化学的基本原理等。中学化学教师专业知识中的策略性知识主要包括化学科学研究的一般方法和化学研究的专门性方法(如物质结构的测定、物质的合成、分离和提纯等)两大部分。

中学化学教师不仅要通晓本学科的知识,还要对相关学科的知识有基本的了解,尤其是对相关点、相关性质、逻辑关系有基本了解,这样才有可能与传授相关学科的教师之间在教学上取得协调,在组织学生开展的综合性活动中相互配合。

中学化学教师需要了解本学科发展的历史和趋势,了解该学科对于社会、人类发展的价值以及在人类生活实践中的多种表现形态。这些知识的意义在于使教师能在教学中把学科知识与人类的关系、与现实世界的关系揭示出来,使科学具有更丰富的人文价值,同时也能激起学生发现、探索和创造的欲望,为人类社会的发展做贡献的愿望。

中学化学教师需要掌握本门学科所提供的独特的认识世界的视角、领域、层次及思维方法,熟悉化学家创造发现的过程和成功的原因,以及在他们身上展现的科学精神和人格力量,这对于学生科学素养的培养具有重要的、远远超出学科知识所能提供的价值。

不仅如此,中学化学教师还要了解、掌握本学科的最新发展动态,开阔教学视野,不断更新和完善自己的知识结构。当今世界,科学技术日新月异,新知识、新技术层出不穷,新信息、新观念迅速传播,这就要求教师必须与时俱进,勤于钻研,勇于探索,开拓进取,善于接受新观念,勤于吸取新知识、新信息,使自己始终站在学科知识的前沿,只有这样才能满足学生对新知识的追求。

中学化学教师只有具备精深的学科专业知识,才能在科学体系中把握自己讲授的学科,使知识在教学中不只是以符号形式存在,以推理、结论方式出现,而是展示知识本身发展的无限性和生命力,把知识活化,在教学中真正实现科学精神与人文精神、理论与实践、知识与人及人生的统一,充分发挥学科知识育人的全面价值。

2) 广博的文化基础知识

教师的任务不仅仅是“教书”,还必须“育人”。要培养学生的全面素质,教师必须首先具备全面素质,必须具有高层次的人文素养和科学素养。因此,化学教师除精通所教学科的知识外,还要有广博的文化基础知识,不仅要"渊博",而且要将学识内化为个体的人文素质,从而成为一个具有崇高的精神境界、健全的人格特质的"人类灵魂的工程师"。

在信息时代,学生接触知识的渠道空前广泛,学生思想活跃,兴趣广泛,有着强烈的好奇心和求知欲,只有具备渊博知识的教师才能满足他们的要求。因此,在精通专业知识的前提下,教师还应积极拓宽自己的知识面,包括一定的"文史哲"、"数理化"、"天地生"、"体音美"等学科的知识和一些相应的技能,不断扩展自己的兴趣爱好,以满足学生的求知欲望。

3) 扎实的教育科学知识

教师仅仅有了广博的知识是不够的,他要善于把这些知识传授给学生,并要教会学生自己去学习,还要善于"科学育人"。这就要求教师必须有良好的教育学、心理学的知识修养,懂得青少年身心发展的一般特点、个性和品德形成的一般规律以及如何根据这些特点和规律教育学生。要成为一位好教师,不但要有扎实的专业知识结构,还要有一定的教育科学理论基础,懂得教育学、教学法、教育心理学等基本理论,掌握一般的教育规律、教育过程、教育原则和教育方法,这是教师成功教学的重要保障。

对于在教学第一线的教师来说,在教学过程中如果不重视、不掌握学生的学习规律,不了解指导教学实践的教学理论,是不可能取得理想的教学效果的。尤其在新课程的实施中,教师了解现代的教育理念、学习理论、教学理论、教学方法和教学策略,把教育理论的最新研究成果引入教学过程是非常必要的。

4) 信息素养

在知识经济、信息化、学习化社会中,教育的使命之一就是使每个人都有应付信息潮和知识流的能力。教育信息化是中国教育实现跨越式发展的必经之路。信息素养是渗透素质教育的核心要素,信息技术使终身学习和学习化社会成为可能。教师必须站在时代的前列,教会学生把信息作为产生知识的原料,经过去粗取精、去伪存真的加工过程,将其升华为新思维、新知识。因此,教师要具备以下信息素养:①高效获取信息的能力;②熟练、批判性地评价信息的能力;③有效地吸收、储存与快速提取信息的能力;④使用多媒体表达信息、进行交流,创造性地使用信息的能力;⑤利用信息实现自我更新的能力;⑥具备信息时代公民应有的道德、情感、法律意识和社会责任感。

2. 能力素养

1) 传授知识的能力

(1) 语言表达能力。语言是思维的工具,也是教师进行教学的基本手段。教师的教学语言水平如何将直接影响到教学效果。

苏霍姆林斯基认为,教师的语言素养在极大程度上决定着学生在课堂上脑力劳动的效率。因为教师只有具备了高度的语言素养,才能用语言勾画出能直接看到的,尤其是不能直接看到的事物的鲜明表象,并在这个基础上形成清晰的概念,从而使学生能顺利地由形象思维转化为抽象思维。如果做不到这一点,学生听起课来就会十分吃力,甚至完全听不懂教师的讲课。所以,研究运用语言的艺术,提高语言表达能力,应是每个教师认真对待的课题。

教学语言除应有科学性、教育性、启发性外,还应具有生动性和形象性。这就要求教师在授课中要尽可能地把话讲得形象、直观、明快、生动、风趣幽默、诙谐机智,有感染力,使学生易于理解、乐于接受。

(2) 板书技能。板书是利用简练文字、符号、字母和图形等将课堂教学概括地、精练地书写在黑板上而形成的板面。它是完成教学任务、实现教学目标不可缺少的辅助手段。一幅科学优美的板书，既是教材的浓缩又是教师的微型教案。它以简洁的词语、分明的线索、清晰的条理、灵活的手法、醒目的符号表达着教学内容。因此，板书具有具体、生动、形象的特点，有利于学生理解和掌握知识。

(3) 实验教学能力。化学是一门以实验为基础的学科。化学实验对于激发学生的学习兴趣，形成学生的思想、观点、方法、知识和技能等有着重要的作用。化学教师在教学中必须充分运用实验，以全面发挥化学实验的教育教学功能。因此，化学教师应具备实验教学的能力。化学实验教学能力包括进行演示实验教学的能力、设计和改进化学实验的能力及指导学生实验的能力。

同时，化学教师还要有熟练使用现代化教学手段的能力。多媒体技术改变了传统教学单一、静态的呈现方式，利用图像、声音、三维动画等，创设生动活泼的学习情境，有效地激发了学生的学习兴趣，而且使学生对知识的理解和感受体验结合在一起，有利于知识的获取和保持。

2) 组织教学活动的能力

组织教学活动的能力是一种综合能力，是教师为了保证教学的成功，达到预期的教学目标，而对自己的整个教学过程进行积极主动地计划、组织、检查、评价、反馈、调节和控制的能力，即教师的教学监控能力。它是以教学和管理为核心，包括语言表达能力、学科教学能力、组织管理能力和教育科研能力在内的各种能力的有机组合，是教师取得理想的教学效果、不断提高教学质量的必要条件。

组织教学是一种教学艺术。要搞好组织教学，教师就必须关注全体学生，注意信息反馈，要有驾驭整个课堂教学活动的能力。教师必须把握学生的注意和情感，努力调动学生的有意注意，使其保持相对的稳定性。同时，教师要激发学生的情感，使他们产生愉快喜悦的心境，从而全身心地投入学习活动。

教师要具备较强的组织教学的能力，其关键在于提高教师的自身素质。教师首先要钻研教育心理学等理论，同时还应有娴熟的教学设计、使用教学媒体、组织课堂教学、组织指导课外活动、教学研究等专业技能，练好应具备的教学基本功，还要坚持从各方面培养自己良好的心理品质。

3) 自我调控能力

教师的自我调控能力包括两个方面：一是根据客观需要调控自身主体结构的能力，如教学和教育中根据社会需要、科技的发展以及学生的反馈不断调控教学计划、教学内容以及教学方法的能力；二是调控自身心境、情绪和情感的能力。

教育系统是一个开放的系统，它随时要和社会发生信息交流，保持与社会的平衡。社会的发展、科学的进步，党的重大政策的变化等都会对教育产生直接影响，这些影响会引起教育系统内部结构的变化，它要求教师能根据变化的情况，不断改变主体结构，这就需要较强的自我调控能力。同时，教育的对象是人，学生在社会、家庭、学校多方面的影响下，在不断发生变化，它要求教师根据变化的情况，及时调整教育、教学计划。

教师在现实生活和工作中，也会遇到这样或那样的麻烦琐事，甚至是面对挫折或不幸。但是教师无论遇到什么情况，在课堂上都不能把消极的情绪带给学生，更不能向学生流露和发泄。教师在学生面前，应该始终处于最佳心理状态，以愉快乐观、奋发向上的精神状态去感染学生。总之，在教育过程中，教师必须善于控制自己的情感，做到把满腔的爱献给所有的学生，使学生在和谐融洽、轻松愉快、生动活泼的氛围中接受教育、发展智力、培养能力。

4）教育教学研究能力

教育教学研究能力对中学化学教师来说，主要是指研究学生及化学教育教学实践的能力。为了提高教学实践的质量和深入认识自身的专业行为，教师有必要进行研究。教师的研究大多是结合自己的实践工作与对象进行的，对于广大教师来说，从事教育教学研究的一个最重要的目的是解决教育实践中的问题。

教师的教育教学研究能力，首先表现在对自己的教育实践和周围发生的教育现象的反思上。教师要善于从中发现问题、发现新现象的意义，对日常工作保持一份职业的敏感性和探索的欲望，形成有意识地进行研究的良好习惯，不断地改进自己的工作，更新自己已有的教育观念，改善、充实已有的知识结构，不断提升教学实践的能力和水平，把一些成功的教学经验上升为教学理论。

一个好的教师要善于在自己的教育实践中，对自己的教学工作包括思想与实践进行经常性的自我回顾与自我小结，通过不断地总结形成自己新的教育思想，然后再反过来改进教育实践。教师通过对自己教育教学行为的反思、研究和改进，实现教师的自我发展和自我提高，无疑将大大提高教师的研究能力。

10.2.4　教师的身心修养

教师从事的教书、育人和研究工作都是繁重的劳动，需要脑力和体力的双重支出。健康的身体和心理素质是教师正常工作的首要条件。

1. 健康的身体素质

教师只有具有健康的身体素质，才能精力充沛、从容不迫地面对日常工作和来自学生及社会各方面的压力，才能适应教师这种艰苦的、长时间高强度的脑力劳动，才能拥有充沛的智能，开展富有创造性的教育活动。

2. 良好的心理素质

教师的健康心理状态在学生心理健康的发展中，起着十分重要的作用。教师作为学生心理行为的引路人，要对学生进行心理教育，自己必须首先具有良好的心理素质。教师应具备正直、诚实、自信、乐观、豁达、热情、开朗的个性品质；热爱教育事业，对未来充满信心；有较强的适应性，能适应环境的变化；具有和谐的人际关系，能有效地解决各种矛盾和问题；意志坚强，稳重、沉着、刚毅，面对困难不消沉；情感丰富、深刻而有理性，遇事沉着冷静、有条不紊、从容不迫，在学生面前永远保持稳定、乐观的情绪；教师要有宽容的心理，能容忍学生的无知、宽容学生的过错。教师在与学生的交往中，既要坦率豁达、坚毅果断、深思熟虑；又要富有朝气、活泼开朗、轻松幽默、热情大方，使学生在愉快和谐的环境中健康成长。

10.3　化学教师专业化发展的途径

教师的专业化是一个日积月累、逐步提高的过程。从一名普通教师发展为专业化教师，绝非一朝一夕之事。那么，一名专业化的化学教师是怎样炼成的呢？本节将分别从职前培养、从教成长、在职培训、理想追求四个方面进行讨论。

10.3.1 化学教师的职前培养

教师教育中的职前培养是教师培养的准备性教育是一种学历教育。教师的职前培养的责任就在于培养出训练有素地达到专业化标准的教师，以教师的专业化实现教学的专业化，并使教师赢得较高的社会地位。

为了适应科学技术的发展、社会进步对人才培养提出的更高要求，新的课程结构改革增加了综合课程、选修课、研究性学习和综合实践活动课。这些课程的实施一是要求教师要有更宽的专业知识背景和更强的专业适应能力，因为这些课程往往横跨多个学科，如"综合理科"横跨物理、化学、生物、自然、地理，乃至航空航天、环境保护等众多专业领域，"研究性学习和综合实践活动课"涉及的面就更广；二是要求教师要有更全面和更新的教学技能，"综合课程"要求教师的教学技能冲破学科的限制，变得更全面，"研究性学习和综合实践活动课"具有很强的过程性和情境性，要求教师在教学中进行恰当设计，因此，课程设计技能便成为教师的一种必备技能；三是要求教师要有更强的教育教学研究能力，课程结构改革使教师面向一系列以前从未面临过的问题，如综合课程的教学、综合实践活动课程的实施、研究性学习课程的设计和选修课的安排等。这就要求教师有基本的教育教学研究能力和创新精神。

课程内容的现代化要求教师贴近本学科的学术前沿，对计算机等新的工具性学科有足够的理解和掌握。课程内容的生活化要求教师在知识价值的理解上超越学科的局限，去深刻领悟知识的生活价值及其对学生人生成长的重要意义。因此，教师必须保持一种持续的探索意识和学术敏感力，并在研究方法和研究能力上有所积累。所有这一切，都可归结为教师学术视野和学术能力的提升。

为适应新课程对中学化学教学的要求，较快地进入教师角色，缩短适应期，化学教育专业的师范生应树立专业思想，努力学习，注重提高自身素质和从教能力。

首先，要精通专业知识，了解当代科技的最新发展，如基因技术、纳米技术、各种新材料、能源技术等科学知识；树立科研意识，积极参与科学研究，提升自己的学术能力，增强对职业的适应力。除化学学科外，还要具备一些其他学科(如生物、物理等)的专门性知识与技能。

其次，要重视教育学、教育心理学、教学论等教育专业基本理论课程的学习，重视从教基本功和技能的训练，积极参加教育实习和中学教学实践。一个学生要想成为教师，必须在学习完一门学科或在学习一门学科的同时，接受教师专业的教育。教师专业教育包括教师专业知识课程、教师专业技能课程和教师专业实践能力课程。教师专业知识课程主要强调的是教师专业的理论知识，如教育哲学、心理学、教育史、课程理论、教学理论等；教师专业技能课程强调的是教育教学的技能训练，如网络技术、多媒体技术、心理咨询与辅导技术等；教师专业实践能力课程主要是备课、上课、辅导、课堂管理、交流技能等。

10.3.2 化学教师的从教成长

一名教师从任职开始，就正式走上了教师专业化发展的道路。美国心理学家波斯纳(Posner)曾经说过，如果一名教师仅仅满足于完成教学任务而不进行深入反思，即使有 20 年的教学经验，也不过是一年工作的 20 次重复。不能进行深入的反思，教师将只能停留在新手教师的水准上，即使能够胜任"教书匠"的工作，却永远不会达到"教育家"的境界。无数学者的研究表明，从教师自我发展的角度来看，促进教师专业化发展的重要途径就是教师善于反思和勤于研究。

1. 善于反思

反思是教师以自己的职业活动为思考对象，对自己在职业中所做出的行为以及由此所产生的结果进行审视和分析的过程。教学反思被认为是“教师专业发展和自我成长的核心因素”。实践证明，反思对教师的成长具有显著的促进作用，是教师专业化发展的必由之路。成为反思型教师是教师专业成长的一个重要环节。

新课程非常强调教师的教学反思。按教学的进程，教学反思分为教学前、教学中、教学后三个阶段。在教学前进行反思，这种反思能使教学成为一种自觉的实践；在教学中进行反思，即及时、自动地在行动过程中反思，这种反思能使教学高质、高效地进行；教学后的反思，即有批判地在行动结束后进行反思，这种反思能使教学经验理论化。教学反思能够使教师发现他们本该早已知道但又忽略了的东西，从而获得对自己行为的新认识，明确自己行为的不足之处，并寻找改进自己行为的方法，采取合理的行动。当教师全面地反思自己的教学行为时，他会从教学主体、教学目的和教学工具等方面，从教学前、教学中、教学后等环节获得体验，使自己变得更成熟。正是在这一意义上，波斯纳提出“教师的成长＝经验＋反思”，同时指出，没有反思的经验是狭隘的经验，至多只能形成肤浅的知识。

教师怎样进行反思呢？教师要真正进行教学反思，成为反思型教师，必须养成在教学中自觉反思的习惯，即形成反思的意识；知道在教学中究竟应该反思什么，并懂得在教学中怎样进行反思。

自觉反思习惯的养成，就是要使反思成为教师的生活和工作方式。在认识论层面上，需要教师充分意识到反思对自己专业成长、自身主体性和创造性的提升等具有重要价值；在实践论层面上，需要教师针对反思内容，运用反思的方法持续地进行反思实践。久而久之，教师就会养成自觉反思的习惯，形成对教学实践的反思意识。

教师在教学实践中究竟应该反思什么？一般来说，有关教学的任何事项都可成为教师反思的对象。概括起来，反思的内容包括以下几个方面。

1）对教学设计的反思

教学设计不仅是教师教学的依据，也是教师进行自我反思的重要凭据。通过自我反思，教师可以发现不足，及时调整，并进行弥补。具体来讲，教师可主要从以下几个方面反思：

（1）教学目标的制订符合课程标准的要求吗？

（2）教学起点与学生起点水平是否匹配？

（3）教学内容是否满足教学目标的需求，是否基于学生的经验？是否有利于激发学生的学习动机？

（4）学习任务和学习活动的设计是否具有驱动性、诱发性、易参与性和可生成性？

（5）教学媒体的选择是否恰当？教学方法是否优化？

（6）教学策略是否有助于教学目标的达成？是否与学生的个性特点相匹配？

（7）怎样增强课堂学习的探究性、自主性和合作性？

（8）练习、作业和测验题如何编制才能体现理解、探究、反馈、激励等功能？作业的数量如何控制？

对教学设计的反思不仅要在设计时进行，在实施中及实施后都要及时反思，不断加深反思的程度，进而更准确地发现教学设计的不足。

2）对教学过程的反思

课堂教学是一个复杂的系统运作过程，其中包含众多影响要素。课堂教学过程中很容易出现一些教师“意想不到”的情况，需要教师随时作出反思，不断优化课堂教学。教师对教学过程的反思主要从以下几个方面入手：

(1) 教学内容的呈现方式是否恰当？

(2) 师生、生生的课堂交流是否有效？

(3) 学生探究活动的组织是否合理？

(4) 学生是否积极主动地参与到学习活动中？

(5) 对课堂意外情况的处理是否妥当？

对教学过程的反思主要关注如何使教与学的活动更有成效，如何更充分地发挥学生学习的主体性。根据这些问题，教师可以判断自己是否成功地完成了教学目标，是否需要调整或尝试新的教学策略。

3) 对教学效果的反思

对教学效果的反思发生在教学实践之后，主要是对学生达成学习目标的情况作出评价和判断。通常，教师可追问自己以下问题：

(1) 学生是否理解和掌握了教学的重点、难点内容？

(2) 学生在学习中出现了哪些困难？其可能原因是什么？

(3) 学生是否经历了科学探究的过程？运用了哪些科学方法？

(4) 学生在情感态度与价值观方面获得了哪些发展？

对教学效果的反思有利于教师及时发现和调整教学设计及其实施过程中的不足，使教学以一种最优化的形式达成教学目标，从而全面提高化学教学质量。

教师在教学中怎样进行反思？教师进行反思的具体方法是多种多样的，目前学术界认为效果较好的方法主要有以下几种：

(1) 写教学日志。在一节新课上完后，教师要将自己的经验和心得、课堂上出现的问题，教学设计的成功与不足写下来，与同事或专家型教师共同分析、讨论，提出解决的办法，整理完善后附在教案的后面。教学日志无疑会给教师一个很好的反思空间，这有助于教师通过联系自己的教学经验内化新的信息，形成个人的实践知识。

(2) 同伴观察。邀请同事来到课堂观察自己的教学思路与教学过程，让他们指出自己教学中存在的问题，这样可以发现自我反思与他评之间存在的差距，以进一步改进自己的反思与教学。同伴观察除了可以邀请本校的同事外，还可以邀请外校的教师就自己的课堂教学进行建设性质疑，共同商讨改进对策。此外，也可以不定期地邀请专家(包括理论专家和学科专家)光临自己的课堂，课后认真充分地与专家对话，并积极感悟。

(3) 教学摄像，再现反省。这是目前采用的一种比较先进的反思措施。学校投资装备录像设备，将教师的课堂教学情境实录下来，供讲课者自己评析教学，或供专家型教师结合课堂情境对新教师进行针对性的指导。

教师把自己的课堂教学过程用摄像机录制下来，通过课后观看、分析、推敲录像，会发现自己在课堂上发现不了的一些问题。例如，教学录像可以让教师对自己的课堂教学时间分配作出确切的估计：在课堂上，有多少时间用于教师讲授，又有多少时间用于学生发言，有多少时间用于引导学生，又有多少时间让学生自己去分析、反思和实践；可以让教师清晰地了解自己的教学语言是否精练、生动，体态语言是否自然、协调；可以让教师知晓自己是如何对待学生的不同观点和意见的……通过教学录像，教师可以察觉自己教学中存在的问题，了解在教学的哪些方面还需要努力。

(4) 教研组研讨。教师之间互相听课，进行集体交流，分析原因，查缺补漏，互相取长补短，并研究改进方案，从而互相提高，共同进步。

(5) 专题研究。教师将教学中遇到的问题归结为几个不同的专题，邀请同事或专家型教师座谈，共同商定解决问题的办法，集思广益。

(6) 教学叙事。教学叙事是指教师以其独特的叙事视角对自己的教学进行描述，并在不断的反思中提高教学效率和促进教师专业化发展的研究活动。在每一位教师的日常工作中，都有大量的“故事”发生，这些故事蕴含着丰富的教育智慧，如果把它们记下来并作适当反思，可以从中得出具有鲜明特色的教育结论。

(7) 行动研究。这是目前公认的最有效的一种促进教师专业化发展的途径。教师作为研究者在教育研究中，不断设计、创造、实施新的实践方案，不断反思、概括自己实践的成败得失，不断改进、优化自己的职业行为，自身的反思意识和能力便得以确证和发展，进而实现专业自主和自身解放。

化学新课程给化学教师专业的发展提出了新的要求。化学教师只有积极进行自我反思与实践，其教育教学观念、教育教学行为和能力才能向更高的层次发展。

教师的教学既是个体活动，又是团队活动。长期以来，教学工作存在着封闭于个体和教室的倾向。在新课程实施过程中，教师学会合作，增强团队合力十分必要。教师要善于与同学科的其他教师、不同学科的教师进行专业合作与交流，老、中、青教师也应互相取长补短，这样才能拓宽自己的专业视野，提升教学境界，从同行、同业中吸取营养，丰富自己，发展自己。

2. 勤于研究

20世纪70～80年代，英国学者斯坦豪斯(Stenhouse)提出“教师作为研究者(teachers as researchers)”的理论。斯坦豪斯认为，在以过程原则为基础的课程中，教师应该扮演学习者和研究者的角色，应在教学上采用探究的方法而不是讲授、指导的方法。教师应以研究者的形象出现，而不是经验和技术型的专家。

研究并不是科学家和理论工作者专有的，为了提高教学实践的质量和深入认识自身的专业行为，教师有必要进行研究。教师作为研究者可以使教师更加关注具体的教学情境，把教育理论应用于教学实践，提高教学的质量和水平。教师作为研究者可以促使教师对教学过程和课堂行为进行必要的反思与研究，把一些成功的教学经验上升为教学理论，为教育理论的发展作出贡献。

化学新课程标准明确提出“积极进行教学研究，促进化学教学改革”的要求，足以说明新课程标准重视教师的教学研究。由于教学理念的改变，教师的角色正在向研究型教师转变，进行课题研究是研究型、专家型教师的特点之一，是教师专业发展的有效途径。

研究型教师不是指专门搞研究的教师，而是指具备研究问题的素养和能力，善于把研究与教学工作结合起来的教师。因此，研究型教师除要系统深入地掌握所任课程需要的基本知识外，还需具备一般教师缺少或缺乏的素养和素质。

研究型教师善于把教学活动上升到理论层面，也善于把书本知识与生活实践相联系。为此，研究型教师能引导、影响、启发学生，培养学生的理性思维和实践能力。

研究型教师有广博的知识，能引导和鼓励学生扩大知识面。研究型教师也善于进行渗透性教学，不仅表现在学科知识和教学方法上的相互渗透，还表现在科学素养与人文精神的相互渗透。

研究型教师善于独立思考，也鼓励学生独立思考。他们不迷信权威和书本，善于进行批判性思维和创新思维。他们对教学问题往往有自己独到的见解和看法，不人云亦云，为环境所左右。研究型教师思想开放，善于接纳新事物。他们经常阅读学术杂志和最新学术著作，及时关注学术前沿动态，努力把课本外的新知识及时介绍给学生，培养学生接纳新事物的开放观念。另外，研究型教师还善于摸索，勇于探索，善于与同事合作、联合攻关，尊重科学、坚持真理等。因此，只有努力做研究型教师，才能有效地提高教师的素质。

化学新课程标准把科学探究作为课程改革的突破口，科学探究将成为中学化学教学中的重要活动方式。这就要求教师自己首先知道如何进行科学探究。另外，使用新教材进行教学，会遇到许多问题，而要解决这些问题，也需要教师通过研究活动来解决。因此，只有做研究型教师，才能教好化学新课程。

化学新课程每个章节的内容，几乎都安排了探究性活动。例如，初中化学安排了“探究空气中二氧化碳的相对含量的变化”、“配制某种无土栽培所需的无机盐营养液”、“调查家庭金属垃圾的种类，分析回收的价值和可能性”等探究活动。高中化学安排了“温度、催化剂对过氧化氢分解反应速率的影响”、“实验探究维生素 C 的还原性”、“实验探究抑酸剂化学成分的检验”、“调查当地生活垃圾的处理和回收利用情况，讨论并提出改进意见”等探究活动。这些探究性活动的正常开展离不开教师的有效指导，而这种有效性指导工作的前提是，教师首先具备研究的方法和能力。

新的化学课程要求对传统的教学评价进行改革，评价不仅要关注学生的学业成绩，还要发现和发展学生多方面的潜能。新课程评价体系的建立离不开教师的探索、实践、总结和完善的过程。要实现这一过程，教师一方面要有研究的意识；另一方面要有研究的能力。

新的化学课程要求教师在教学技能、教学策略、学习方式等方面不断研究与创新。

因此，化学教师要主动参与教育研究，善于在教学实践中发现问题和不足，研究并提出进一步改善与发展的具体意见和方向，自主、创造性地实施新课程。

教师可以结合新课程标准，分析新课程标准与传统的教学大纲的内容差异，找出新教材和旧教材的不同之处，结合学生实际和自己的教学实践，进行与教学有关的各种教育因素与教育成效之间的研究。在教育研究的实践中，教师要不断提升自己的教育科研水平，使自己成为一名研究型教师。

10.3.3 化学教师的在职培训

长期以来，教师教育的概念仅局限于职前培养，这种“一次性”的教师教育难以适应教师未来整个教学生涯的发展需要。第二次世界大战后，随着世界范围的教育改革浪潮的发展，特别是 1965 年法国教育家郎格朗(Lengrand)在巴黎召开的国际成人教育推进委员会上正式提出“终身教育”这一思想，此思想迅速得到世界各国的认同，教师开始成为最先感受终身教育必要性的社会职业之一。发达国家都普遍拓宽了教师教育的范围，引进了“持续性教师教育”的理念，将“终身教育”的概念引入教师教育领域，将职前教师培养和在职教师培训有机结合，使教师教育贯穿教师职业生涯的整个过程。

教师教育是终身教育。计算机、微电子和无线电通信等现代信息技术，已经成为知识信息处理、储存和传播的有效手段，以课堂和书籍为主的传统的知识传播技术已经落伍，社会已经变为学习化社会，一个人的学习是终身的。在这种情况下，教和学的方式都在发生着深刻的变化。学生可以通过网络以及其他传媒技术学到许多知识和技能，学校不再是学生受教育的唯一重要渠道。学生在学校中需要掌握的主要是知识管理的技能、语言和交流技能、信息技术、终身学习的技能、历史和文化知识、尊重知识及其文化差异的态度。教师的功能在悄悄地发生着革命性变化：由"教师"变为"导师"。教师的职能主要是帮助学生学会如何在信息化的世界中识别、鉴定、获取知识，指导学生掌握信息技术和形成终身学习的能力。因此，教师不仅要接受职前培养，而且要参加在职进修，进行终身学习。

化学教师应主动争取机会参加相关的进修、培训，其形式主要有学历培养（专升本、教育硕士班等）、研究生课程进修班、资格培训（计算机、普通话等级培训等）、短期培训或进修（如新教材培训、化学实验培训等）、专题研讨班等，教师应根据自身需要予以选择。教师要带着平时教学实践中碰到的理论问题和实际问题，与专家、学员交流研讨，以求获得解决。教师在进修培训中既要注意理论水平的提高，又要特别注意将理论运用于教学实践，在实践中发展理论。

为了适应未来教育的发展，教师应有不断学习的意识和责任，在实践中积累经验，将理论应用于实践，逐步提高自己的理论水平，增强教育实践能力。只有这样，教师才有不断发展的空间，才能走出一条适合自己的教师专业化发展之路。

10.3.4　化学教师的理想追求——专家型教师

跨入 21 世纪，科学、技术和社会的发展对教育提出了新的挑战。面对 21 世纪新课改的迫切需要，每一位教师都要树立新的教师观：不能再做传统意义上的"教书匠"，而要成为全面发展的专家型教师。

专家型教师主要指在教育教学的某一方面（主要是学科教学或学术研究领域）有专长的教师。美国著名心理学家斯腾伯格（Sternberg）曾提出确定专家型教师不同于新手的三个基本方面：第一个方面是关于知识，专家不仅要有所教学科的知识、如何教的知识以及如何专门针对具体要教的内容施教的知识，而且还要具有从事科学研究方面的知识，尤其在专家擅长的领域内，他运用知识比新手更有效；第二个方面是关于问题解决的效率，专家与新手相比（在专长领域内），专家能在较短的时间内完成更多的工作；第三个方面是洞察力，专家比新手（同样也是在专长领域里）有更大的可能找到新颖和适当的解决问题的方法。由此可以看出，专家型教师与一般教师最大的不同在于：专家型教师必须掌握一定的从事科学研究的知识和方法，具备一定的科学研究能力，即他们必须具备一定的科研素质。

专家型教师的基本特征主要有以下三个方面：

(1) 有丰富的、组织化的专门知识，并能将其有效运用。具有精深的专业知识和广博的知识面，是专家型教师的首要特征。专家型教师一般都具有丰富的学科专业知识、教育理论知识，以及相关的教学论知识；还具有开阔的教学视野和完善的知识结构。除拥有这些丰富的知识外，专家型教师还能将这些广博的、可利用的知识灵活地组织起来运用在教学中，并能做到举一反三、触类旁通、运用自如。

(2) 高效率地解决教学领域内的问题。专家型教师具有在较短时间内完成更多工作、高效率解决问题的能力。这是因为随着知识和教学经验的逐步积累和丰富，专家型教师的某些教育教学技能几乎熟练到了程序化、自动化的程度。专家型教师在元认知和认知的执行控制方面能力比较高，善于反思自己的教学行为，随时对自己的教育教学过程实施有效的监控和调控，专家型教师有很高的自我觉察能力。

(3) 专家型教师善于创造性地解决问题，有很强的洞察力。专家型教师有很强的洞察力，能迅速感悟、准确判断处于生成和变动的教育过程中可能出现的新趋势和新问题；具有教育智慧，能及时把握教育时机，能根据实际环境选择和决策，调节自己的教育行为，能够对教学中的问题作出新颖而恰当的解决；尊重科学，不盲从和迷信权威，具有创新意识、创新精神和创新能力；善于进行科学研究，能创造性地把新思想、新观点、新方法融会到自己的思维模式和工作模式中，对解决问题有自己独特的见解和主张。

一名师范毕业生由新教师成为合格教师，可以在实践中模仿或师从于名师，这样可以少走弯路，缩短成熟期；要成长为一名专家型教师，则需要像科学家那样探索研究，用理性的目光，大胆尝试，创造性地改进自己的工作，逐步形成自己独特的教学风格，成为业内的行家里手。

思考与实践

1. 一名优秀的化学教师应该具备哪些方面的素养？
2. 你想成为一名怎样的中学化学教师？尝试制订一份你的教师职业生涯规划。
3. 组织一次讨论或征文比赛，主题：新课程需要“新”教师。
4. 教师的专业化过程中有哪些发展阶段？各个阶段特点是什么？
5. 教师为什么要进行反思？教师在具体的教学实践中如何进行教学反思？

参考文献

白涛.2011.化学：为什么是这样——基于手持技术的数字化实验探索.北京：化学工业出版社.
毕华林，等.2003.化学新教材开发与使用.北京：高等教育出版社.
毕华林，黄婕，亓英丽.2005.化学学习中“宏观-微观-符号”三重表征的研究.化学教育，(5)：53-56.
毕华林，亓英丽.2005.高中化学新课程教学论.北京：高等教育出版社.
毕华林.2001.化学教育科研方法.济南：山东教育出版社.
蔡亚平.2005.中学化学实验设计与教学论.杭州：浙江教育出版社.
曹明平.2005.中学化学教育中人文精神教育的理论探析.曲阜师范大学硕士学位论文.
曹玉民.2001.概念图——化学学习的有效工具.河北师范大学学报(教育科学版)，3(2)：121-123.
陈绪常，龚明斌.2001.多媒体设计与运用艺术.北京：中国林业出版社.
戴安邦.1945.近代中国化学教育之进展.化学，9(下册)：4，8-11.
董杰锋，朱若真.1987.教师语言艺术.沈阳：辽宁大学出版社.
高剑南，王祖浩，钟启泉.2001.化学教育展望.上海：华东师范大学出版社.
关文信，耿淑贤，王凤英.2003.新课程理念与初中化学课堂教学实施.北京：首都师范大学出版社.
郭友，等.1993.教师教学技能.北京：首都师范大学出版社.
贺湘善，吴俊明.2001.化学学科教育学.北京：首都师范大学出版社.
胡久华，乔敏.2008.例谈化学课堂上教学情景的创设.化学教育，(5)：14-16，29.
黄梅.2013.中学化学教学设计.北京：化学工业出版社.
江家发.2004.化学教学设计论.济南：山东教育出版社.
姜文闵，韩宗礼.1988.简明教育词典.西安：陕西人民教育出版社.
教育部基础教育司.2002.走进新课程.北京：北京师范大学出版社.
教育部师范教育司.2001.教师专业化的理论与实践(修订版).北京：人民教育出版社.
金咏.2011.应华彬化学教学艺术研究.宁波大学硕士学位论文.
李法瑞.2009.基于手持技术的高中生化学概念学习认知研究.华东师范大学硕士学位论文.
李如密.2000.教学艺术论.济南：山东教育出版社.
李远蓉.1996.化学教学艺术论.重庆：西南师范大学出版社.
梁慧珠，郑长龙.1996.化学实验论.南宁：广西教育出版社.
林承志.2012.化学课程与教学论.北京：北京师范大学出版社.
刘克文.1994.初中生学习化学动机的研究//化学教育心理学论文集.石家庄：河北教育出版社：1-59.
刘克文.2003.试论当前中学化学课程改革与发展的主要趋势.课程·教材·教法，(5)：67-70.
刘其凯.2008.“苯”的教学设计.化学教学，(3)：37-39.
刘庆华，等.2004.课堂组织艺术.北京：中国林业出版社.
刘显国.2001.中小学教学艺术丛书.北京：中国林业出版社.
刘显国.2013.中小学教学艺术实用全书.北京：北京大学出版社.
刘知新，王建成.1996.化学教育测量与评价.南宁：广西教育出版社.
刘知新.1996.化学教育史.南宁：广西教育出版社.
刘知新.2009.化学教学论.4版.北京：高等教育出版社.
娄延果，郑长龙.2004.新课程理念下教师化学课堂教学效果评价方案的构建.化学教育，(6)：27-32.
鹿峰.2001.浅谈生物课堂教学的调控艺术.教学与管理，(1)：65-66.
陆有铨.2005.关于学生人文精神的养育.教育学报，(6)：5-8，53.

马宏佳.2001.化学教学论.南京:南京师范大学出版社.
潘鸿章.2001.中学化学实验研究与创新.海口:南方出版社.
裴新宁.2003.化学课程与教学论.杭州:浙江教育出版社.
皮连生.1997.学与教的心理学.上海:华东师范大学出版社.
饶见维.1989.教师专业发展——理论与实务.台北:五南图书出版股份有限公司.
任宝华,李献红.2011.用活动表现评价深化学生对分子和原子概念的认识.化学教育,(9):29-32.
任有良,石启英.1999.浅谈中学化学实验教学的育人功能及教学艺术.商洛师范专科学校学报,10(4):75-81.
施良方.1996.课程理论——课程的基础、原理问题.北京:教育科学出版社.
斯坦托姆,汪琛.怎样成为优秀教师.1983.外国教育动态,(1):10,18-20.
孙维昌.2008.中学化学教学融合人文精神的理论与实践研究.华东师范大学硕士学位论文.
唐力,文庆城.2001.现代中学化学优化教学教程.桂林:广西师范大学出版社.
唐力.2001.化学教学论与案例研究.海口:南方出版社.
王程杰.2005.中学化学实验研究.上海:华东师范大学出版社.
王后雄.2009.新概念化学教学论.北京:北京大学出版社.
王建芬.2008.中学化学教育中人文精神教育的研究.河北师范大学硕士学位论文.
王磊.2011.化学学科知识与教学能力(适用于初级中学教师资格申请者).北京:高等教育出版社.
王磊.2011.化学学科知识与教学能力(适用于高级中学教师资格申请者).北京:高等教育出版社.
王小明,胡谊.1996.师资培训的新思路——对专家和新手的比较研究.华东师范大学学报(教育科学版),(3):76-84.
王一川.1994.从启蒙到沟通——90年代审美文化与人文精神转化论纲.文艺争鸣,(5):28-40.
王祖浩,等.2003.化学问题设计与问题解决.北京:高等教育出版社.
王祖浩.2002.全日制义务教育化学课程标准(实验稿)解读.武汉:湖北教育出版社.
文庆城.2009.现代化学教学论.北京:科学出版社.
乌美娜.1994.教学设计.北京:高等教育出版社.
吴江明.2005.化学问题解决的心理机制及常用策略.化学教育,(4):28-30,45.
吴俊明,杨承印.2003.化学教学论.西安:陕西师范大学出版社.
吴俊明.1997.中学化学实验研究导论.南京:江苏教育出版社.
吴俊明.2002.化学教学设计及案例.北京:人民教育出版社.
吴松年.2008.有效教学艺术.北京:教育科学出版社.
吴星,等.2003.化学新课程中的科学探究.北京.高等教育出版社.
沈龙明,吴叶红,汪佳敏.2009.实用课堂教学艺术:初中化学有效教学.吉林:世界图书出版公司.
夏子辰.2009.基于手持技术的化学课堂教学促进学生化学观念发展的个案实证研究.东北师范大学硕士学位论文.
熊川武.1999.反思性教学.上海:华东师范大学出版社.
严开宏.2010.小学教育研究方法.上海:华东师范大学出版社.
阎蒙钢.2004.化学教学测量与评价导论.北京:北京科学技术出版社.
杨承印.2007.化学教学设计与技能实践.北京:科学出版社.
杨承印.2010.化学课程与教学论.西安:陕西师范大学出版社.
杨承印.2011.中学化学教材研究与教学设计.西安:陕西师范大学出版社.
尹俊华.1996.教育技术学导论.北京:高等教育出版社.
余文森.2002.基础教育课程改革的四大支柱.福州:福建教育出版社.
袁孝凤.2008.化学课堂教学技能训练.上海:华东师范大学出版社.
袁振国.2010.当代教育学.4版.北京:教育科学出版社.
张克龙.2014.高中化学学业评价有效性的探讨.中学化学教学参考,(4):16-18.

张培富，等.1996.化学教育史.南宁：广西教育出版社.

张小菊，王祖浩.2013.化学课堂教学情境的评价研究——基于化学“优质课”教学情境的分析.化学教育，(3)：27-32.

郑长龙，等.2003.化学实验教学新视野.北京：高等教育出版社.

郑长龙.2002.化学实验教学论.北京：高等教育出版社.

中国教育学会教学研究会秘书处.1987.中学化学实验基本操作指导.济南：山东科学技术出版社.

中华人民共和国教育部.2001.全日制义务教育化学课程标准(实验稿).北京：北京师范大学出版社.

中华人民共和国教育部.2003.普通高中化学课程标准(实验).北京：人民教育出版社.

中华人民共和国教育部.2011.义务教育化学课程标准(2011 年版).北京：北京师范大学出版社.

钟启泉，崔允漷，张华.2001.为了中华民族的复兴，为了每位学生的发展——《基础教育课程改革纲要(试行)》解读.上海：华东师范大学出版社.

钟启泉，崔允漷.2003.新课程的理念与创新：师范生读本.北京：高等教育出版社.

周青，单旭峰，王军翔.2011.化学教育测量与评价.2 版.北京：科学出版社.

周卫勇.2002.走向发展性课程评价：谈新课程的评价改革.北京：北京大学出版社.

周小山，严先元.2002.新课程的教学设计思路与教学模式.成都：四川大学出版社.

周小山，严先元.2003.新课程的教学策略与方法.成都：四川大学出版社.

周雪春.2006.新课程下高中化学教学评价的探索与实践.化学教育，(5)：25-28.

朱嘉泰.2000.中学化学微格教学教程.北京：科学出版社.

朱慕菊.2002.走进新课程：与课程实施者对话.北京：北京师范大学出版社.

附录　采用弗拉南根方法估计二列相关系数数据表

下端27%答对比率 \ 上端27%答对比率	02	06	10	14	18	22	26	30	34	38	42	46	50	54	58	62	66	70	74	78	82	86	90	94	98	
02	00	19	30	37	43	48	51	55	58	61	63	66	68	70	72	73	75	77	79	80	82	84	86	88	98	02
06		00	11	19	26	31	36	40	44	47	50	53	56	59	61	64	66	68	71	73	76	78	81	84	88	06
10			00	08	15	21	26	30	34	38	41	45	48	51	54	57	60	63	65	68	71	74	77	81	86	10
14				00	07	12	18	22	27	31	34	38	42	45	48	51	54	57	60	63	67	70	74	78	84	14
18					00	06	11	16	20	25	28	32	36	39	43	47	49	53	56	60	63	67	71	76	82	18
22						00	06	10	15	19	23	27	31	34	38	42	45	49	52	56	60	63	68	73	80	22
26							00	05	09	14	18	22	26	30	33	37	41	44	48	52	56	60	65	71	79	26
30								00	04	09	13	17	21	25	29	33	37	40	44	49	53	57	63	68	77	30
34									00	04	09	13	17	21	25	29	33	37	41	45	49	54	60	66	75	34
38										00	04	08	13	16	20	25	29	33	37	42	47	51	57	64	73	38
42											00	04	08	12	16	20	25	29	33	38	43	48	54	61	72	42
46												00	04	08	12	16	20	25	30	34	39	45	51	59	70	46
50													00	04	08	13	16	21	26	31	36	42	48	56	68	50
54														00	04	08	13	17	22	27	32	38	45	53	66	54
58															00	04	08	13	18	23	28	34	41	50	63	58
62																00	04	09	14	19	25	31	38	47	61	62
66																	00	04	09	15	20	27	34	44	58	66
70																		00	05	10	16	22	30	40	55	70
74																			00	06	11	18	26	36	51	74
78																				00	06	12	21	31	48	78
82																					00	07	15	26	43	82
86																						00	08	19	37	86
90																							00	11	30	90
94																								00	19	94
98																									00	98
	02	06	10	14	18	22	26	30	34	38	42	46	50	54	58	62	66	70	74	78	82	86	90	94	98	